교대 교수 교단 내러티브

군자유삼락

조 영 남

교육과학사

머리말

“사람은 누구나 한번 죽지만, 어떤 죽음은 태산보다 무겁고 어떤 죽음은 새털보다 가볍다. 이는 죽음을 사용하는 방향이 다르기 때문이다.” 사기(史記)의 저자 사마천이 사형집행을 앞둔 친구 임안에게 보낸 편지 보임안서(報任安書) 속 구절이다. 사마천의 생사관이 잘 피력돼 있다. 삶과 죽음은 하나로 연결돼 있다. 이 글귀 속 죽음을 삶으로 바꾸면 이렇게 된다. “사람은 누구나 한번 태어나지만, 어떤 삶은 태산보다 무겁고 어떤 삶은 새털보다 가볍다. 이는 삶을 살아가는 방향이 다르기 때문이다.”

1986년 2월에 석사학위를 받고, 같은 해 3월 경북대학교 사범대학 부설중학교에 첫 발령을 받아 교단생활을 시작했다. 1987년 3월부터 교사로 근무하면서 경북대학교 강사로 출강했다. 1988년 3월 박사과정에 진학할 당시만 해도 지금과 달리 교직에 있으면서 박사과정을 이수하는 것이 허용되지 않았다. 부득이 사직서를 내고 전일제로 학업을 이수해 1992년 8월에 박사학위를 받았다.

수년간의 강사 생활을 거쳐 1996년 3월 1일 대구교육대학교 교육학과 교수로 임용됐다. 교사와 강사, 교수를 포함해 지금까지 약 39년간의 교단생활을 뒤로하고, 2024년 8월 말 정년퇴임을 앞두고 있다. 졸필(拙筆)에다 천학비재(淺學菲才) 하지만, 그간의 교단생활을 반추하고 교육자로서 삶의 궤적을 되돌아보는 의미에서 재직 중 마지막 저작물로 이 책[1]을 펴내게 되었다.

이 책의 제목을 『교대 교수 교단 내러티브 군자유삼락』이라고 한 것은 저자가 교육이라는 용어가 최초로 등장하는 맹자의 진심장 속 군자유삼락 구절을 명심하고, 교단생활 내내 학생들에게 즐겨 인용해 왔기 때문이다.

---

1) 이 저서는 2022학년도 대구교육대학교 특별연구 지원으로 발간한 것임

맹자는 천하를 다스리는 임금이 되는 것은 군자의 세 가지 즐거움에 해당하지 않음을 거듭 강조했다. 절대왕권 시대의 임금은 부와 명예, 권력의 상징이다. 하지만 수신과 제가조차 못하면서 무슨 치국평천하를 외치느냐며 당시 군왕과 위정자를 통렬하게 비판하는 맹자의 혜안에 감탄하지 않을 수 없다. 군자의 세 가지 즐거움은 첫째, 부모님께 효도하고 형제간에 우애 있게 잘 지내며, 둘째 하늘을 우러러 부끄러움이 없고 대인 관계에도 부끄럼이 없고, 셋째 천하의 영재를 데려다 교육하는 것이라 했다.

군자가 누릴 수 있는 세 가지 즐거움에 비추어 다양한 직종 중 군자 상에 가장 가까운 직업이 교직이라 해도 틀린 말이 아니다. 예비 교사를 포함한 교육자들에게 군자의 세 가지 즐거움을 몸소 체험하며 교직에 대한 자긍심을 가지고 교단생활을 해 나갈 것을 권하고 싶다.

부끄럽지만, 이 책에는 저자가 대구교육대학교 교수와 교수협의회장, 교육대학원장 직을 수행하면서 겪은 여러 이야기가 실려 있다. 군자의 세 번째 즐거움인 교육과 관련된 이야기, 불의나 권력에 구차하게 따르거나 구차하게 침묵하지 않은 이야기, 시시비비와 대의명분에 따라 처신해 사필귀정이 된 이야기들을 담고자 했다. 이러한 의도로 군자유삼락, 불구종 불구묵, 교육 관과 군자 관, 교단 잡필을 큰 주제로 이와 관련된 이야기들을 중심으로 엮었다.

제1부 군자유삼락 속에는 군자의 세 가지 즐거움 중 하나인 교육과 관련된 내용을 담고 있다. 주제 글 군자유삼락을 비롯해 마지막 학기 첫 수업과 종강, 매력 있는 수업을 위하여, 동기유발 포트폴리오, 기초학력과 학습자관, 구성주의 교수·학습, 임용고시 해프닝 등의 내용이 담겨있다.

제2부 불구종 불구묵 속에는 주제 글 불구종 불구묵을 비롯해 학내외 주요 현안과 관련된 의견, 전국적으로 이슈가 된 대구교대 총장 논문대필과 대필자 교수 임용 사태, 대구교대 총장임용후보자 선정 규정 위헌 소청 그리고 선친의 6.25 참전 무공훈장 찾기 등 각종 사안에 대의명분에 따라

처신해 사필귀정을 실천한 이야기들을 담았다.

제3부 교육 관과 군자 관 속에는 자연주의 교육을 대표하는 루소의 에밀, 진보주의 교육을 대표하는 듀이의 민주주의와 교육, 구성주의를 대표하는 비고츠키의 사고와 언어, 대안교육의 상징 닐의 섬머힐에 담긴 교육 관과 사서(四書)인 논어와 맹자, 중용, 대학 속에 담긴 군자 관 그리고 저자의 선조인 남명 조식의 교육 관과 지산 조호익의 군자 관을 수록했다.

제4부 교단 잡필 속에는 호변(號辯)을 비롯해 일본에서 만난 한국과 한국인, 먼저 떠난 친구들, 대학 동기회 봄나들이, 다시 살아 꽃으로, 지켜주지 못해 미안합니다, 전국교수공제회 사기 사건 등 교단생활을 하면서 겪은 여러 이야기를 담았다.

공직자의 바른길을 알려주신 선고(先考)와 구순을 넘기신 어머니의 고복지은(顧復之恩)에 거듭 감사드린다. 교단생활에 전념하느라 상대적으로 가정에 소홀했음에도 무던히 인내하고 격려를 아끼지 않은 아내와 딸, 아들에게도 지면을 빌어 고마운 마음을 전한다. 다행히 딸이 아버지가 퇴직하기 전 국립대 교수로 임용되어 학자의 길을 이어가게 되었다. 개인사와 가족 관련 이야기는 다음 기회에 다룰 예정이다.

교단생활을 하는 동안 혹여 저로 인해 본의 아니게 마음의 상처를 입은 분들이 있다면 송구할 따름이다. 퇴직 이후의 삶도 태산보다 무겁기는커녕 새털보다 가볍게 살지 않기를 다짐하며, 지금까지 음으로 양으로 도와주신 모든 분에게 다시 한번 깊은 감사의 말씀을 전해드린다. 어려운 출판 형편에도 이 책의 출판을 흔쾌히 맡아준 도서출판 교육과학사 한정주 대표님과 수고해 주신 임직원 여러분에게도 감사드린다.

2024년 중복

용호리 농막에서 치산

목 차

머리말 2

제1부 군자유삼락 9

01 군자유삼락 11
02 Because it is there 16
03 마지막 학기 첫 수업 21
04 마지막 학기 종강 25
05 마지막 교육실습 참관 30
06 매력 있는 수업을 위하여 33
07 동기유발 포트폴리오 39
08 기초학력 신장과 학습자 관 45
09 좋은 수업을 위한 제언 50
10 구성주의 교수·학습 53
11 교수·학습 전략으로서의 질문 61
12 수업분석과 컨설팅 65
13 상대평가 반대 의견 73
14 연구교수 인사 79
15 호주의 교육제도 83
16 시드니 속 베트남, 카브라마타 86
17 교육대학원장 보직 89
18 임용고시 해프닝 94
19 창의적 체험활동과 방과후학교 99
20 역량 기반 창의적 체험활동 교육과정 설계에 대한 의견 102
21 한미 사범대학 학과 구성 비교에 대해 106
22 전인교육과 특별활동 109
23 지식기반 사회와 통합 교육과정 117
24 대구 미래 역량 교육과정 검토 의견 124
25 질적 연구와 양적 연구: 상생인가, 상극인가 126

제2부 불구종 불구묵 137

01 불구종 불구묵 139
02 서시와 앙불괴어천 144
03 교육부의 국립대학 총장 공모제 강요와 대학 자율성 침해 150
04 교육혁신위의 미래교육 비전과 전략안은 빛 좋은 개살구 153
05 대학 개혁의 걸림돌이 될 교육부 관료들의 대학 총장 낙하산 157
06 정부포상 기준 재직기간에 대학 강사 경력 포함 요청 159
07 일방적인 입학정원 감축 반대 162
08 아베는 메르켈 총리의 충고에 따라야 166
09 성과급과 업적관리 평가에 대한 유감 168
10 창의적 체험활동의 기본 이수 과목 표시 요청 176
11 대학교수 해외방문연구 지원 사업 선정 관련 178
12 15대 총장 선거 출마 소견 181
13 15대 총장 선거 백서, 반드시 발간돼야 186
14 15대 총장 선거 과정과 백서에 대한 유감 191
15 16대 총장 선거 관련 197
16 교육부의 감사 처분 요구에 대한 이의 205
17 번역서 실적 평가 대상 제외에 대한 이의 209
18 교육과정 개정(2017년) 213
19 교원양성위원회 회의 관련 217
20 교육과정 개정(2020년) 219
21 교수협의회 회장 임기를 마치며 234
22 공적인 약속과 합의는 반드시 지켜야 238
23 사필귀정: 논문대필과 대필자 교수 임용 관련 대법원판결 240
24 사필귀정: 총장임용후보자 선정 규정 위헌판결 244
25 사필귀정: 화랑무공훈장을 아버님 영전에 248

제3부 교육 관과 군자 관 253

01 루소의 에밀 255
02 듀이의 민주주의와 교육 263
03 비고츠키의 사고와 언어 271

04 닐의 섬머힐 279
05 논어 속 군자 관 288
06 맹자 속 군자 관 294
07 중용 속 군자 관 298
08 대학 속 군자 관 302
09 남명 조식의 교육 관 304
10 지산 조호익의 군자 관 316

제4부 교단 잡필 **325**

01 호변(號辨) 327
02 일본에서 만난 한국과 한국인 331
03 먼저 떠난 친구들 336
04 대학 동기회 봄나들이 339
05 지켜주지 못해 미안합니다 344
06 상인동 지하철 가스 폭발 참사 346
07 다시 살아 꽃으로 348
08 길병휘 선생님, 정년퇴임 축하드립니다 350
09 류선생, 그동안 수고 많이 하셨네 354
10 과학과 교수 초빙 공고와 관련하여 358
11 전국교수공제회 사기 사건 360
12 교육人 교육IN: Online-Edu 탐구 대전 후기 370
13 동문 초청 진로지도의 날 372
14 아, 옛날이여: 모교 졸업 40주년을 추억하며 374
15 존경하는 이문열 선생님께 381
16 창녕조씨 문간공파보 서문(昌寧曺氏 文簡公派譜 序文) 386

찾아보기 **388**

제1부

군자유삼락

01 군자유삼락

법대에 지원하려다 교직을 원하셨던 선고(先考)의 뜻에 따라 사범대학에 진학했다. 1년간의 교양과정부 과정을 거쳐 자의 반 타의 반 영어교육을 전공하게 됐다. 사대생으로 교육에 대한 기초가 필요할 것 같아 부전공으로 교육학을 선택했다. 이를 계기로 석사와 박사과정에서 교육과정(curriculum)과 수업(instruction)을 전공했다.

1986년 2월에 석사학위를 받고 1986년 3월 경북대학교 사범대학 부설중학교에 초임 발령을 받았다. 교사로 재직하면서 1987년 3월부터 경북대학교에 출강했다. 첫 강의 과목이 교직 과목인 "교육방법 및 교육공학"이었다. 이후 강사 기간을 포함해 약 38년 동안 대학에서 강의하면서, 매 학기 첫 시간에 "교육이란 무엇인가?"라는 질문으로 수업을 시작했다. 학생들 대부분이 교직을 희망하는 예비 교사들이기 때문이다.

교육의 개념과 정의는 동서고금, 학자와 관점에 따라 매우 다양하다. 학생들도 각자의 생각과 경험에 따라 다양하게 반응한다. 교육의 개념과 정의를 탐구하는 가장 기본적인 방법은 교육의 어원을 살펴보는 것이다. 동양에서는 유교의 기본 경전인 사서삼경 중 맹자(孟子)의 진심장(盡心章)에 교육이라는 표현이 최초로 등장한다. "孟子曰 君子有三樂(맹자왈 군자유삼락), 而王天下不與存焉(이왕천하불여존언), 父母俱存 兄弟無故 一樂也(부모구존 형제무고 일락야), 仰不愧於天 俯不怍於人 二樂也(앙불괴어천 부부작어인 이락야), 得天下英才 而敎育之 三樂也(득천하영재 이교육지 삼락야), 君子有三樂, 而王天下不與存焉(군자유삼락 이왕천하불여존언)"이 바로 그 구절이다. "맹자 가라사대 군자에게는 세 가지 즐거움이 있으니, 천하의 임금이 되는 것은 여기에 해당하지 않는다. 부모가 생존해 계시고 형제간에 아무 탈 없이 잘 지내는 것이 첫 번째 즐거움이요, 하늘을 우러러 부끄러움이 없고 굽어보아 사람들에게 부끄럽지 않은 것이 두 번째 즐거움이요, 천하의 영재를 얻어서 교육하는 것이 세 번째 즐거움이다. 군자에게는 세 가지 즐거움이 있으니, 천하의 임금이 되는 것은 여기에 해당하지 않는다."라는 뜻이다.

맹자는 천하를 다스리는 왕이 되는 것은 군자의 세 가지 즐거움에 해당하지 않는다고 거듭 강조했다. 맹자가 인(仁)과 의(義)를 바탕으로 덕(德)으로 다스리는 왕도정치를 추구했으나, 당시 군왕들이 그렇지 못했음을 통렬하게 비판한 의미로 해석할 수 있다. 자신이 빨리 왕위에 오르려고 선왕을 시해하거나, 왕권을 강화하기 위하여 친인척들을 귀양 보내거나 핍박한 군주, 하늘을 우러러 부끄러움이 없기는커녕, 자신의 부귀영화를 위해 백성들을 수탈하고 괴롭힌 군주, 경연과 교육을 통해 성군이 되려고 노력하기는커녕, 충신을 멀리하고 간신을 가까이하여 폭정을 일삼은 군주들에게 수신과 제가도 못하면서 무슨 치국평천하를 외치느냐고 신랄하게 일갈했다. 대신 동양에서 추구하는 이상적 인간상인 군자는 이러한 세 가지 즐거움을 모두 누릴 수 있음을 강조했다. 이 얼마나 혜안인가, 감탄사가 절로 나온다.

요컨대 군자의 첫 번째 즐거움은 가정에서 비롯된다. 가화만사성(家和萬事成)이라 했다. 사서삼경의 하나인 대학(大學)에 등장하는 수신제가치국평천하(修身齊家治國平天下) 중에서 제가(齊家)와 같은 맥락이다. 제가는 당연히 효도와 우애를 기본으로 한다. 두 번째 즐거움은 몸과 마음을 닦아 하늘을 우러러 부끄러움이 없고 대인 관계가 껄끄럽지 않고 원만한 삶을 사는 데 있다. 수신(修身)에 해당한다. '죽는 날까지 하늘을 우러러 한 점 부끄럼이 없기를 잎새에 이는 바람에도 나는 괴로워했다'라고 노래한 윤동주 시인의 서시(序詩)가 떠오른다.

천하의 영재를 데려다 교육, 즉 가르치고 기르는 것이 군자의 세 번째 즐거움이라는 구절에서 교육이라는 표현이 최초로 사용됐다. 이 속에서 영재라는 표현에 너무 연연할 필요는 없다. 영재라는 표현을 천재(genius)나 수재(gifted and talented person)처럼 아주 뛰어난 재주나 능력을 타고난 사람, 지능검사를 비롯한 각종 검사에서 남들보다 매우 높은 점수를 기록하거나, 특정 교과나 분야에서 탁월한 성취를 보이는 사람을 일컫는 것으로 좁게 사용하는 경향이 있다. 하지만 교육에 관심을 가진 사람들은 영재의 개념을 좀 더 넓게 해석할 필요가 있다. 예컨대, "No one can do everything, but everyone can do something."(아무도 모든 일을 다 할 수는 없다, 하지만 누구나 무언가를 할 수 있다.)라는 표현처럼 누구나 타고난 저마다의 소질과 특기, 재능, 적성이 있다. 이러한 시각에서 넓게 보면 모든 사람을 영재로 볼 수 있다.

단지 각자가 지닌 소질과 재능이 남들보다 빨리 드러나거나, 꽃피우는 속도에 차이가 있을 따름이다. 깊이 잠재된 경우에도 그에 적합한 도움을 주면 소질과 재능을 충분히 발휘할 수 있다. 이렇듯 마음을 열고 보면 누구나 다 영재가 될 수 있다. 이들을 데리고 가르치고 기르는 것이 바로 교육이다.

교육의 어원을 허신(許愼)이 지은 설문해자(說文解字)를 통해 살펴보면, '가르치다'를 의미하는 교(敎)는 상소시(上所施), 하소효야(下所效也). 즉 윗사람이 시범을 보이면, 아랫사람이 이를 잘 본받는다는 뜻이다. 가르침은 위에서 베풀고 아래에서 본받는다는 수범지교(垂範之敎)의 의미를 담고 있다. 교사와 학생의 관계에 비추어 보면, 교사가 학생들에게 모범을 보이면 학생들이 이를 본받아 자기의 것으로 만든다는 뜻이다. 사회학습 이론가인 반듀라가 제안한 관찰과 모방을 통한 학습과 같은 맥락이다. '기르다'를 의미하는 육(育)은 양자사(養子使) 작선야(作善也) 즉, 자녀를 데려다 길러서 착하고 선하게 만드는 것을 의미한다. 교사와 학생의 관점에서 보면, 교사가 학급의 일과에 따라 다양한 교과와 창의적 체험활동을 통해 학생들과 상호작용하며 학생들의 개성과 소질, 특기와 적성을 계발한다는 의미로 해석할 수 있다.

우리말 '가르치다'는 'ᄀᆞ라다'와 '치다'가 합성된 표현이다. ᄀᆞ라다(分)는 나누다 즉 다양한 개인차에 따라 학생들을 분류하고 선발한다는 의미이다. 치다(打)는 수확한 작물을 타작하여 껍질을 벗기듯이 곱고 부드럽고 정교하게 다듬는다는 뜻이다. 교육 즉 가르치고 기른다는 말은 학습자를 개성과 소질과 적성, 흥미 등의 다양한 개인차에 맞게 잘 이끌어서 타고난 잠재 능력이 최대한 발휘될 수 있도록 조력한다는 뜻이다.

서양의 경우, 교육의 어원을 라틴어과 그리스어에서 찾을 수 있다. 교육을 의미하는 영어 'education'과, 프랑스어 'éducation', 독일어 'Erziehung'은 모두 라틴어 어원 e(out: 밖으로)와 ducere(to lead out: 이끈다), ducare(to train or to mold: 훈련하거나 주형하다)가 합성된 단어로 잠재 능력을 발휘하도록 도와주거나 훈련한다는 뜻이다. 교육학을 의미하는 pedagogy는 그리스어 paidos(어린이)와 agogos(이끌어 내다)가 합성된 paidagogos(敎僕: 귀족층 자제의 교육을 맡은 신분)에서 온 것으로 어린이를 이끄는 활동을 의미한다.

이처럼 어원을 통해 보면 동양과 서양의 교육에 대한 근본 의미는 매우 유사하다. 교육이 단순히 지식이나 기능을 가르치고 기른다는 의미를 넘어서 교사와 학생의 긴밀한 상호작용 즉, 교학상장(敎學相長)을 통해 학생들에게 잠재된 특기와 재능을 활짝 꽃피우게 한다는 능동적, 적극적인 의미를 지니고 있음을 알 수 있다.

이렇게 볼 때 수많은 직종 가운데 군자의 세 가지 즐거움에 가장 가까운 직업이 바로 교직이라 해도 과언이 아니다. 군자유삼락을 근거로 학생들에게 부와 명예와 권력을 추구하는 세태와 관계없이 예비 교사로서 교직에 대한 긍지와 자부심을 가질 것을 강조한다. 더불어 군자의 세 가지 즐거움을 자신뿐만 아니라, 장차 교단에서 지도하게 될 학생들의 눈높이에 맞게 의미를 잘 소통해서 어릴 때부터 군자의 모습을 지향할 수 있도록 안내할 것을 강조한다.

그렇다고 교직을 통해서만 군자의 세 가지 즐거움을 누릴 수 있는 것은 아니다. 군자를 고매한 인품과 학덕을 겸비한 이상적인 인간상에 한정할 필요는 없다. 영재의 개념을 넓게 볼 것을 제안했듯이 앞서 언급한 세 가지 즐거움을 누릴 수 있으면 광의의 시각에서 남녀노소 누구나 군자가 될 수 있다. 처음 두 가지 즐거움은 우리 모두의 가정생활과 행동거지와 관련되어 있다. 세 번째 즐거움인 교육의 경우도 넓게 보면 모든 사람에게 적용할 수 있다. 그 예를 평생

교육(lifelong education), 부모교육(parent education), 가정교육(home education), 홈스쿨링(home schooling), 자기 주도적 학습(self-directed learning) 등의 용어에서 찾아볼 수 있다. 남들을 가르치고 기르는 것만이 교육은 아니다. 자기교육(self education) 즉 인생의 주인공이자 평생 학습자로서 자신을 끊임없이 연마하고 계발하는 것도 교육의 중요한 한 부분이다.

우리 모두 부모님께 효도하고 형제간에 우애 있는 화목한 가정을 이루고, 하늘을 우러러 부끄러움이 없고 남들에게 부끄럽지 않게 살면서, 자기교육을 통해 부단히 자신을 연마하면서 군자의 세 가지 즐거움을 만끽하는 삶을 살기를 바란다.

02 Because it is there

Because it is there. 교육의 정의와 창의적 체험활동의 총괄 목표를 다룰 때 즐겨 인용하는 표현이다. 에베레스트를 최초로 정복한 뉴질랜드의 에드먼드 힐러리가 한 말로 잘못 알고 있는 사람들도 있다. 산악계의 또 다른 거목 영국의 조지 맬러리가 남긴 말이다.

맬러리는 1921년과 1922년 영국의 에베레스트 1, 2차 원정대에 거듭 참가했으나 정상 정복에 실패했다. 3차 원정을 앞두고 미국 순회강연 중 맬러리가 필라델피아에 갔을 때 한 기자가 "당신은 왜 에베레스트에 오르려고 하느냐"는 질문을 하자, 맬러리가 "에베레스트가 거기에 있기 때문(Because it is there.)"이라고 답했다. 산에 가는 이유가 함축된 표현으로 산악인들에게 불후의 명언으로 남아 있다.

안타깝게도 맬러리는 1924년 에베레스트 3차 등정에서 동료 어빈과 함께 정상 부근에서 실종됐다. 실종된 지 75년이 지난 1999년 국제등반대에 의해 에베레스트 8천 2백m 지점에서 맬러리의 이름표가 재봉 된 내의를 입고 있는 시신이 발견됐다. 눈더미 속에 노출된 채 발견된 시신은 허리에 등산 로프를 두른 채 가죽 등산화와 모직 옷을 입고 있었다. 로프는 당시 상태를 그대로 유지하고 있었다. 맬러리를 처음 발견한 등반대원은 "시신이 조지 맬러리라는 사실을 알았을 때 너무나 놀랐다."라고 하면서 "75년간 그곳에 누워있던 그를 방해하지 않고 추모하고 싶다는 생각이 들었다."라고 당시 상황을 전했다.

국제등반대는 1933년 발견된 어빈의 것으로 보이는 빙벽 피켈 바로 밑 지점에서 맬로리의 시신을 찾은 후 유족의 뜻에 따라 그를 에베레스트에 안장했다.

당시 그가 정상에 올랐었는지를 가려줄 수 있는 카메라나 다른 증거물은 계속 수색 중이다. 맬러리는 코닥 카메라를 배낭에 넣고 등반했다. 사진 전문가들은 필름이 있다면, 에베레스트의 건조한 공기와 강추위로 인해 지금까지 보존돼 있을 것으로 기대하고 있다.

1953년 뉴질랜드 등반가 에드먼드 힐러리와 세르파 텐징 노르게이가 에베레스트 최초 등정에 성공했다. 등반 후 "어떻게 그 높은 산을 최초로 정복했느냐"는 질문에, 힐러리는 "한발 한발, 걸어서 올라갔다."라고 답했다. 인간의 의지와 노력을 강조한 말이다. 하지만 일부에서는 맬러리가 이보다 29년 앞서 최초 등정에 성공하고 하산하면서 추락했을 가능성을 꾸준히 제기해 왔다. 맬러리의 시신 발견으로 논란이 더욱 가열되자, 힐러리는 2000년에 출판된 회고록 『View from the Summit: The Remarkable Memoir by the First Person to Conquer Everest』에서 우리가 에베레스트 정상에 올랐을 때 그 누구도 다녀간 흔적이 없었다고 적었다.

힐러리의 에베레스트 등정 이후 세계인들의 궁금증은 힐러리와 노르게이 두 사람 중 누가 먼저 정상에 발을 디뎠느냐는 것이었다. 힐러리는 끝까지 자신이 세계 최초라고 하지 않고 "노르게이와 나는 한 팀으로 정상에 올랐다"라고 주장하며 노르게이와 영광을 함께 했다. "우리가 정복하는 것은 산이 아니라 우리 자신이다"라는 명언을 남겼다. 이들의 우정은 대를 이어 힐러리의 아들이 에베레스트를 정복할 때 노르게이의 아들도 원정대에 함께 참가했다.

교육의 목표 중 하나는 자아실현에 있다. 2015 개정 교육과정의 창의적 체험활동 총괄목표는 "건전하고 다양한 집단 활동에 자발적으로 참여하여 나눔과 배려를 실천해서 공동체 의식을 함양하고 개인의 소질과 잠재력을 계발·신장하여 창의적인 삶의 태도를 기른다."로 진술되어 있다. 2022 개정 교육과정 창의적 체험활동의 총괄목표는 "학생들이 창의적인 다양한 활동에 주도적으로 참여함으로써 개인의 소질과 잠재력을 계발·신장하여 창의적인 삶의 태도를 기르고 공동체 의식을 함양하도록 하는 데 있다."라고 설정돼 있다. 개인의 소질과 잠재력을 계발·신장, 창의적인 삶의 태도를 기르고 공동체 의식을 함양하는 것이 공통으로 반영돼 있다.

창의적 체험활동의 총괄목표를 다룰 때 욕구단계설(hierarchy of needs)을 인용한다. 욕구단계설은 미국의 심리학자 매슬로우가 인간의 욕구가 낮은 차원에서 높은 차원으로 일련의 단계를 형성한다며 제안한 동기 이론이다. 인간의 욕구는 타고난 것으로 강도와 중요성에 따라 생리적 욕구, 안전의 욕구, 애정과 소속감의 욕구, 자기 존중의 욕구, 자아실현의 욕구 순으로 5단계로 분류한다. 삼각형 모양으로 하위단계에서 상위단계로 이루어져 있다.

앞서 맬러리와 힐러리의 에베레스트 등반의 경우를 예로 들면, 기본 욕구인 먹고 마시고 자고 하는 생리적 욕구가 충족되지 않고는 정상 등정에 나설 수 없다. 생리적 욕구가 충족됐다고 하더라도 추위와 질병, 위험으로부터의 안전 대책과 장비 없이 맨몸으로 등정에 성공할 수 없다. 안전의 욕구가 충족돼도 등반 팀 구성원들 간의 애정과 소속감을 기반으로 한 팀워크가 없이는 정상 정복이 어렵다. 자기 존중의 욕구는 자아정체성을 바탕으로 명예나 인정을 추구하는 욕구로 맬러리와 힐러리는 각자 등반가로서 자신의 명예를 걸고 정상 등정에 나섰다. 끝으로 자아실현의 욕구는 자신의 재능과 잠재력을 충분히 발휘해서 자기가 원하는 바를 성취하려는 최고 수준의 욕구다.

힐러리는 세계 최고봉인 에베레스트 정상을 정복함으로써 자아실현을 이루었다고 볼 수 있다. 그렇다면 정상 가까이에서 시신으로 발견된 맬러리는 자아실현에 이르지 못한 것일까? 전혀 그렇지 않다고 생각한다. 비록 정상 부근에서 안타깝게 생을 마감했지만, 에베레스트를 오르는 이유를 Because it is there. 라며 마지막 순간까지 혼신을 다해 정상 정복에 나선 아름다운 모습에서 맬러리는 이미 자아실현을 이루었다고 해도 과언이 아니다. 이처럼 자아실현은 원대하고 거창한 목표를 성취해야만 가능한 것이 아니라, 목표에 다가가기 위해 매 순간 최선을 다해 노력하는 자세만으로도 이미 자아실현에 이른 것으로 볼 수 있다.

힐러리는 회고록에서 세상 사람들은 우리가 에베레스트 정상에 오른 후 제일 먼저 무엇을 했을지 매우 궁금할 것이라고 했다. 일반적으로 생각하는 기도를 하거나 만세를 부르거나, 영국과 뉴질랜드 국기를 꽂거나 하는 의식이 아니라, 정상에서 가장 먼저 한 일이 소변을 본 것이라고 밝혔다. 산소가 희박한 고산에서 체내에 산소를 조금이라도 더 공급하기 위해 정상 정복 전 눈을 녹여 물을 많이 마셨기에, 정상에 오른 후 급히 소변을 볼 수밖에 없었다는 것이다. 어찌 보면 전인미답의 세계 최고봉에 최초로 오른 자아실현의 순간, 욕구 단계에서 가장 낮은 차원인 생리적 욕구를 해소했다니 이 얼마나 아이러니하고도 인간적인 모습인가.

욕구단계설을 교사의 관점에서 보면, 학생들이 생리적 욕구가 충족되지 않으면 정상적인 학교생활을 할 수 없다. 생리적 욕구 충족을 위해 결식 학생이나 화장실 용무가 급한 학생들을 잘 살펴야 한다. 유리창이 깨지거나 못이 튀어나오는 등 교실 내의 위험 요인을 제거하고 교내외 안전교육에 힘써야 한다. 학생들이 학급 구성원으로서 애정과 소속감으로 서로에 대한 배려심을 갖도록 해야 한다. 애정과 소속감 욕구를 잘 조절하면 왕따와 학교폭력 문제도 완화할 수 있다. 나는 누구인가에 대한 자아정체성을 확립하게 하여 구성원들로부터 인정과 존중을 받을 수 있도록 해야 한다. 끝으로 자신의 특기와 잠재력을 최대한 발휘하여 자신이 바라는 바를 성취해 자아실현에 이를 수 있도록 안내해야 한다.

교직에서도 자아실현을 너무 거창하게 바라볼 필요는 없다. 교장, 교감 같은 관리직이나 연구직, 장학직으로 승진하거나 교육장, 교육감이 된다고 해서 반드시 자아실현이 되는 것은 아니다. 지위고하에 아랑곳하지 않고 평교사로서 학교 현장에서 학생들을 위해 최선을 다하며 만족과 보람, 자부심을 느끼면 이것이 바로 자아실현의 모습이 아닐까라고 생각한다. 마찬가지로 학생들에게도 성적이나 능력에 상관없이 각자 자신의 역량에 맞게 최선을 다해 살아가면서 삶의 즐거움과 만족감을 느끼는 것이 바로 자아실현의 길임을 안내해 줄 필요가 있다.

벨기에 출신 노벨문학상 수상 작가 모리스 마테를링크의 『파랑새』 작품에서 보듯, 치르치르와 미치르 남매가 요술 할머니의 부탁으로 파랑새를 찾으러 모험에 나섰지만, 찾지 못하고 빈손으로 돌아와 결국 집에서 기르던 새가 파랑새였다는 사실, 즉 행복은 멀리 있지 않고 가까이 있다는 것을 깨닫는 것이 중요하다.

누가 교육자들에게 왜 교직을 선택했느냐고 물으면, 맬러리의 표현처럼 "학생들이 저기에 있기 때문에(Because the students are there.)"라고 답하면 좋을 것 같다.

03 마지막 학기 첫 수업

2024년 1학기 퇴임 전 마지막 학기 첫 수업을 이렇게 시작했다. 평소 수업 때와 같이 학생들에게 나누어줄 첫 번째 선물이라며, "지금 손에 든 것이 무엇일 것 같나요?"라고 물었다. 학생들은 당연하다는 듯 "강의계획서요"라고 대답한다. "선물은 어떤 마음으로 주고받나요?"라고 다시 물으면 "기쁜 마음으로요"라고 응답한다. 하지만 선물을 주겠다며 손에 든 유인물을 나누어주면 갑자기 분위기가 바뀐다. "이게 뭐지", "시험인가", "한자도 있네", "영어도 있네" 등의 다양한 반응이 나온다. 創意的 體驗活動 敎育論을 제목으로 한 사전검사(pretest) 때문이다. 강좌명인 창의적 체험활동 교육론을 창의와 체험활동 그리고 교육이 어떤 한자인지 알 수 있도록 의도적으로 한자로 표기했다. 그리고 학생들에게 시험이 아니며 부담을 갖지 말라는 의미에서 선물이라고 표현했음을 알렸다.

학생들에게 대구교대에 입학해서 4학년 첫 학기까지 다양한 과목을 수강하는 동안 첫 시간에 이러한 경험이 있느냐고 물으면, 처음이라고 한다. "그럼 더욱 잘됐다."라고 한 다음, 여러분들이 지금 하는 경험이 교육적으로 사전검사나 준비도, 출발점 행동, 선행 또는 선수학습 진단의 성격을 지니고 있음을 설명한다. 사전검사 결과를 학점에 반영하지 않고 수업 시간에 관련 주제를 다룰 때 기초자료로 활용했다가 종강 때 다시 되돌려줄 것이라고 안내한다. 학번과 성명을 기록하게 한 것은 유인물의 주인공으로서 책임감과 나중에 돌려받을 때의 편리성 때문이라고 전한다. 장차 교단생활을 하면서 필요할 경우, 학생들의 눈높이에 맞추어 이런 경험을 응용해 보도록 권장한다. 그러면 다소 긴장감이 돌았던 분위기가 누그러진다.

사전검사의 내용은 크게 3부분으로 구성되어 있다. 첫 번째는 각 주제에 대한 자신의 견해를 밝히는 것이다. 주제는 教育, 教育學, 教育 또는 教育學의 구조(틀), 教育課程, 創意的 體驗活動, 放課後學校, 授業과 學習으로 구성되어 있다. 의도적으로 한자로 표기했다. 교육과 교육학에 대한 자신의 관점과 교육 또는 교육학의 구조 속에서 교육과정과 창의적 체험활동의 위상, 정규 교육과정이 아님에도 학교 현장에서 활발하게 이루어지고 있는 방과후학교, 그리고 학교 교육의 대부분을 차지하고 있는 가르치고 배우는 활동 즉, 수업과 학습에 대한 자신의 견해를 각 소주제 옆면이나 뒷면 여백에 기술하게 한다. 예비 교사들에게 이들 주제가 한 학기 동안 공부하게 될 창의적 체험활동 교육론의 중요한 기초가 되기 때문이다.

두 번째는 창의적 체험활동 교육과 관련하여 자신이 선호하는 교육 방법이나 수업이론 또는 모형을 선정해, 그 핵심 아이디어를 소개하고 자신이 선호하는 이유를 기술하게 하는 보다 열린 주제로 구성되어 있다. 지금까지의 경험을 바탕으로 자신이 좋아하는 창의적 체험활동 교육 방법을 미리 생각해 보도록 하려는 의도를 반영했다. 옆면으로는 여백이 부족해 뒷면을 적극 활용하도록 한다.

세 번째는 사전검사에 제시된 세 개의 영어 단락을 우리말로 번역하는 것이다. 학생들이 가장 당혹스러워하는 부분이다. 이에 첫 시간부터 학생들에게 부담을 주거나 애를 먹이려는 것이 아니라, 창의적 체험활동의 기초와 관련된 중요한 교육적 의도를 담고 있음을 전한다.

첫 번째 단락은 미국의 정규 교육과정(curriculum)과 우리나라의 창의적 체험활동에 해당하는 과외활동(extra curriculum)과의 관계와 창의적 체험활동을 통해 추구하는 교육목표를 담고 있다. 우리나라의 창의적 체험활동과 교과와의 관계 그리고 창의적 체험활동의 교육목표와 어떤 점이 같고 다른지 비교하는 데 의의가 있음을 설명한다.

두 번째 단락은 수업과 수업이론을 정의한 브루너의 글이다. 브루너를 바로 언급하기 전에 학생들이 이미 잘 알고 있는 교육학자의 글이라며 누군지 유추해 보라고 하면 주로 듀이, 피아제, 비고츠키 등을 언급한다. 이들 모두가 학생들에게 친숙한 학자들이긴 하지만, 이 글의 주인공은 아니라며 알파벳 첫 글자 B를 단서로 제시하면 비로소 브루너라는 답이 나온다.

세 번째 단락은 앞서 언급한 저명한 학자들과 달리 여러분과 같은 평범한 교사로 교단에서 열심히 노력한 공로를 인정받아 미국 교사상을 수상한 토마스 플레밍이란 선생님의 수상 소감에서 발췌한 내용임을 알리고 학생들에게 공감이 되는지 마지막 시간에 같이 의미를 나누고 싶다는 뜻을 전한다.

시간 관계상 미완성을 전제로 하고 지금부터 제시된 순서와 관계없이 하고 싶은 대로 자기 생각을 글로 표현하게 한다. 학생들이 집중하는 동안 방해가 되지 않도록 출석을 부르면 대답 대신 손을 들어 eye contact를 하도록 한다. 학생들이 자기 생각을 글로 옮기는 데 전념하는 동안, 강의계획서를 학생들 책상 위에 일일이 놓아둔다. 30분 정도 시간이 지나면 효율적인 관리를 위해 작성한 사전검사를 제출하도록 하고, 후속 수업 때 몇 차례 배부해 다른 학생들의 자료를 받아서 자신의 견해와 비교해 보도록 하고 마지막 수업 때 주인공에게 돌려줄 것을 약속한다.

두 시간 연속강의로 학생들이 사전검사를 할 때 미리 나누어 준 강의계획서를 활용해 수업 전반에 대한 오리엔테이션을 한다. 담당 교수를 소개할 때 이름이 친숙하지 안느냐라고 물으면, 학생들은 대개 가수 조영남을 거명한다. 여담으로 혹시 가수 조영남의 첫 번째 배우자가 누군지 아느냐고 물으면 학생들은 고개를 갸우뚱한다. 배우 윤여정이라고 하면 놀라는 기색이 역력하다. 윤여정이 영화 '미나리'로 2021년 미국 아카데미 여우조연상 등을 수상하고, 윤식당 등의 TV 프로그램에 출연해서 학생들에게도 친숙하기 때문인 것 같다. 가수 조영남은 자유분방한 삶을 살다 말년에 취미로 그린 화투 그림으로 인한 표절 시비로 송사에 휘말려 애를 먹었으나, 윤여정은 상대적으로 화려한 말년을 보내고 있는 것 같아 아이러니하다고 하면 고개를 끄덕인다. 연구실이 강의실 바로 위층에 있으니, 학업이나 진로, 대학원 진학 등 상담할 일이 있으면 언제든지 방문해도 좋다고 안내한다.

이어서 학생들을 참여시켜 강의 목표를 읽도록 하고 목표에 담긴 의미를 해석하게 한다. 학생들 의견에 더하여 블룸의 교육목표 분류 체계를 인용해 인지적, 정의적, 심동적 목표를 소개하고 목표를 잘 성취할 수 있도록 한 학기 동안 서로 최선을 다하자고 다짐한다. 출석(20%)과 과제 및 학습활동 참여도(30%), 기말고사 성적(50%)을 종합한 평가 방법을 설명한다. 4학년이어서 학기 말에 교육실습도 있고, 학생들이 임용고사를 준비하는 데 중간고사와 기말고사를 두 번 치르는 것에 부담을 느껴 시험은 기말고사 한 번만 실시한다. 과제는 창의적 체험활동 교육과 관련된 학교 현장 실태를 조사해서 초, 중, 고 학창 시절 경험에 비추어 잘되고 있는 점과 여전히 잘못되고 있는 점 그리고 개선하여야 할 점들을 중심으로 한 보고서를 제출하게 한다. 이에 근거해 창의적 체험활동의 영역 중 자신이 선호하는 영역과 하위 활동에서 주제를 선정하여 구체적인 활동 계획안을 개발하는 2가지 과제를 통합해 3월 말까지 제출하도록 한다. 과제는 제출로 끝나는 것이 아니라, 영역별로 분류해 후속 수업 때 학생들이 직접 참여해 서로의 의견을 공유할 계획임을 알린다.

교재와 참고문헌 소개에 이어 PPT 화면에 학습 피라미드(learning pyramid) 그림을 제시한다. 학생들에게 학습 피라미드의 의미를 설명하도록 하고, 다음 시간부터는 학생들이 발표와 토론, 질문의 주인공이 되어 학습자 중심의 자기 주도적 학습이 이루어지도록 할 것임을 알린다. 그리고 매시간 발표 주인공을 맡을 학생들을 주제에 따라 2~3명씩 팀을 구성해 준다. 팀 구성원 간의 역할과 발표 전 주의집중을 위한 ice breaking 활동으로 동기유발 전략을 반드시 활용할 것과 발표 예상 시간 등을 안내한다. 이를 통해 동기유발의 중요성을 체득하고 각자의 동기유발 레퍼토리를 확장해 나갈 것을 권장한다.

끝으로 지금까지 언급한 내용에 관한 질문이나 건의 사항이 있으면 이야기하도록 하고, "시작이 반이다.(A good beginning is half the battle.)"라는 격언과 함께 다음 주에 새로운 모습으로 다시 만날 것을 기약하고 첫 수업을 마쳤다.

04 마지막 학기 종강

퇴임 전 마지막 학기 창의적 체험활동 교육론 종강 수업을 이렇게 했다. 먼저 개강 첫 시간에 약속한 대로 학생들이 경험했던 創意的 體驗活動 敎育論을 제목으로 한 사전검사를 각자에게 돌려주었다. 사전검사를 보고 학기 초와 학기 말에 변화된 점을 잠시 되돌아보게 했다. 그리고 매주 수업 시작 때 했던 것처럼 ice breaking 활동으로 영어 동요와 "나는 교사다"라는 제목의 유인물을 나누어 주었다. 영어 동요는 다음 주부터 있을 교육실습과 장차 교단생활을 하면서 필요할 때 잘 활용하도록 안내했다.

Row, Row, row, row your boat
Gently down the stream
Merrily, merrily, merrily, merrily
Life is but a dream.

흔히 인생을 항해에 비유하곤 한다. 학생들에게 각자 어떤 배를 타고 항해하고 있는지를 생각해 보게 했다. 인생은 일장춘몽에 불과한 것, 힘들거나 어렵다고 비관적으로 살지 말고, 순풍에 돛 단 듯이 즐겁고, 기쁘고, 신나고, 유쾌하게 살자는 멋진 노랫말이다. 학생들이 어릴 적 불렀던 동요 "리리리자로 끝나는 말은 개나리 보따리 대싸리 소쿠리 유리 항아리"는 이 곡의 노랫말을 우리말로 개사한 것이다. 자신은 물론 장차 교단에서 만나게 될 학생들에게도 인생을 즐겁게 살도록 안내하자는 의미를 전했다. 이어서 아래 영어 동요를 소개했다.

I'm so happy, I'm so happy.
I'm so happy, happy all the time.
I'm so happy, I'm so happy.
I'm so happy, happy all the time.
I'm so happy, I'm so happy.
I'm so happy, happy all the time.

이 동요에 윤석중이 "주먹 쥐고 손을 펴서 손뼉 치고 주먹 쥐고 또다시 펴서 손뼉 치고 두 손을 머리 위에 해님이 반짝 해님이 반짝 해님이 반짝 반짝거려요"라는 가사를 붙였다. 역시 어릴 적 많이 불렀던 어린이 동요다. 앞의 동요와 마찬가지로 교사와 학생들이 늘 행복한 삶을 살자는 의미를 담고 있다.

다음으로 한 학기 동안 수업 내용을 간략히 요약했다. 창의적 체험활동의 기초로 교육의 개념과 교육학의 구조 속에서 교육과정과 창의적 체험활동의 위상을 상기시켰다. 장차 교단생활을 하면서 맹자의 진심장에 등장하는 군자의 세 가지 즐거움을 만끽할 것을 권장했다. 이어서 동서양의 창의적 체험활동의 역사적 배경을 통해 교과와 교과 외 활동이 분과와 상관, 협력의 단계를 거쳐 현재와 같은 통합의 단계에 이르렀음을 온고지신(溫故知新)과 법고창신(法故創新)의 관점에서 강조했다. 창의적 체험활동의 철학적 기초로 루소의 자연주의와 듀이의 진보주의, 피아제와 비고츠키의 구성주의를, 심리학적 기초로 다중지능과 감성지능, 창의성과 각종 발달 이론을 상기했다. "이론 없는 실제는 맹목이고, 실제 없는 이론은 공허하다."라는 구절을 인용해 이론과 실제와의 관련성이 중요함을 강조했다.

정규 교육과정에 포함된 창의적 체험활동과 정규 과정은 아니지만 과도한 사교육비 경감과 교육의 부익부 빈익빈 해소, 학교의 지역사회 교육 기능 강화를 위해 초, 중등학교 현장에서 이루어지고 있는 방과후학교(after school)가 상극이 아닌 상생의 관점에서 시너지 효과를 발휘할 것을 상기했다. 서양의 미국과 영국, 독일, 프랑스, 핀란드, 스위스, 동양의 일본과 중국의 교과 외 활동이 우리나라의 창의적 체험활동에 미치는 시사점을 타산지석(他山之石)의 관점에서 교훈 삼게 했다.

2015 개정 교육과정과 2022 개정 창의적 체험활동 교육과정의 성격과 목표, 내용 체계와 평가 그리고 창의적 체험활동의 편성, 운영, 지원을 상기하게 했다. 2015 개정 창의적 체험활동 교육과정의 자율활동, 동아리활동, 봉사활동, 진로활동의 4대 영역과 2022 개정 창의적 체험활동 교육과정의 자율·자치활동, 동아리활동, 진로활동의 3대 영역을 다루었다. 학기 초에 제출한 "창의적 체험활동 교육과 관련된 학교 현장 실태 조사"와 이에 근거해 "창의적 체험활동의 영역 중 자신이 선호하는 영역과 하위 활동에서 주제를 선정해 구체적인 활동 계획안을 개발"하는 과제를 분류해서 각 활동을 다룰 때 해당 활동 과제를 한 학생들을 참여시켰다. 그리고 세월호 참사를 계기로 2015 개정 교육과정에서 창의적 체험활동에 시간이 배정된 "안전한 생활"을 통해 안전교육의 중요성을 강조했다.

그리고 제인 블루스틴의 『내 안의 빛나는 1%를 믿어준 사람』 중에서 "나는 교사다"라는 구절을 인용하고 학생들과 의미를 소통했다.

나는 교사다
교사는 누군가를 이끌어주는 사람이다.
여기엔 마법이 있을 수 없다.
나는 물위를 걸을 수 없으며, 바다를 가를 수도 없다.
다만 아이들을 사랑할 뿐이다.

Love is the best remedy. 교직에서도 사랑이 최선의 방책임을 사랑의 묘약을 통해 강조했다. 끝으로 사전검사에 제시된 1992년 미국 교사상을 수상한 토마스 플레밍의 수상 소감을 소개했다. "나는 신체적, 정신적으로 힘든 일을 마다하지 않고 학생들의 마음을 계발하는데 흥미를 지닌 사람들에게 교직을 권하고 싶다. 교사에게 주어진 커다란 책임감과 헌신적인 교사에게 주어지는 존경심은 교단생활을 통해서만 알 수 있다. 나는 한 아이가 다가와서 '선생님, 훌륭해요'라고 말할 때 느낄 수 있는 것보다 더 큰 명예는 없다고 생각한다."

교직은 세속에서 추구하는 부와 권력과 명예를 얻는 직종과는 거리가 멀다. 하지만 학생들로부터 존경받는 명예는 다른 무엇과도 비교할 수 없다. 장차 교단에 진출해서 플레밍 선생님처럼 학생들로부터 존경받는 훌륭한 교사가 되기를 당부하며 강의를 마쳤다. 학생들이 박수로 화답했다. 이어서 오픈 북 방식으로 아래와 같은 기말고사를 치렀다. 학생들에게는 학점이나 성적에 연연하기보다는 한 학기 동안 공부한 내용을 복습하고 정리하면서 자기화하는 경험이 더 중요함을 강조했다.

> 창의적 체험활동을 주제로 한 교사 연수회에서 자신이 특강 강사라고 전제한 다음,
>
> 1. 4차 산업혁명 시대의 초등학교 교사로서 자신의 교육관을 밝히고, 초등학교에서 창의적 체험활동의 필요성과 자신의 수업 관점을 진술하시오.
> 2. 2015 개정 창의적 체험활동 교육과정의 4대 영역 또는 2022 개정 창의적 체험활동 교육과정의 3대 영역 중 자신이 선호하는 영역에서 구체적인 활동을 선정하여, 선정 이유와 운영 계획을 목표와 내용, 방법과 평가의 측면에서 제시하고 창의적 체험활동의 철학적 배경과 관련지어 설명하시오.

하루일과를 마치고 아들을 픽업해 귀가하는 도중, 아내가 딸아이가 와 있다며 가족 외식을 제안했다. 뷔페식당에서 저녁 식사를 함께하고 집에 들어오자, 멋진 꽃다발과 케이크가 준비돼 있었다. 퇴임 전 마지막 강의를 기념해 마련했다고 한다. 전혀 예상치 못한 이벤트였다. 비로소 퇴임이 다가왔음을 실감했다.

* 마침 한 학생이 기말고사 답안지에 이런 글을 남겨 두었다.

> 한 학기 동안 교수님 수업을 들으며, “내가 교사가 되었을 때 학생들에게 어떤 재미난 활동을 해줄 수 있을까?” 하는 행복한 상상을 할 수 있었습니다. 교수님 수업 덕분에 저의 교직 생활이 무척이나 기대되고 설렙니다 ˇoˇo 저도 나중에 교수님처럼 학생들에게 긍정적인 에너지

를 주는 교사가 되고 싶습니다. 언젠가 수업 중에 교수님께서 이번 학기가 퇴임 전 마지막 학기라는 걸 들었습니다. 고작 4년 다닌 저도 올해가 마지막이라니 시원섭섭한데 저보다도 훨씬 더, 제가 태어나기도 전에 ㅎㅎ 대구교대에 오셔서 떠나시는 교수님의 심정은 어떠실까요? 모든 일에는 끝이 있기에 아름답고, 끝이 와야 새로운 시작이 있는 것 같습니다 ˇoˇo 저도 누군가의 교육자가 될 사람으로서 교수님을 존경합니다. 교수님의 새로운 봄날을 응원합니다.

국어교육과 김○○ 올림

05 마지막 교육실습 참관

2024년 6월 11일 퇴임 전 마지막 교육실습 공개 수업을 참관했다. 수업과 실무를 겸하는 4학년 교육실습으로 남대구초등학교 2학년 1반 바른생활과 수업이었다. 4개 학과의 8명(윤리과 3, 수학과 1, 특수·통합 1, 교육학과 3명)의 교수가 참관해서 지금까지 참관한 공개 수업 중 가장 많은 학과의 교수들이 참석했다. 교장 선생님은 출장 중이어서 교감 선생님이 대신 안내했다.

10시 20분 본관 3층에 있는 2학년 1반 교실에서 수업이 시작됐다. 공개 수업 실습생은 김○○ 교생, 지도교사는 정○○ 선생님이었다. "세계 속으로 출발" 단원 중 "서로 다른 문화를 존중하고 이해한다."가 본시 주제, 성취기준은 "차이나 다양성을 서로 존중하며 생활한다."이었다. 세계 여러 나라의 문화가 다양하다는 것을 안다(지식·이해), 다른 나라의 다양한 문화를 살펴보고 탐구할 수 있다(과정·기능), 다른 나라의 문화를 존중하는 태도를 갖는다(가치·태도)는 3개의 학습목표가 제시됐다. 학습 단계는 탐구 문제의 확인(5분), 탐구 활동 전개(15분), 모범적인 행동과 근거(15분), 실천 동기 부여 및 확대 적용하기(5분) 순으로 구성됐다.

공개 수업 실습생은 "나 혼자 산다" TV 프로그램에 출연한 기안 84가 인도 여행 중 오른손으로 밥을 먹는 동영상을 보여주고 느낀 점을 이야기하도록 하며 수업을 시작했다. 공부할 문제로 "다른 나라 문화를 대하는 태도를 알아봅시다."를 제시하고, 활동 1 "다른 나라의 다양한 문화 알아보기", 활동 2 "다른 나라 문화를 대하는 태도 이야기 나누기" 순으로 수업을 진행했다. 정리 활동으로 이번 시간을 통해 알게 된 점이나 깨달은 점을 이야기하며 스스로 평가하게 했다. 끝으로 다음 시간에는 세계의 명절을 공부하겠다고 예고하고 수업을 마쳤다.

곧바로 자리를 옮겨 수업 평가 시간을 가졌다. 교육실습생 대표가 사회를 맡았다. 지도교사 강평, 공개 수업 진행자의 자기평가, 1~6학년 실습생 대표의 동료평가, 참관 교수 지도 조언 순으로 진행됐다. 지도교사는 수업 진행자와의 수업 준비 과정을 구체적으로 설명하고, 이 자리에 학부 때 강의를 들었던 교수님이 참석해서 학창 시절 생각이 난다고 했다. 수업 진행자는 시간에 쫓겨 마무리를 제대로 하지 못한 아쉬움을 토로했다. 1~6학년 실습생 대표들은 동료의 수업에 대해 잘된 점과 개선점을 중심으로 의견을 개진했다. 참관 교수들은 존중과 편견 등의 개념이 2학년 학생들에게 적합한지, 다문화 이해는 역지사지의 관점에서 접근하는 것이 바람직하다는 점, 수업 준비의 중요성, 그리고 2022 개정 교육과정에서 강조하는 개념 중심 수업의 의미 등에 대해 조언했다.

끝 순서로 발언하게 되어 "마침 윤리과 최○○ 교수님이 부임 후 첫 교육실습 참관이라고 했는데, 저는 이번이 퇴임 전 마지막 참관으로 오늘 공개 수업과 평가회를 보니 참석하기를 정말 잘한 것 같다."라고 하자 참석한 교생들이 와 하고 응대했다. 공개 수업을 한 교생이 마지막 학기 창의적 체험활동 교육론을 수강한 학생이어서 더욱 의미가 있었다.

이어서 앞서 언급되지 않은 부분을 중심으로 조언했다. 먼저 단원 설계 의도와 교육과정 분석, 학생 실태 분석, 단원 지도와 평가 계획, 본시 교수・학습 계획이 일관성 있게 잘 구성돼 있음을 칭찬했다. 수업 진행자의 목소리 크기와 빠르기 등 수업 전달력에 큰 장점이 있음을 칭찬하고 동영상과 실물 화상기, 그림과 카드 등 다양한 매체를 활용한 점을 맥루한이 강조한 Medium is message (매체가 곧 메시지다)와 함께 언급했다.

23명(남 16, 여 8명 중 1명 결석)의 학생들이 4명씩 조를 이뤄 6개 모둠으로 구성됐다. 하지만 남학생만으로 구성된 모둠 2개, 여학생 3명 남학생 1명 모둠 1개, 남학생 2명 여학생 2명 모둠 2개, 남학생 3명으로 구성된 모둠 1개로 편성돼 여학생들을 각 모둠에 고루 배치할 것을 제안했다. 수업 중 여러 번 발표한 학생들이 있는 반면 한 번도 발표하지 않은 학생도 있어 발표 기회를 고루 제공할 것을 조언했다. 학생들이 활동할 동안 가까이 다가가 궤간 순시를 하는 것은 좋았으나, 팔짱을 자주 끼는 자세는 지양할 것을 권장했다.

끝으로 교대생들이 일선 현장에 실습을 오면 교대에서 배운 것들이 별로 쓸모가 없다는 이야기들을 많이 하는데 실은 전혀 그렇지 않음을 소통했다. "이론 없는 실제는 맹목이고, 실제 없는 이론은 공허하다"라는 표현처럼 교대에서 배운 이론을 학교 현장의 실제와 잘 연계하는 것이 매우 중요함을 강조했다.

학교로 돌아오는 길에 같은 과 임○○ 교수에게 퇴임 전에 연구실에 있는 책 중에서 혹시 참고할 만한 것이 있으면 가져가도 된다고 했다. 임 교수가 지금 바로 가도 되느냐고 해서 연구실에 함께 와 임 교수 관심 분야인 교육과정과 통합교과 관련 책들을 골랐다. 그중 일부는 임 교수가 직접 들고 가고, 테이블 위에 올려 둔 나머지 책들은 근로학생을 시켜 옮기겠다고 했다. 오후에는 학부에 강사로 출강하는 김○○ 선생이 방문했다. 오늘 기말시험을 치르고 퇴임 전에 혹시 도와드릴 일이 있을까 해서 인사차 찾아왔다고 했다. 마음은 고맙지만 딱히 도와줄 일은 없고, 연구실에 있는 서적 중에서 필요한 것이 있으면 가져가서 잘 사용하는 것이 도와주는 일이라고 했다. 마지막 교육실습을 참관하고 후배 교수에게 연구실에 있는 책들을 전하며 퇴임이 다가왔음을 다시금 실감한 날이었다.

06 매력 있는 수업을 위하여

말을 데리고 물가에까지 갈 수는 있으나, 강제로 물을 마시게 할 수는 없다. 교육계의 금언이다. 가르치고 배우는 과정도 마찬가지다. 재미없는 수업은 학생들이 외면한다. 일방적인 강의와 지시, 명령, 권위를 통한 주입식 수업은 더 이상 시대정신에 맞지 않는다. 학생들이 수동적으로 듣고 따라가기에 급급하다 이내 흥미를 잃게 되기 때문이다. 재미없는 영화나 드라마가 실패하는 이유도 여기에 있다. 언어 장벽에도 불구하고 지구촌이 K팝과 K드라마, K푸드를 비롯한 K콘텐츠와 K컬처에 열광하는 것은 매력적이기 때문이다.

전통적인 교육은 효과성(effectiveness)과 효율성(efficiency)에 중점을 두었다. 하지만 효과성과 효율성은 학습자보다는 가르치는 사람의 주된 관심사였다. 효과성을 강조하다 보면 시간과 노력, 비용이 소요되고, 효율성을 강조하다 보면 윤리와 도덕적 측면에서 자칫 학습자가 소외될 수 있다. 효과성과 효율성의 책임은 교사가 아닌 학습자에게 있는 것으로 보았다. 학습자의 관점에서는 효과와 효율보다 자신에게 와 닿는 매력성(appealing)이 더 중요하다. 이는 학습자들의 연령이나 학교급 별에 상관없이 모든 학습자에게 동일하다.

매력적인 수업을 위해서는 학생들의 능동적, 적극적 참여가 필수적이다. 동기는 학습 행동을 유발하는 촉매 역할을 한다. 학습 동기와 학습 의욕을 고취하여 생동감 있는 학습 분위기를 마련해 주어야 한다. 학생들에게 와 닿는 매력적인 환경 속에서 학습의 주인공으로 주체적으로 참여하여 목표를 성취할 수 있게 해야 한다. 구성주의 교육에서 강조하는 교사의 권한이양(empowerment)과 학습자 중심 수업도 이와 같은 맥락이다.

지금까지 많은 이론가들이 동기유발의 중요성을 강조해 왔다. 하지만 대부분 동기유발을 수업 과정의 일부로만 강조했다. 반면 켈러는 기존의 동기 관련 연구를 종합해 수업 과정 전반에 걸친 동기유발의 중요성을 강조하고 흥미, 관련성, 기대감, 만족감으로 구성되는 네 가지 동기유발 전략을 제안했다. 그 후 흥미를 주의집중, 기대감을 자신감으로 변경해 주의집중(attention), 관련성(relevance), 자신감(confidence), 만족감(satisfaction)의 네 요소로 제시하고, 이들 요소의 첫 글자를 따서 ARCS 모형이라 명명했다. 그리고 의도와 행동 통제 그리고 정보처리를 통합해 동기유발과 자발성, 수행을 중심으로 한 MVP(Motivation-Volition-Performance) 이론으로 확장했다.

또한 ARCS 모형에 포함된 네 가지 범주의 동기유발 역동성이 서로 분리되어 학습과 수행에 영향을 미치는 것이 아니라 상호작용한다고 주장하며, 기존의 ARCS 모형에 자발성(volition)을 추가해서 ARCS-V 모형을 제안했다. 최근에는 ARCS-V 모형에 마인드셋(mindset)을 추가한 M-ARCS-V 모형이 소개되고 있다. M-ARCS-V 모형은 마인드셋(mindset), 주의집중(attention), 관련성(relevance), 자신감(confidence), 만족감(satisfaction), 자발성(volition)의 여섯 가지 범주로 구성된다.

마인드셋(mindset)은 넓게는 한 사람의 세계관(worldview)이나 생의 철학(philosophy of life), 좁게는 주어진 과제에 반응하여 활성화되는 인지과정을 의미한다. 스탠포드대학교 심리학과 교수 드웩은 사람들이 지능을 어떻게 보고 있는지, 능력이 어디에서 오는지를 탐구하여 "고정"(fixed) 마인드셋과 "성장"(growth) 마인드셋으로 구분했다. 자신의 성공과 능력이 열심히 노력한 결과라고 믿는 사람은 성장 마인드셋, 자신이 제한된 능력을 가졌다고 믿는 사람은 고정 마인드셋을 가진 것으로 보았다. 성장 마인드셋을 가진 사람들은 난관이 있더라도 이를 극복하기 위해 계속 노력하는 경향이 있다. 반면 고정 마인드셋을 가진 사람들은 실패가 자신의 능력 부족에 있다고 생각하기 때문에, 실패를 두려워하는 경향이 있다. 효과적인 교수자는 교수·학습 과정 전반에 걸쳐 자신과 학생들의 행동을 이끌어갈 수 있다는 긍정적인 마인드셋을 가지고 있다.

학생들이 평생 학습자로서 학습을 평생 동안 추구해야 할 소중한 가치로 생각하도록 고무해서 성장 마인드셋을 개발하도록 도와주어야 한다.

주의집중(attention)은 학습자의 주의나 호기심이 유발되는지, 유발된 호기심이 시간이 지나도 지속되는지를 말한다. 주의집중은 지각적 각성과 탐구적 각성, 다양성의 세 가지 하위 요인으로 구성된다. 호기심이 강한 학습자는 자신의 주변 환경을 면밀하게 검토하며, 새롭고 낯설거나 신기한 요소들을 추구하거나 이에 적극적으로 반응한다. 호기심과 주의집중은 현 상태에서 급격한 변화가 일어날 때 유발된다. 호기심을 증가시키기 위해서는 참신하거나 갈등을 일으키는 또는 역설적인 사건을 활용할 수 있다. 감정적인 요소를 개입할 수 있는 일화를 도입할 수도 있다. 이미 알고 있거나 믿고 있는 것에 대해 능력과 흥미 수준에 맞추어 더 많은 것을 학습할 기회를 제공해 주는 것도 바람직하다. 주의집중과 호기심을 유발하고 계속 유지하는 효과적인 방안으로 창의적 문제 해결법을 활용해 낯선 것은 친숙한 것으로, 친숙한 것은 낯선 것으로 유추하게 함으로써 이미 알고 있는 지식과 기능을 새로운 것으로 통합할 수 있게 한다. 학습자 스스로 질문을 제기하도록 하거나 탐구 또는 발견의 과정을 안내해 주거나, 시청각 효과를 비롯한 지각적 각성과 수업자료를 다양하게 하는 전략 등을 들 수 있다.

관련성(relevance)은 왜 이것을 공부해야 하는가에 관해 학생들과 소통하는 것이 핵심이다. 수업을 학습자의 요구와 동기에 결부시키는 것으로 목표 지향, 동기와 부합, 친밀성의 세 가지 하위 요인으로 구성된다. 현재의 학습이 앞으로의 일들을 수행하는 데 도움이 된다는 것을 인식시키거나, 학습 그 자체에서 즐거움과 가치를 찾도록 하거나, 학습의 결과보다 학습의 과정에 초점을 맞추도록 하는 것이 바람직하다. 학습의 과정이 개별 학습자의 흥미나 요구에 적합하게 전개되어 왜 이것을 공부해야 하는가에 대한 관련성을 인식할 때, 학습 동기가 유발되고 생동감 있는 분위기를 조성할 수 있다. 관련성 증진을 위한 방안으로 친밀한 인물이나 예문 또는 사건을 활용하거나, 실용성에 중점을 둔 목표제시, 목표의 선택 가능성 부여, 다양한 수준의 목표제시, 비경쟁적 협동적 학습 상황 제시 등을 들 수 있다.

자신감(confidence)은 동기를 유발하고 유지하기 위해서는 학습의 흥미와 필요에 덧붙여 성공에 대한 자신감을 가져야 한다는 것이다. 자신감은 학습 요건, 성공 기회, 개인적 통제의 세 가지 하위 요인으로 구성된다. 개인의 동기는 성공에 대한 기대감이 증가할수록 높아진다. 이는 자아효능감(self-efficacy)과도 관련된 것으로 사람들은 어떤 일을 할 때 그 일에 대한 성공에 대한 확신이 있을 때, 더 잘하려고 노력하고 그 결과 실제 성공률도 높아진다. 자신감을 고취하기 위해서는 수업의 목표와 구조 제시, 평가 기준 및 피드백 제공, 선행학습 능력의 판단 등의 학습에 필요한 조건 제시 전략, 쉬운 것에서 어려운 순으로 과제 제시, 적정 수준의 난이도 유지, 다양한 수준의 출발점 제공 등의 성공에 대한 기회 제시 전략, 학습 속도의 조절 등의 개인적 조절감 증대의 전략들이 제안되고 있다. 또한 교수자 입장에서 학생에 대한 긍정적 기대를 하는 자기충족적 예언(self-fulfillment prophecy)도 학생의 자신감 고취에 기여할 수 있다. 헬렌 켈러의 참 스승인 앤 설리번의 경우가 훌륭한 사례가 될 수 있다. 또한 널리 인용되고 있는 He can do, she can do. Why not me? (그도 할 수 있고, 그녀도 할 수 있는데, 나 또한 못할 게 뭐냐?) 라는 표현도 학생들의 자신감 고취에 유용하게 활용할 수 있다.

만족감(satisfaction)은 학습자가 스스로 열심히 노력한 결과가 원래의 기대와 일치하고 이에 만족할 때, 후속 학습에 대한 동기가 지속적으로 유발되고 유지됨으로써 학습에 도움을 줄 수 있다는 개념이다. 만족감은 내재적 보상, 외재적 보상, 공정성의 세 가지 하위 요인으로 구성된다. 만족감에 영향을 미치는 요소는 내적 보상과 외적 보상이 있다. 내적 보상은 성취감, 발견의 기쁨, 보람 등 학업 수행 과정과 결과에 대한 학습자 자신의 평가를 말하며, 외적 보상은 강화와 피드백을 비롯한 외부에서 주어지는 요인을 말한다. 만족감을 증진하기 위해서는 학습자가 새로 습득한 지식이나 기능을 실제로 적용해 볼 수 있는 연습 또는 모의 상황을 제시하는 내적 동기유발 방략과 바람직한 행동을 계속 유지하기 위하여 성공적인 학습 결과에 대해 언어적 칭찬과 정보를 제공하는 긍정적 피드백이나 보상을 활용하는 외적 동기유발 전략 그리고 수업목표와 내용의 일관성 유지, 연습과 시험 내용의 일치 등 학습자의 학업 수행에 대한 판단을 공정하게 함으로써 만족감을 높이고 성공에 대한 보상이나 기타의 강화를 기대한 대로 시행하는 공정성 전략 등이 제안되고 있다.

M-ARCS-V 모형의 마지막 범주인 자발성(volition)은 켈러가 ARCS 모형에 자발성을 추가해서 제시한 ARCS-V 모형에 포함됐다. 켈러 자신도 구체적인 전략을 제시하지 않아 향후 많은 연구가 이루어져야 할 범주이다. 나카지마 외(2013)는 켈러가 MVP 모형에서 자발성 개념의 주요 요소로 사전 행동 계획과 관련된 실행 의지, 행동과 관련된 행동 통제 그리고 정신적 자원 관리와 관련된 자기 조절로 설명한 것에 근거해 실행 의지, 적합한 자기 통제, 자기 점검을 ARCS-V 모형에 포함된 자발성의 하위 요인으로 선정했다.

M-ARCS-V 모형은 첫째 학습자들이 성공 마인드셋을 통해 학습동기를 활성화해서, 둘째 학습활동에 주의를 집중하게 하고, 셋째 수업목표를 학습자의 실생활이나 경험과 관련시키고, 넷째 학습 과정에 자신감 있게 참여해, 다섯째 성공의 기쁨을 통한 만족감과 여섯째 이를 통한 자발성을 강화함으로써 동기를 지속적으로 유지하는 선순환 과정을 통해 수업의 효과와 효율은 물론 수업의 매력을 고양하려는 동기설계 모형이다.

M-ARCS-V 모형의 여섯 가지 범주와 하위 요인들은 동기유발 전략과 수업설계 이론과 모형을 통합해서 학습자 중심의 매력적인 학습 분위기를 조성할 수 있게 해준다. M-ARCS-V 모형은 유치원과 초중등은 물론 대학과 평생교육에 이르기까지 모든 분야의 수업에 적용할 수 있는 통합적인 동기설계 모형이다. M-ARCS-V 동기설계 모형과 4차 산업혁명 시대 최첨단 테크놀로지를 체계적으로 통합하여 학습자의 학습 동기를 유발하는 매력적인 수업을 창출하여 학습의 효과와 효율을 높일 수 있을 것으로 기대된다.

이상 M-ARCS-V 모형에 따른 동기유발 전략 설계를 위한 범주별 자기 분석과 학습자 분석표는 다음과 같다.

M-ARCS-V 동기유발 전략 설계를 위한 범주별 분석표

범주	교수자의 자기 분석	교수자의 학습자 분석
마인드셋	내가 이 수업을 성공적으로 잘할 수 있는 마인드셋을 가지고 있는가?	학습자들이 이 수업을 통해 성공할 수 있다는 마인드셋을 가지고 있는가?
주의집중	내가 이 학습 경험에 흥미를 가지고 있는가, 이 학습 경험을 어떻게 재미있게 할 것인가?	학습자들이 재미가 있어 할 것인가? 어떤 기법이 그들의 호기심과 흥미를 자극할 것인가?
관련성	이 학습 경험이 학습자들에게 가치가 있다고 믿는가?	학습자들이 이 학습 경험이 가치가 있다고 믿는가? 학습자들이 이 학습 경험이 중요하다고 믿도록 돕기 위하여 어떻게 할 것인가?
자신감	이 학습 경험을 효과적으로 재미있게 이끌어갈 능력에 자신감이 있는가?	학습자들이 이를 학습하는 능력에 자신감을 지니고 있는가? 학습자들이 자신감을 가지도록 어떻게 도와줄 것인가?
만족감	이 학습 경험에 긍정적인 느낌을 가질 것으로 기대하고 있는가?	학습자들이 자기의 경험을 의미 있게 느끼고 지속해서 학습하도록 어떻게 도와줄 것인가?
자발성	이 학습 경험 전반에 걸쳐 학습자들을 효과적으로 지도하고 지원할 것인가?	이 학습 경험 전반에 걸쳐 학습자들이 목표를 지향하고 과제에 초점을 유지하도록 어떻게 도와줄 것인가?

조영남(2022). 매력적인 수업을 위한 M-ARCS-V 동기설계 모형. 교육학논총, 43, 1-21 중에서

07 동기유발 포트폴리오

가르치고 배우는 과정에서 동기유발의 중요성은 아무리 강조해도 지나치지 않다. 매력적인 수업을 위해서는 자신만의 동기유발 포트폴리오가 필요하다. 동기유발 아이디어는 학생들이 좋아하는 유튜브 쇼츠를 비롯한 동영상과 웹툰, 영화, 시사, 교훈, 유머, 노래, 퀴즈, 심리검사 등 무궁무진하다. 강의 주제나 목표와 관련된 동기유발은 금상첨화다. 주제와 직접 관련되지 않더라도 동기유발 그 자체만으로도 학습을 촉진하는 효과가 있다. 학생들이 발표의 주인공이 될 때도, 동기유발 또는 ice breaking 활동을 적극 권장한다. 저자가 즐겨 사용하는 동기유발 포트폴리오는 다음과 같다.

학습 피라미드

미국 국립행동과학연구소에서 연구한 학습 피라미드(Learning Pyramid) 그림을 제시하고 학생들에게 의미를 해석하게 한다. 교수 방법에 따른 기억률을 피라미드 모양으로 제시한 자료다. 강의(5%), 읽기(10%), 시청각(20%), 시연(30%) 등의 수동적인 교수 방법은 기억률이 상대적으로 낮다. 반면 집단토론(50%), 연습(75%), 가르치기(90%) 등의 능동적 교수 방법은 기억률이 높다. 교수자보다 학습자 중심 수업이 바람직함을 보여준다. 수업 과정에서 평생 학습자로서 학생들이 주인공이 되어 자기 주도적으로 학습할 것을 강조한다.

가장 훌륭한 순간

> 삶의 가장 훌륭한 순간은 당신이 순수할 때, 당신 자신이 참모습으로 있을 때이다. 당신 스스로 만든 작품 속에 있을 때, 그리고 하고자 하는 일을 하고 있을 때 당신은 본래의 모습이 된다. 그 순간 당신은 생각하지 않고 표현하고 있다. 당신의 감정들이 자연스레 우러나오고 기분이 좋아진다.
>
> 『내가 말을 배우기 전 세상은 아름다웠다』(돈 미겔 루이스) 중에서

먼저 학생들에게 지금까지 살아오면서 가장 소중하거나 의미 있고 훌륭한 순간이 언제였는지, 왜 그렇게 생각하는지 질문한 다음 이 구절을 인용한다. 자신에게 어떤 모습이 참모습인지 생각해 보게 한다. 학생들이 매시간 최선을 다해 수업에 참여하는 것 역시 가장 훌륭한 순간 중의 일부임을 소통한다.

인생을 완성하는 여덟 가지 맛

> 음식에서만 맛이 느낄 수 있는 것이 아니다. 인생에도 맛이 있다. 인생의 참맛을 아는 사람은 인생의 즐거움을 누리는 사람이다. 삶을 살아가면서 음식미, 직업미, 풍류미, 관계미, 봉사미, 학습미, 건강미, 인간미의 8가지 맛을 느낄 수 있다. 인생의 맛 '인생팔미'(人生八味)는 높은 자리에 있거나 많은 재산을 소유하고 있다고 하여 얻어지는 것이 아니다. 인생의 참맛을 느끼며 사는 인생팔미 생각을 바꾸고 관점을 바꾸면 우리의 일상적인 삶 속에서 얼마든지 찾아 느낄 수 있다. 인생의 참맛은 평범한 일상에 있다.
>
> 『3분 고전』(박재희) 중에서

학생들에게 음식을 통해 느낄 수 있는 맛의 종류에 대해 질문한 다음, 인생을 살아가면서 느낄 수 있는 여덟 가지 맛에 대한 학생들의 생각을 공유하고 교단 생활을 하는 동안 인생의 참맛을 느끼며 즐겁게 살 것을 장려한다.

영화흥행 순위

우리나라에서 상영된 영화 중 천만 관객을 돌파한 영화 리스트를 제시한다. 학생들이 감명 깊게 본 영화나 보고 싶은 영화를 소개하도록 한 다음, 주제와 관련해서 의미를 소통한다. 예컨대 한국 영화 최초로 천만 관객을 돌파한 '실미도'(2003년)가 2차 교육과정 부분 개정과 '태극기 휘날리며'(2004년)가 1차 교육과정, 서울의 봄(2023년)과 '택시 운전사'(2017년)는 4차 교육과정과 결부되어 있음을 안내한다. 2024년 8월 현재 천만 관객을 돌파한 영화는 1위인 명량을 비롯하여 33편이다. 이중 국내 영화가 24편, 해외 영화가 9편이다. 동아리 활동과 결부해 학생들의 영화와 시나리오에 관한 관심을 자극한다.

정신건강을 지켜줄 10가지 수칙

대한정신의학회에서 제안한 "긍정적으로 세상을 본다, 감사하는 마음으로 산다, 반갑게 마음이 담긴 인사를 한다, 하루 세 끼 맛있게 천천히 먹는다, 상대의 입장에서 생각해 본다, 누구라도 칭찬한다, 약속 시간에 여유 있게 가서 기다린다, 일부러라도 웃는 표정을 짓는다, 원칙대로 정직하게 산다, 때로는 손해 볼 줄도 알아야 한다"의 10가지 수칙 각각에 대한 학생들의 의견을 묻고 sound body, sound mind 몸과 마음 건강의 중요성을 강조한다.

노벨문학상 역대 수상자 명단

2차 세계대전 후 역대 노벨문학상 수상자와 대표작 리스트를 나누어주고, 학생들이 읽어보았거나 읽어보고 싶은 작가와 작품, 영화로 만들어진 작품 등을 선정하게 한다. 일본과 중국의 수상자를 확인하게 하고 우리나라 작가 중에서 선정 가능성이 높은 작가와 작품을 예상해 보게 한다. 노벨문학상과 함께 세계 3대 문학상인 영국의 맨부커상과 프랑스의 콩쿠르문학상도 소개한다.

간편 다중지능 검사

간편 다중지능 검사를 실시해 자신의 강점 지능과 약점 지능을 확인하게 한다. 검사 결과를 발표하게 해서 학생들 상호 간의 공감 여부를 소통한다. 교직에 진출하여 매년 다중지능 검사를 해서 학생들의 강점 지능과 약점 지능을 파악하고 이에 맞게 교과와 창의적 체험활동을 지도할 것을 적극 권장한다.

하버드대학교 도서관에 붙어 있는 명문 30훈

하버드대학교 도서관에 붙어 있는 명문 30훈을 제시하고 학생들에게 마음에 드는 것 3개와 마음에 들지 않는 것 3개를 선정하게 한 다음, 선정 이유에 대해 발표하게 한다. 영화 "하버드대학의 공부벌레들"(The Paper Chase)을 소개하고 지나친 학벌주의와 과도한 교육열에 대한 의견을 소통한다.

빌 게이츠의 성공 비결 7

세계적인 부호이자 자선사업가인 빌 게이츠의 꿈(비전과 목표), 끼(재능), 꾀(전략), 끈(인적 네트워크), 깡(과감한 도전), 꼴(이미지 관리), 끈(근성)의 7가지 성공 비결이 학생들에게 주는 교훈을 소개한다. 장차 교단에서 빌 게이츠의 성공 비결을 통해 학생들이 자신의 꿈과 비전, 끼와 꾀 등을 잘 실천해서 인생을 즐겁고 행복하게 살 수 있도록 조언한다.

힘: 삶을 바꿀 수 있는 힘, 바로 내 안에 있다

틱낫한 스님의 『힘: 삶을 바꿀 수 있는 힘, 바로 내 안에 있다』 구절을 인용해서 남과 비교하거나 남의 탓을 할 것이 아니라, 내 인생의 주인공인 내가 무엇을 희망하고 내 마음속에 무엇이 잠재되어 있는지, 가능성은 무엇인지, 꿈을 이루기 위해서는 어떻게 해야 할지에 관심을 가지도록 자극한다.

생각을 조심하라

마가렛 대처의 명언 "생각을 조심하라. 그것이 너의 말이 된다. 말을 조심하라. 그것이 너의 행동이 된다. 행동을 조심하라. 그것이 너의 습관이 된다. 습관을 조심하라. 그것이 너의 인격이 된다. 인격을 조심하라. 그것이 너의 운명이 된다."를 소개하고 예비교사로서 매사에 생각과 행동에 신중할 것을 강조한다.

인간의 학명

인간의 학명 중 매시간 강의 주제와 관련된 학명을 인용하고 학생들과 의미를 공유한다. 호모 사피엔스(Homo sapiens, 이성적 인간), 호모 파베르(Home faber, 도구적 인간), 호모 에티쿠스(Homo ethicus, 윤리적 인간), 호모 에콜로지쿠스(Homo ecologicus, 생태적 인간), 호모 로퀜스(Homo loquens, 언어적 인간), 호모 아카데미쿠스(Homo academicus, 학문적 인간), 호모 에루디티오(Homo eruditio, 학습하는 인간), 호모 폴리티쿠스(Homo politicus, 정치적 인간), 호모 소키에스(Homo socies, 사회적 인간), 호모 이코노미쿠스(Homo economicus, 경제적 인간), 호모 크레아투라(Homo creatura, 창조적 인간), 호모 루덴스(Homo ludens, 유희적 인간), 호모 무지쿠스(Homo musicus, 음악적 인간), 호모 무비쿠스(Homo movicus, 영화를 즐기는 인간), 호모 모빌리쿠스(Homo mobilicus, 휴대폰을 생활화하는 인간)

간디의 7가지 악덕

간디의 묘비에 새겨진 철학 없는 정치, 도덕 없는 경제, 노동 없는 부, 인격 없는 교육, 인간성 없는 과학, 윤리 없는 쾌락, 헌신 없는 종교의 7가지 사회악을 소개한다. 7가지 악덕에 대한 학생들의 의견을 묻고 교단에서 학생들의 눈높이 맞게 의미를 전달하고 삶의 교훈으로 삼을 것을 권장한다.

상실

천양희의 시 상실 “존재를 잃어버리면 가슴을 잃는 것이다. 가슴을 잃어버리면 자신을 잃는 것이다. 자신을 잃어버리면 세상을 잃는 것이다. 세상을 잃어버리면 인생을 잃는 것이다. 인생은 실패할 때 끝나는 것이 아니라 포기할 때 끝나는 것이다.”를 인용해 쉽게 포기하지 않는 삶을 살아가도록 조언한다.

나는 교사다

> 나는 교사다. 교사는 누군가를 이끌어 주는 사람이다. 여기엔 마법이 있을 수 없다. 나는 물 위를 걸을 수 없으며, 바다를 가를 수도 없다. 다만 아이들을 사랑할 뿐이다.
>
> 『내 안의 빛나는 1%를 믿어준 사람』 (제인 블루스틴) 중에서

학생들에게 자신이 추구하는 교사상에 대해 발표하도록 하고, ‘나는 교사다’에 담긴 교사의 역할과 자질에 대해 소통한다. 대인 관계와 일상생활은 물론 교직에서도 사랑이 최선의 방책(Love is the best remedy)임을 강조한다. 장차 교단에서 사랑을 바탕으로 학생들을 잘 이끌어주고 지켜주는 훌륭한 교사가 되기를 바라는 마음을 전한다.

08 기초학력 신장과 학습자 관

"뿌리 깊은 나무는 바람에 흔들리지 않고, 샘이 깊은 물은 가뭄에 마르지 않는다." 기초와 기본의 중요성을 강조한 경구다. 수신제가 치국평천하(修身齊家 治國平天下), 사상누각(沙上樓閣)이라는 표현도 마찬가지다. 기초의 중요성은 교육은 물론 정치, 경제, 사회, 문화를 비롯한 모든 영역에서 강조되고 있다. 기초의 부실로 인한 심각한 부작용은 새삼 언급할 필요가 없다. 학생들의 기초학력도 예외일 수 없다. 얼마 전 OECD가 전 세계 32개국의 15세 학생들을 대상으로 실시된 학업성취도 비교(PISA)에서 우리나라 학생들이 읽기 분야 6위, 수학 2위, 과학 1위를 차지한 것으로 보고한 바 있다. 또한, 국제교육성취도평가협회(IEA)에서 우리나라를 비롯한 미국, 일본 등 45개국 초 중등 학생들을 대상으로 한 수학과 과학의 학업성취도를 평가한 연구 결과, 수학 성취도의 경우 우리나라의 초등학교 3학년은 1위, 4학년은 2위, 중학생이 2위, 과학은 초등학교 3, 4학년이 1위, 중학생이 3위를 차지한 것으로 나타났다. 그뿐만 아니라 수학 올림피아, 과학 올림피아 등 각종 국제 학력 비교 연구를 통해 우리 학생들의 우수성이 입증된 바 있다.

이러한 결과는 일면 우리 학생들의 우수성과 우리 교육의 자부심을 대변하는 것으로 해석할 수도 있다. 그러나 이를 우리나라 초, 중등 교육 전체 실상에까지 자신 있게 확대 해석할 수 있을까? 초등학교 고학년은 물론 일부 중·고등학생들조차 읽기, 쓰기, 셈하기 등의 기초 기능과 기초학력이 부족하다는 지적이 들리고 있다. 2001년 하반기를 기준으로 읽기, 쓰기, 셈하기 등 기초학력 부진아가 10만 명, 정상적인 지적 능력을 지녔으나 수리 계산이나 문장 이해 등이 잘 안되는 교과 학습 부진 학생이 해마다 1만 명 이상 발생하는 것으로 보고된 바 있다. 점진적인 개선이 이루어지고 있긴 하지만 아직도 다인수 과밀학급(물론 도서나 벽지의 소수 내지 복식 학급도 있긴 하지만), 열악한 교육 환경, 교사의 과중한 업무 부담 등이 우리의 교육 현실을 묘사하는 단골 메뉴이다. 이러한 상황 속에서 우리의 교육이 과연 학생들의 기초학력 신장에 평등하게 기여하고 있는가에 대해서도 신중히 생각해 보아야 한다.

기초학력은 새로운 지식과 정보를 지속적으로 습득하고, 변화에 능동적으로 대처할 수 있는 기본 능력으로, 후속 학습에의 성공 여부는 물론 나아가 한 나라의 교육력을 가늠하는 척도가 된다. 세계 여러 나라에서 교육 개혁의 구호로 기본으로의 복귀(back to basics)를 주창한 것도 기초 교육의 중요성을 강조한 대표적인 경우이다.

기초학력은 관점에 따라 다양하게 정의될 수 있다. 주로 교육을 받는 데 필요한 기초적인 학습 능력, 여러 과제를 학습하는데 공통으로 필요한 일반적인 학습 능력이라는 의미로 사용되나, 좁은 의미에서 특정 교과 영역의 과제를 학습하는데 요구되는 기초적인 능력으로 보는 시각도 있다. 전자에 따르면, 읽기(reading), 쓰기(writing), 셈하기(arithmetic)와 같은 능력이 기초학력이 되며 이들을 다루는 교과를 기초 또는 기본 교과라고 한다. 이들 교과는 전통적으로 3R's로 알려져 왔으나, 최근에는 현대 사회의 특성을 반영하여 삶을 효율적으로 유지하는 데 필요한 인간관계 능력(human relationship)을 포함한 4R's로 표현되기도 한다.

후자의 시각은 어떤 학습 과제의 학습을 위해 사전에 갖추어야 할 선행 또는 선수학습이나, 교과 관련 기초 기능 즉, 최저 필수 요소(minimum essential)에 가깝다. 공통점은 이들이 제대로 뒷받침되지 않을 경우, 후속 학습에 커다란 장애 요인이 된다는 것이다. 여기서는 일단 양자의 의미를 포함하는 포괄적인 관점에서 접근하기로 한다. 기초학력이 부진하거나 선행학습이 잘 안된 학생들의 경우, 거듭되는 실패와 누적되는 결손은 나아가 부적응, 의욕 상실, 무기력, 자포자기를 초래한다. 작금 언론에 보고되고 있는 우리 학생들의 극단적인 행위나 일탈도 일면 기초학력 부진에 기인할 수도 있다. 이들을 위한 효과적이고 능률적이며 매력적인 교수·학습을 위해서는 학생들의 능동적이고 적극적인 참여가 필수적이다. 능동적인 참여를 위해서는 학습동기를 유발하고 학습의욕을 고취해 생동감 있는 학습 분위기를 조성해 주어야 한다. 학생들은 이러한 분위기 속에서 학습의 주인공으로 주체적으로 활발하게 학습활동에 참여함으로써 의도한 바를 성취할 수 있다.

기초학력 신장의 문제는 학습자를 보는 시각과 밀접한 관련을 맺고 있다. 블룸은 학습자를 보는 시각, 즉 학습자 관의 변천 과정을 다음과 같이 제시했다. 첫째는 '학습자들 중에는 우수한(good) 학습자와 열등한(poor) 학습자가 있다.'라는 차별적인 학습자 관이다. 1950년대까지 지속된 학습자 관으로, 우리의 경우 중 고교 평준화가 본격적으로 실시된 1969년 이전까지로 볼 수 있으나, 평준화에 대한 찬반 논란, 영재교육에 대한 강조 등 아직 이러한 시각이 복합적으로 존재하고 있다. 이러한 시각은 학습 능력을 학습자의 특성 중에서 비교적 지속적, 항상적 속성으로 간주한다. 우수한 학습자는 어렵거나, 복합적이며 추상적인 내용을 잘 학습할 수 있는 반면, 열등한 학습자는 능력이 떨어져 단순하고 구체적인 내용밖에 학습하지 못한다고 본다. 우수한 학습자를 중심으로 한 엘리트주의 교육이 바람직하다는 인식을 반영하고 있다. 학생들의 선발과 평가 체제는 물론 교육과정 운영도 근본적으로 능력에 근거한다.

둘째는 '학습자들 중에는 학습 속도가 더 빠른(faster) 학습자와 더 느린(slower) 학습자가 있다.'라는 시각이다. 1960년대에 지배적인 학습자 관으로 소개하고 있으나, 우리의 경우 중등학교에서 방과후 자율학습을 강조하는 등 아직 학습 시간을 주요한 변수로 보는 학습자 관이 통용되고 있다. 이러한 관점에 따르면, 학습에 필요한 시간만 충분히 주어지면 느린 학습자도 빠른 학습자들 못지않게 잘 학습할 수 있다는 입장이다. 학습자들이 능력에 따라 우수, 열등으로 구분되는 것이 아니라, 다만 학습 속도에 있어서 차이가 있을 뿐이라는 시각으로 학습자 관이 상당히 긍정적이고 낙관적으로 변화되고 있음을 보여주고 있다. 특정 과제에 대한 학업성취도는 학습자가 그 과제를 학습하는 데 필요한 시간과 실지로 사용한 시간과의 관계에 의해 결정된다는 주장에 근거한 캐롤의 학교학습 모형(a model of school learning)이 이러한 시각을 잘 대변하고 있다.

셋째는 '적합한(favorable) 학습 조건이 주어질 경우, 대부분의 학생들은 학습 능력, 학습 속도와 학습량 그리고 후속 학습을 위한 학습 동기 등이 매우 유사해진다.'라는 관점이다. 학습에 관련된 개인차가 크게 줄어들 것이라는 매우 긍정적이고 낙관적인 시각이다. 학습의 결과를 학생들의 능력과 속도의 탓으로만 돌릴 것이 아니라, 교사의 노력을 통해 최적의 조건을 마련해 줌으로써 대부분의 학생들이 주어진 과제를 잘 학습하도록 하자는 발달적 교육관을 담고 있다. '어떤 내용이든 학습자의 지적 수준에 적합한 형태로 제시하면 어느 발달 단계에 있는 어떤 학습자에게도 효과적으로 잘 가르치고 배울 수 있다.'라는 브루너의 대전제가 이를 잘 대변하고 있다. 이에 따르면, 기초학력이 부족한 학생들도 그들 수준에 적합한 최적의 학습 조건을 마련해 줄 경우, 다른 학생들 못지않게 잘 학습하도록 할 수 있다. 이를 뒷받침하기 위해서는 교육 환경 개선을 위한 적극적인 지원은 물론, 긍정적인 교직관과 학습자 관, 철저한 교재 연구와 학생들의 다양한 개인차 파악, 매력적인 수업설계 등 일선 교육자들의 열성적인 노력이 뒤따라야 할 것이다.

기초학력은 후속 학습을 이끌어 가는 바탕으로 학습의 성공과 실패를 좌우하는 핵심 요인이다. 따라서 각 교과나 영역별로 후속 학습에 필요한 기초가 되는 최소 필수 요소를 확인하여 결손 여부를 진단하고 이를 보완하려는 노력이 뒤따라야 한다. 기초학력이 부진한 학생들은 대개 자신감이 부족하다. 자신감이 부족하면 학습 의욕이 저하되고 실패의 가능성이 높다. 이들에게 학습동기를 유발하고 자신감과 만족감을 가지고 학습활동에 적극적으로 참여하도록 하는 것이 중요하다. 학습동기는 학습활동을 추진하는 원동력이기 때문이다.

기초학력 신장을 위해서는 무엇보다도 학생들을 긍정적으로 보고, 교사의 노력을 통해 최적의 학습환경을 조성해 주면 대부분 학생들이 주어진 내용을 잘 학습할 수 있다는 긍정적인 시각을 가져야 한다. 아울러 지식과 정보의 일방적 전달자, 통제자, 권위자로서의 교사와 수동적, 방관자적, 청취자로서의 학습자 관계에서 학습활동의 안내자, 조력자, 성장의 촉진자로서의 교사와 학습활동의 주인공으로서 능동적, 자율적, 탐구자로서 학습자의 관계로 변화되어야 한다. 이를 위해서는 교사의 의식 변화는 물론, 학습자들이 흥미를 지니고 적극적으로 참여할 수 있는 다양한 학습의 장을 마련해 주어야 한다.

교육경북, 제116호, 1997.8. 기초학력 신장을 위한 수업모형 탐색. 17-24 중에서

09 좋은 수업을 위한 제언

교육의 질은 교사의 질을 넘어서지 못한다. 수업의 질도 마찬가지다. 어떤 수업이 좋은 수업인가? 하는 질문은 어떤 교사가 효과적인 교사인가? 라는 질문과 유사하다. 한때 좋은 교사는 좋은 사람, 즉 훌륭한 시민이자 부모, 직업인으로서 타인의 모범이 되는 관대하고 사려 깊고 우호적인 사람으로 지칭되기도 했다. 이는 곧 솔로몬의 지혜, 프로이드의 통찰력, 아인슈타인의 지식, 나이팅게일의 헌신을 갖춘 인물을 요구하는 것과 같다(Borich, 2004). 이처럼 이상에 치우친 교사상은 현실적으로 한계가 있다.

좋은 수업에 대한 시각도 견해에 따라 다양할 수 있다. 교수·학습 이론의 관점에서 본 좋은 수업은 다양한 이론이나 모형이 제안하고 있는 아이디어를 적재적소에 잘 실천하는 것이다. 개별 이론이나 모형은 나름대로 장단점이 있다. 이러한 장단점을 잘 보완해서 적용하면 좋은 수업이 될 수 있다. 링컨과 구바(1985)는 이점을 그물에 비유해 설명하고 있다. 어부가 여러 개의 그물을 한 데 엮어 망의 조밀도를 달리함으로써 고기를 더 많이 잡을 수 있다는 것이다. 이러한 비유를 수업에도 적용할 수 있다.

여러 학자들이 제안한 교수·학습 이론과 모형 그리고 미국 신규 교사 지원 컨소시엄(INTASC: Burden & Byrd, 2007)의 기준 등을 종합해 좋은 수업을 위한 아이디어를 제언하면 다음과 같다.

첫째, 좋은 수업을 위해 교사는 자신이 지도하는 교과에 대한 전문 지식을 갖추어야 한다. 교사가 교과 전문가(subject matter expert)가 돼야 우수한 교재 개발을 물론 학생들에게 교과 내용과 결부된 유의미한 학습 경험을 제공해 줄 수 있다.

둘째, 좋은 수업을 위해 교사는 학생들의 발달과 학습에 대한 기본 지식을 갖추어야 한다. 학생들의 인지적, 정의적, 심동적 발달을 효과적으로 도와주기 위해서는 학생들의 인지적, 도덕적, 사회 심리적, 신체적 측면을 비롯한 다양한 발달 상황을 잘 이해하고 이에 따른 학습을 촉진하기 위한 학습이론에 관한 기본 지식을 갖추어야 한다.

셋째, 좋은 수업을 위해 교사는 학생들의 요구에 적응하는 수업을 할 수 있어야 한다. 낚시꾼이 자신이 좋아하는 미끼가 아니라, 물고기가 좋아하는 미끼를 사용해서 낚시하듯이 교사도 학생들의 요구와 다양성에 적합한 수업을 진행해야 한다. 학생들의 눈높이에 따른 맞춤형, 수준별, 개별화 수업을 할 수 있는 능력을 갖추어야 한다.

넷째, 좋은 수업을 위해 교사는 다양한 수업 방법을 활용해야 한다. 창의적 사고와 비판적 사고, 문제해결력을 기르기 위해 전통적인 수업 방법만을 고수할 것이 아니라, 각종 연수와 재교육을 통해 다양한 수업 방법을 체득하고 실천할 수 있어야 한다. 전문직으로서 교사가 갖추어야 할 기본 능력 중의 하나는 잘 가르칠 수 있는 능력이다.

다섯째, 좋은 수업을 위해 교사는 다양한 동기유발 기법과 학급 관리 기능을 갖추어야 한다. 교사 효과성(teacher effectiveness)의 기본이자 핵심은 학생들의 동기를 유발하는 데 있다. 학생들이 교수·학습 과정에 몰입해 적극적으로 참여할 수 있도록 다양한 동기유발 기법을 활용해 학급을 효율적으로 관리하고 과제 집중 시간(time on task)을 높일 수 있도록 해야 한다.

여섯째, 좋은 수업을 위해 교사는 다양한 의사소통 기능을 갖추어야 한다. 학생들을 수업에 능동적으로 참여시키고 효과적인 상호작용을 촉진하기 위해서는 언어적, 비언어적 그리고 다양한 매체를 활용한 의사소통 기능이 필요하다.

일곱째, 좋은 수업을 위해 교사는 체계적인 수업설계 기능을 갖추어야 한다. 교과 지식과 교육과정 목표 그리고 수업이론과 학생들에 대한 이해를 바탕으로 학생들의 눈높이에 맞추어 수업을 체계적으로 설계할 수 있어야 한다.

여덟째, 좋은 수업을 위해 교사는 학생들의 학습 과정과 결과를 타당하고 신뢰성 있게 평가할 수 있어야 한다. 학생들이 인지적, 정의적, 심동적 차원에서 지속적으로 성장할 수 있도록 필요에 따라 수행평가를 비롯한 다양한 질적, 양적 평가 방법을 활용할 수 있어야 한다.

아홉째, 좋은 수업을 위해 교사는 합리적 의사 결정자(rational decision maker)이자 반성적 실천가(reflective practitioner)로서 전문성 개발을 위해 부단히 노력해야 한다. 수업 관찰과 분석은 교사의 수업을 비추는 거울 역할을 한다. 거울을 보고 매무새를 가다듬듯이 교사도 자신의 수업을 지속적으로 반성하며 더 나은 수업을 위해 노력하며 전문성 신장을 위해 최선을 다해야 한다.

열 번째, 좋은 수업을 위해 교사는 학생들과 동료 교사는 물론 학부모와 수업 연구와 수업 장학 담당자들과의 긍정적인 파트너십을 유지해야 한다. 자신의 수업에 대해 동료 교사와 수시로 협의하고 학생들과 학부모는 물론 수업 연구와 수업 장학 담당자들과의 장학과 컨설팅을 통해 수업을 지속적으로 개선해야 한다.

교육경북, 제144호, 2009.7. 교수 · 학습 이론의 관점에서 본 좋은 수업, 21-35 중에서

10 구성주의 교수 · 학습

21세기는 정보화 사회, 무한경쟁 사회로 대변된다. 정보화 사회는 창의력과 비판적 사고, 문제해결력과 정보를 효율적으로 분석, 활용할 수 있는 능력을 갖춘 인간을 요구한다. 이렇듯 새로운 시대에는 변화하는 환경과 이에 따른 사회적 요구 충족을 위한 새로운 교육이론이 필요하다.

구성주의(constructivism)는 기존의 산업화 시대를 지배했던 객관주의 인식론에 대응하는 대안적 인식론으로 주목받고 있다. 교수 • 학습 영역에서도, 객관주의 패러다임이 지닌 한계와 문제점에 대한 비판과 더불어 시대정신을 반영한 대안으로 구성주의에 관한 관심이 증폭되고 있다.

구성주의는 지식(앎)의 형성과 습득을 개인의 인지 작용과 사회적 상호작용에 비추어 설명하는 상대주의 인식론에 기반을 두고 있다. 따라서 학습의 본질과 학습이 이루어지는 과정에 대한 근본적인 변화를 요구하고 있다. 이는 곧 교사 중심에서 학생 중심, 쓸모없는 지식에서 맥락적 지식 중심, 획일적 환경에서 풍부하고 다양한 학습환경으로의 변화를 의미한다. 열린 교육과 7차 교육과정에서 지향하는 기본 교수 • 학습관도 단순한 구호에 머물지 않기 위해서는 구성주의적 관점에서 이해되어야 한다.

전통적 교수 • 학습관은 객관주의 인식론에 근거한다. 객관주의는 진리 또는 지식을 개인의 의지와 관계없이 독립적으로 존재하는 고정된 실체로 본다. 따라서 보편타당한 절대적 진리와 지식 추구를 최종 목표로 한다. 한때 교육계를 풍미했던 행동주의와 인지주의도 근본적으로 객관주의에 근거하고 있다. 객관주의와 구성주의를 주요 영역에 따라 비교하면 다음과 같다.

객관주의와 구성주의의 비교

인식론 / 비교대상	객관주의		구성주의	
실재(지식)	인식주체와 독립되어 외부에 존재		마음의 산물로 인식주체에 의해 결정	
의식	상징의 처리자, 자연의 거울		상징의 구성자, 자연의 해석자	
사고	외부 실재를 반영, 외부 실재에 의해 통제		지각과 구성에 근거하며, 신체적, 사회적 경험을 통해 성장	
의미	인식주체와 독립		인식주체에 의해 결정	
상징	실재를 표상, 외부 실재의 내적 표상		실재를 구성하는 도구, 내부 실재의 표상	
최종 목표	보편타당한 절대적 진리와 지식 추구		맥락에 적합한 의미 구성	
대표 유형	행동주의	인지주의	개인적 구성주의	사회적 구성주의
학습	외현적 행동의 변화	인지구조의 변화	개인의 주관적 경험에 근거한 의미 구성	사회적 상호작용을 통한 의미 구성
학습자관	외부 자극에 반응하는 수동적 학습자관	내적으로 정보를 처리하는 능동적 학습자관	환경과 상호작용하여 의미를 구성하는 능동적 학습자관	
교육과정	교과서 중심의 기본 기능 강조		실제적 과제 근거한 구성활동 강조	
학습과제	기능과 절차 및 구체적인 사실적 지식		실생활에 적용할 수 있는 유의미한 과제	
수업	지식과 정보의 전달	지식과 정보의 전달 또는 발견	개인적 이해를 위한 사고 안내	지식의 공동 구성
수업목표	행동목표	인지목표	개인적 구성목표	사회적 구성목표
교사의 역할	관리자, 감독자	정보처리 활성자	촉진자, 안내자, 코치	촉진자, 안내자, 코치, 공동 참여자
학습자의 역할	정보의 수동적 수용자, 청취자, 추종자	정보의 능동적 처리자	의미의 능동적 구성자, 산출자, 설명자, 해석자	의미의 능동적 공동 구성자, 산출자, 설명자, 해석자
핵심 개념	자극, 반응, 강화	정보처리, 정교화	개인의 구성적 과정	사회, 문화적 동화
주요 수업전략	연습과 피드백	정보처리 전략	풍부한 학습기회 제공	풍부한 학습기회 제공, 협동학습

인식론 비교대상	객관주의		구성주의	
주요 매체	다양한 전통적 매체와 CAI	컴퓨터에 기초한 수업	인터넷, 마이크로월드, 구성도구	
평가	양적 평가, 총괄평가 강조		질적 평가, 형성평가 강조	
주요 이론가	스키너, 손다이크	브루너, 오스벨	피아제, 폰 글라저스펠트	비고츠키, 로고프

상대주의 인식론에 근거 … 능동적 학습자 관

구성주의는 상대주의 인식론에 근거해 학습을 지식의 단순한 획득과 재생산 과정이 아니라 능동적인 구성의 과정으로 본다. 구성주의에서 교육의 목적은 맥락에 적합한 의미를 구성하고 실재를 구성하는 방법을 학습하도록 도와서, 자신이 살고 있는 세상에 더 잘 적응하고, 필요에 따라 세상을 변화시킬 수 있도록 하는 데 있다. 주어진 상황에서 개인의 주관적 경험과 사회적 상호작용을 통한 의미구성이 곧 학습이다.

구성주의는 학습자가 외부 세계에 대한 의미를 직접 구성한다는 점에서 그야말로 적극적이고 능동적인 학습자 관을 택하고 있다. 따라서 교수 · 학습의 중심은 당연히 구성의 주체인 학습자에게 있다. 무게 중심만 학습자에게 있는 것이 아니라, 자신의 세계를 직접 구성할 수 있는 재량이 학습자에게 주어진다. 교사가 설정한 목표도 나름대로 도움이 되긴 하지만, 그것만으로는 바라는 학습이 이루어지리라는 것을 보증할 수 없다. 학습자가 수업목표를 자신의 것으로 이해하고 받아들이지 않는다면, 학습에 큰 영향을 미치지 못하기 때문이다.

그렇다고 해서 교사의 역할이 퇴색되거나 중요하지 않다는 것은 아니다. 교사는 학생들이 학습자료를 유의미하고 적합하게 잘 다룰 수 있도록 도와주는 훨씬 더 중요한 역할을 하게 된다. 교사는 학습환경의 조성자이자 안내자, 동료 학습자로 다양한 학습환경을 조성하고, 상황적 맥락에 따라 참 과제(authentic task)를 제시함으로써 의미구성을 촉진하는 역할을 한다.

추론과 비판적 사고, 문제 해결, 인지적 유연성 획득 등이 구성주의의 주요 목표다. 이를 뒷받침하려면 비구조화된 다양한 상황의 제공, 다양한 관점의 제시 및 사회적 협상과 협력적 학습환경의 조성 등이 강조된다.

수행평가, 포트폴리오 등 질적 평가 지향

평가 역시 양적 평가와 사전에 설정된 목표에 근거한 준거지향평가보다는 수행평가(performance assessment)나 포트폴리오(portfolios), 참 평가(authentic assessment), 역동적 평가(dynamic assessment) 등의 대안적 평가와 같이 실제 과제를 수행하는 학습 과정에서 자연스럽게 이루어지는 질적인 평가를 지향한다. 구성주의의 기본 가정과 시사점 구성주의 관점에서 볼 때, 교수·학습은 단순한 자극-반응 현상이 아니라, 자기 조절과 반성을 통해 맥락에 적합한 지식을 구성하도록 도와주고, 스스로 구성하는 것이다.

구성주의자들이 강조하는 기본 가정과 교수·학습에의 시사점을 종합하면 다음과 같다.

첫째, 지식(앎)은 사람들의 마음속에서만 존재한다: 교실 수업의 경우, 지식은 칠판이나 교과서, usb 또는 교사와 학생 간의 대화나 활동에 있는 것이 아니라, 교사와 학생들의 마음속에서만 존재한다.

둘째, 사물에 부여하는 의미나 해석은 자신의 지식에 근거한다: 교사와 학생은 자신의 기존 지식과 신념에 따라 교육과정이나 수업자료에 대해 의미를 부여한다. 따라서 다양한 세계관과 다양한 관점을 구성할 수 있듯이 동일한 자료에 대해서도 서로 다른 의미를 부여할 수 있다.

셋째, 지식은 환경과의 상호작용을 통해 구성된다: 모든 지식은 구성되며, 학습은 구성의 과정이다. 학생들이 교실 밖 세계와의 상호관계에서 활용하는 구성의 과정은 교실 수업의 상호관계에서도 동일하게 적용된다. 따라서 자신의 학습에 대한 궁극적 책임은 학생 자신에게 있다.

넷째, 지식은 결코 완벽할 수 없으며, 이해의 적합성과 사회적 협상을 통해

진전된다: 교사와 학생의 지식을 포함해 모든 지식은 결코 완벽할 수 없다. 단지 더 또는 덜 유용하거나 적합할 따름이다.

다섯째, 지식은 지각과 행위를 통해 구성된다: 학생들은 교실에서 교사나 동료 학생들과의 상호작용에 의한 지각과 행위를 통해 새로운 지식을 구성한다. 따라서 교사는 교실 환경을 풍요롭게 하고 학생들이 아이디어를 자유롭게 표현할 수 있도록 해주어야 한다.

여섯째, 지식의 구성은 시간과 정열을 요구한다: 지식을 구성하는 데는 많은 노력이 필요한 반면, 즐거움과 만족감이 수반된다. 학생들의 구성적 노력을 촉진하기 위해 교사는 그들을 존중하고 따뜻하게 보살펴야 할 뿐만 아니라, 비위협적이고 우호적인 학습환경을 마련해야 한다.

일곱째, 지식은 맥락 지향적이다: 학습이 진정한 의미를 지니기 위해서는 비활성 지식(inert knowledge)의 기계적인 암기가 아니라, 이해와 문제 해결, 그리고 개념적 변화에 초점을 두고 관련된 맥락에서 이루어져야 한다.

이상과 같이 교수·학습과 결부된 구성주의의 기본 가정은 지식은 경험을 통해 구성되는 것이며, 학습은 구성적 과정이라고 본다. 또한 학습은 능동적 과정으로 학습자는 자기 경험에 근거해 의미를 개발한다. 이러한 지식관은 우리가 세계에 대해 아는 것 모두가 세계에 대한 우리의 경험을 해석한 것임을 뜻한다. 이러한 지식관에 비추어 학습은 구성적 과정을 촉진하고 전이가 잘 일어날 수 있도록 풍부하고 다양한 실제 세계의 맥락 속에서 이루어져야 한다.

구성주의 교수·학습의 주요 원리

구성주의는 교수·학습의 주된 목적을 창의성과 비판적, 반성적 사고, 문제해결력 등의 함양에 둔다. 이러한 목적을 성취하기 위해서는 다양한 교수·학습의 원리들이 뒷받침돼야 한다. 구성주의에서 강조하는 주요 교수·학습 원리를 종합하면 다음과 같다.

첫째, 학습에 대한 책무성과 주인의식, 그리고 자율성을 강화하라: 학습은 지속적인 자기 구성의 과정이다. 자신의 학습에 대한 주인의식과 학습 과정 및 결과에 대한 책임을 스스로 질 수 있도록 해야 한다. 따라서 무엇을 언제, 어떻게 학습할 것인지를 스스로 결정할 수 있는 능력이 무엇보다 중요하다.

둘째, 참 과제를 설계해 유의미한 맥락 속에서 학습이 이루어질 수 있도록 하라: 학습에 대한 공감대를 형성해 주어야 한다. 학생들이 학습을 의미 있는 것으로 받아들이도록 하려면 학습의 필요와 이유를 명료하게 밝혀주고, 학습한 내용을 실제 상황에 효율적으로 적용할 수 있도록 해주어야 한다.

셋째, 고등 수준의 지식 구성에 역동적으로 참여하도록 하라: 지식과 기능을 단순히 전달하기보다는 학습자 스스로 자신에게 의미 있는 고등지식을 능동적, 역동적으로 구성할 수 있는 학습환경을 마련해야 한다.

넷째, 협동학습을 통해 사회적 상호작용을 촉진하라: 학습은 원래가 대화적, 사회적 과정이다. 구성주의 교수·학습은 특히 협동적 학습환경을 강조한다. 대화는 상호교류와 반성적 사고, 생성적 학습을 촉진하기 때문이다.

다섯째, 비위협적이고 안전한 학습환경을 제공하라: 새로운 시도를 하다 보면 항상 잘못과 실수가 뒤따를 수 있다는 점을 인식시키고, 긍정적이고 구성적인 피드백과 격려를 통해 도전감과 자신감을 고취해야 한다.

여섯째, 학습 내용과 학습의 과정 및 결과에 대해 스스로 반성하도록 고무하라: 반성은 자기평가를 통해 고차적 사고기능을 강화하는 데 도움을 준다. 또한 의사결정과 문제해결 방법 예컨대, 어떠한 방법이 성공적이거나 성공적이지 못한지, 앞으로는 어떻게 수행해야 할 지 등에 대해 사고할 기회를 준다.

일곱째, 다양한 관점들을 경험하고 평가할 수 있는 기회를 제공하라: 실세계의 문제들은 한 가지 접근이나 해결안으로 풀리지 않는다. 자신의 이해를 검증하고 강화하기 위한 수단으로 다양한 대안들을 평가할 수 있어야 한다. 학생들의 아이디어를 그들 자신의 관점에서 조망하고 그 가치를 인정해 주어야 한다.

여덟째, 다양한 표현 양식을 활용하도록 고무하라: 교수·학습 현장에서 가장 보편적인 지식 전달 방식은 구두와 서면을 통한 의사전달이다. 학생들에게 풍부한 경험을 제공하기 위해서는 비디오, 컴퓨터, 사진, 음향 등의 다양한 매체를 활용해야 한다.

아홉째, 실제 수업의 맥락에서 학생들의 학습을 평가하라: 구성주의에서는 창의적, 비판적 사고와 문제 해결 능력 등의 고차적인 교육목적의 성취와 복잡하고 실제적인 맥락에서의 능동적인 활용 여부에 초점을 두고 참 평가, 수행평가, 포트폴리오 등의 새로운 접근이 요구된다.

교사는 학습 과정의 촉진자, 동료 학습자

이상과 같은 교수·학습 원리를 구현하기 위해 구성주의는 교사의 역할 변화를 요구한다. 이제 교사는 더 이상 지식과 정보의 전달자, 수업의 일방적인 관리자, 감독자가 아니라 학습 과정의 촉진자, 조언자, 자문인, 코치, 나아가 동료 학습자로서 역할을 수행해야 한다. 전통적인 교육은 객관주의 인식론에 근거해 지식의 맥락성과 적합성을 무시한 채 비활성 지식을 강조해 왔다. 이러한 교육을 받은 학생들은 오늘날과 같이 나날이 변화하는 정보화시대의 요구에 효과적으로 대처하기 힘들다.

구성주의는 전통적인 교육 사조와 관행에 근본적인 변화를 요구한다. 이 시대가 요구하는 인간상은 문제해결력, 반성적, 비판적 사고, 창의성 등을 비롯한 고등 정신 능력을 갖춘 사람이다. 이러한 능력은 저절로 길러지는 것이 아니라, 개인의 인지과정과 사회적 상호작용을 통해 맥락에 적합한 지식을 능동적으로 구성할 수 있을 때 가능하다. 구성주의는 자신의 학습에 책임을 지고 주도적인 역할을 하면서 능동적, 적극적, 자율적으로 학습할 수 있는 능력을 길러주고자 하는 학습이론이다. 물론 지금까지 많은 교사들이 학생들의 학습을 위해 나름대로 최선을 다해 노력해 왔다. 그러나 학생들의 학습을 마음대로 좌우할 수 있다고 생각하는 교사는 이제 더 이상 훌륭한 교사가 될 수 없다. 학생들의 자율성과 표현의 자유, 능동적 학습 과정을 존중하고 비경쟁적, 비위협적, 협동적, 대화적 학습환경을 조성할 수 있는 교사야말로 이 시대가 요구하는 교사상이다.

요컨대 구성주의는 세상을 뒤흔드는 획기적인 무언가를 추구하자는 주장이 아니라, 지금까지 나름대로 영감과 교육적 소신을 가진 교사들이 충분한 이론적 기초 없이 수행해 왔던 일부 노력에 견실한 이론적 뒷받침을 제공한다. 구성주의 교수·학습의 기본 정신은 한마디로 학습자들이 자신에게 의미 있는 삶을 스스로 개척할 수 있는 창의적인 문제 해결자, 평생 학습자가 되도록 돕자는데 있다.

교육마당 21, 2000.3

11 교수·학습 전략으로서의 질문

"수보리야, 네 뜻은 어떠한가? 몸의 형상으로 여래를 볼 수 있겠느냐, 없겠느냐? 없습니다. 세존이시여! 어째서 그러한가 하면, 여래께서 이르신 몸의 형상이 곧 몸의 형상이 아니기 때문입니다. 부처님께서 수보리에게 이르시기를, 무릇 있는 바의 형상이 모두 허망한 것이니, 만약 모든 형상이 곧 형상이 아님을 보게 되면 곧 여래를 보게 되느니라."(금강경 제5 여리실견분)

"예수께서 가이사랴 빌립보 지방에 이르러 제자들에게 물어 가라사대 사람들이 인자를 누구라 하느냐? 가로되 더러는 세례 요한, 더러는 엘리야, 어떤 이는 예레미야나 선지자 중의 하나라 하나이다. 가라사대 너희는 나를 누구라 하느냐? 시몬 베드로가 대답하여 가로되 주는 그리스도시오 살아계신 하나님의 아들이시다. 예수께서 대답하여 가라사대 ...."(마태복음 16: 13-17)

"안연이 인(仁)을 물으니, 공자께서 말씀하시기를 몸을 이기고 예에 돌아가는 것이 인이니, 하루 몸을 이겨서 예에 돌아가면 천하가 인에 돌아올 것이니, 어찌 남에게서 말미암을 것이냐? 안연이 말하기를 청컨대 그 조목을 묻고자 하나이다 하니, 공자께서 말씀하시기를 예가 아니거든 보지 말며, 예가 아니거든 듣지 말며, 예가 아니거든 말하지 말며, 예가 아니거든 움직이지 말라."(논어, 안연편 1)

"얘야, 이런 모양을 정사각형이라고 한다는 것을 아느냐? 예, 압니다. 그리고 정사각형에서 이 네 변이 같다는 것도 아느냐? 예, 그렇습니다. 그리고 정사각형의 가운데 그은 선이 같다는 것도? 예, 정사각형의 크기는 여러 가지가 있겠지? 그렇습니다. 만약 이 그림의 한 변이 2자이고, 다른 한 변도 2자이면 전체는 얼마이겠느냐?"(대화편, 메논)

이상 인용한 사례에서 알 수 있듯이, 동서고금을 통해 위대한 스승은 훌륭한 질문자이자 답변자로 제자들과의 문답과 대화가 훌륭한 가르침의 수단이었다. 학교학습의 핵심인 수업도 교재를 매개로 한 교사와 학생들 간의 상호작용이다. 수업에서 이루어지는 언어적 상호작용의 핵심은 질문을 매개로 한 교사와 학생들 간의 문답과 대화에 있다. 질문과 대답은 커뮤니케이션의 기본이자, 효과적인 수업을 위한 필수적인 전략이다.

최근의 시대정신인 구성주의 교수·학습환경에서도 질문의 역할이 매우 강조되고 있다. 질문은 학생들의 동기유발은 물론 사고를 촉진하는 원동력으로, 비판적 사고와 문제 해결 및 유의미한 학습을 위한 초석이다. 교사와 학생 또는 학생들 간의 질문과 대답을 통해 탐구 능력과 학습 방법을 배우게 된다는 점에서 교수·학습 현장에서 질문의 가치는 아무리 강조해도 지나치지 않다.

질문은 교수·학습 과정에서 학생들의 적극적인 참여를 촉진한다. 교사는 교수·학습 과정에서 질문을 다양한 목적으로 활용한다. 질문을 계획할 때 고려해야 할 가장 중요한 요인 중의 하나는 '왜 그러한 질문을 하고자 하는가?' 하는 점이다. 질문의 목적에 따라 질문의 유형이 달라지기 때문이다. 사고력을 촉진하는 질문과 자료에 대한 이해 여부를 점검하는 질문은 다를 수밖에 없다. 선행 연구를 통해 질문의 목적을 구체적으로 살펴보면 다음과 같다(Borich, 2000; Kellough, 2003; Starko et al, 2003, 조영남 2006 재인용).

- 학생의 이해 여부 진단과 점검
- 정보를 학생의 선행지식이나 경험과 연계
- 추론과 함의 등을 추구하도록 함으로써 학생의 정보처리 촉진
- 학생들의 아이디어와 의견을 증거를 통해 입증할 수 있는 연습 기회 제공
- 학생들이 새로운 개념이나 원리 또는 일반화를 발견하도록 유도
- 학생들의 지식과 흥미 및 아이디어와 관심에 대한 정보 수집

- 주요한 아이디어에 대한 주의집중 유도
- 질문의 중요성에 대한 모델링 제공
- 학생들의 사고와 학습 촉진

이처럼 질문은 학생의 이해 여부 진단과 점검, 수업의 효과성 평가 그리고 고차적 사고력 증진 등 다양한 목적을 수행한다. 질문의 목적에 따라 질문의 수준과 유형이 달라질 수 있다. 질문의 수준은 사고의 깊이에 따라 수렴적 질문과 확산적 질문, 요구되는 정신적 조작 수준에 따라 사실적, 경험적, 생산적, 평가적 질문으로 분류할 수 있다. 수렴적 질문은 수렴적 사고를 통해 한 가지 정답을 요구하는 좁은 의미의 질문이다. 반면, 확산적 질문은 확산적 사고를 통해 다른 대안적인 해결안이 가능한 개방형 질문이다. 사실적 질문은 기억을 확인하는 질문으로 정보의 단순 회상을 요구한다. 경험적 질문은 경험 세계로부터 증거를 수집하여 검증을 요구하는 질문이다. 생산적 질문은 창의적 사고를 통해 무언가 독특한 아이디어를 산출하도록 한다. 평가적 질문은 가치판단을 요구하는 질문이다.

질문의 유형은 목적에 따라 초점 질문, 단서 질문, 탐사 질문 등으로 구분할 수 있다. 초점 질문은 학생들의 주의를 집중시키기 위해 활용되는 질문이다. 반면, 단서 질문은 힌트나 단서를 활용하여 질문에 답할 수 있도록 도와주는 질문이다. 탐사 질문은 반응의 명료화를 유도하거나 반응을 확장 또는 재구조화하도록 하는 질문을 말한다.

주요 질문 전략으로 대기시간과 학생들의 질문 촉진, 학생들의 대답에 대한 반응 등을 들 수 있다. 인내의 미덕은 질문에도 적용된다. 대기시간을 3~5초 정도 늘인 결과 다양한 긍정적 효과가 나타난 것으로 보고되고 있다. 교사만이 유일한 질문자가 아니라, 학생들의 질문을 촉진하는 환경을 마련해 주어야 한다. 또한 교사는 학생들의 대답을 적극적, 반성적으로 수용하고 칭찬이나 인정, 재질문, 탐사, 단서, 교정 등 다양한 추수 활동을 통해 강화해 주어야 한다. 애매하거나 이중적인 질문, 교사가 기대하는 대답만을 수용, 교사 자신이 대답,

생각할 시간을 허용하지 않는 등 질문 과정에서 흔히 나타나는 오류와 문제점을 해결하고 수업목표에 적합한 간결, 명료한 질문, 적합한 대기시간, 즉각적인 피드백, 공평한 기회 제공 등 효과적인 질문 지침을 활용함으로써 교수·학습의 질을 개선할 수 있을 것으로 기대된다.

조영남(2004). 교수·학습 전략으로서의 질문. 초등교육연구논총, 20(1), 219-238 중에서

12 수업분석과 컨설팅

학교 교육의 핵심은 교사, 학생, 교재의 3요소를 중심으로 한 가르치고 배우는 활동 즉, 수업에 있다. 교육의 질은 교사의 질을 넘어서지 못한다는 평범한 진리는 수업의 경우 더욱 그러하다. 수업의 질은 교사의 질을 능가할 수 없기 때문이다. 다른 모든 여건이 아무리 잘 갖추어지더라도 교사의 수업 능력이 부족하면, 수업의 질적 향상은 기대하기 어렵다. 따라서 교육의 진정한 변화와 발전을 위해서는 올바른 교직관과 전문성을 갖춘 교사의 양성이 필수적이다. 어떤 수업이 좋은 수업인가? 어떻게 하면 더 나은 수업을 할 수 있을까? 라는 물음은 모든 교사가 안고 있는 공통적인 관심사이다. 물론 좋은 수업이 무엇이며, 어떻게 하면 그렇게 될 수 있는가에 대한 정답이 있는 것은 아니다. 만병통치약처럼 한 가지 방법이나 이론 또는 모형으로 수업의 모든 측면을 해결할 수는 없기 때문이다. 그렇다고 이 문제를 해결하기 위한 노력을 그만둘 수 없다. 교사를 기다리는 학생들이 있는 한 더 좋은 수업을 위해 끊임없이 노력해야 한다. 교육방법 측면에서 전문직으로서의 교사가 일차적으로 갖추어야 할 조건은 잘 가르칠 수 있는 능력이다. 잘 가르치기 위해서는 교수·학습의 기본 원리와 각 교과 특성에 따른 다양한 교수방법과 기능을 습득하고 효과적으로 지도할 수 있는 능력을 갖추어야 한다. 또한 더 좋은 수업을 위해서는 수업 과정을 체계적으로 관찰하고 분석하여 개선점을 찾아야 한다.

이상적인 수업은 효과적(effective)이고, 효율적(efficient)이며, 매력적(appealing)이면서 안전해야(safe) 한다. 효과적이란 의도한 목표가 제대로 학습되었는지, 효율적이란 목표가 얼마나 경제적으로 달성되었는지, 매력적이란 교사와 학생 모두가 수업 과정을 얼마나 즐기고 좋아하는지, 안전하다는 것은 교수·학습 과정이 도덕적으로 문제가 없었는지 여부를 의미한다. 지금까지 우리의 교육 관행은 효과와 효율을 지나치게 강조한 나머지 매력과 안전에 관한 관심이 상대적으로 미흡했다. 앞으로 보다 매력적이고 안전한 수업을 위한 연구 노력이 뒤따라야 한다.

수업분석: 양적 수업분석과 질적 수업분석

수업 시간 동안 교실에서는 다양한 활동이 일어난다. 잭슨(1968)은 초등교사가 하루 동안에 약 1,000여 개의 활동을 한다는 것을 보고한 바 있다. 만약 이러한 패턴이 반복된다면 일주일에 5,000여 개, 일 년에 200,000여 개, 일생동안 수백만 개의 활동을 한다는 것을 의미한다. 또한 아담스와 비들(1970)도 교사의 활동에 매 5~18초마다 변화가 있었고, 한 단위 수업 시간에 평균 174개의 변화가 있었음을 보고했다.

수업 관찰은 수업 과정에서 일어나는 자료 수집과 분석 및 평가하는데 가장 널리 활용되는 방법이다. 수업 관찰과 기록을 위해 주요 관찰, 기록 방법의 장단점을 고려하여 필요에 따라 적합한 방법으로 수업을 관찰, 기록할 수 있다. 수업분석은 수업의 어떤 점을 왜, 언제, 어디서, 어떻게 관찰하고 분석할 것인가에 따라 크게 양적 분석과 질적 분석으로 구분할 수 있다.

양적 분석 방법

양적 분석은 실증주의에 바탕을 두고 있다. 교실에서 일어나는 다양한 활동을 객관적 실재로 가정하고, 이를 규명하기 위해 교사와 학생들 간의 상호작용을 기계론적, 외부자적 관점에서 양적인 도구를 활용해서 객관적으로 분석하는 방법이다.

양적인 분석 방법에는 평정척도, 범주 체계, 언어 상호작용 분석, 수업 분위기 분석법 등이 있다. 양적 분석 방법 중 가장 널리 알려진 플랜더스(1970)의 언어 상호작용 분석법(FIAC: Flanders' interaction analysis category)을 요약하면 아래 표와 같다(김종서 외, 1983: 72; 변영계, 1997: 176; 주삼환 외, 1998: 58; Wragg, 2003: 70-71).

플랜더스의 언어 상호작용 분석 체계

<table>
<tr><td rowspan="2">교사의 말</td><td>비지시적인 말</td><td>1. 감정 수용: 비위협적인 방법으로 학생의 감정을 수용하거나 명료화한다. 감정은 긍정적 또는 부정적일 수도 있다. 감정을 예상하고 회상하는 것도 포함된다.
2. 칭찬이나 격려: 학생의 행동을 칭찬하거나 격려한다. 다른 사람의 감정을 상하게 하지 않는 범위에서 긴장을 해소하는 농담을 한다. 고개를 끄덕이거나 '그래 그래' 또는 '계속해 봐'라고 말하는 것도 포함된다.
3. 학생의 생각을 수용하거나 사용: 학생의 생각이나 의견을 명료하게 하거나 발전시킨다. 교사가 자신의 생각을 더 많이 제시하게 되면 범주 5가 된다.
4. 질문: 학생이 대답할 것으로 예상되는 내용이나 절차에 대해 질문하다.</td></tr>
<tr><td>지시적인 말</td><td>5. 강의: 내용이나 절차에 관한 사실이나 의견을 제시한다. 교사의 자신의 생각을 제시한다. 수사학적으로 질문을 한다.
6. 지시 또는 명령: 학생이 따를 것으로 기대되는 지시, 지휘, 명령을 한다.
7. 비판 또는 권위 정당화: 수용할 수 없는 학생의 행동을 수용할 수 있는 상태로 변화시킬 의도로 꾸중하는 말을 한다. 교사가 자신이 하는 행위를 왜 그렇게 하는지 말한다.</td></tr>
<tr><td rowspan="2">학생의 말</td><td>단순반응</td><td>8. 학생의 언어적 반응: 학생이 교사에게 반응하여 말한다. 교사가 접촉을 주도하거나 학생의 진술을 요구한다.</td></tr>
<tr><td>자진 반응</td><td>9. 학생의 언어적 주도: 학생이 주도하여 말한다. 교사가 다음에 말할 학생의 이름을 지명할 경우, 관찰자는 지명받은 학생이 실제로 말하고 싶어 하는지를 판단해야 한다. 학생이 말하기를 원했다면 이 범주를 사용한다.</td></tr>
<tr><td>침묵</td><td></td><td>10. 침묵 또는 혼란: 중단, 짧은 침묵, 관찰자가 이해할 수 없는 의사소통상의 혼란</td></tr>
</table>

플랜더스의 언어 상호작용 분석법을 수업에 활용하는 단계는 다음과 같다. 첫째, 관찰자는 매 분마다 20개의 표시란으로 구성된 자료 기록지를 사용해서 3초마다 일어나는 일을 가장 대표적으로 보여주는 범주의 숫자를 기록한다(예,

교사의 질문은 4번, 학생의 반응은 8번). 둘째, 관찰자는 한 줄이 수업 시간의 1분을 나타내는 모눈종이 형태의 자료 기록지에 기록한다. 셋째, '준비하기', '과제 점검하기', '요약하기'와 같은 별도의 일화는 가장자리에 구분하여 표시한다. 이렇게 함으로써 나중에 여러 활동 도중에 어떤 상호작용이 일어났는지 분명히 할 수 있다. 넷째, 3초마다 하나의 범주를 기록하도록 관찰자를 상기시켜 주는 도구로 스톱워치, 손목용 초시계, 또는 이어폰을 통해 짧은 신호음을 들을 수 있도록 특수 제작된 주머니용 시계 등을 사용할 수 있다.

이와 같은 양적인 방식으로 교실 상호작용을 분석함으로써 수업의 형태와 분위기, 대화의 특성 등 수업 개선을 위해 유용한 정보를 얻을 수 있다.

질적 분석 방법

질적 분석은 현상학에 바탕을 두고 있다. 교실에서 일어나는 다양한 활동을 구성된 실제로 가정하고, 이를 규명하기 위해 교사와 학생들 간의 상호작용을 내부자적 관점에서 질적인 방법을 활용하여 문화 기술적, 해석적으로 분석하는 방법이다. 질적 분석을 위해 관찰자는 다음과 같은 내용을 명심할 필요가 있다 (Wragg, 2003: 111).

첫째, 관찰의 목적을 명확히 하기: 관찰자는 관찰할 교사에게 수업에 대해 조언할지, 수업에서의 전문적 기능을 개선하도록 도와줄지, 수업의 질에 관해 단순히 개인적 평가를 하게 될지, 수업 분석을 위해 무엇이 일어나는지 단순히 기록할 지에 대해 명확히 해야 한다. 관찰 목적이 명확하지 않으면 혼란이 초래된다.

둘째, 수업의 질과 효율성에 대한 다양한 판단 고려하기: 관찰자는 자신이 갖고 있는 효율적인 수업에 대한 생각과 수업의 질에 대한 자신의 관점 외에도 여러 가지 의견이 있음을 깨달아야 한다.

셋째, 수업의 질을 토론하고 강화하기 위한 여러 가지 방법 생각하기: 수업 관찰 후에 교사와 관찰자가 수업이 어떠했는지에 관해 대화하게 된다. 대화가 어떻게 구성되고, 교사 또는 관찰자 중에 누가 토론을 이끌어 가는지, 어떤 측면이 토론되고 누가 주제를 결정하는지에 대해 생각해 보아야 한다.

넷째, 수업 기록 방법 살펴보기: 수업 시간 중이나 후에 기록할지, '수업 운영'이나 '교사와 학생의 관계'와 같이 미리 고안된 주제에 따라 기록하거나, 사건이 일어날 때 자유롭게 기록할지, 교사나 학생 또는 둘 다를 기록할지, 수업에 대한 코멘트를 어느 정도 할지 등을 고려해야 한다.

질적 분석의 주요 방법으로 결정적 사건 분석, 비언어적 분석, 일화 기록, 녹음 또는 녹화기록, 예술적 관찰, 그림자 연구법 등이 있다. 결정적 사건(critical events) 분석은 수업 시간에 일어나는 결정적 사건을 중심으로 분석하는 방법이다. 사건이 일어난 배경은 무엇이며, 무슨 일이 일어났는지, 결과는 무엇인지 그리고 참여자의 인터뷰를 중심으로 분석한다. 비언어적 분석은 수업 중에 이루어지는 교사와 학생들 간의 신체 언어 즉 자세, 몸짓, 얼굴 표정 등에 초점을 둔 분석 방법이다. 일화기록은 수업 중에 일어나는 사건들을 노트에 객관적, 비 평가적으로 기록하는 방법이다. 예술적 관찰은 아이즈너가 제안한 방법으로 수업을 마치 음악, 미술, 문학 등을 감상하고 비평하듯이 기록하고 비평하는 방법이다. 그림자 연구법(shadow study method)은 관찰 대상을 하루 종일 그림자처럼 따라다니며 관찰한 다음, 이를 종합하여 분석하는 방법이다.

양적 분석과 질적 분석 방법의 배경과 절차가 다르다고 해서 양극단의 개념으로 볼 필요는 없다. 각 방법을 통해 산출된 지식이 상호보완적일 수 있기 때문이다. 동일한 현상을 설명하는 데 있어 두 접근을 모두 활용할 경우, 한 가지 접근을 택할 경우보다 완벽하고 더 많은 정보를 얻을 수 있다(조영남, 2001). 따라서 수업분석과 컨설팅에 임하는 관찰자들은 두 가지 방법 모두에 익숙하도록 충분한 준비를 갖추는 것이 바람직하다.

수업장학과 컨설팅

교사의 전문성을 높이는데 장학(supervision)이 중요한 역할을 한다. 장학은 수업 개선을 목적으로 하며, 교사의 전문적 성장과 발달의 촉진, 교육목적, 수업

자료, 수업방법 등의 선택과 개정, 수업평가 활동 등이 포함된다. 선택적 장학(differentiated supervision)은 교사들을 위한 효과적, 효율적인 장학 방법을 선택할 때, 해당 교사의 능력이나 경험 등을 포함한 개인적 요인을 고려하자는 것으로, 클래트혼(1984)은 교사들의 능력에 따라 임상장학, 동료장학, 자기장학, 약식장학, 자체연수 등의 방법을 선택적으로 활용할 것을 제안했다.

수업장학은 수업 과정에서 학생들의 학습 촉진에 직접적인 영향을 미치는 방법으로 인적, 물적 자원을 유지, 발전시키는 모든 활동을 의미한다. 수업장학은 교사의 행동에 직접적인 영향을 미치는 활동으로 교사의 수업방법과 수업기술을 개선함으로써, 학생들의 학습을 촉진하는 데 궁극적인 목적이 있다.

수업장학의 주요 원리들을 종합하면 다음과 같다(변영계, 1997: 52-57).

- 교사들은 교직의 전문성 신장에 대한 의욕을 가지고 있으며, 자신의 전문성이 신장되고 있음을 인식할 때 교직에 더욱 보람을 느낀다.
- 교사의 수업 기술이나 능력은 선천적인 것이 아니라, 후천적으로 학습된다.
- 교사들은 수업의 전문가로 자주성과 존엄성을 인정받을 때, 수업장학에 적극 참여한다.
- 교사들이 수업장학이 자신의 수업 개선에 도움이 된다는 긍정적 태도를 가질 때, 수업장학의 효과가 크다.
- 수업장학은 교사와 장학 담당자 간에 상호 존중 관계가 형성될 때 효과적이다.
- 교사의 수업행동이나 기술은 이해하는 것으로 끝나는 것이 아니라, 지속적인 시연을 통해 숙달되어야 한다.
- 교사들은 자신의 수업 결과에 대한 정보가 제시되고 강화가 주어질 때, 보다 적극적으로 수업을 개선하려고 노력한다.
- 수업장학은 지속적으로 이루어질 때, 효과를 높일 수 있다.
- 수업장학의 효과를 높이기 위해서는 장학을 담당하는 사람부터 수업장학의 효과를 확신해야 한다.

• 수업장학의 과정을 통해 장학 담당자들도 전문성을 신장하게 된다.

최근 학교컨설팅에 대한 관심이 확산됨에 따라 기존 장학의 한계와 새로운 접근의 필요성을 반영해 컨설팅 장학이 주목을 받고 있다. 컨설팅(consulting)은 전문적인 조언이나 자문을 제공하는 행위로, 경영과 의료 및 법률 등의 분야에서 활발히 이루어지고 있는 전문성 개발 활동이다. 학교컨설팅은 학교교육을 개선하기 위해 일정한 전문성을 갖춘 사람들이 학교와 학교 구성원들의 요청에 따라 제공하는 독립적인 자문 활동으로 경영과 교육의 문제를 진단하고 대안을 마련하며, 문제해결 과정을 지원하고 교육훈련을 실시하며, 문제해결에 필요한 인적, 물적 자원들을 발굴하여 조직하는 일로 정의되고 있다(진동섭, 2003: 51). 컨설팅 장학은 이러한 학교컨설팅의 원리와 방법을 장학에 적용하여 교원의 전문성을 개발하고자 하는 활동으로 "교원의 자발적 의뢰를 바탕으로 교수-학습과 관련된 전문성을 개발하기 위해 교내외의 전문성을 갖춘 사람들이 제공하는 조언 활동"을 의미한다(진동섭, 김도기, 2005: 7).

컨설팅 장학의 주요 원리는 자발성, 전문성, 자문성, 독립성, 일시성(한시성), 교육성(학습성) 등이 있다(진동섭, 2003; 진동섭, 김효정, 2007). 자발성은 컨설턴트의 도움을 필요로 하는 교원이 자발적으로 도움을 요청함으로써 시작된다는 것을 의미하며, 전문성은 장학의 성패가 컨설턴트의 전문성에 달려 있다는 점을 강조한다. 자문성은 컨설턴트가 교원을 대신하여 문제를 직접 해결해 주는 것이 아니라 교원이 스스로 문제를 해결하도록 자문하고 조언하는 역할을 수행하는 것을 의미한다. 독립성은 도움을 요청한 교원과 컨설턴트가 상, 하급자의 관계가 아니라 평등한 관계에서 상호작용해야 함을 의미한다. 일시성(한시성)은 컨설팅이 정해진 기간 동안 이루어지는 일시적 활동으로 동일한 문제에 대해 다시 도움을 요청하지 않도록 최선을 다해야 한다는 점을 강조하고 있다. 끝으로 교육성(학습성)은 의뢰인과 컨설턴트가 교육적 관계를 맺고 있다는 것으로, 서로가 중요한 교육의 파트너가 되어 전 과정이 서로에게 학습의 장이 되어야 함을 의미한다.

앞서 언급했듯이 수업장학과 컨설팅을 위한 수업분석 방법에는 다양한 양적, 질적 분석 방법이 있다. 효율적인 장학과 컨설팅을 위해서는 교사와 장학 담당자들의 교육관과 수업 관이 무엇보다 중요하다. 정보화시대의 장학과 컨설팅은 일방적으로 지시 또는 하달하는 방식이 아니라, 교사 스스로 자신의 전문성 신장을 위해 노력할 수 있도록 풍부하고 다양한 환경을 마련해 주는 활동이 필요하다.

13 상대평가 반대 의견

1[1)]

'연석회의 결과 통보'(교무과-829, 2010.5.24)에 의하면, 교무운영위원회에서 교무처장이 학업사무처리규정 개정(안)을 안건으로 상정해 제32조(성적평가 방법)에 "③ A 등급과 B 등급을 합한 비율이 70%를 초과할 수 없다"를 추가하고 다른 항은 원안대로 심의·의결해 이를 2010학년도 2학기부터 적용한다고 명시되어 있습니다.

잘 아시다시피, 성적평가 방법은 교수와 학생 모두에게 매우 중차대한 문제로 교육철학과 교육 관, 학습자 관, 평가 관 등과 직결되어 있습니다. 'A 등급과 B 등급을 합한 비율이 70%를 초과할 수 없다'라는 말은 C 이하 등급을 반드시 30% 이상 부과해야 한다는 것을 의미합니다. 이는 곧 상대평가로의 전환으로, 개정된 규정이 2010년 2학기부터 적용되면 학생들이 아무리 열심히 공부하고 수업을 아무리 잘해도 결국 30% 이상의 학생들은 C 이하 등급을 받게 됩니다. 성적평가 방법 변경의 배경에 어떤 고귀한 교육철학과 교육 관이 담겨있는지 궁금합니다.

단지 앞으로 있을 대학평가에서 약간의 덕을 보고자 하는 것이 개정 배경이라면 교육철학과 교육 관, 학습자 관, 평가 관을 무시하고 교수와 학생들을 희생시키는 것은 무모한 시도라고 생각합니다. 이로 말미암아 예상되는 선발적, 차

1) 이 메일로 본부가 교수회의를 거치지 않고 학업사무처리규정(성적평가 방법)을 일방적으로 개정하려고 했던 시도가 중단됐다. 하지만 2010년 10월에 다시 상대평가로 전환하는 규정 개정을 시도해 두 번째 반대 의견을 제시했다.

별적 교육관 심화, 평소 수업에서 강조하는 평가 방법과 실제 학생 평가 방법이 불일치 하는 모순과 이율배반, 학생들 간의 과도한 경쟁과 성적에의 집착, 이로 인한 교수와 학생, 학생들 상호 간의 갈등과 위화감 확대, 교단에서 초등학생들에 대한 서열화된 시각 고착, 학생들이 국내외 타 대학원 진학 시 또는 취업난 악화 시 타 대학 편입이나 진로 변경 시 낮은 학점으로 인한 불이익과 같은 많은 부정적인 결과가 예상됩니다. 성적평가 방법은 대학평가에서 합리성이 결여된 대표적인 평가 항목이기 때문에, 언제든지 배제될 수 있습니다. 이를 위해 규정을 바꾸는 것은 개악이자, 소탐대실 곧 '빈대 잡으려다 초가삼간 태우는' 격입니다. 대학평가를 무시하자는 것이 아니라, 그것보다 더 소중한 가치가 있다면 지켜져야 한다는 뜻입니다.

이러한 소신을 바탕으로 5월 18일 자로 "대구교육대학교 학업사무처리규정 일부 개정(안)"에 대한 반대 의견을 제출한 바 있습니다. 하지만 교무운영위원회에서 반대 의견이 제대로 검토되지 않은 것으로 알고 있습니다. 소수의 의견이라도 타당하고 합리적인 근거가 있다면 존중되어야 마땅합니다.

규정 개정의 절차와 과정도 학칙을 위반해 행정 편의주의식으로 진행됐습니다. 학칙 제77조(규정 개정) ②항에는 '규정 개정(안)이 제출되면 총장은 특별한 경우를 제외하고 7일 이상 이를 공고하여야 한다'라고 명시돼 있습니다. 규정 개정(안)을 5월 12일 자로 결재하고 5월 14일 자로 교수들에게 통보해 일주일도 채 되지 않는 5월 18일까지 의견서를 제출하도록 했습니다. 학생들에게는 홈페이지 공지 사항에 '대구교육대학교 학업사무처리규정 일부 개정(안) 공고'라는 제목으로 탑재해 제목을 클릭하고 들어가서 첨부 파일을 열어보아야만 내용을 알 수 있도록 했습니다. 규정 개정 내용을 사전에 충분히 고지하지 않아 그 속에 어떤 내용이 담겨있는지 잘 알 수 없게 돼 있습니다. 교무운영위원회는 의결기관이 아님에도 의결을 강행했습니다. 학교 측에서는 과연 학칙을 제대로 알고 행정 행위를 하는지 의심하지 않을 수 없습니다.

대구교육대학교 학칙 제61조(교수회의 기능)에는 2. 제 규정의 제정과 변경에 관한 사항 3. 교수와 연구에 관한 사항은 교수회의 심의를 거쳐야 한다,

그리고 학칙 제77조(규정 개정) ③항에는 '일반 행정에 관한 규정 외의 규정 개정(안)은 공고된 날로부터 50일 이내에 교수회의 심의를 거쳐 총장이 이를 공포한다'라고 명시돼 있습니다.

따라서 학업사무처리규정(성적평가 방법) 개정은 학칙에 의거 반드시 교수회의 심의를 거쳐야 할 것입니다. 우리 대학 교수협의회가 제 기능을 수행하려면, 이와 같은 중대한 사안에 대해 교수와 학생들의 의견을 수렴해 본부에 합당한 의견을 제시해야 마땅할 줄 압니다.

교수님들께서는 이러한 점을 고려해서 학업사무처리규정(성적평가 방법) 개정(안)이 학칙에 의거 반드시 교수회의 심의를 거치도록 의견을 모아 주시고, 교수회의 개최 시 상대평가로의 변경 시도에 대한 교수님들의 소신을 적극적으로 개진해 주실 것을 정중히 부탁드립니다.

2010년 6월 3일

2[1)]

대구교육대학교 학업사무처리규정 일부 개정(안)에 따르면, "교과목에 대한 성적평가를 집단별로 점수를 평균하여 평가하는 현행 제도의 문제점(90% 이상이 B등급임)을 개선 보완하여 평가 결과가 정상분포가 될 수 있도록 하고자 함"을 개정 이유로 들고 있습니다. 이에 대해 앞서 추진되었던 대구교육대학교 공고 제2010-26호에 대한 경우와 마찬가지로 다음과 같은 반대 의견을 제출합니다.

먼저 개정 이유에 타당성과 신뢰성이 결여돼 있습니다. 개정 이유에서 밝힌

1) 이 의견 제시로 학업사무처리규정(성적평가 방법) 일부개정(안)이 10월 교수회의에서 부결됐다. 하지만 저자가 임용고시 출제위원으로 11월 한 달 동안 출장을 간 사이 다시 교수회의를 개최하여 개정안을 통과시켜 버렸다. 국회로 치면 한 안건이 부결되면 그 회기 내에는 다시 그 안건을 심의하지 않는다는 일사부재의(一事不再議) 원칙에 위반되는 몰상식한 행정 행위다. 이 악법은 이후 2022년 12월 30일 자로 학업사무처리규정(성적평가 방법)이 개정돼 상대평가가 폐지될 때까지 10년 넘게 교수와 학생들을 괴롭혔다. 사필귀정이 되었으나 만시지탄이라 하지 않을 수 없다.

것처럼 현행 제도에 문제점이 있다면 무엇이 문제인지 그 근거를 구체적으로 제시해야 할 것입니다. 현행 제도에서 90% 이상이 B등급이면 왜 문제가 됩니까? 잘 아시다시피, 목표(준거) 지향 평가 관에 따르면, '90% 이상이 B등급'이라고 하면 목표 지향 평가에서 추구하는 부적 편포(negatively skewed distribution)가 잘 이루어진 상태로, 수업이 성공적이고 학생들이 열심히 공부해서 목표를 잘 성취한 결과를 의미합니다. 부적 편포는 부진한 일부 학생들을 제외하고 다수의 학생이 목표를 성취해서 정상분포(normal distribution) 곡선보다 오른쪽으로 많이 치우치는 분포로 완전 학습에서 기대하는 분포입니다. 이러한 결과는 학생들에게 적합한 조건을 제공하면 대다수 학생이 주어진 목표를 성취할 수 있다는 발달적 교육관에 근거한 것으로 문제점이 아니라 도리어 장점입니다.

이러한 결과를 굳이 학생들을 서열화하는 상대평가로 전환하고자 하는 철학과 배경이 무엇입니까? 상대평가로 전환하게 되면 교수가 아무리 수업을 잘하고 학생들이 공부를 열심히 해도 결국 학생들의 성적 분포는 평균을 중심으로 상, 중, 하로 구분되는 정상분포를 가져올 수밖에 없습니다. 솔직히 대학평가에서 좋은 점수를 받고 싶은 의도가 개정을 추진하는 배경이라면, 해당 영역에 배정된 평가 점수가 몇 점이며, 이 경우 우리 대학의 현행 제도에 의한 평가 점수는 어느 정도에 해당하는지 근거를 제시해야 할 것입니다. 그리고 이러한 근거를 바탕으로 현행 제도가 과연 개정되어야 할 정도로 문제가 있는지, 아니면 평가 점수에서 다소 손해를 보더라도 현행 제도를 계속 유지할 가치가 있는지에 대한 구성원들의 의견을 모으는 것이 정상적이자 합리적일 것입니다.

상대평가는 선발적 교육관과 차별주의 학습자 관을 반영한 것으로 잘 가르치든 못 가르치든 그 결과에 대한 책임을 학생들에게 전가하는 평가입니다. 상대평가로 전환함으로써 대학평가에서 더 얻을 수 있는 점수가 어느 정도인지는 몰라도 현행 제도가 학생들에게 주는 교육적 가치를 넘어설 수 없을 것으로 생각합니다. 제가 1996년부터 우리 대학에 재직한 이래 상대평가로 전환 시도는 이번이 처음인 것으로 기억합니다. 이전에는 왜 이러한 시도를 하지 않았을까요? 상대평가로 전환을 해 놓고 대학평가에서 합리성이 결여돼 여기에 해당하는 항목이 사라지면 또 어떻게 할 것입니까? 개선이라면 몰라도 개악은 절대 바람직하지 않습니다. 단지 대학평가에서 좋은 점수를 받기 위함이 명분이라면, 차라리 다른 영역에서 더 좋은 점수를 받도록 노력하는 것이 현명할 것입니다.

현재 일선 학교 현장에서 시행 중인 7차 교육과정과 2007, 2009 개정 교육과정에서 추구하는 평가 관도 "평가는 모든 학생들이 교육목표를 성공적으로 달성하기 위한 교육의 과정으로 실시한다. 학교는 다양한 평가 도구와 방법으로 성취도를 평가하여 학생의 목표 도달도를 확인하고, 수업의 질 개선을 위한 자료로 활용한다"라고 명시해 목표 지향의 절대평가 관점을 유지하고 있습니다.

학업사무처리규정(안)을 개정해 상대평가로 전환하게 되면 교과목 담당 교수들도 평소 수업 시간에는 교육과정의 기본 정신을 반영해서 학생들에게 목표 지향 평가를 강조하다가, 정작 학기 말에 수강 학생들을 평가할 때는 상대평가로 할 수밖에 없는 모순과 이율배반에 빠지게 될 것입니다. 또한, 상대평가가 현실화될 경우 학생들 간의 과도한 경쟁 풍토와 이로 인한 면학 분위기 경직, 교수와 학생, 학생 상호 간의 위화감은 더욱 커지게 될 것입니다. 예비교사 교육과정에서 상대평가에 익숙해진 학생들이 교단에 서게 되면, 어린 학생들을 대하는 시각도 차별화, 서열화될 것입니다.

안타깝게도 해가 갈수록 졸업생들의 임용 상황이 악화되고 있습니다. 임용률이 지금처럼 해마다 낮아질 경우, 우리 대학 학생들도 국내외 타 대학원 진학이나 다른 대학에 편입 또는 다른 직종에 취업 등을 모색해야 할 상황도 배제할 수 없을 것입니다. 이 경우 입학 당시 우수했던 재원들이 수학하는 과정에서 어쩔 수 없이 서열화 되어, 최선을 다해 열심히 공부하고도 C 또는 D 등급을 받게 되는 학생들은 불이익에 따른 또 다른 좌절감과 패배감을 겪게 될 것입니다.

우리는 이미 과거 여러 차례의 편입생 선발 과정을 통해 다른 대학의 성적평가 관행을 잘 알고 있습니다. 성적이 과도할 정도로 지나치게 부풀려지는 것은 지양해야 하지만, 현재와 같이 일정한 기준(교양 등 86.4 이하, 심화과정 88.4 이하)을 정해두고 그 속에서 담당 교수의 재량권을 부여하는 제도가 결코 문제점이 많아 나쁘다고 할 수는 없을 것입니다.

성적평가와 관련된 학칙 제41조(성적평가) 개정만으로도 학생들의 평점 등급이 하향되게 됩니다. 더구나 '학업사무처리규정 일부 개정(안)' 제32조(성적평가방법) ②와 ③과 같이 같은 대학 안에서 어떤 교과목은 상대평가, 어떤 교과목은 절대평가를 적용하는 것도 일관성과 형평성 등에 비추어 합당하지 않습니다.

마하트마 간디는 '철학 없는 정치, 인격 없는 교육' 등을 대표적인 악덕(惡德)으로 지적한 바 있습니다. 눈앞의 작은 이익을 추구하다 더 크고 소중한 가치를 잃게 되는 우를 범하지 않게 되기를 바라면서, 앞서 언급한 사유로 '학업사무처리규정 일부 개정(안)'에 대한 반대 의견을 거듭 제출합니다.

2010년 10월 26일

14 연구교수 인사

캐나다 UBC

그동안 잘 지내셨는지요. 제가 이곳 밴쿠버에 도착한 지도 어느덧 보름이 지났습니다. 교수님들 염려 덕분에 저희 가족은 1월 6일 오후 7시에 인천공항을 출발해, 1월 6일 오후 1시에 이곳에 도착해 잘 적응해 가고 있습니다. 이곳은 우리나라와 17시간의 시차가 있습니다.

밴쿠버 공항 도착 시 때마침 서설이 내려 저희를 환영해 주었습니다. 밴쿠버 공항에서 사전에 계약해 둔 자동차(공항 주차장에서 5일간이나 저희를 기다렸습니다)를 인수해, 이곳 UBC(University of British Columbia) 숙소에 도착했습니다. 이후 나흘간 폭설이 내려서 온 세상이 눈 천지가 되었습니다. 이곳 밴쿠버는 겨울에도 비가 많고 눈이 잘 내리지 않는다고 하는데, 혹 지난번 일본에서 발생한 쓰나미(지진해일)로 인한 이상 기후의 영향이 이곳까지 미친 것은 아닌가 하는 생각이 들기도 합니다. 눈이 그친 뒤에는 다시 연일 비가 내려 언제 그랬냐는 듯이 쌓인 눈을 녹여 잔디를 더욱 푸르게 하고 있습니다. 지금은 하루에도 몇 번씩 비가 내리다 그쳤다 하는 전형적인 우기입니다. 비를 흠뻑 맞아가면서 조깅을 즐기는 캐나다 사람들의 모습에서 삶의 여유를 느낄 수 있기도 합니다.

저희가 거주하는 숙소(faculty housing)는 목조로 된 아파트식 4층 건물 중 3층에 위치해 있습니다. 우리 대학의 1강의동(현 인문사회관)처럼 복식으로 된 건물이지만, 다행히 남동향에 전망도 아주 좋은 편입니다. 베란다에는 가끔씩

다람쥐와 비슷하게 생긴 청설모가 놀다 가기도 합니다. 이곳 housing 일대만 하더라도 우리 대학 전체 면적의 몇 배가 될 정도여서 매우 부럽습니다. 캠퍼스가 넓어서인지 대학에서 공식적으로 운영하는 faculty/staff/student housing 외에도 민간에 대지를 분양해서 수익사업을 하고 있는 것 같습니다. 캠퍼스 내에는 인류학 박물관과 니또베 기념 정원, 식물원 등 관광객들에게 제법 알려진 볼거리들도 있습니다.

교내의 주차 질서도 매우 엄격한 편입니다. 지정된 장소의 주차는 물론, 주차 시간도 철저히 지키도록 하고 있습니다. 처음에는 이러한 사정을 잘 알지 못해 잠시 차이로 traffic notice(penalty 30$)를 받기도 했습니다. 한편으로는 조금 야박하다는 생각도 들었지만, 교내 주차 질서를 위해서는 나름 필요하다는 생각이 들었습니다. 주차 요금을 확인해 보았더니 faculty의 경우 한 학기에 600$이 넘을 정도로 만만치 않았습니다. 이것도 우리처럼 건물 주변에 자유롭게 주차할 수 있는 것이 아니라, 지정된 곳에 주차하도록 하고 있습니다. 건물 가까이에는 최대 1시간 동안 주차가 가능하며 coin을 넣어 이용하도록 하고 있습니다.

숙소에서 연구실이 있는 Faculty of Education까지는 도보로 약 20 여분 정도 거리여서 운동 삼아 걸어 다니고 있습니다. 가재도구는 인근에 거주하다 귀국하는 분의 것을 take over 받기로 했으나, 그분의 일정이 변경돼 이달 28일까지는 어쩔 수 없이 두 가족이 한 살림을 나누어 생활해야 하는 형편에 있습니다. 그 밖에 전화를 비롯한 다른 기본적인 것들은 하나둘씩 챙겨가며 이제는 어느 정도 살림살이의 모습을 갖추고 있습니다.

UBC 교내에 Child Care Center와 초, 중, 고등학교가 다 있습니다. 큰아이는 교내에 있는 초등학교에 배정받지 못해 자동차로 10분 거리에 있는 Queen Elizabeth Elementary School에 다니고 있습니다. 유치원 2학급을 포함해 총 16학급의 규모이지만, 운동장은 우리 대학 운동장의 몇 배나 되는 푸른 잔디 구장을 갖추고 있어 마냥 부럽기만 합니다. 우리 아이들도 이런 환경 속에서 마음껏 뛰어 놀 수 있다면 … 하는 생각이 절로 들 정도입니다. 교내에 있는

U'hill Elementary School에 결원이 생기면 옮길 예정입니다.

혹, 교수님들께서 이곳 UBC나 밴쿠버 또는 캐나다와 관련된 자료나 정보가 필요하시면 알려주시기 바랍니다. 힘이 닿는 대로 전해드리겠습니다. 교수님들께 개별적으로 인사드리지 못하고, 전체 메일로 대신하는 점 널리 양해해 주시기 바랍니다. 이제 설날도 멀지 않은 것 같습니다. 새해에도 늘 건강하시고, 만사형통하시길 바랍니다.

2005년 1월 21일

호주 UTS

시드니에서 인사드립니다. 연일 계속되는 무더위에 건강하게 잘 지내고 계시는지요?

계절제 대학원 수업을 비롯해 여러 일로 많이 바쁘실 줄 압니다. 염려 덕분에 저는 시드니에 잘 도착해 다운타운에 있는 UTS(University of Technology Sydney)에서 연구교수 생활을 하고 있습니다. 2005년 캐나다 밴쿠버 소재 UBC에 이어 두 번째 연구교수 경험을 하고 있습니다. 시드니는 대구와 반대 계절이어서 겨울이지만, 요즘은 낮 기온이 23도에 이르고 있어 봄이 다가오고 있음을 느낄 수 있습니다.

저희 가족은 시드니에 도착해서 잠시 임시 숙소에 생활하다가 시내에서 약 20분 정도 거리에 있는 록데일(Rockdale)이라는 곳에 거주하고 있습니다. 새로 지은 4층 아파트의 3층 북향입니다. 우리나라는 겨울에 햇빛이 잘 들고 따듯한 남향을 선호하지만, 이곳은 반대로 북향집이 햇빛이 잘 들고 따듯합니다. 아파트 베란다 바로 앞에 큰 나무가 있어 아침마다 새 소리를 들으며 하루를 시작합니다.

시드니 총영사관에 가서 한국 운전면허증 공증을 받아, 호주 TMR(Department of Transport and Main Roads)에서 호주 운전면허증을 발급받았습니다. 자동차는 2011년식 토요타 오리온을 중고로 구입했습니다. 핸들과 방향 지시등 그리고 와이퍼 작동 등이 우리와 반대 방향이어서 도로 연수를 2시간 받았지만, 아직도 가끔 좌우측 깜빡이를 넣는다는 것이 와이퍼를 잘못 작동하곤 합니다. 시드니를 비롯한 호주에는 회전식 교차로(round about)가 많아 지날 때마다 주의를 기울여야 합니다.

얼마 전 인근에 있는 록데일 도서관이 개장되어 가족 모두 이곳을 자주 이용하고 있습니다. 다양한 서적은 물론 최첨단 시설에 무료 와이파이 접속이 가능하고 다양한 크기의 미팅 룸이 갖추어져 있는 등 이용자들이 활용하기에 편리하게 지어져 있습니다. 도서관 기능과 community center의 역할을 잘 수행할 수 있을 것 같다는 생각이 들었습니다.

UTS에서 컴퓨터와 프린터를 갖춘 개인 연구실을 배정해 주어 잘 활용하고 있습니다. 학과장이 "Enjoy your stay."라며 덕담을 해주었습니다. 마침 도서관 출입 카드를 발급받아 UTS 도서관에서 "Think big, start small: How to differentiate instruction in a brain-friendly classroom(2012)"(생각은 크게, 시작은 작게: 두뇌 친화적 교실에서 맞춤형 수업을 어떻게 할 것인가?) 제목의 책을 발견했습니다. 우리나라 학교 현장의 맞춤형 수업에 도움이 될 것 같아 번역을 준비하고 있습니다. 학교가 시내 중심부에 있다 보니 주차 공간이 부족해 주로 기차를 이용해 다니고 있습니다.

혹시, 이곳 시드니나 호주와 관련해 필요한 자료나 정보 있으시면 언제든지 알려주시기 바랍니다. 늘 건강하고 평안하게 잘 지내시기 바랍니다.

2016년 8월 10일

15 호주의 교육제도

2016년 7월부터 2017년 7월까지 연구교수로 호주 시드니에 있는 UTS(University of Technology Sydney)에 다녀왔다. 당시의 경험과 관련 자료를 참고해 호주의 교육제도에 관해 간략히 소개하고자 한다.

호주의 교육제도는 초등학교(Primary School)와 중등학교(Secondary School), 전문대학(TAFE/College)과 정규대학(University) 그리고 대학원(Postgraduate) 과정으로 구분된다. 초, 중등학교는 운영 주체에 따라 공립과 사립, 성별에 따라 남학교, 여학교, 남녀공학 그리고 기숙사 유무에 따라 일반 학교(day school)와 기숙학교(boarding school)로 구분된다. 호주의 의무교육은 1학년부터 10학년(우리의 고등학교 1학년)까지이다. 공립학교의 경우 호주인은 무상교육이나, 외국인은 주 정부에서 정한 기준에 따라 등록금을 내거나 면제받을 수 있다. 5세 이하는 의무교육은 아니지만 Pre-School(예비학교, 유치원)에 입학해 교육받을 수 있다. 호주의 초, 중등학교는 4학기제로 1월 (1월말~3월말), 4월 (4월말~6월 중순), 7월 (7월초~9월 중순), 10월 (10월초~12월초) 학기로 구분된다. 학기 사이에 약 2주간의 방학이 있고, 연말 방학은 6주 정도 된다.

초등학교에 해당하는 Primary School은 만 5~6세에 입학하며, 입학 조건은 주마다 조금 다르다. 저학년은 기본적인 언어(영어) 구사와 쓰기, 기초적인 산수, 사회, 체육 그리고 창의력을 기르는 활동을 한다. 고학년은 영어, 수학, 사회, 체육과 보건, 기술 그리고 학교에 따라 음악과 외국어 등을 공부한다. 담임교사가 개별 학생의 학습능력과 학교생활을 평가하며, 1년에 1~2회 담임교사와 학부모의 면담이 진행된다. 공립학교는 대부분 남녀공학이며, 사립학교는 남학교, 여학교, 남녀공학 형태로 운영되고 있다. 우리 대학 교육대학원에서 2018년 여름방학 때 대학원생들의 해외 수업 체험으로 시드니에 있는 Mattew Pearce Public School과 Abbotsleigh School을 방문한 적이 있다.

우리나라의 중고등학교에 해당하는 Secondary School은 7~10학년(Junior Secondary School)까지의 의무교육 기간과 11~12학년(Senior Secondary School)의 대학 준비 기간으로 구분된다. 7~8학년에서는 모든 학생이 기본 과목을 공부한다. 9~10학년에서는 필수과목(영어, 수학, 사회, 과학, 체육)과 선택과목(외국어, 경제, 미술, 음악, 연극, 컴퓨터, 지리, 역사 등)을 배운다. 선택과목은 학교에 따라 다르다. 의무교육을 마친 후 대학에 진학하지 않고 기술을 배워 취업하는 VET(Vocational Education and Training: 직업교육훈련) 과정이 있다. 학생들의 희망에 따라 주 정부에서 운영하는 TAFE(Technical And Further Education: 주립기술전문대학) 또는 College(사립전문대학)에 진학하여 취업을 준비할 수 있다. 11~12학년은 대학 진학을 준비하는 기간으로 선택과목의 범위가 매우 다양하다. 2년간의 내신 성적 50%와 12학년 말에 치는 대학입학시험(ATAR: Australian Tertiary Admissions Rank, 한국의 대학수학능력시험) 50%를 합산한 UAI(University Admission Index)로 대학에 진학한다.

TAFE는 주 정부의 지원과 관리 하에 운영된다. 호주 고등교육의 약 70%를 차지하는 최대 교육기관이다. 예비 과정과 특수기술 과정을 포함한 다양한 교육과정을 제공한다. 현장실습과 이론 교육을 체계적으로 융합해 졸업 후 대학교 2학년이나 3학년에 편입할 수 있다. College는 사립으로 TAFE에 비해 규모는 작은 편이나, 다양한 교육과정을 통해 자격증을 수여한다. 입학 조건과 교육과정, 학비, 학기, 수업 기간 등은 학교마다 다르다. 주 정부의 인가를 받은 과정은 TAFE 과정과 유사하다. TAFE와 마찬가지로 졸업 후 대학교 2학년이나 3학년으로 편입할 수 있다. 여러 단계의 수료 과정(Certificate 1~4)과 준 학사 과정(Diploma), 고급 준 학사 과정(Advanced Diploma)이 있다.

호주에는 TAFE와 College 외에 43개의 대학교가 있다. 2개의 해외 대학 분교를 제외하면 41개 대학으로 39개의 국립대학과 2개의 사립대학으로 구성되어 있다. 영국식 학제를 받아들여 학사 과정은 3년제로 운영된다. 영어 사용국에다 선진 교육으로 평판이 좋아 유학생 인구가 많다. 지리적으로 아시아와 가까워 아시아권 유학생들이 상대적으로 많은 편이다. 호주의 대학은 대부분이 세계대학평가에서 상위 5%에 들 정도로 교육 수준이 높다.

영국의 고등교육 평가기관인 타임즈 고등교육(THE: Times Higher Education)이 발표한 2019년 세계대학 평가에서 '세계 톱 200위 대학'에 호주의 대학이 9개로 아시아권 국가 중에서 가장 많이 선정됐다. 멜버른대학교(UM, 32위)와 호주국립대학교(ANU, 49위), 시드니대학교(USYD, 59위), 퀸즐랜드대학교(UQ, 69위), 모나쉬대학교(MU, 84위), 뉴사우스웨일즈대학교(UNSW, 96위), 서호주대학교(UWA, 134위), 애들레이드대학교(UA, 135위)를 비롯한 G8과 시드니공과대학교(UTS, 196위)가 포함됐다. 연구교수 기간 동안 이들 9개 대학 중 애들레이드대학교와 서호주대학교를 제외한 7개 대학을 방문한 적이 있다. 한국은 '세계 톱 200위 대학'에 서울대(63위)와 성균관대(82위), 카이스트(102위), 포항공대(142위), 고려대(198위)의 5개 대학이 포함됐다.

호주의 대학원은 석사학위 과정과 박사학위 과정이 있다. 석사학위 과정은 코스워크(coursework) 과정과 연구(research) 과정이 있다. 코스워크 과정은 학점 이수를 통해, 연구 과정은 논문을 통해 석사학위를 취득하는 과정이다. 코스워크 과정은 우리나라 대학 졸업생이 졸업논문이 없어도 지원할 수 있다. 그러나 연구 과정은 연구 경험이 없는 졸업생들은 바로 지원할 수 없다. 대학 졸업 후 단기간에 전문적인 지식을 습득하고자 할 경우, 석사 과정의 전 단계인 Graduate Certificate(준 석사 수료) 과정이나 Graduate Diploma(준 석사) 과정을 이수할 수 있다. 호주의 박사학위(doctoral degree) 과정은 보통 3~4년 정도로 우리나라와 큰 차이가 없다. 한국에서 석사학위를 취득한 후 동일 전공으로 호주의 박사과정에 진학하고자 할 경우, 학교마다 차이가 있기는 하나 IELTS (International English Language Testing System) 6.0~7.0 정도의 영어 점수와 논문 실적, 연구 경력 등으로 지원할 수 있다.

대구교대신문 제517호, 상록인 컬럼, 2019.6.17.

16 시드니 속 베트남, 카브라마타

2018년 자카르타-팔렘방 아시안 게임 축구 결승전에서 한국이 연장전 끝에 일본을 2:1로 꺾고 금메달을 땄다. 앞서 한국과 베트남과의 준결승도 주목을 많이 받았다. 한국은 준결승전에서 박항서 감독이 맡고 있는 베트남 대표 팀에 3:1로 승리했다. 박 감독은 지난해부터 베트남 대표 팀 감독을 맡아 U-23 아시아 축구 선수권 대회에서 베트남 역사상 최초로 대표 팀을 결승에 진출시켰다. 이에 베트남 국민들은 박 감독을 '베트남의 히딩크'로 칭하며 열광했다. 베트남 대표 팀은 이번 아시안 게임 예선전에서 일본을 처음으로 꺾고 조 1위를 차지했다. 게다가 아시안 게임 출전 사상 최초로 준결승까지 진출하자 베트남 사람들은 또다시 박항서 매직에 열광하고 있다.

호주 시드니 중심가에 위치한 UTS(University of Technology Sydney)에 연구교수(2016.7- 2017.7)로 가 있으면서 카브라마타(Cabramatta)를 두 차례 다녀온 적이 있다. 카브라마타는 시드니의 중심인 CBD(central business district)에서 남서쪽으로 약 30km 거리에 있다. 센터럴역에서 기차로 50분 정도 걸리는 곳으로 소위 베트남 타운으로 알려져 있다. 처음에는 카브라마타에 유명한 베트남 쌀국수 식당이 있다고 해서 호기심에 가족과 함께 기차를 타고 다녀왔다. 역에서 내리자마자 주변을 둘러보니 대부분 상가에 영어와 한자로 된 간판이 걸려 있었다. 행인들도 대부분 동양인인 것을 보고 시드니 도심과는 전혀 다른 느낌을 받았다. 마침 역 인근 광장에는 많은 인파가 모여 무슨 행사를 하는 것 같았다. 가까이 가 보니 많은 사람이 베트남 전통 복장을 하고 '베트남의 날' 35주년 기념행사를 진행하고 있었다. 카브라마타는 마치 시드니 속 베트남과 같다는 생각이 들었다.

1975년 월남이 패망한 뒤 수천 명의 보트피플을 비롯한 수만 명의 베트남 난민들이 호주로 이주해 왔다. 지금 베트남 사람들은 호주 전역에 걸쳐 약 20만 명 넘게 살고 있다고 한다. 베트남 사람들은 처음에는 주로 시드니 인근에 거주했다. 그러나 백호주의(白濠主義: White Australia Policy)로 인한 인종차별로 시드니 외곽 지역인 카브라마타로 내려와 이곳에 거주하던 호주 사람들을 몰아내고 베트남 타운을 건설했다. 베트남 타운을 건설하는 과정에 호주인 시장 암살 사건과 마약 거래 등으로 한때 위험한 지역이라는 오명을 사기도 했다고 한다. 하지만 아픈 과거 역사를 딛고 지금은 매우 안정되어 있다고 한다. 필자가 시드니에 거주하던 2016년 9월에 호주 내 베트남계 커뮤니티가 시리아 난민들을 돕기 위해 50만 호주 달러를 기부하기로 했다는 소식을 들은 적이 있다. 베트남계 이주민들이 1970-80년대에 자신들도 유사한 경험을 하면서 많은 도움을 받은 만큼 "이제는 무언가를 되돌려줄 기회"라고 한 미담이 언론에 보도됐다. 수십 년 전 비슷한 고통을 겪은 베트남계 이주민들이 전쟁으로 5년 넘게 극심한 고통을 겪고 있는 시리아 난민들에게 온정을 전하고 싶다는 뜻이었다. 시리아 난민들에 대한 베트남계 이주민들의 이심전심과 동병상련의 마음을 엿볼 수 있었다.

베트남 타운 임을 상징하는 전통 조형물 전면 상단에는 天下爲公(The world is for us to share and to respect), 왼쪽 하단에는 自由(liberty), 오른쪽 하단에는 民主(democracy)라는 글씨가 한자와 영어로 표기돼 있었다. 베트남인들의 사해동포주의와 자유와 민주에 대한 염원을 공감할 수 있었다. 조형물 후면 상단에는 止於至善(To rest in the highest excellence), 왼쪽 하단에는 新民(to be renovative and integrate), 오른쪽 하단에는 明德(to understand illustrious virtue)이 역시 한자와 영어로 표기돼 있었다. 후면에 대학(大學)의 3강령(大學之道 在明明德 在新民 在止於至善)이 반영돼 있음을 보고 깜짝 놀랐다. 베트남도 한자와 유교 문화권이었음을 실감할 수 있었다.

카브라마타 중심 상가는 과일점, 채소점, 수산물점, 잡화점 등이 밀집해 있어 마치 대구의 서문시장 같은 느낌이 들었다. 다니는 사람 중 백인들은 거의 찾아보기 어려울 정도였다. 오토바이가 많지 않다는 점을 제외하면, 마치 베트남의 하노이에 있는 것처럼 느껴졌다. 쌀국수로 유명한 Pho Ann 식당을 찾아가니 빈자리가 없을 정도로 손님들이 북적거렸다. 쌀국수(cooked beef, 1인분 11.5불)에는 소고기가 푸짐하게 들어 있었다. 소문처럼 국물 맛도 일품이었다. 사탕수수를 압축기에 넣고 생즙을 짜낸 사탕수수 주스도 시드니 다른 곳에서는 맛보기 힘든 별미였다. 갓 구운 바케트로 유명한 KK Bakery에 가서 바케트도 구입했다. 베트남이 과거 프랑스 식민지로 있는 동안 바케트 굽는 기술이 전해졌을 것으로 짐작됐다. 과일점에서 한 상자에 15불 하는 망고를 흥정해 두 상자를 25불에 구입했다. 상자 채 들고 다니기가 여의치 않아 비닐 백에 나누어 담아 달라고 했다. 가족 모두가 양손에 망고와 바케트를 가득 담은 비닐 백을 들고 기차와 버스를 번갈아 타고 귀가했던 기억이 난다.

한국과 베트남은 한국의 월남전 참전(1964-1973)으로 베트남 통일 후 한동안 적대적인 관계에 있었다. 하지만 냉전 체제가 종식되고 베트남이 자본주의 경제체제를 도입하면서 1992년에 수교했다. 한국과 베트남 수교 26주년이 되는 2018년 현재 박항서 감독이 이끄는 베트남 축구 대표 팀의 연이은 선전으로 베트남인들이 '땡큐 코리아'를 외치며 환호하고 있다. 이를 계기로 아픈 과거사를 멀리하고 양국의 우호 관계가 더욱 돈독해지기를 바란다. 베트남과의 아시안 게임 축구 경기가 연구교수 기간 카브라마타를 다녀온 기억을 되돌아보게 하는 계기가 됐다. 시드니 방문 시 혹시 기회가 된다면, 시드니 속의 베트남, 카브라마타에 다녀올 것을 추천한다.

대구교대신문 제511호, 상록인 컬럼, 2018.9.18.

17 교육대학원장 보직

2019년 9월 중순 교수친목회 회장인 총장 임용 후보자로부터 전화가 왔다. 총장 선거를 치르느라 교수친목회의 회갑 축하금을 늦게 송금해 미안하다며 점심식사를 같이 하자고 했다. 저자의 회갑은 7월이었다. 학교 인근에서 점심을 먹고 근처 카페에서 차를 마시다 총장 임용 후보자가 불쑥 교육대학원장을 맡아주었으면 좋겠다고 했다. 뜻밖의 상황에 제안은 고맙지만, 보직에 관심이 없으니 다른 분께 상의하는 것이 좋겠다고 답하고 학교로 돌아왔다.

두 달이 지난 11월 하순에 총장 임용 후보자가 연구실로 찾아왔다. 현 총장 임기가 12월 14일에 끝나 인수인계 준비 차 보직을 인선하고 있다며, 교육대학원장 직을 거듭 제의했다. 수년간 정원 미달에 하향 추세에 있는 교육대학원의 위상을 회복하는 데 힘써 주면 좋겠다고 했다. 연이은 제의에 면전에서 거듭 거절하기 어려워 예의상 좀 더 생각해 보겠다고 했다. 12월 중순 총장 임용 후보자가 또다시 연구실로 찾아왔다. 이번에는 2기 교육대학원장을 맡아주면 좋겠다고 했다. 그리고 당시 헌법재판소에서 심리 중이던 “총장 임용 후보자 선정 규정에 대한 위헌 소청” 취하를 바라는 학내 의견들이 있다고 했다. 헌법소원 청구인이 교육대학원장을 맡게 되면 신임 총장이 피청구인이 되어 모양새가 바람직하지 않을 수 있다고 했다. 이에 위헌 소청은 시시비비에 의거 전임 총장 때 제기한 사안으로 취하는 불가하며, 2기 교육대학원장도 맡지 않겠다고 했다. 총장 임용 후보자는 잘 알겠다며 연구실을 나섰다. 다시 두 달이 지난 2020년 2월 14일 총장이 임명되고, 교육대학원장 보직을 맡게 됐다.

공교롭게도 교육대학원장을 맡은 직후 코로나19 팬데믹 사태가 발생해 2월

19일로 예정된 후기 학위수여식도 시행하지 못했다. 부득이 개강일도 두 차례 조정해 3월 30일로 연기하고 비대면 수업으로 학기를 시작할 수밖에 없었다. 타 대학 사례를 수집해 교육대학원 근무 직원 한 명을 보강 요청해 업무를 재조정했다. 교육대학원 홈페이지 배경 화면을 비롯해 대학원 소개와 연혁, 입학과 학사 정보, 교육과정 등 홈페이지 내용 전반을 최신 정보로 업데이트했다. 교육대학원 학칙과 제 규정을 시대정신에 맞게 개정했다.

교육대학원의 외연을 확장하기 위해 학칙 제2조(교육목표)를 기존의 "초등교육 분야"를 "초등교육과 특별전문 분야"로, 제5조(학과와 정원) 제2항 별표에 "AI 교육"을 추가하고, 제8조(수업) 제1항에 "필요한 경우 주간이나 주말에 수업할 수 있다"를 추가했다. 또한 고등교육법 제31조(수업연한)와 고등교육법 시행령 제26조(수업연한의 단축)에 의거 국내・외 대학원에서 취득한 학점을 우리 대학원에서 인정하거나, 전공 폐지로 인한 유사 전공 학업 지속 등의 경우, 상위법에서 인정하는 범위 내에서 예외적으로 수업연한을 단축할 수 있게 했다. 대학원 학사 운영의 융통성을 부여하기 위해 학칙 제7조(수업연한과 재학연한) 제1항에 "다만, 상위 법령의 기준 내에서 총장이 승인하는 경우 수업연한을 단축할 수 있다"를 추가했다. 학사 운영 규정과 학위 수여 규정, 원격강의 규정, 학생 포상 규정, 학위논문 작성 지침을 비롯한 제 규정을 합리적으로 개정했다.

대만 핑퉁대학교와 석사 복수학위 협정을 체결하고, 경북대학교와 인하대학교 교육대학원과의 상호협력 양해각서를 체결했다. 한국전문지도사협회와 상호협력 MOU를 체결해 15개 전공의 정규 교육과정을 수료하고 해당 자격증 분야 학점을 취득한 대학원생들이 석사학위와 관련 자격증을 동시에 취득할 수 있게 했다. 교육대학원 부원장 손○○ 교수의 도움으로 대구광역시와 경상북도와 "대구・경북 상생을 위한 공동 ODA 사업" MOU를 체결해 베트남을 비롯한 신남방(ASEAN) 지역 교사들의 교육역량 개발을 위한 특별연수 사업을 운영했다.

IB(국제 바칼로레아) 전공과 진로진학 컨설팅 전공을 신설하고, 각 전공주임 연구실과 학과 사무실에 교육대학원 전공 푯말을 제작, 설치하고 교육대학원

원우회를 조직했다. 코로나19 팬데믹으로 해외 수업 체험이 불가능해 대신 "융합교육 역량 강화를 위한 선진교육 시스템 탐구대회"로 전환해 우수 참여자를 시상하고 성과집을 발간했다. 교육부에 박사과정을 포함한 교육전문대학원 신설 허용을 수차례에 걸쳐 거듭 요청했으나 성사되지 못해 아쉬움이 컸다. 다행히 2024년 5월 교육부로부터 교육전문대학원 박사과정 개설을 승인받아 후기 입학생을 모집하고 있다.

책자 크기가 작아 가독성이 낮았던 대학원 요람을 25년 만에 학부 요람과 같은 크기로 제작했다. 기존 영문 요람을 최신으로 업그레이드하고, 대학원 행정과 각 전공 관련 소식을 담은 뉴스레터를 발간, 배포했다. 입시 홍보 방법을 개선해 도시철도 1, 2, 3호선 실내 LED 광고와 3호선 하늘열차 외부 래핑 광고를 비롯해 시내버스 일부 노선 외부 광고, 범어네거리와 죽전네거리 전광판 홍보, 교내와 대구와 구미, 안동, 포항, 경산 주요 거리 현수막 홍보, 대구와 경북 학원단체연합회에 협조를 구해 소속 회원들에게 문자 광고를 전송했다.

그 결과 정원 미달에 하향 추세였던 교육대학원 입학 인원이 상승 추세로 전환됐다. 참고로 최근 8년간 교육대학원 입학 인원은 아래 표와 같다.

최근 8년간 교육대학원 입학 인원

구분	정시	1차 추가	2차 추가	3차 추가	후기	최종
2017년	239	74	20	31	×	364
2018년	151	53	44	27	36	311
2019년	87	75	66	31	43	302
2020년	131	**56**	**75**	×	**91**	**353**
2021년	**195**	**67**	**47**	×	**64**	**373***
2022년	**235**	**35**	19	×	72	361
2023년	149	49	32	×	73	292
2024년	87	48	21	15	모집 중	171

* 정원 373명, 진하게 표시된 부분은 저자의 교육대학원장 재임 기간 입학 인원

최근 8년간 대구교육대학교 교육대학원 입학 인원 표를 살펴보면, 교육대학원 입학 인원이 2017년부터 2019년까지 계속 정원 미달에 하향 추세였다. 하지만 코로나19 팬데믹 기간임에도 불구하고 저자가 교육대학원장을 맡은 2020년 후기 모집부터 상승 추세로 전환돼 전년도보다 50명이 더 입학했다. 2021년에는 2017년 이후 처음으로 입학정원 373명을 충원했다. 같은 해 교대 중 교육대학원 입학정원을 충원한 곳은 대구교대가 유일했다. 이를 근거로 전임 총장이 일방적으로 삭감한 대학원 강사료를 원상회복했다. 2022년에도 정시와 1차 추가 모집에서도 270명이 입학해 전년도 262명보다 8명이 더 증가해 상승세를 유지했다. 하지만 저자의 임기가 끝난 후 진행된 2차 추가 모집부터 다시 감소세로 전환돼 2024년 현재까지 하향 추세가 이어지고 있어 아쉽다. 교육전문대학원 신설을 계기로 교육대학원이 더욱 활성화되기를 바란다.

교육대학원 홈페이지 인사말

글로컬 창의 융합 전문 인재 양성을 선도하는
대구교육대학교 교육대학원

"대구교육대학교 교육대학원 홈페이지 방문을 진심으로 환영합니다."

대구교육대학교 교육대학원은 1996년 4개 전공으로 출발하여 2020년 2월 현재 28개 전공(교과교육 분야 12개, 교육학 분야 7개, 특별전문 분야 9개 전공)을 개설, 운영하고 있습니다. 지금까지 약 4,200명의 졸업생을 배출해 각 분야의 전문가로 활동하고 있으며, 현재 800여 명의 대학원생들이 재학 중입니다. 대구교육대학교 교육대학원은 최고 수준의 교수진과 교육 환경으로 글로컬(glocal) 창의 융합 전문 인재 양성에 앞장서고 있습니다.

우리 대학원은 초 지능(super-intelligence)과 초 연결(super-connectivity)로 상징되는 4차 산업혁명 시대의 전문 인재 양성을 위해 초등교사뿐만 아니라 학사학위를 소지한 모든 사람들에게 입학 자격을 개방하고 있습니다. 다양한 교과교육과 교육학 관련 분야는 물론 시대정신을 반영한 각종 특별전문 분야의 전문성 신장을 위한 최적의 환경을 제공하기 위해 부단히 노력하고 있습니다.

우리 대학원은 야간제와 계절제로 운영되고 있으며, 수요자 중심의 맞춤형 교육과정 개발과 총 강의 시수의 절반까지 원격강의 제도를 도입하고 있습니다. 학위 수여 요건도 전공에 따라 논문 과정을 비롯하여 작품발표, 프로젝트, 논문 대체 과정 등으로 다양화되어 있습니다. 일본의 효고교육대학을 비롯한 해외 자매대학과의 복수 학위제도 운영하고 있습니다. 다양한 장학금 제도와 해외 문화 탐방 등 대학원생들의 복지 향상을 위해서도 최선을 다하고 있습니다.

평생학습사회의 일원으로 대구교육대학교 교육대학원의 다양한 전문 학습공동체(PLC: professional learning community)에서 자기 계발과 전문성 신장을 위한 소중한 경험을 함께 할 수 있기를 기대합니다.

많은 관심과 참여 부탁드립니다. 대단히 감사합니다.

대구교육대학교 교육대학원장 조영남

18 임용고시 해프닝

2014년 11월 24일 오전 10시 상록교육관 8층 엘리베이터 앞에서였다. 한 학생이 대뜸 인사를 하며 말했다. "교수님, 창체(창의적 체험활동 교육론) 모의고사 문제가 임용고시에 그대로 출제되었어요. 교수님 덕분에 정답을 잘 맞혔습니다." 임용고시에 출제된 문제를 아직 보지 못했기 때문에 긴가민가했다. 다음 날 YTN을 비롯한 여러 언론에 22일 치러진 초등 임용고시와 대구교대 모의고사 간 문제 베끼기 기사가 보도돼 한 바탕 소동이 벌어졌다.

YTN 보도 내용은 다음과 같다.

> 지난 토요일에 치러진 2015 초등 임용고시에서 문제가 불거졌습니다. 내년에 임용될 초등학교 교사를 뽑는 국가고사입니다. 전체 시험 문제 가운데 두 문항이 특정 교대에서 치러진 모의고사 문제와 유사하다는 논란이 제기됐습니다.
>
> 이들 2개 문항이 지난달 대구교대에서 치러진 모의고사 문제와 유사하거나, 사실상 같다는 건데요. 수험생들은 해당 모의고사를 출제한 대구교대 교수가 직간접적으로 임용고시 출제에 영향을 미쳤거나, 평가원이 문제 검토를 제대로 하지 않은 것이라며 해명을 요구하고 있습니다.
>
> [앵커]
>
> 그러니까 대구교대에서 모의고사를 본 수험생이라면 문제 풀이에 유리했으리라는 거군요. 도대체 문제가 얼마나 유사한 겁니까?
>
> [기자]
>
> 가장 큰 배점을 차지하는 교직 논술부터 보겠습니다 … 중략 … 총론과 창의적 체험활동 과목에서는 빈칸에 들어갈 정답이 각각 '다양성'과 '실천'으로 중복되는 문제가 발견됐습니다.

[앵커]

이들 문제가 당락에 얼마나 영향을 미치는 건가요?

[기자]

임용고시는 1점 사이에도 수십 명이 몰려 있고, 주관식이다 보니 소수점 채점까지 이뤄집니다. 따라서 0.1점 차이로도 여러 명의 당락이 갈리는데요. … 중략 … 빈칸 채우기 문제에 해당하는 3점도 적은 점수가 아닙니다. 학생들이 지방에 지원하도록 유도하기 위한 '지역가산점'이 3점입니다. 이미 1차 시험을 통해 1.5 배수가 걸러지고, 수험생들은 2차 면접 변별력이 적다고 생각해서 1차 시험을 매우 중요하게 보고 있습니다.

[앵커]

수험생들 많이 시끄러울 것 같은데요. 평가원에서 별다른 설명은 없었습니까?

[기자]

초등 임용고시 수험생들이 모이는 인터넷 카페에서는 시험 직후부터 이 문항들을 놓고 '문제 유출' 논쟁이 한창입니다. 당초 평가원은 인터넷 홈페이지에 임용고시 문제지를 따로 게재했었는데요. 어떤 이유에서인지, 지금은 홈페이지에서 문제지를 내린 상태입니다. 학생들의 문의와 항의 전화가 빗발치고 있는데, 아직까지는 '확인해보겠다'는 말 뿐, 별도의 입장은 정리되지 않은 것으로 전해졌습니다.

지금까지 사회부에서 YTN 이○○입니다.

다른 언론들도 다음과 같은 제목으로 이번 사태를 구체적으로 보도했다.

평가원, 이번엔 초등교사 임용시험 '문제 베끼기' 논란(경향신문)

평가원 또 말썽…'초등 임용 논술=대구교대 모의고사'(세계일보)

"해냈다 또 해냈어!" 논란의 평가원, 수능 이어 초교 임용 문제까지…(국민일보)

임용시험, 문제 베꼈나…평가원 "주제만 비슷해" 반박(JTBC)

수능 오류 이어 이번엔 초교 임용고시 논란(서울경제)

공교롭게도 대구교대 모의고사 교육과정 총론과 창의적 체험활동은 저자가 출제했다. 총론과 창의적 체험활동 임용시험 문제와 대구교대 1, 2차 모의고사 문제를 비교하면 다음과 같다.

총론, 창의적 체험활동(2015학년도 초등교원 임용시험)

1. ○○초등학교의 백 교사는 초임교사를 대상으로 2015학년도 학교 교육과정 운영 계획과 관련된 멘토링 프로그램을 진행하였다. 다음은 그 일환으로 개최된 간담회 내용 중 일부이다. 물음에 답하시오. [3점]

> 홍 초임교사: 백 선생님, 선생님께서 우리 학교 상황에 맞는 자율적이고 특색 있는 교육과정 운영 계획을 세워 보라고 말씀하셨잖아요? 정말 그렇게 해도 괜찮을까요?
>
> 백 교사: 그럼요, 2009 개정 교육과정 총론에 의하면, **"국가 수준의 공통성과 지역, 학교, 개인 수준의 (　㉠　)을/를 동시에 추구하는 교육과정"**이 우리나라 교육과정 성격 중 하나입니다. 너무 걱정하지 마시고 운영 계획을 세워 보시죠.
>
> 홍 초임교사: 알겠습니다. 최근 제가 우리 학교 학생들을 살펴보니 공부는 잘 하지만 약간은 개인적인 성향이 있는 것 같아요. 그래서 말인데요. 2009 개정 교육과정 총론에 **"기존의 재량활동과 특별활동을 통합하여 배려와 나눔의 (　㉡　)을/를 위한 '창의적 체험활동'을 신설한다"**는 교육과정 구성의 방침도 있는 만큼, 창의적 체험활동을 강조하여 계획을 세우면 어떨까요?
>
> 정 초임교사: 좋은 생각이네요. 얼마 전 학생들의 희망 활동을 조사해 본 결과, 외국어 회화나 과학 탐구를 선호하는 학생들이 꽤 많더군요. 이 점을 감안해서 창의적 체험활동의 네 개 영역 중 특히 (　㉢　)을/를 강조하면 어떨까요?

총론, 창의적 체험활동(대구교대 1차 모의고사)

1. 다음은 국가 수준 교육과정에 제시된 '교육과정의 성격'이다. 물음에 답하시오.

> 이 교육과정은 초·중등교육법 제23조 제2항에 의거 하여 고시한 것으로, 초·중등학교의 교육목적과 교육목표를 달성하기 위한 국가 수준의 교육과정이며, 초·중등학교에서 편성, 운영하여야 할 학교 교육과정의 공통적, 일반적인 기준을 제시한 것이다. 이 교육과정의 성격은 다음과 같다.
>
> 가. **국가 수준의 공통성과 지역, 학교, 개인 수준의 ㉠_________을 동시에 추구하는 교육과정이다.**
>
> 나. 학습자의 자율성과 창의성을 신장하기 위한 학생 중심의 교육과정이다.
>
> 다. 교육청과 학교, 교원·학생·학부모가 함께 실현해 가는 교육과정이다.
>
> 라. 학교 교육 체제를 교육과정 중심으로 개선하기 위한 교육과정이다.
>
> 마. 교육의 과정과 결과의 ㉡_________을 유지, 관리하기 위한 교육과정이다.

총론, 창의적 체험활동(대구교대 2차 모의고사)

1. 다음은 2013. 12. 18 고시된 국가 수준 교육과정에 제시된 '교육과정 구성의 방침' 이다. 물음에 답하시오. (총 3점)

> ㉠ **배려와 나눔을 실천**하는 창의적인 인재를 기를 수 있도록 교육과정을 구성한다.
> ㉡ 교육과정 편성·운영의 경직성을 탈피하고, 학년 간 상호 연계와 협력을 통한 학교 교육과정 편성·운영의 유연성을 부여하기 위하여 교과군을 설정한다.
> ㉢ 학기당 이수 교과목 수 축소를 통한 학습부담의 적정화와 의미 있는 학습활동이 전개될 수 있도록 집중이수를 확대한다.
> ㉣ 기존의 재량활동과 특별활동을 통합하여 **배려와 나눔의 실천**을 위한 (　A　)을 신설한다.
> ㉤ 학교 교육과정 평가, 교과 평가의 개선, 국가 수준의 학업성취도 평가 실시 등을 통해 교육과정 질 관리 체제를 강화한다.
> ㉥ 모든 교육 활동을 통해 기능 교육을 실천할 수 있도록 교육과정을 구성한다.

임용시험은 교사들 간의 대화 형식을 빌고 있지만 "국가 수준의 공통성과 지역, 학교, 개인 수준의 (㉠)을/를 동시에 추구하는 교육과정"은 대구교대 1차 모의고사의 "가. 국가 수준의 공통성과 지역, 학교, 개인 수준의 ㉠______을 동시에 추구하는 교육과정이다."와 동일한 문장에 동일한 정답을 요구하고 있다.

임용시험의 "기존의 재량활동과 특별활동을 통합하여 배려와 나눔의 (㉡)을/를 위한 창의적 체험활동을 신설한다."라는 대구교대 2차 모의고사의 "㉠ 배려와 나눔을 실천하는 창의적인 인재를 기를 수 있도록 교육과정을 구성한다."와 "㉣ 기존의 재량활동과 특별활동을 통합하여 배려와 나눔의 실천을 위한 (　A　)을 신설한다."에서 실천 부분을 (　　)로 하여 정답을 요한다는 점에서 문제와 정답의 맥락은 유사하다고 볼 수 있다.

이 때문에 수험생들은 인터넷 커뮤니티에 한국교육과정평가원의 임용시험 관리 문제를 비판하면서 여러 의혹을 제기했다. "이런 식으로 은근슬쩍 자신의 제자들만 점수를 쉽게 딸 수 있게 했구나", "각 교대에서는 늘 자기 학생들의 합격률을 높이려고 했다", "한국교육과정평가원의 임용 출제 위원에는 검토위원도 들어가는데, 그해 모의고사나 주요 강사들 문제를 살펴보고 같은 문제가 임용시험에 나오지 않도록 해야 한다", "수능에서도 문제 오류 논란이 있었는데, 평가원의 업무 처리에 신뢰가 안 간다."라고 말했다. 심지어 "모의고사를 출제한 대구교대 교수가 직간접적으로 임용고시 출제에 영향을 미쳤다"라고 의혹을 제기한 수험생들도 있었다. 반면 "중요한 핵심개념이 기출에 문제로 나왔다는 이유로 다시 출제하지 말아야 한다면, 필요도 없고 중요하지도 않은 지엽적 내용을 내야 하나?"라는 의견도 있었다. 현실적으로 특정 대학의 교수가 임용고시 출제에 영향을 미칠 수도 없을 뿐만 아니라 그럴 생각조차 해서는 안 된다.

앞서 2013년 11월 실시된 2014년 대학수학능력시험에서도 초유의 사태가 일어났다. 사회탐구 세계지리 8번 문항에서 명백한 오류가 있었지만, 수능 출제를 담당한 교육과정평가원은 오류를 인정하지 않은 채 2014년 대입 전형을 진행하도록 했다. 이 논란은 해를 넘겨 결국 1년여가 지난 2014년 가을이 되어서야 오답을 인정하고, 당시 오답 처리됐던 학생들을 구제해 주겠다는 방침을 밝혔다.

대학수학능력시험 문제 오류에 이어 초등교사 임용시험에서 '문제 베끼기' 논란이 불거지자, 교육과정평가원은 "해당 문항 출제 교수들은 대구교대 소속이 아닌 것으로 확인했다. 출제 과정에서 출제위원들은 외부와 연락이 단절된다. 보안이 무너질 리 없다", "출제 시 검토위원이 대학들의 모의고사 문항을 확인하도록 돼 있지만, 모든 문제를 사전에 확인하는 건 물리적으로 불가능하다", "교육 과정상 중요한 개념과 핵심 이슈 위주로 출제하다 보니 유사한 문제가 나온 것 같다"라며 당혹스럽다는 반응을 보였다.

이번 사태를 계기로 국가기관인 교육과정평가원은 타당성과 신뢰성, 객관성을 기반으로 각종 국가고시를 더욱 엄정하게 관리하는 데 최선을 다해야 할 것이다.

19 창의적 체험활동과 방과후학교

창의적 체험활동은 특별활동과 재량활동을 통합해 2009 개정 교육과정에서 신설됐다. 방과후학교는 1995년 5.31 교육개혁안에서 방과후 교육활동으로 시작돼 2006년부터 방과후학교라는 명칭으로 공식화됐다. 창의적 체험활동은 교과와 함께 정규 교육과정에 편제되어 있다. 반면, 방과후학교는 정규 교육과정이 아닌 방과 후에 이루어지는 활동이다. 정규 과정인 창의적 체험활동과 비정규 과정인 방과후학교의 성격과 목표 및 내용 체계를 중심으로 이들 간의 상생 관계를 살펴보고자 한다.

창의적 체험활동과 방과후학교의 성격과 목표

창의적 체험활동은 교과 이외의 활동으로서 교과와 상호보완적인 관계에 있다. 앎을 적극적으로 실천하고 나눔과 배려를 할 줄 아는 창의성과 인성을 겸비한 미래지향적 인간 양성을 목적으로 한다. 개개인의 소질과 잠재력을 계발·신장하고, 자율적인 생활 자세를 기르며, 타인에 대한 이해를 바탕으로 나눔과 배려를 실천함으로써 공동체 의식과 세계 시민으로서 갖추어야 할 다양하고 수준 높은 자질 함양을 지향한다.

방과후학교는 정규 교육과정 이외의 교육활동이기 때문에, 국가 수준 교육과정이 아닌 방과후학교 운영 기본계획을 통해 확인할 수 있다. 이에 따르면 "방과후학교는 수요자(학생, 학부모) 중심으로 운영하는 정규 교육과정 이외의 학교교육 활동으로서 학생과 학부모의 수요를 반영하여 정규 수업 종료 후에 학교 내에 다양한 교육 강좌를 개설하면 수요자가 원하는 강좌를 선택하여 수강료 납부 후 참여하는 것"으로 규정돼 있다.

교육과학기술부는 2011. 7월 28일 방과후학교 내실화 방안에서 방과후학교의 비전을 '미래사회에 대비하는 창의인재 육성'으로 차원을 확장했다. 그리고 공교육 내실화라는 상위 목적하에 사교육비 경감과 교육격차 해소, 돌봄 기능 확대, 지역사회 학교 실현이라는 하위 목적을 제시했다. 이러한 비전과 목적을 실현하기 위해 수요자 중심 단위 학교의 자율 운영과 지역사회와의 연계, 협력을 통해 프로그램의 질 제고, 우수 강사 발굴, 육성, 취약계층 지원 강화 전략을 제시했다.

창의적 체험활동과 방과후학교의 내용 체계

창의적 체험활동은 자율활동, 동아리활동, 봉사활동, 진로활동의 네 영역으로 구성되어 있다. 자율활동에는 적응, 자치, 행사, 창의적 특색활동이 동아리활동에는 학술, 문화 예술, 스포츠, 실습 노작, 청소년 단체활동이 포함된다. 봉사활동에는 교내 봉사, 지역사회 봉사, 자연환경 보호, 캠페인활동이 진로활동에는 자기 이해, 진로정보 탐색, 진로 계획, 진로 체험활동이 포함되어 있다. 이들 영역과 각 활동 내용은 권고적 성격으로 학교 실정에 따라 창의적으로 선택 또는 집중하여 운영할 수 있다.

방과후학교의 내용 체계는 교육인적자원부의 방과후학교 운영 기본계획에 제시된 교육 내용을 통해 확인할 수 있다. 방과후학교의 대상별 교육 내용은 다음과 같다.

방과후학교의 대상별 교육 내용

대상	교육 내용
초등학교	방과후 보육, 특기·적성 프로그램
중학교	수준별 교과 보충·심화 학습, 특기·적성 프로그램
고등학교	수준별 교과 보충·심화 학습, 스트레스 매니지먼트, 진로지도
지역 주민	평생교육 프로그램

창의적 체험활동과 방과후학교의 상생

창의적 체험활동은 교과 이외의 활동으로서 정규 교육과정에 포함되어 있다. 반면 방과후학교는 정규 교육과정 이외에 이루어지는 비정규 활동이다. 하지만 창의적 체험활동과 방과후학교는 미래사회에 대비하는 창의인재 육성이라는 공통의 목적을 추구하고 있다. 창의적 체험활동은 교과와 상호보완적인 관계에 있음에도 불구하고 배당된 시수는 교과에 비해 매우 부족하다. 방과후학교는 정규 교육과정이 아닌 방과후에 이루어지는 활동이기 때문에, 창의적 체험활동의 부족한 시수를 방과후학교를 통해 보완할 수 있다.

초등학교와 중학교의 경우, 창의적 체험활동은 의무교육이자 무상교육으로 이루어지고 있다. 반면, 방과후학교는 학생들의 참여 희망에 따라 선택적으로 이루어지며 수요자가 실비의 교육비를 부담해야 한다. 방과후학교는 의무교육과 무상교육 정신에 위배 되는 측면도 있으나, 과도한 사교육비를 경감하고 교육의 빈익빈 부익부 현상을 해소하기 위한 목적으로 공교육인 학교 현장에 시행되고 있다.

요컨대 창의적 체험활동과 방과후학교는 탄생 배경, 성격과 목표 및 내용 체계 등 여러 면에서 차이점이 있음에도 불구하고, 미래 사회에 대비하는 창의인재 육성과 개성과 특기를 신장하고 자아실현의 기초를 형성하고자 하는 공통의 교육목표를 가지고 있다. 따라서 창의적 체험활동과 방과후학교가 상극이 아닌 상생의 관점에서 시너지 효과를 발휘할 수 있도록 행, 재정적 지원이 강화되어야 한다.

방과후학교 온라인 뉴스레터, 2015.4. 통권 35호

20 역량 기반 창의적 체험활동 교육과정 설계에 대한 의견

핵심역량을 강조하는 시대정신을 반영하여 2015 개정 교육과정 총론에 자기관리 역량, 지식정보처리 역량, 창의적 사고 역량, 심미적 감성 역량, 의사소통 역량, 공동체 역량의 6가지 핵심역량이 도입되었습니다. 이를 기초로 각 교과의 특성을 반영해 교과별 핵심역량이 제시되었습니다. 예컨대 국어과의 경우 비판적·창의적 사고 역량, 자료·정보활용 역량, 의사소통 역량, 공동체·대인관계 역량, 문화향유 역량, 자기성찰·계발 역량, 수학과의 경우 문제해결 역량, 추론 능력, 창의융합 능력, 의사소통 능력, 정보처리 능력, 태도 및 실천 능력이 제시되었습니다. 이처럼 교과별 핵심역량도 각 교과별 특성을 반영하되 총론에 제시된 6가지 핵심역량에 바탕을 두고 있습니다. 창의적 체험활동의 경우, 교육과정 총론에 제시된 6가지 핵심역량을 그대로 수용하여 성격과 목표 그리고 영역과 활동에 제시하는 방식을 취하고 있습니다.

연구자는 교과 역량을 제시한 교과 교육과정과 달리 창의적 체험활동은 총론의 역량을 그대로 수용하여 창의적 체험활동의 성격과 특징을 제대로 나타내지 못하고 있음을 지적하고, 창의적 체험활동의 독창성을 드러낼 수 있는 핵심역량을 중심으로 한 교육과정을 제시해 학교교육의 실효적인 방향을 제시하고자 했습니다. 연구자는 첫째, 창의적 체험활동 역량에 대한 국내·외 선행 연구와 2015 개정 창의적 체험활동 문서를 분석하여 역량 중심 창의적 체험활동을 위한 역량, 목표, 성취기준 탐색 둘째, 델파이 조사를 실시해서 역량 중심 창의적 체험활동 교육과정 구성 요소의 타당도 검증 및 의견 수렴 셋째, 역량 중심의 창의적 체험활동 수업의 설계 방안을 제안하고자 했습니다.

연구 결과, 창의적 체험활동 역량과 하위 역량을 개인 성장 역량(자기 관리, 자기주도성, 성장 의지), 사회 관계 역량(의사소통, 협업, 공감, 시민성), 창의 혁신 역량(창의성, 혁신성)으로 제시했습니다. 그리고 역량 중심 창의적 체험활동의 목표로 총괄목표와 세부 역량 목표를 제시하고 역량과 연계하여 총 23개의 성취기준을 제시했습니다. 또한 역량 중심 창의적 체험활동 수업설계 방안으로 첫째, 역량 중심 창의적 체험활동 수업 방안 둘째, 역량 중심으로 창의적 체험활동과 교과를 통합하는 방안 셋째, 창의적 체험활동이 중심이 되어 교과들을 통합하는 방안을 제시했습니다. 그리고 후속 연구를 위해 역량 중심 창의적 체험활동 교육과정 및 수업설계에 관한 다양한 연구와 연구자들 간 합의 및 창의적 체험활동 역량 평가에 대한 연구가 필요함을 제언했습니다.

연구자의 기본 의도와 연구 과정에 공감하면서 다음과 같이 이 연구 전반에 대한 제언과 '역량 기반 창의적 체험활동 교육과정 구현을 위한 수업 혁신'을 위한 정책 제언을 하고자 합니다.

첫째, 이 연구에서 제안한 창의적 체험활동 핵심역량과 2015 교육과정 총론에서 제시한 6가지 핵심역량과의 연관성과 상보성에 대한 논의가 필요할 것 같습니다. 교과 역량의 경우, 대부분의 교과가 총론에서 제시한 6가지 핵심역량을 바탕으로 교과 특성을 반영하여 역량의 일부 표현을 수정, 보완한 형식을 취하고 있습니다.

예컨대 국어과의 경우 비판적 · 창의적 사고 역량(총론의 창의적 사고 역량), 자료 · 정보활용 역량(총론의 지식정보 처리 역량), 의사소통 역량(총론과 동일), 공동체 · 대인관계 역량(총론의 공동체 역량), 문화향유 역량(총론의 심미적 감성 역량), 자기성찰 · 계발 역량(총론의 자기관리 역량), 수학과의 경우 문제해결 역량(총론의 자기관리 역량), 추론 능력, 창의융합 능력(총론의 창의적 사고 역량), 의사소통 능력(총론의 의사소통 역량), 정보처리 능력(총론의 지식정보 처리 역량), 태도 및 실천 능력(총론의 심미적 감성 역량)이 제시되었습니다.

따라서 연구자가 제시한 창의적 체험활동의 3가지 핵심역량과 총론에서 제시한 6가지 핵심역량과의 연계성과 6가지 핵심역량이 3개의 핵심역량으로 통합된 배경과 근거가 구체적으로 제시되어야 할 것입니다. 그리고 총론에 제시된 지식정보 처리 역량과 심미적 감성 역량이 연구자의 창의적 체험활동의 핵심역량에서 제외된 연유도 제시돼야 할 것입니다. 연구자가 제안한 창의적 체험활동 핵심역량도 개인 성장 역량에 3가지 세부 역량, 사회관계 역량에 4가지 세부 역량, 창의 혁신 역량에 2가지 세부 역량을 두고 있어 3가지 역량 간의 균형성과 형평성을 감안하여 핵심역량 별로 세부 역량을 각각 3가지로 구분하는 것이 바람직할 것 같습니다. 사회관계 역량을 의사소통, 협업과 공감, 시민성으로 통합하고, 2015 개정 교육과정에서 추구하는 인간상이 창의 융합형 인재임을 감안하여 창의적 혁신 역량을 표현 창의성, 발명 창의성, 혁신 창의성 등으로 3가지로 구분하는 방안도 고려해 보기 바랍니다.

창의적 체험활동이 기존의 자율활동, 동아리활동, 봉사활동, 진로활동의 4대 영역 대신 핵심역량과 세부 역량에 따른 목표와 성취기준을 중심으로 창의적 체험활동 교육과정을 구성할 경우 편성·운영과 지원, 교수·학습 및 평가의 방향 등에 대해서도 보다 구체적인 논의가 필요할 것 같습니다.

둘째, 이 연구를 바탕으로 한 '역량 기반 창의적 체험활동 교육과정 구현을 위한 수업 혁신'을 위해 다음과 같은 정책 제언을 하고자 합니다.

2015 개정 교육과정에서 창의적 체험활동이 교과와 함께 교육과정의 양대 축으로 편제되어 있음에도 불구하고, 교원자격검증령 시행규칙에 따른 유치원 및 초등, 중등, 특수학교 등의 교사자격 취득을 위한 세부 기준(별표 3)의 기본 이수 과목에 창의적 체험활동이 반영되어 있지 않습니다. 이는 분명 교육과정 편제의 기본 취지와 시대정신 그리고 교사양성 교육과정의 정체성에 위배됩니다.

하지만 창의적 체험활동이 초등교사의 기본 이수 과목에 표시되지 않아, 초등교사 양성 기관에서 창의적 체험활동을 안정되게 편성할 수 있는 제도적 장치가 전혀 마련되어 있지 않아 초등교원 양성 대학의 교육과정 개편 논의가 있을 때마다 교과 이기주의가 팽배하여 창의적 체험활동 강좌가 존립의 위기에 처해 있습니다.

이에 각급 교사양성 교육과정에서 창의적 체험활동의 위상 확보와 안정적인 운영을 위해 유치원 및 초등, 중등, 특수학교 등의 교사자격 취득을 위한 세부기준(별표 3)의 기본 이수 과목에 창의적 체험활동이 반드시 포함될 수 있도록 적극 노력해 주시기 바랍니다.

끝으로, 획일적 수업으로는 모두를 만족시킬 수 없습니다. 학생들이 자기 삶의 주인공으로 평생 학습자가 될 수 있도록 창의적 체험활동이 학생 중심의 맞춤형 수업과 자기 주도적 학습으로 운영될 수 있는 환경이 조성되기를 바랍니다. 그리고 4차 산업혁명 시대의 시대정신을 반영하여 테크놀로지 활용을 비롯한 학생들이 성공할 수 있는 창의적 체험활동 교육환경 조성을 위한 행, 재정적 지원이 뒷받침되기를 바랍니다.

21 한미 사범대학 학과 구성 비교에 대해

21세기를 세계화, 정보화시대라고 말한다. 이러한 시대상에 적합한 인재 양성을 위해서는 세계화와 정보화 마인드를 겸비한 유능하고 자질 있는 교사교육이 필요하다. 세계 각국은 세계화와 정보화 사회를 선도하기 위한 교육개혁의 일환으로 교사교육을 강조하고 있다. 교육의 질은 교사의 질을 능가할 수 없기 때문이다. 이처럼 교사의 자질 문제는 교사교육의 핵심이다.

때마침 대경교육학회에서 "교사교육의 궤적과 방향"을 2007년 연차 학술대회 주제로 내건 것은 시의적절한 선택으로 판단된다. 아울러, "한미 사범대학 학과 구성 비교"를 주제로 발표해 주신 ○○○ 교수님의 수고에 감사드리며, 이에 대한 토론자의 의견을 발표 논문에 대한 요약과 논의의 순으로 제시하고자 한다.

먼저 ○ 교수님은 "한미 사범대학 학과 구성 비교"를 위해 우리나라 교사양성 프로그램이 미국의 영향을 많이 받아온 것을 전제로 두 나라 사범대학에 개설된 학과 구성의 성격과 내용 비교를 통해 우리의 교사양성 프로그램과 교사교육에 주는 시사점을 찾는 데 목적을 두고 있다. 연구 대상으로 국내 4개 대학(서울대, 부산대, 전북대, 교원대)과 미국 4개 대학(미주리, 텍사스, 조지아, 플로리다 주립대)의 홈페이지에 제시된 학과와 프로그램을 비교한 결과 다음과 같이 제시하고 있다.

첫째 우리나라 사범대학은 초중고 교과목별로 학과가 구성되어 있는 반면, 미국은 교육학의 학문 영역별로 학과가 구성되어 있다. 둘째 미국의 경우 교육학 영역은 학부 전공 없이 대학원에 석박사 과정만 두고 교직 과정을 지원하는 형식의 학과로 구성되어 있다. 셋째, 미국은 중학교와 고등학교의 교사를 구별

하여 양성하고 있는 반면, 국내 대학들은 자격증을 중등교사로 통합해 발급하고 있다. 넷째, 미국의 경우 예능교육과 특수교육은 K-12 전체 학년을 담당할 수 있는 교사를 양성하고 있다. 다섯째, 미국의 사범대학에는 성인교육, 평생교육, 인력개발 등에 대한 프로그램이 개설되어 있다. 여섯째, 미국은 모든 사범대학에 특수교육이 개설되어 있다. 일곱째, 미국의 사범대학은 유치원과 초, 중, 고 모든 교사를 양성하고 있다. 여덟째, 미국은 교사자격증을 발달단계별(유아, 초, 중, 고)로 세분화하고 있다. 아홉째, 교사교육의 대학별 특성화가 필요하다. 끝으로 미국의 사범대학에는 개설되지 않은 윤리교육과가 한국의 사범대학에는 모두 개설되어 있음을 지적했다. 이상의 비교 결과를 바탕으로 안동대학교 사범대학의 사례를 제시한 다음, 문제점과 이에 대한 해결안으로서 6개 학과 24개 전공으로 구성된 가상적인 학과 구성안을 예시했다.

결론적으로, 사범대학의 학과를 교육학 중심으로 개편, K-6-6 제도를 발달과 내용 지식 중심으로 재편, 평생교육, 성인교육, 인적자원개발 등에 관한 교사양성 학과 구성, 중학교와 고등학교 교사의 분리 양성, 사범대학별 특성화 유도가 필요하다는 논리를 전개하고 있다. 토론자도 이와 같은 ○ 교수님의 논리 전개에 전반적으로 공감을 표하면서 다음과 같은 논의점을 제시하고자 한다.

이번 학술대회의 의도는 대주제인 '교사교육의 궤적과 방향'에 뚜렷이 드러나 있다. 우리나라 교사교육의 과거를 뒤돌아보고 새로운 미래를 개척하기 위한 방향을 제시하고자 하는 것이 바로 그것이다.

○ 교수님은 서두에 우리나라 교사양성 프로그램이 미국의 영향을 많이 받아온 것을 전제로 두 나라 사범대학에 개설된 학과 구성의 성격과 내용 비교를 통해 우리의 교사양성 프로그램과 교사교육에 주는 시사점을 찾는 데 목적을 두겠다'는 의도를 밝혔지만, 연구대상으로 국내 4개 대학(서울대: 수도권, 부산대: 영남권, 전북대: 호남권, 교원대: 충청권)과 미국 4개 대학(미주리, 텍사스, 조지아, 플로리다 주립대)에 한정하고, 연구 범위를 두 나라 사범대학의 학과 구성을 단순 비교한 점이 다소 아쉬움으로 남는다. 물론 제목에 한미 두 나라를 명시했고 바쁜 일정에다 연구 수행상의 제약점이 많았겠지만, 더 많은 대학과

더 많은 나라의 사례들을 포함했더라면 더욱 의미 있는 연구가 되지 않았을까 하는 생각이 든다. 특히 학제를 비롯해 여러 면에서 우리나라와 유사한 일본의 사범대학의 사례들을 함께 비교해 제시했더라면 더 많은 의미를 제공해 줄 수 있었을 것으로 기대된다. 참고로 토론자가 연구교수로 있었던 캐나다의 UBC (University of British Columbia)의 경우 4개 학과(Department of Curriculum Studies: 12개 프로그램, Department of Educational and Counselling Pstchology, and Special Education: 5개 프로그램, Department of Educational Studies: 6개 프로그램, Department of Language and Literacy Education: 6개 프로그램) 29개 프로그램으로 구성되어 미국의 경우와 매우 유사하다.

또한, 학과 구성뿐만 아니라 개설된 교육과정을 체계적으로 비교 분석하는 것도 우리의 교사교육에 많은 시사점을 줄 수 있을 것으로 생각한다. 앞으로 교사교육 제도와 체제상의 개선 노력뿐만 아니라, 내용과 방법을 비롯한 교사교육 자체의 질적 향상을 위한 노력도 지속적으로 이루어져야 할 것으로 생각한다.

이 발표에 기초해 타산지석의 관점에서 향후 여러 나라들의 사범대학 학과와 교육과정을 비교 분석하는 많은 후속 연구와 사례들이 보고될 것으로 기대한다. 미국과 한국의 사범대학 학과 구성은 각자의 교사교육의 역사와 전통에 따른 나름대로 장, 단점을 지니고 있다. 양국의 사례를 서로 경쟁적, 대립적으로 보거나, 일방적 시각으로 보기보다는 다양한 시각을 인정하고 서로의 장, 단점을 파악해, 장점은 벤치마킹하고 단점은 버리되, 이해 관련 당사자들을 대상으로 한 설문과 면접 등 다양한 방법을 활용해 충분한 의견을 수렴하고 양질의 교사교육을 위한 최선의 대안을 찾는 노력도 필요할 것으로 생각한다.

22 전인교육과 특별활동

교육의 근본 목적은 전인교육에 있다. 교육기본법 제2조에도 "교육은 홍익인간의 이념 아래 모든 국민으로 하여금 인격을 도야하고, 자주적 생활 능력과 민주 시민으로서 필요한 자질을 갖추게 하여 인간다운 삶을 영위하게 하고, 민주 국가의 발전과 인류 공영의 이상을 실현하는데 이바지하게 함을 목적으로 한다"라고 명시되어 전인교육의 필요성을 강조하고 있다. 이러한 교육이념과 목적을 바탕으로 7차 교육과정에서 추구하는 인간상으로 전인적 성정의 기반 위에 개성을 추구하는 사람, 기초 능력을 토대로 창의적인 능력을 발휘하는 사람, 폭넓은 교양을 바탕으로 진로를 개척하는 사람, 우리 문화에 대한 이해의 토대 위에 새로운 가치를 창조하는 사람, 민주 시민 의식을 기초로 공동체의 발전에 공헌하는 사람을 설정하고 있다.

이처럼 지·덕·체가 조화를 이루는 전인적 인간 양성은 공교육이 제 역할을 할 때 가능하다. 그러나, 작금 우리의 공교육은 심각하기가 그지없다. 학교(교실)붕괴, 학교(교실)위기 등의 표현이 공교육의 실상을 잘 대변하고 있다. 우리나라 학생들의 사교육 의존 실태는 실로 엄청나다. 2003년 11월 19일 자로 한국교육개발원(KEDI)이 전국 초, 중, 고교생 4,588명과 학부모 12,462명, 교사 2,582명을 대상으로 사교육 실태 및 사교육비 규모를 조사한 결과 발표에 따르면, 전국 초, 중, 고교 학생 중 72.6%가 학원 수강과 과외 등 사교육을 받고 있으며, 1인당 연 285만 원의 지출로 이들의 연간 사교육비는 13조 6천 485억 원에 이르는 것으로 나타났다. 과외를 시키는 이유에 대해서 학부모는 '상급학교 진학 때문'이라는 반응이 가장 많았으나, 교사는 '사회문화 풍토 때문'이라는 반응이 가장 많았다고 한다.

이런 사교육비 규모는 2001년에 비해 2조 5천억 원(2003년 불변가 기준)이 증가하고, 2003년 교육부 예산의 절반을 넘는다. 그럼에도 학부모들은 그다지 놀라지 않는 것 같다. 이 액수에는 취학 전 아동의 사교육비가 포함되지 않아 실제보다 규모가 크지 않다고 느끼는 데다 얼마 전 사교육비 규모가 연 26조 원에 달한다는 통계도 접한 바 있기 때문일 것이다. 이 정도 되면 공교육과 사교육이 주객이 전도되었다고 해도 과언이 아닐 듯하다. OECD가 해마다 제시하는 교육보고서에서도 우리나라는 국내총생산(GDP) 대비 총교육비 지출이 OECD 회원국 가운데 가장 높은 나라로 지적되고 있다. 선진국들에 비해 교육에 대한 국가적 차원의 투자가 낮아 우리의 공교육의 질이 낮은 것도 사실이지만, 사교육비 문제를 전적으로 교육제도나 정책 탓으로만 돌릴 수도 없다. 우리 사회에서 학벌주의에 따른 과도한 교육열과 배타적 경쟁의식이 사라지지 않는 한 공교육 위기와 과도한 사교육비 문제는 절대 해결되지 않을 것이다.

지금까지 우리의 학교교육은 교육의 내용과 방법, 학교 운영, 학생 관리 등에 있어서 주지성, 획일성, 강제성 등이 문제점으로 지적되어 왔다. 이러한 문제점과 더불어 정보화시대 우리의 학교교육이 해결해야 할 주요 과제로 교육의 양적 팽창에 따른 질적 성장, 비인간화 현상을 극복하기 위한 인간교육, 사고력·창의력 배양을 위한 교육목적과 내용의 재정립, 교육의 수월성과 보편성 추구를 위한 사회적 책무성 제고 등을 들 수 있다. 특별활동의 활성화가 이러한 문제점과 과제를 해결하는 데 큰 역할을 할 것으로 기대한다.

특별활동을 활성화함으로써 교과 교육의 주지성을 실용성 있게 혁신시키고, 획일적인 내용과 활동을 학생의 요구와 희망을 반영하여 다양하고 융통성 있는 내용과 활동을 전개하며, 강제성과 타율성을 자발성과 자율성에 입각한 능동적인 활동으로 전개할 수 있다. 또한, 교육의 질적 성장과 인간교육, 사고력·창의력 배양, 수월성과 보편성 추구를 위한 사회적 책무성 제고에도 특별활동이 크게 기여할 수 있다. 아울러 민주시민의 자질과 능력 배양은 물론, 개성과 소질을 개발·신장하고, 기본 생활 습관 형성을 통해 공동생활에 원만하게 적응하게 함으로써 전인교육의 이상을 실현하는데 기여할 수 있다. 한편, 학부모의 과도한 사교육비를 줄이고, 학부모의 사회 활동 증가로 야기되는 방과 후 자녀교육 부재 해소를 위해 실시되고 있는 학교 중심의 방과 후 교육활동, 즉 특기·적성 교육도 운영의 묘를 살릴 경우, 특별활동과 시너지 효과를 발휘할 수 있을 것으로 기대된다.

이처럼, 전인교육과 교육근본 그리고 공교육의 역할이 강조될 때마다 특별활동(특기·적성 교육 포함)의 필요성이 강조되어 왔다. 그러나, 이같은 필요성에도 불구하고 특별활동에 대한 관심과 이해 부족, 교사들의 과중한 업무 부담, 인적·물적 자원 결핍, 교과 위주의 주지주의 교육, 다양한 프로그램 개발 부족 등의 요인으로 특별활동이 기대처럼 활성화되지 못하고 있다. 향후 이들 요인을 해결하기 위한 다양한 행, 재정적인 지원과 특별활동의 운영 실태에 대한 국가와 개인 차원의 광범위하고 체계적인 연구를 통해 특별활동의 활성화를 위한 초석을 다져야 할 것이다.

특별활동의 성격과 목표 및 내용 영역

특별활동은 1954년 4월 20일 공포된 교육과정 시간배당 기준령에서 '교육목적 및 목표를 달성하기 위하여 필요한 교과 이외의 기타 교육 활동'으로 처음 등장한 이래 7차 교육과정에 이르기까지 지속되고 있다. 7차 교육과정의 국민공통 기본 교육과정은 교과와 재량활동 및 특별활동의 3대 편제로 구성되어 있다. 7차 교육과정에서는 특별활동의 성격을 '교과와 상호보완적 관련 속에서 학생의 심신을 조화롭게 발달시키기 위하여 실시하는 교과 이외의 활동'으로 규정하고, 다양하고 건전한 집단 활동에 자발적으로 참여하여 개성과 소질을 계발, 신장하고 공동체 의식과 자율적인 태도를 기름으로써 민주 시민으로서의 기본적인 자질을 함양하는 것을 목표로 설정해 두고 있다.

미국의 경우 특별활동을 통해 추구하고자 하는 교육목표를 '다른 사람과 협동해서 일하고, 사회를 위해 책임감 있고 생산적인 기여자가 되며, 여가 시간을 효과적으로 활용하고, 자신의 능력을 최대한 개발하는 방법을 학습하는데 두고 있어 특별활동과 정규 교육과정이 동일한 목표를 추구하고 있음을 강조하고 있다. 특별활동은 교육과정의 한 중심축을 이루는 활동으로 교과 및 재량활동과 상호보완적인 관계에 있다. 학생들의 자주적, 능동적 참여를 통해 집단 활동을 중심으로 이루어지는 실천적 활동으로 생활지도 과정의 일익을 담당하기도 한다. 자치, 적응, 계발, 봉사, 행사 활동의 5대 영역을 포괄하는 균형 있는 활동으로 학교의 실정에 따라 시간 운영, 장소 활용, 교사 조직, 주제 선정, 집단 편성 등을 융통성 있게 운영할 수 있는 교육활동이다. 5대 영역별 목표는 다음과 같다.

- 자치활동: 학급 구성원으로서 역할을 분담, 수행하고 자치활동에 적극 참여함으로써 민주 시민의 기본 자질과 태도를 지닌다.
- 적응활동: 변화하는 환경에 잘 적응하고 대처하는 능력을 신장하여, 자신의 문제를 능동적으로 해결한다.
- 계발활동: 계발활동에 자발적으로 참여하여 질서를 배우고, 협동심을 기르며, 자신의 취미와 특기를 계발, 신장함으로써 자아실현을 위한 기초를 다진다.
- 봉사활동: 봉사활동의 의미를 이해하고, 타인을 돕는 일에 적극 참여하여 공동체 의식을 함양하고, 삶의 보람과 자신의 가치를 느낀다.
- 행사활동: 각종 행사의 중요성을 이해하고 자발적으로 참여하여, 학교와 지역사회의 일원으로서 갖추어야 할 기본 자질과 태도를 가진다.

특별활동 관련 연구의 방향과 과제

앞서 살펴보았듯이 특별활동의 기본 성격은 개성과 소질을 계발, 신장하고 공동체 의식과 자율적인 태도를 기름으로써 민주 시민으로서의 기본적인 자질을 함양하는 데 있다. 특별활동과 관련하여 현장에서 탐구할 수 있는 주요 연구 아이디어를 특별활동의 5대 영역과 각 영역별 하위 내용을 중심으로 살펴보면 다음과 같다.

가. 자치활동

- 협의활동: 각급 학교의 학급별 학급회 조직, 운영 및 학급 전반에 필요한 사항 협의, 각급 학교의 학생회 조직, 운영 및 학교생활에 필요한 사항 협의 등과 관련된 연구
- 역할분담 활동: 각급 학교의 학급별 1인 1역 활동, 학급부서 활동, 운영위원 활동, 전교 차원의 역할분담 활동 등과 관련된 연구
- 민주시민 활동: 모의 의회, 모의 재판, 토론회(가족, 학급, 독서 등), 애향반 활동, 대화의 광장 등과 관련된 연구
- 그 밖의 필요한 활동: 기타 즐거운 학급, 즐거운 학교 만들기 등 학급과 학교 자치활동 관련 연구

나. 적응활동

- 기본생활 습관형성 활동: 예절, 준법, 질서, 절제, 청결, 정리정돈, 근검절약 등 기본생활 습관 형성과 관련된 활동 연구
- 친교활동: (생일, 진급, 전입, 전출 등) 축하회, (학급, 학교 등) 자랑회, 칭찬 릴레이, 친목회, 사제동행 등과 관련된 활동 연구
- 상담활동: 학습, 건강, 교우, 계발활동 부서 선택, 여가 활용, 기타 개인적인 문제 등과 관련된 활동 연구
- 진로활동: 직업 세계의 이해, 진로인식(초), 진로탐색(중), 진로설계(고) 등과 관련된 활동 연구
- 정체성 확립 활동: 자기 이해, 심성 개발, 자랑 가꾸기 등과 관련된 활동 연구
- 그 밖의 필요한 활동: 마음 대조 프로그램 등 적응활동과 관련된 연구

다. 계발활동

- 학술문예 활동: (시, 소설, 수필, 희곡 등) 문예, (인형극, 역할극, 판토마임

등) 연극, (라디오, TV, 인터넷 등) 방송, (회화, 조형, 감상 등) 미술, (국악, 농악, 판소리 등) 전통예술, (영어, 불어, 독어, 중국어, 일본어, 에스페란토 등) 외국어 회화, (물리, 화학, 생물, 지구과학, 창의, 발명 등) 과학탐구, 한자, 사회 조사 등과 관련된 활동 연구

- 보건체육 활동: (필드 트랙 등) 육상, (축구, 농구, 배구 등) 구기, (태권도, 유도, 권투 등) 무예, 수영, 체조, 무용, 댄스, 민속놀이, 씨름 등과 관련된 활동 연구
- 실습노작 활동: 각종 사육, 재배, 조립, 조경, 목공, 제도, 설계, 조리, 수예, 재봉 등과 관련된 활동 연구
- 여가문화 활동: 등산, 사진, 독서, 영화, 꽃꽂이, 원예, 기악, 서예, 바둑, 장기, 레크리에이션 등과 관련된 활동 연구
- 정보통신 활동: 컴퓨터 관련(인터넷, 학급카페, 동우회, 블로그, 홈페이지 설계, IIE, WBI, PC통신, 전산실 운영 등), NIE, 국제이해 활동(지구촌 클럽 등) 관련된 활동 연구
- 청소년단체 활동: 소년 소녀단, 청소년 연맹, 적시자, 우주정보 소년단, 해양 소년단, 아람단, 컵 스카우트, 도덕재무장 등 각종 준거집단 관련 연구
- 그 밖의 필요한 활동: 기타 시간, 장소, 주제, 교사조직, 집단편성 등 계발활동 운영 전반에 관한 연구

라. 봉사활동

- 일손돕기 활동: 복지시설, 공공시설, 병원, 농 · 어촌, 수해지역 등 각종 학교 내외 일손돕기 활동 관련 연구
- 위문활동: 고아원, 양로원, 장애인, 병약자, 군부대 위문 등과 관련된 활동 연구
- 캠페인 활동: 공공질서 확립, 교통안전, 학교주변 정화, 환경보전 캠페인 등과 관련된 활동 연구
- 자선구호 활동: 각종 구호, 불우이웃 돕기, 국제협력과 난민구호 등과 관련

된 활동 연구

- 환경시설 보전 활동: 향토 문화재 보호, 자연보호, 쓰레기 종량제, 쓰레기 분리수거, 깨끗한 환경 만들기 등과 관련된 활동 연구
- 그 밖의 필요한 활동: 기타 자발성, 무상성, 공익성이 전제된 봉사활동과 관련된 연구

마. 행사활동

- 의식행사 활동: 각종 경축일, 기념식, 입학식, 졸업식, 시업식, 종업식 등과 관련된 활동 연구
- 학예행사 활동: 각종 전시회, 발표회, 감상회, 학예회, 경연대회, 실기대회 등과 관련된 활동 연구
- 보건·체육행사 활동: 체육대회, 친선경기 대회, 신체검사, 건강 진단, 예방 접종 등과 관련된 활동 연구
- 수련활동: 수학여행, 소풍, 문화재·명승지 답사, 학술조사, 해외여행, 국토 순례, 등산, 야영, 하이킹, 탐사활동, 극기훈련 등과 관련된 활동 연구
- 안전구호 활동: (교통 등) 안전생활 훈련, (민방위, 화재 등) 대피방호 훈련, 각종 재해구조 활동 등과 관련된 연구
- 교류활동: 자매결연 활동, 도시·농촌 교류, 국제교류 활동 등과 관련된 연구
- 그 밖의 필요한 활동: 기타 다양한 행사활동 관련 연구

이외에도 현행 특별활동 교육과정과 교사 지침서 분석, 교사와 학생을 포함한 특별활동 관련 인사들을 대상으로 한 의식 조사, 그리고 양적 연구뿐만 아니라 참여관찰과 행위 당사자 연구를 포함한 다양한 질적 연구가 수행될 필요가 있다. 기존의 연구가 교내의 프로그램 조직과 실행에 초점을 두고 있는 것에서 탈피하여 지역사회 등 보다 다양한 환경에서의 연구로 확장할 필요가 있다. 나아가 특별활동과 관련된 다양한 상황 변인(교육환경, 인적·물적 자원

등), 투입 변인(프로그램, 학습자 특성 등), 과정 변인(운영 절차, 방법 등), 결과 변인(인지적, 정의적, 심동적 결과 및 평가 등)에 대한 체계적인 연구도 필요하다.

한국교원단체총연합회, 2005~2006 현장교육연구운동 주제 해설집

23 지식기반 사회와 통합 교육과정

'정보가 곧 국력'이라는 구호가 암시하듯, 21세기는 정보화시대, 지식 기반 사회로 특징 지울 수 있다. 지식 기반 사회는 각급 학교에서 창의적 사고와 문제해결 능력, 자신에게 필요한 정보를 효율적으로 활용할 수 있는 능력을 갖춘 인간상을 요구한다. 그러나, 이러한 능력은 전통적인 개별 교과 중심의 단순한 지식 습득만으로는 효과적으로 기를 수 없다. 지식 기반 사회에 학습과 삶의 연계를 위해 교육과정에 대한 통합적 접근이 어느 때보다 강조되고 있다.

통합이란 개념은 교육 현장에서 매우 다양하게 적용되고 있다. 그 이유는 통합의 목적과 방법에 대한 관점이 서로 다르기 때문이다. 이러한 상황을 흔히 현대의 바벨탑에 비유하기도 한다. 통합과 관련된 논의의 공통점을 추출하면 학습 경험의 통합, 전인적 발달 등을 들 수 있다. 어쨌든 인간은 태어날 때부터 통합 지향성을 지니고 있어, 일상생활에서 겪게 되는 다양한 경험을 하나로 통합함으로써 전인적인 성장을 기하고자 한다. 통합 교육과정과 통합교과 편성, 운영의 당위성은 바로 인간의 이러한 통합적 성장을 최대한 뒷받침 해야 한다는 시각에 기인한다. 일반적으로 통합 교육과정은 학습자의 전인적 발달을 돕기 위하여 전통적인 교과의 구분을 탈피하고 학습자의 흥미와 경험 및 활동을 중심으로 재구성된 교육과정을 말한다. 통합교과는 통합 교육과정의 취지에 맞게 편제된 교과로 서로 다른 교과를 통합의 방식에 따라 새롭게 재구성한 교과를 말한다.

잉그람은 교육과정 통합이 사회의 변화에 대처할 수 있는 교육, 학교와 사회의 연계성 도모, 개방된 교육 지향, 실생활에 유용한 지식 습득, 경험을 통한 학습, 교육적 실천을 위한 관련 기관과 인사들의 협력, 전인교육, 그리고 교육 가능성의 향상을 위해 필요함을 강조하고 있다. 또한 교육과정 통합을 통해 첫째, 인식론적 측면에서 지식 폭발 현상에 대한 능동적 대처, 다양한 교과 또는 지식영역 간의 상호관련성 증대, 학문의 궁극적인 목적에 대한 인식 제고, 둘째, 심리적 측면에서 학습에 용이한 교육과정 제공, 인격 통합의 촉진, 셋째, 사회적 측면에서 교사와 학생을 비롯한 구성원들 간의 인간적 상호작용 촉진, 학제적 접근을 통한 문제 해결, 학교와 사회의 연계 촉진의 다양한 기능을 수행할 수 있을 것으로 제안했다. 타너와 타너도 지식의 폭발적 증가와 이에 따른 전문화, 세분화, 구획화, 고도 분업화 등 현대 사회의 다변화 현상에 효과적으로 대처하기 위해서는 학문 중심 교육과정의 틀을 벗어나 교육과정과 지식과 생활과의 통합의 필요성을 주장하고 있다. 구체적인 실례로 에너지 위기 문제를 해결하기 위한 교육 프로그램을 개발할 경우, 경제학과 사회학, 정치학을 비롯하여 생태, 환경, 공학 등의 지식을 종합한 다 학문적 내지 간 학문적 접근을 강조한 바 있다.

우리나라의 초등학교 저학년 교육과정 통합의 구체적인 배경은 다음과 같다. 첫째 발달 심리적 측면에서 볼 때 교육과정은 학습자들의 흥미와 필요에 적합해야 할 뿐만 아니라 그들의 지적, 정서적, 신체적 발달 수준에 적합하게 구성하여 활기차고 즐겁게 학습할 수 있도록 다양한 학습 경험을 제공할 수 있어야 한다. 둘째 교수 효과적인 측면에서 교과 간에 중복되는 내용을 피하여 학습자에게 불필요한 학습 부담을 덜어 줄 수 있어 수업의 경제성을 도모할 수 있고, 또한 학습의 결과보다 학습의 과정을 강조할 수 있어 교수·학습 과정에서 교사 위주의 수업 방법을 지양하고, 학생들의 자발성과 탐구심을 기초로 교사와 학생 간, 학생과 학생 간, 교사와 교사 간, 교사와 지역사회 간의 협동적 교수와 협동적 학습을 지향할 수 있다. 셋째 사회학적인 측면에서 지식의 전문화, 세분화의 경향, 고도로 분업화되고 있는 현대 사회의 다변화 현상에 효과적으로 대처할 수 있다. 넷째 즐거운 학교생활을 촉진하기 위한 것으로 통합 교육과정의 적용은 다양한 활동 제시가 가능하여, 주변의 소재로부터 학습과제가 도출되므로 흥미를 유발하고 학교생활에의 적응에 도움을 줄 수 있다. 다섯째 통합을 희망하는 교육 현장 및 학부모의 의견을 수용하고, 통합 교육과정에 대한 세계 조류에 따른 시대정신을 반영한 것 등으로 요약할 수 있다. 그러나, 지식기반 사회에서 통합 교육과정의 필요성은 비단 초등학교 저학년뿐만 아니라 초등교육 전반과 유아교육, 중등교육, 나아가 고등교육과 평생교육 차원에서도 강조되고 있다.

이처럼 통합 교육과정은 전통적인 교과의 구분에 따라 학습 내용과 경험을 선정, 조직하던 방식을 벗어나, 학생들에게 필요한 기본 기능이나, 주제, 학생들의 흥미나 경험 등을 중심으로 상호 관련된 영역을 조화롭게 통합하여 재구성함으로써 통합된 성장을 기하고자 한다. 이는 곧 현대 사회의 다변화와 지식기반 사회에 따른 시대적 요청으로 학습과 삶을 연계함으로써 각급 학교 차원의 여러 측면에서 긍정적 기능을 수행할 수 있다.

교육과정 통합의 방법

교육과정 통합의 방법에 대해서도 다양한 아이디어가 제시되고 있다. 여기에서는 가장 실제적이고 구체적인 통합의 방법을 제안하고 있는 포가티의 견해를 간략히 논의하고자 한다. 그는 통합의 강도에 따라 단일 교과 내에서의 통합(단절형, 연관형, 동심원형), 여러 교과에 걸친 통합(계열형, 공유형, 거미줄형, 실로 꿰여진 모형, 통합형), 그리고 학습자 중심 통합(몰입형, 네트워크형)을 제시하고 있다.

첫째, 단절형은 전통적인 교과 모형으로 국어, 영어, 수학, 과학 등의 교과 영역이 개별적으로 구분되어 있다. 단일 방향, 단일 시야, 하나의 교과에 철저하게 초점을 두고 있기 때문에 잠수함의 잠망경에 비유된다. 장점으로 개별 교과의 순수성이 강조되는 면이 있으나, 교과 내용을 관련시키고 통합하는 작업을 학습자 스스로 해야 하는 부담이 있다.

둘째, 연관형은 각 교과 영역 내에서 교과 내용의 주제, 개념, 학습, 아이디어들이 서로 밀접하게 연관된다. 그날의 공부를 다음 날의 공부와 관련짓고, 한 학기의 아이디어를 다음 학기까지 연관시키는 데 초점을 둔다. 이 역시 다양한 교과들이 분리된다는 단점이 있다.

셋째, 동심원형은 숙련된 교사들이 잘 사용하는 모형으로 각 교과 영역 내에서 사고 전략, 사회적 기능 등에 초점을 두고 동심원 화하여 한 덩어리로 묶음으로써 학생들에게 풍부한 학습을 제공할 수 있다. 동심원 화가 신중하게 실행되지 않으면, 학생들을 혼동시킬 우려가 있다. 수학에서 통계적인 내용을 통해 가설 연역적 사고를 촉진하고 이를 활용해 그래프를 작성하는 동심원을 구상할 수 있다.

넷째, 계열형은 교과의 주제 및 단원들이 서로 연관되어 재배치되고 계열화된다. 서로 쉽게 연합될 수 있는 두 개의 교과 영역을 활용하는 통합의 초기 단계에 유용하다. 교과 간의 관련된 주제들을 정교하게 계열화함으로써 학생들의 학습과 전이를 도와준다. 수학에서의 주식 시장에 관한 공부와 역사에서의 불황기에 관한 공부를 통합할 수 있다. 국내외의 사건들이 여러 교과에서 다양한 단원들과 부합될 수 있다.

다섯째, 공유형은 상호보완적인 교과 내에서 공유되는 개념, 기능, 태도 등에 초점을 두고 상호 계획과 수업이 이루어진다. 이 모형의 핵심은 교과 간의 공통성을 찾는 것이다. 유사한 교과를 짝지음으로써 전이를 위한 심화 학습을 촉진한다. 예컨대, 과학(광합성을 주제로 생태학, 생태계에 대한 존중 등)과 문학(면접을 주제로 사람의 일생, 관점에 대한 존중 등)의 중복되는 내용을 통해 순환과 존경이란 공통점을 발견할 수 있다.

여섯째, 거미줄형은 교과를 통합하기 위한 주제적 접근을 의미한다. 다양한 학습 내용들을 하나의 주제를 중심으로 재구성함으로서 전체를 조망할 수 있는 광범위한 시야를 제공한다. 가시적이며 동기를 유발하는 포괄적인 조직을 제공하는 장점이 있으나, 주제 선정상의 난점이 있다. 변화를 주제로 수학에서는 대수방정식과의 관련에 따른 변화(비율, 그래프 등), 문학에서는 산업혁명기의 문학(장편소설, 단편소설, 시 등), 사회에서는 산업혁명기와 관련된 변화(발명, 노동 조건, 인구, 환경 등), 과학에서는 한 시대와 그 시대의 환경에 대한 동물

적응의 변화(관습, 천적, 식사 유형, 종족 보존 등), 예술 영역에서는 예술 영역과의 관련에 따른 변화(예술 형태, 음악, 무용 등)를 중심으로 통합할 수 있다.

일곱째, 실로 꿰어진 모형은 메타 교육과정적인(교과 내용을 뛰어넘는 사고와 학습의 기능에 대한 자각과 조절) 접근을 통해 중요한 아이디어들을 실로 꿴 듯이 연결한다. 학생들의 사고 능력을 생활 기능으로 전이시켜 주는 장점이 있으나, 교과 내용의 내외적인 관련은 강조되지 않는 단점이 있다. 사고기능을 목표로 수학에서의 통계 관련 내용(변인으로서의 원인과 결과)을 사회에서는 현재의 사건(아프간 전쟁의 원인, 결과, 해결책), 과학에서의 생태학 단원(공해의 원인 - 공기, 토지, 물 -, 공해의 결과, 해결책), 문학에서의 안네 프랑크의 일기(가족과 외부인들에 대한 직접적인 영향)를 실로 꿴 듯이 연결할 수 있다.

여덟째, 통합형은 공유형과 유사한 간학문적인 접근 방식으로 교과 간의 팀이 함께 계획하고 가르칠 것을 요구한다. 다양한 교과 간의 내적 관련을 통해 동기유발 요소를 지닌다. 통합 과정에 기꺼이 시간과 정력을 쏟으려고 하는 자발적인 교사들의 간학문적인 팀에 가장 적합하다. 수학(사업, 이윤/손실, 임금, 주식 시장), 과학(발명품: 손잡이, 도르래, 전기, 전화기, 축음기), 사회(발명가: 벨, 에디슨; 전화기의 영향; 자유 기업) 그리고 문학(연구: 메모하기, 자료수집; 분석: 주제, 등장인물, 배경, 갈등)의 공통적인 배경을 통해 창의성, 실현, 연구와 자료와 같은 핵심 개념을 도출할 수 있다.

아홉째, 몰입형은 모든 내용이 학습자의 흥미와 전문 지식을 통해 여과된다. 자신들의 열성적인 관심을 통해 개별 교과 영역에서 나오는 모든 자료를 걸러냄으로써 자신의 관점을 형성하게 된다. 학습자가 외부 간섭이 거의 또는 전혀 없는 가운데 통합이 내재적으로 성취된다. 바위를 좋아하는 학습자는 과학에서 광물, 화산, 지진, 환경 문제를 사회에서 알래스카의 송유관, 인간의 권리, 수로를 수학에서 차트와 그래프, 자료의 흐름과 해석, 문학에서 연설하기, 독서 등을 통해 자신의 관심을 반영할 수 있다.

끝으로, 네트워크형은 이전의 모형들과는 달리 학습자가 필요한 네트워크를 스스로 선정함으로써 통합 과정을 이끌어간다. 학습자 자신이 새롭게 형성되는 경로를 따라 자기 주도적으로 탐색하기 때문에 대단히 활동적이다. 주제를 벗어나게 되면 부수적인 아이디어에 빠지기 쉽다. 어릴 적 카우보이와 인디언 놀이를 하며 인디언에 관심을 지닌 아동이 인디언 관련 역사물에 대한 독서에 몰두하게 되고, 방학 때 고고학 유적 발굴 캠프에 참가하여 인류학자, 고고학자, 지리학자 등 다양한 사람들을 만나 장차 이 분야의 전문 학습자가 되는 사례가 이에 해당된다.

이 밖에도 교과 중심, 경험 중심, 학문 중심 인간 중심 조직 유형을 비롯하여 구조적 통합과 기능적 통합 등 다양한 유형의 내용 조직과 통합 모형이 제안되고 있다.

통합교과 관련 현장 교육 연구의 방향

학교가 학생들에게 제공하는 교육과정은 국가와 지역 교육청 수준의 교육과정에 직접적인 영향을 받는다. 그러나, 이들 교육과정이 고정불변의 것은 아니다. 필요시 학교와 교사의 재량에 따라 얼마든지 재구성할 수 있다. 통합교과 현장 연구라고 해서 7차 교육과정에서 초등학교 저학년에 편제된 바른 생활, 슬기로운 생활, 즐거운 생활만을 대상으로 하는 것은 아니다. 앞서 살펴보았듯이 통합의 기본 정신은 유아교육은 물론 초등교육, 중등교육, 고등교육, 그리고 평생교육 차원에서도 강조되고 있다. 관심 여부에 따라 초, 중등교육에서 통합 교육과정의 취지를 반영한 다양한 접근을 시도할 수 있다. 통합의 전제 조건 중의 하나는 실생활과 학습이 체계적으로 연계되어야 한다는 점이다. 통합 교과 교육과 관련하여 현장에서 탐구할 수 있는 주요 연구 아이디어는 다음과 같다.

첫째, 통합 교육과정의 개발 및 적용과 관련된 연구이다. 초등학교 저학년의 경우, 기존의 통합교과에서 단원 또는 주제를 선정하거나 이를 재구성해서 연구를 수행할 수 있다. 반면 초등학교 3학년 이상과 중등학교의 경우, 학생들의 생활과 직접 관련된 주제를 중심으로 앞서 논의한 통합의 방법에 의거 다양한 통합 단원을 개발하여 적용할 수 있다. 예컨대, 환경을 주제로 하여 지역 오염일지 적기와 오염과 관련된 서적 읽기(국어), 오존 감소의 영향(과학, 체육), 오존 감소율 그래프로 그리기(수학), 쓰레기 매립과 지역 사회(사회), 생태계를 주제로 한 노래 부르기(음악), 오염된 해안의 포스터 그리기(미술), 환경 장애물 훈련장(체육) 등을 통합할 수 있다.

둘째, 통합 교육과정의 효율적인 운영 방법과 관련된 연구를 들 수 있다. 여기에는 문제 중심 학습, 인지 도제 이론, 상황 학습 등 최근의 구성주의 교육이론에 바탕을 둔 접근과 프로젝트 학습, 다중지능 이론, 그리고 웹(web)을 포함한 ICT(정보통신기술) 활용 수업 등의 다양한 방법을 적용할 수 있다. 또한, 학교의 조건과 학습자 특성 등을 고려해 시간 운영과 공간 이용의 효율화, 교수・학습 집단의 효율화와 관련된 연구를 수행할 수 있다. 통합의 효과를 최대화하기 위해서는 고정된 형식에 얽매이지 않고 융통성과 자율성 및 다양성 있는 접근을 택하는 것이 바람직하다.

아울러 현행 통합교과 교육과정과 교과서 분석, 교사와 학생을 포함한 통합교과 관련 인사들을 대상으로 한 의식 조사, 그리고 통합교과와 관련된 양적 연구뿐만 아니라 참여관찰과 행위 당사자 연구를 포함한 다양한 질적 연구가 수행될 필요가 있다.

한국교원단체총연합회, 2003~2004 현장교육연구운동 주제 해설집

24 대구 미래 역량 교육과정 검토 의견

"대구 미래 역량 교육과정 편성·운영 지침"이 2022 개정 교육과정을 비롯한 국가 교육과정과 2024 대구 미래 역량 교육의 비전과 학습자 상 그리고 대구교육청의 역점 추진 과제 및 대구 미래 역량 교육과정의 중점을 반영하여 질적, 양적으로 발전하며 해마다 점점 더 정교화되고 있는 것 같습니다.

대구교육청에서 국가 교육과정에서 제시된 자기관리 역량, 지식 정보 처리 역량, 창의적 사고 역량, 심미적 감성 역량, 협력적 소통 역량, 공동체 역량의 6가지 핵심역량을 통합해 공감 소통 역량, 창의 융합적 사고 역량, 자기관리 역량, 공동체 역량의 4가지 대구 미래 역량으로 재구성했습니다. 그리고 대구 미래 역량 교육을 통해 추구하는 학습자 상을 '삶을 주도하며 미래를 주도하는 사람'으로 정하고, 성찰하고 배려하며 소통하는 사람(인성), 생각하고 질문하며 탐구하는 사람(학습), 균형감과 원칙으로 도전하는 사람(진로)의 3가지 구체적인 학습자 상도 잘 제시했습니다. 하지만 아쉽게도 대구 미래 역량과 학습자 상이 교과와 창의적 체험활동의 핵심역량에 각각 어떻게 반영돼야 할지가 아직 체계적으로 잘 드러나 있지 않습니다. 이럴 경우, 대구 미래 역량과 학습자 상이 자칫 구호에 그칠 가능성이 큽니다. 대구 미래 역량이 각 교과와 창의적 체험활동의 핵심역량에 잘 반영돼 각급 학교 일선 교육 현장에서 대구 미래 역량 교육 비전과 학습자 상이 체계적으로 잘 구현되기를 바랍니다.

2023년 7월 1일 자로 군위군이 대구광역시에 편입돼 대구광역시가 대도시지역과 농촌지역(달성군, 군위군)으로 병합된 지역적 특수성이 있습니다. 교육과정 지역화 정신을 구현하기 위해 지역적 특수성에 따른 자연환경과 사회환경이 단위 학교 교육과정 편성과 운영에 체계적으로 잘 반영됐으면 합니다.

"형식이 내용을 지배한다"라는 금언을 새겨 대구 미래 역량 교육과정 편성·운영 지침" 전반에 걸쳐 그림과 표의 가독성을 높이고 체제와 띄어쓰기, 붙여쓰기 일관성 등을 잘 보완했으면 합니다. 구체적인 검토 의견은 첨부된 표를 참고하길 바랍니다. 대구교육의 무궁한 발전을 기원합니다.

2023년 대구교육청 교육과정협의회 제시 의견

25 질적 연구와 양적 연구: 상생인가, 상극인가

교육 연구는 일련의 방법들을 체계적으로 활용하여 교육과 관련된 주요 문제들에 대한 타당하고 신뢰성 있는 정보를 얻기 위한 활동이다. 지금까지의 교육 연구는 논리 실증주의에 근거한 연역적 방법을 선호하는 양적 접근이 주류를 이루어왔다. 최근, 구성주의 교육에 대한 활발한 논의와 더불어 교육 연구에서도 질적 연구가 주목을 받고 있다. 구성주의가 객관주의 인식론에 대응하는 이론으로 주목받고 있듯이, 질적 연구 역시 양적 연구가 지닌 한계와 비판에 대한 대안적 접근으로 주목받고 있다. 따라서, 구성주의와 질적 연구 공히 지나친 객관주의와 양화(quantification) 중심의 과학주의에 대한 대안적 접근으로 서로 시너지 효과를 발휘하고 있다.

우리는 다양한 방식으로 무언가를 이해하고 설명한다. 때로는 전통에 의존하기도 하고 때로는 해당 분야의 전문가나 개인적 경험 또는 귀납적, 연역적 추론에 근거하기도 한다. 그러나 이들 각 방법은 나름대로 한계가 있다. 예컨대, 귀납적 추론의 질은 주로 관찰의 수와 대표성에 좌우된다. 사례 수가 지나치게 적거나 대표성이 없으면, 귀납적 추론의 논리를 저해한다. 연역적 추론의 질도 논리의 기초로 활용되는 일반성의 진실성 여부에 크게 좌우된다. 일반성이 진실하지 못하면 구체적인 사례에 대한 확장 역시 정확할 수 없다.

귀납적 접근으로 대변되는 질적 연구와 연역적 접근으로 대변되는 양적 연구도 나름대로 장단점을 지니고 있다. 양자를 연구 목적에 적합하게 잘 활용할 경우, 교육 문제해결에 많은 도움을 얻을 수 있다. 어느 한쪽만을 추종하는 일방적 시각보다는 서로의 장단점을 파악하고, 연구의 속성에 따라 통합적인 접근을 시도할 수 있는 다면적 시각을 갖는 것이 바람직하다. 패러다임 자체보다는 연구 문제해결이 더욱 중요하기 때문이다. 덴진과 링컨(2000: 162)도 지금은 다양성이 강조되는 해방의 시대로 유일한 진리는 존재하지 않으며, 특정 영역의 진리에 한정되거나 세상을 한가지 색깔로 보는 관습을 버려야 한다고 주장하고 있다.

이 글은 교육 연구에 있어서 질적 연구와 양적 연구의 주요 특성을 논의하고 양자 간의 통합과 상호 보완 가능성을 탐색하는 데 목적이 있다.

질적 연구와 양적 연구의 특성과 유형

질적 연구와 양적 연구의 주요 특성을 비교하면 다음과 같다.

질적 연구와 양적 연구의 특성 비교

특성	양적 연구	질적 연구
이론적 근거	논리 실증주의 행동주의	현상학, 해석학 자연주의
관련 학문	심리학, 경제학, 사회학	인류학, 사회학, 사학
기본 가정	객관적 실재 행동의 규칙성 변인에 대한 통제와 측정 가능 기계론적 관점, 외부자적 관점 연구방법에 대한 우선권	구성된 실재 행동의 유연성과 역동성 변인에 대한 통제 불가능 인간의 의도 중시, 내부자적 관점 연구내용에 대한 우선권
목적	변인들간의 관계 결정 이론 검증 객관적 실체 규명 일반화, 예측	참여자의 관점 이해 이론 개발 실상의 구성 상황성, 해석
설계	사전에 결정, 미시적(협각) 명세적, 구조화 형식적	즉각적, 점진적, 거시적(광각) 일반적, 융통성 직관적
표본	확률적 주로 대규모 무선적 선발	유목적적 주로 소규모 비대표성

특성	양적 연구	질적 연구
절차, 방법	연역적, 실험적 상관적 가설과 이론이 선행 일치와 규준 추구	귀납적, 분석적 문화기술적, 현장연구 가설과 기초 이론의 발견 다원성과 복합성 추구
연구자의 역할	분리적, 객관적 비관여, 원격적 피험자로서의 피험자 객관적 기술	참여 관찰자 동참적, 근접적 친구로서의 피험자 공감적 이해
도구, 자료원	측정, 질문지, 척도, 검사 구조화된 면접과 관찰	현장 기록, 문서, 테이프, 사진 문화기술적 면접과 관찰
자료 분석, 보고	양적, 수량화, 가설 검증 전형적으로 연구 종결시 탈맥락적 일반화 객관적, 통계적 보고서	기술적, 언어화, 패턴 탐색 연구 과정에 걸쳐 지속적 맥락 지향적 일반화 해석적, 이야기체 보고서

표에 제시된 바와 같이, 양적 연구는 논리 실증주의에 근거하여 객관적 실재를 가정하고 있다. 외부자(etic) 관점으로 사전에 미시적으로 설계된 절차에 따라 연역적으로 이론을 검증하는 데 초점을 두고 있다. 연구자는 피험자와 분리되어 객관적 입장에서 검사 등의 측정 도구를 활용하여 양적으로 자료를 분석하여 가설을 검증하고 통계적 방법으로 보고서를 작성하게 된다. 반면, 질적 연구는 현상학과 해석학에 근거하여 객관적 실재가 아닌 구성된 실재를 전제로 한다. 내부자(emic) 관점으로 인간의 의도를 중시하며 거시적 측면에서 귀납적으로 이론을 개발하거나 참여자의 관점을 이해하는 데 초점을 둔다. 소수를 대상으로 문화 기술적 면접과 참여관찰을 통해 자료를 수집, 분석하고 결과를 해석하여 이야기체로 보고하는 방식을 취하고 있다.

양적 연구는 비 실험 연구와 실험 연구로 구분된다. 비 실험 연구에는 기술, 상관, 인과-비교 연구가 있다. 기술 연구(조사 연구와 발달 연구)는 초등교사들의 컴퓨터 활용 실태, 초등학생들의 신체 발달 수준 등과 같이 특정 현상을 기술하는 지식을 산출하는 데 목적이 있다. 상관 연구는 동기와 학업성취도의 상관과 같이 두 개 이상 변인 간의 관계를 확인하는 데 초점을 둔다. 인과-비교 연구는 기대 수준이 높은 집단과 낮은 집단 간의 성취도 비교와 같이 실험이 불가능한 상황에서 변인 간의 인과 관계를 확인하는 데 목적이 있다. 실험 연구는 진실험과 준실험 그리고 단일 피험자 연구로 구분된다. 진실험 설계는 피험자의 무선 배치를 전제로 하는 반면(예: 무선 배치를 통한 TV 프로그램 유형이 아동의 공격성과 친사회적 행동과 미치는 효과), 준실험 설계는 피험자의 비무선 할당을 전제로 한다(예: 비 무선 사전-사후검사 통제집단 설계를 통한 문학과 수학 통합 교과 수업의 효과). 단일 피험자 연구는 단일 피험자를 대상으로 하는 특징이 있다(예: 즉흥 연기 시 특정 아동의 언어 수행 분석 연구).

양적 연구와는 달리 질적 연구의 유형 간 구분은 명료하지 않다. 질적 연구의 주요 유형을 현상학, 문화기술, 사례 연구, 상향이론 등으로 다양하게 구분하는 관점이 있는 반면, 문화기술 연구를 자연주의적, 해석학적, 사례 연구, 참여관찰, 현상학적 연구 등으로 다양하게 칭하고 있다. 물론, 이들 간에는 약간의 차이가 있긴 하지만, 많은 공통점을 가지고 있다. 이들 간의 공통적인 특징으로 총체적 관점, 자연주의적 지향, 비 처치, 비 조작, 맥락 지향성, 참여자의 관점 강조, 과정과 변화 지향, 직접 자료 수집, 풍부한 기술적 자료, 일차적 도구로서의 연구자, 감정이입적 중립성을 지니고 개인적 접촉, 융통성 있는 설계, 귀납적 분석, 의미와 이해의 발견, 장기간의 현장 활동을 들 수 있다. 한편, 역사적 연구는 과거에 일어난 사건들을 체계적으로 조사하는 과정 또는 사건들을 결합하여 과거에 일어난 현상들을 설명하는 연구로 질적 연구와 구분되기도 한다.

질적 연구와 양적 연구의 자료 수집과 분석 방법

질적 연구에서의 자료 수집 전략도 다양한 방식으로 분류될 수 있다. 가장 일반적인 방식은 상호작용 방법과 비 상호작용 방법으로 분류하는 것이다. 상호작용 방법에는 참여관찰과 면접이 해당한다. 비 상호작용 방법에는 인공물과 문서 수집, 비참여 관찰 등이 있다.

관찰 기법은 다양한 연구 유형에서 활용되고 있다. '인류의 사회 및 자연계 탐구 역사에 있어서, 관찰이 가장 기본적인 자료원으로서 역할을 해 왔다. 양적인 접근에서는 통제된 상황하에서의 구조화된 관찰이 중심이 되는 반면, 질적인 접근에서는 자연주의적 관찰 기법, 특히 참여관찰에 초점을 둔다. 자료 수집 기법으로서의 참여관찰은 문화 기술법에 기초를 두고 있다. 누가, 언제, 어디서, 무엇을, 왜, 어떻게?에 대해 상세히 기록한 현장 노트를 중심으로 스케치, 사진, 오디오, 비디오테이프 등을 활용하여 관찰한 내용을 기록할 수 있다. 질적 연구에서 활용하는 또 다른 주요 자료 수집 방법은 면접이다. 면접을 통해 연구 중인 현상에 대한 반응자의 사고, 지각, 느낌 등을 파악하는 데 유용한 정보를 얻을 수 있다. 비 상호작용적인 자료 수집 방법의 대표적인 예로 문서 수집을 들 수 있다. 이것은 다양한 종류의 기존 자료로부터 다양한 정보를 수집할 수 있다.

질적 연구에서의 자료 분석 목적은 자료를 명료하게 요약하고 자료에 기초하여 귀납적 이론을 산출하는 데 있다. 질적 연구에서의 자료 분석은 자료 수집과 밀접한 관련을 맺고 있다. 따라서 자료 수집과 동시에 그리고 자료 수집이 끝난 뒤에 분석이 이루어질 수 있다. 양적 연구에서의 자료 분석은 연역적으로 진행되는 반면, 질적 연구에서의 자료 분석은 귀납적, 생성적 과정이다. 연구 과정의 초기에 시작되어 이를 통해 중요한 결과와 원리 때로는 이론을 산출할 수 있다. 질적 연구에서의 자료 분석의 핵심은 코딩(coding) 즉 수집된 자료를 유의미하게 유목화하는 과정에 있다.

질적 연구에서의 자료 분석은 자료 수집과 자료 분석이 진행되는 동안 번갈아 이루어진다. 자료 수집과 자료 분석, 부가적 자료 수집과 분석 등 연구 프로젝트 전반에 걸친 순환적 과정을 중간 분석(interim analysis)이라 부른다. 질적 자료 분석의 기본 절차는 자료 필기, 필사본 읽고 재 읽기(진행 상황을 이해하기 위해 자료 속으로 몰입), 자료 분절화와 코딩, 단어와 코드화된 유목 세기, 자료 속의 관계와 테마 탐색, 자료 해석에 도움이 되는 다이어그램 산출로 이루어진다.

양적 연구에서의 자료 수집은 주로 측정을 통해 이루어진다. 측정은 검사, 관찰, 면접 등의 다양한 방법을 통해 이루어지며 그 결과 수치, 등급 등이 매겨지게 된다. 측정과 관련된 타당도, 신뢰도, 객관도, 실용성 등이 중요한 개념으로 강조된다. 측정치는 측정 변인의 속성(인지적, 정의적, 심동적), 목적(개인 평가, 프로그램 평가, 다른 연구 평가), 형식(필답, 관찰, 면접 등), 표준화의 정도 등에 따라 다양한 방식으로 분류된다. 양적 연구에서 공통적으로 활용되는 측정 도구 유형에는 표준화 검사, 연구를 위해 특별히 개발된 객관적 측정 도구, 구조화된 질문지와 면접 등이 있다.

양적 연구의 자료 분석 기법도 다양하다. 명명, 서열, 동간, 비율 등 척도에 따라 분석 기법이 달라질 수 있다. 기술 통계는 집중경향(최빈치, 중앙치, 평균), 변산도(범위, 표준편차, 변량), 그리고 관계(상관계수) 측정치를 계산하여 일련의 자료를 기술한다. 추리 통계에서는 표본 통계에 기초하여 모집단 파라미터를 추정하거나, 가설을 검증한다. 집단의 평균을 비교하는 대표적인 기법으로 t 검증과 변량분석(ANOVA)을 들 수 있다. 이외에도 연구 목적에 따라 다양한 고급 통계 기법을 적용할 수 있다. SPSS와 SAS를 비롯한 다양한 통계 패키지를 활용할 수도 있다.

질적 연구와 양적 연구의 통합 가능성

질적 연구와 양적 연구의 논쟁을 해결하고 단일 연구 또는 관련 연구에 이들 두 방법을 상호보완적으로 활용하기 위한 한 가지 방안은 두 접근의 공통점과 보완점을 탐구하는 것이다. 질적 연구와 양적 연구는 서로 많은 공통점을 가지고 있다.

먼저 둘 다가 지식을 산출한다는 점이다. 양적 연구는 결과, 일반화, 예측, 인과적 설명에 초점을 둔 지식을 산출한다. 반면, 질적 연구는 과정, 외연, 이해, 설명을 강조하는 지식을 산출한다. 어쨌든 지식을 산출한다는 공통점이 있기 때문에 두 접근 간의 유의미한 연계를 창출할 수 있다. 둘째, 두 연구 모두

엄격성을 지니고 있다. 모두가 연구자의 체계적, 전문적인 역할 수행을 기대하고 있다. 두 연구가 공통적으로 지니는 엄격성에 대한 강조, 체계적 훈련, 사전 연구 성과 등은 두 접근 간의 중요한 연결고리 역할을 할 수 있다.

셋째, 두 연구 모두 결과를 현장과 공유한다는 점이다. 두 연구 모두 결과를 논문 또는 텍스트의 형태로 출간하거나, 학회를 통해 발표 또는 네트워크를 통해 전파한다. 따라서, 산출된 지식을 현장 실행가들과 공유한다는 점에서 두 접근은 같은 책임감을 지니고 있다.

넷째, 두 연구 모두 측정 도구를 활용한다는 점이다. 관찰과 면접 그리고 구조와 개방성 정도는 다르지만 질문지를 활용한다. 같은 양식은 아니지만 상호 유사한 측정 도구를 활용한다는 점은 주어진 연구에서 두 접근을 결합할 수 있는 훌륭한 이유를 제공해 준다. 예컨대, 삼각검증(triangulation)을 통해 결과가 유사할 경우 두 접근의 신빙성을 높여 주고, 결과가 서로 다를 경우, 그 이유와 부가적인 연구 영역을 확인하는 데 도움을 줄 수 있다.

상호 보완점은 각각의 연구를 보다 완벽하게 하거나 서로의 결점을 보완하는 것을 말한다. 첫째, 각 연구를 통해 산출된 지식은 상호보완적이다. 동일한 연구에서 두 접근을 모두 활용할 경우, 결과는 한 가지 접근만을 채택할 경우보다 완벽하고 더 많은 정보를 제공해 줄 수 있다. 둘째, 각 접근의 측정 방법은 상호 보완적이다. 두 접근의 측정 전략은 서로 중복되는 점이 있는 반면(유형은 다르지만, 질문지와 면접을 활용), 뚜렷한 차이점도 있다(양적 연구에서는 사전, 사후검사, 질적 연구에서는 참여 관찰). 모든 종류의 가용한 측정 자료를 활용할 경우 관심 주제를 보다 완전하게 측정하고 탐구할 수 있는 기회를 가질 수 있다. 양적 연구는 일반적으로 평가의 폭에 대한 유용한 정보를 제공해 주는 반면, 질적 연구는 평가의 깊이와 상세함에 대한 정보를 더해 준다.

셋째, 각 접근은 서로의 접근에 대한 정보를 제공하고 도와줄 수 있다. 질적 연구는 양적 연구의 이론적 근거를 제공하거나, 양적 연구의 연구 문제를 확인 또는 검증하고자 하는 가설을 도출하는 데 기여한다(선 질적, 후 양적). 또한, 양적 연구를 위한 도구 개발과 양적 연구의 평정 도구나 지표를 구조화하는 데 기여한다(선 질적, 후 양적). 질적 연구 결과로 양적 결과를 증명하거나 경험적으로 유도된 구조의 외적 타당도를 확보하는 데 기여한다(선 양적, 후 질적). 통계적 방법을 통해 도출한 결과를 사례 연구를 통해 설명할 수도 있다(선 양적, 후 질적). 또한, 양적 연구가 질적 연구에 기여할 수 있는 이점은 대표적인 사례와 비 대표적인 사례를 확인함으로써 질적 접근을 보완, 양적 접근을 먼저 활용함으로써 후속 면담과 관찰을 유도, 다수의 구성원을 조사하여 정보의 차이를 분석, 양적 도구를 활용하여 비형식적 관찰로 수집된 결과를 증명할 수 있다.

질적 연구와 양적 연구의 관계: 상극인가, 상생인가?

질적 연구와 양적 연구의 관계는 한 접근이 다른 접근보다 더 나은가, 두 접근이 서로 보완적이며 통합 가능한가, 두 접근이 상반되는 결과를 도출하는가 등에 따라 다양한 논의를 전개할 수 있다. 연구방법론의 현 상태에 대해서는 다음과 같은 네 가지 관점이 소개되고 있다.

첫 번째 관점은 연구 문제에 따라 방법이 선택되어야 하므로 가용한 방법들이 상호보완적이라는 입장이다. 두 번째 관점은 양적 접근을 우선시하여, 질적 접근은 탐색 연구에 한해 가치가 있다는 입장이다. 세 번째는 두 번째와 반대로 양적 접근의 한계를 비판하며 질적 접근을 선호하는 입장이다. 네 번째는 양적 접근과 질적 접근 자체의 차이점은 중요하지 않으며, 두 접근 모두가 동일한 적합성의 준거를 충족시키기 위해 노력해야 한다는 입장이다. 굿윈과 굿윈(1996)은 교육연구에 있어서 방법론상의 논쟁이 별다른 진전 없이 시간만 낭비하고 있는 점에 실망을 표하면서, 질적 연구와 양적 연구 모두가 나름대로 장점을 지니고 있으며 각자 교육에 매우 중요한 지식을 산출할 수 있음을 지적했다. 나아가 단일 연구에서 질적, 양적 연구를 결합하는 것이 바람직하다고 주장하고 있다. 즉 두 연구를 나란히 활용할 경우, 장점이 서로 보완되어 보다 균형 있고 심도 있는 이해와 성과를 산출할 수 있다는 것이다. 두 연구 간의 철학적 차이점에만 초점을 두는 것은 연구계를 양극화시키고, 많은 중요한 연구 주제들에 대한 기초를 적시에 해결할 가능성을 감소시킨다. 서로의 철학을 인정하고 존중한다면, 주어진 주제에 가장 적합한 연구방법을 선정하고, 나아가 주제와 관련하여 두 접근을 통합할 수 있다.

이러한 실용적인 입장을 옹호하는 중요한 이유는 다음과 같다. 첫째는 여러 방법의 결합이 지식을 산출하고 다양한 연구 목적을 성취하는데 최선이라는 점이다. 동일한 현상을 연구하는데 서로 다른 방법을 활용하는 것으로 각각의 결과가 수렴될 경우, 보다 명확하고 보다 신뢰성 있는 정보를 제공할 수 있다. 한 방법을 통해 도출된 결과가 다른 방법의 실행을 안내할 수 있다. 연구의 성과에 대해서는 양적인 방법, 실행을 평가하는 데는 질적인 방법을 적용하는 것과 같이 두 방법을 결합함으로써 연구의 범위와 깊이를 확장하는 데 활용할 수 있다. 둘째, 복합적인 방법을 활용할 수 있는 연구자야말로 신뢰롭고 양질의 연구를 수행할 수 있는 준비를 가장 잘 갖춘 연구자라는 이유를 들 수 있다. 단일 패러다임을 일방적으로 추종하기보다는 대안적 탐구 패러다임을 강조하는 목적은 제한된 패러다임을 또 다른 제한된 패러다임으로 대치하자는 것이 아니라 가용한 선택안을 증가시키는 데 있다.

셋째, 실용적 입장에 대한 가장 중요한 이유는 교육 연구자들이 오랜 방법론상의 전쟁을 벗어나 연구 그 자체를 수행하는데 에너지를 전환해야 한다는 점이다. 일단의 연구자들이 이 같은 실용적 입장을 지지하고 있다. 예컨대, 슐만(1997: 24)은 "교육 연구자들이 특정 방법에만 전적으로 매달리는 것을 피해야 한다. 생일날 망치를 선물 받은 꼬마에게 갑자기 온 세상이 온갖 종류의 못처럼 보이게 되는 것과 같은 우를 범하면 안 된다. 우리는 먼저 문제를 이해하고, 어떠한 문제를 해결해야 할지를 결정한 다음, 문제해결에 가장 적합한 체계적인 탐구(disciplined inquiry) 양식을 선정해야 한다. 고도로 양적이고 객관적인 방법이 적합하다면, 그렇게 해야 한다. 보다 주관적이고 질적인 방법이 적합하다면, 당연히 그러한 방법을 따라야 한다"라고 주장하고 있다.

다양한 연구 방법을 활용한 복합적인 자료 수집을 통해 상호 장점을 취할 뿐만 아니라, 약점을 반복하지 않고 오류의 가능성을 줄일 수 있다. 예컨대,

여러 유형의 연구를 활용하여 동일한 결과가 도출된다면 그 결과가 확증됐다고 말할 수 있다. 반대로 상반되는 정보가 도출될 경우, 그 현상을 보다 완벽히 탐구하고 갈등의 정확한 원인을 규명하기 위한 부가적인 연구를 수행할 필요가 있다. 두 유형을 통합함으로써 교육 현상의 본질에 대한 보다 완전한 실상을 제공할 수 있을 것으로 기대된다.

우리가 세상을 이해하는데 수(numbers)와 이야기(words) 모두가 필요하다. 인간 자체도 양적인 존재이자 질적인 존재이다. 관심 주제를 탐구하는 데 있어서 어느 한 방법에 전적으로 매달리지 않고 여러 방법 중에서 효과적인 대안을 선정하는 것이 바람직하다. 따라서 연구자들은 연구 주제에 대한 보다 풍부하고 완전한 지식을 산출하기 위해 질적 접근과 양적 접근 모두에 익숙해질 필요가 있다.

지금까지의 교육 연구는 주로 양적인 방법에 의존해 왔다. 양적인 연구는 논리 실증주의에 바탕을 두고 객관적 실재를 가정하며, 연역적 접근을 강조하고 있다. 최근, 교육 연구에 있어서 양적 연구가 지닌 한계 및 비판과 더불어 질적 연구가 주목을 받고 있다. 질적인 연구는 현상학에 근거하여 인간의 의도를 중시하며, 귀납적 접근을 강조한다. 이러한 현상은 일면 당연한 것으로 볼 수 있다. 그렇다고 질적 연구가 만병통치약이라는 시각은 경계해야 한다. 여기에 아리스토텔레스와 관련된 한 가지 일화를 소개하고자 한다. 어느 날, 아리스토텔레스가 파리 한 마리를 잡아서 다리 수를 유심히 세었다. 마침내 그는 파리의 다리는 다섯 개라고 선언했다. 아무도 아리스토텔레스의 말을 의심하지 않았다. 수년 동안 아리스토텔레스의 결론은 비판 없이 그대로 수용되었다. 물론, 아리스토텔레스가 잡았던 그 파리는 공교롭게도 다리 하나가 잘려 나간 파리였다. 이 이야기는 설명과 이해의 원천으로 개인적인 경험과 전문가에 의지하는 것의 한계를 잘 설명해 주고 있다. 이 사례는 귀납적, 연역적 추론의 경우에도 적용된다. 질적 연구와 양적 연구는 나름대로 장단점을 지니고 있다. 양자를 서로 대립적으로 보고 어느 한쪽만을 일방적으로 추종하기보다는 서로의 장단점을 파악, 수용하고 연구 주제나 문제의 속성에 적합한 방법을 활용하되, 필요시 통합적인 접근을 시도할 수 있는 열린 마음을 가질 필요가 있다. 각 연구의 결과는 나름대로 교육이론과 실제에 유의미하게 기여할 수 있기 때문이다.

여러 개의 그물을 가진 어부가 서로 다른 그물들을 겹쳐 보다 나은 새로운 그물을 만드는 경우를 생각해 보자. 각 그물에는 나름대로 망이 있지만, 여러 그물을 한데 엮을 경우, 그물망의 조밀도(粗密度)가 달라지게 된다. 따라서, 필요에 따라 그물을 재활용함으로써 여러 종류의 고기를 더 많이 잡을 수 있다. 마찬가지로 교육 문제를 해결하는 데에도 여러 유형의 방법을 활용할 수 있다. 실험연구는 인과성을 잘 보여줄 수 있으나, 실험의 제약으로 인해 실제성에 한계가 있다. 반면, 문화기술 연구는 인과성은 제대로 실증할 수 없으나, 현장에서 이루어지기 때문에 자연 상태에서 이루어지는 행동을 관찰하여 실제성을 높일 수 있다. 이 경우, 두 가지 방법을 모두 활용하면 인과성은 강화되고 실제성도 더 이상 큰 문제가 되지 않을 수 있다. 연구 주제를 보다 충실히 탐구하기 위해 앞으로 양적, 질적 접근을 통합한 연구들이 증가하게 될 것으로 기대된다. 따라서 연구자들은 질적, 양적 접근 모두에 익숙해질 수 있도록 충분한 연구 역량을 갖추는 것이 바람직하다.

대구교육 제35호, 2002.6.

제2부

불구종 불구묵

01 불구종 불구묵

남명 조식은 퇴계 이황과 함께 조선 중기 영남 유림을 대표는 인물이다. 퇴계와 달리 남명은 평생 벼슬을 마다하고 은일처사(隱逸處士)의 삶을 살았다. 하지만 세상을 마냥 외면하지는 않았다. 임금의 무능과 벼슬아치의 폭정에 대해 가차 없이 비판했다.

남명은 제자 김우옹에게 "사군자의 대절은 오직 출처에 달려 있다. 내 평생 하나의 장점이 있다면 그것은 죽는 한이 있어도 구차하게 따르지 않는 것이다"(남명선생문집 권5 141; 김충열, 2006: 63)라고 했다. 남명이 유가 질서의 바탕인 대의명분을 얼마나 중시하였는지를 실감할 수 있는 표현이다. 미수 허목은 남명의 이러한 처세를 "불구종(不苟從) 불구묵(不苟默)"이라 했다. 불의와 권력에 구차하게 따르거나, 구차하게 침묵하지 않는다는 뜻이다. 남명의 불구종 불구묵 정신은 그가 남긴 '단성소(丹城疏)'와 '민암부(民巖賦)'에 잘 나타나 있다. 남명이 55세 때 명종이 단성현감 직을 제소하자, 남명은 아래와 같은 사직 상소를 올려 조정을 한바탕 뒤흔들었다.

> 전하의 국정이 잘못된 지 오래되었습니다. 나라의 기틀은 이미 무너졌고, 하늘의 뜻도 이미 떠났으며, 백성의 마음 또한 이미 전하에게서 멀어졌습니다. … 자전(대비: 문정왕후)은 밖의 소식이 막힌 깊은 궁궐 안의 한 과부에 지나지 않고, 전하는 선왕의 나이 어린 고아일 뿐입니다. 저 많은 천재와 천 갈래 만 갈래로 흩어진 민심을 무엇으로 막고, 어떻게 수습할 수 있겠습니까? … 국사를 정돈하는 비결은 구구한 법령에 있지 않고, 오직 전하께서 한 번 크게 마음먹기에 달려 있습니다. 하오나 전하께서 스스로 하시려는 일이 무엇인지 모르겠습니다. 학문을 좋아하십니

> 까? 풍류와 여색을 좋아하십니까? 군자를 좋아하십니까? 소인을 좋아하십니까? 그 좋아하시는 것이 무엇이냐에 따라 국가의 존망이 달려 있습니다. 진실로 전하께서 흘연히 깨달으시어 분연히 학문에 진력하사 윤리 도덕을 밝히고 백성을 깨어나게 하는 이치를 얻으신다면 거기에 일만 가지 선이 모두 갖추어 있어 백 가지 대응책이 연이어 나올 것이니 그것으로 조치를 취하신다면 나라를 바르게 다스리고, 백성들을 평안하게 할 수 있을 것입니다(조식, 남명집; 경상대학교 남명학연구소 옮김: 2001, 311-318; 조선왕조실록 명종 10년 11월 19일 단성현감 조식이 상소하다).

단성소를 통해 목숨을 걸고 왕에게 직언한 남명의 불굴의 의지와 고고탁절(孤高卓節)한 기상을 확인할 수 있다. 명종이 대비인 문정왕후를 과부, 임금인 자신을 고아라고 한 남명의 상소에 분개하여 불경 군주 죄로 다스리도록 했으나, 사관과 경연관들에 의해 제지됐다. 당시 사관은 다음과 같이 논했다.

> 사신은 논한다. 조식의 소(疏)에 답하지 않았을 뿐만 아니라, 도리어 엄중한 말을 내려 정원이 처벌할 것을 주청하지 않았음을 책망하였으니, 언로가 막히게 된 것이 이로부터 더욱 심해졌고 성덕에 누가 됨이 이로 말미암아 더욱 커졌다. … 임금의 말이 한 번 나오면 사방에 전해지는데 관계된 것이 어찌 중대하지 않겠는가. 그런데 전교가 이와 같으니 이는 바로 온 나라 사람들의 입을 막아서 감히 말을 못하도록 한 것이다. 애석하다. … 사신은 논한다. 조식은 오늘날 유일(遺逸) 중에서 가장 어진 사람이다. 재능이 뛰어나고 행실이 깨끗하며, 또 학식도 있다. 초야에서 가난하게 살았으나 영리를 생각하지 않았고, 여러 차례 불렀지만 나오지 않고 그 뜻을 고상하게 하였다. 비록 수령으로 임명되는 영광에 부임하지는 않았으나, 오히려 나라를 근심하는 마음을 가지고 곧은 말로 소를 올려 당시의 폐단을 바로 지적하였으니, 이 어찌 군신의 의리를 모르는 사람이겠는가(조선왕조실록 명종 10년 11월 19일 단성현감 조식이 상소하다).

남명은 민암부(民巖賦)에서 "백성은 물이요, 임금은 물 위의 배에 지나지 않으니, 배는 모름지기 물의 이치를 알아야 하고 물을 두려워해야 한다.", "버슬아치는 가죽 위에 돋은 털에 지나지 않음에도 불구하고 백성들의 가죽을 벗기는 탐관오리(貪官汚吏)에 불과하다."라는 지론을 거침없이 피력했다.

절대왕권 시대임에도 온 나라를 진동할 만큼 국정을 극렬하게 비판한 것은 조선조 500년 역사상 유례를 찾기 어렵다. 남명의 상소는 당시 조정에 한 바탕 풍파를 일으키기는 했으나, 이를 계기로 언로가 크게 신장 됐고, 따라서 선비들은 구차와 퇴완을 딛고 일어나 국가사에 적극적인 관심을 가지기 시작했다(김충열, 2006: 113).

남명이 세상을 떠나자 명종의 뒤를 이은 선조는 다음과 같은 제문을 내렸다.

> 바르고 엄숙한 직언(直言)을 의연한 기세로 말하였으니 … 아첨하는 간사한 무리들은 뼛속까지 선뜩함을 느끼고 자리나 지키던 관료들은 식은땀을 흘렸다. … 사람들은 공에게 위태롭다고 하였으나 공은 조금도 두려워하지 않았다. … 공의 명성을 사모하여 선왕의 뜻에 따라 여러 번 사신을 보냈으나 공은 나를 멀리하고 오지 않으니 나의 정성이 부족함이 부끄러웠다. 충성을 쏟아 올린 상소에 말이 곧고 식견이 넓었으니 아침저녁 병풍 대신에 이 글을 대하였다. 공이 와서 나의 팔다리가 되기를 바랬더니 어찌 한번 병에 걸려 소미(少微)의 부름을 받게 될 줄 알았겠는가. … 소자(小子)는 누구를 의지하고 백성은 누구에게 기대겠는가. 생각이 이에 미치니 나의 마음이 아프다. … 이제 공의 모습을 영영 볼 수 없게 되었으니 이 한을 어찌 헤아릴 수 있겠는가. … 하늘이 어진이를 세상에 남겨주지 않아 대로(大老)가 이어 죽으니 나라가 빈듯하여 모범이 될 사람이 없다. 사신을 보내어 사제(賜祭)하니 마음이 아프다. 정령(精靈)이 있다면 나의 정성을 흠향하기를(조선왕조실록, 선조 5년 1572년 2월 8일, 조식의 영전에 치제하는 제문)

선조의 제문에는 남명에 대한 선조의 애정이 잘 나타나 있다. 국왕인 선조가 남명에게 소자라는 표현으로 제자의 예를 표했으니, 왕이 산림처사에게 내린 제문으로서는 가히 파격적이라 할 수 있다. 그러나 남명은 유생들과 관련 기관의 수많은 상소에도 불구하고, 생전에 왕권과 기존 성리학계에 대해 통렬히 비판한 연유로 결국 문묘에 배향되지 못했다. 또한 인조반정으로 인한 수제자 정인홍의 실각과 당파 간의 대립, 임진왜란과 병자호란 등 국난 극복기에 남명의 제자들이 의병장으로 활동한 전력으로 항일운동을 염려한 일제강점기 조선총독부의 의도적 왜곡 등으로 남명에 대한 평가가 오랫동안 폄하됐다. 남명은 아래와 같이 앎과 실천의 중요성을 강조했다.

> 오늘날 배우는 사람들은 고상하게 성리(性理)에 대해서만 이야기하고 마음에 실제로 터득한 바가 없다. 마치 도회지 큰 시장 거리를 어슬렁거리면서 진귀한 보물이나 노리개를 보고서 그 비싼 가격만 부질없이 이야기하는 것과 같아 차라리 물고기 한 마리 사 가는 것만 못하다. 성인의 뜻은 선유(先儒)들이 이미 다 이야기했다. 배우는 사람들은 이를 알지 못할까를 걱정하지 말고, 실천하지 못할까를 걱정해야 한다(남명집 을유본 제5권 21장 허목 신도비명; 경상대학교 남명학연구소 역주, 2002: 11-12)

남명과 퇴계는 동년배로 생전에 만난 적은 없지만, 서신을 서로 주고받은 기록이 남아 있다. 출사 문제에 있어서는 퇴계가 남명에게 먼저 서신을 보냈지만, 학문과 관련해서는 남명이 먼저 퇴계에게 아래와 같은 서신을 보냈다. 마침 퇴계와 기대승 간의 사칠논쟁(四七論爭)으로 학계가 온통 논쟁에 휘말려 있을 때이다.

> 근자에 보건대, 학자 중에는 손으로 쓸고 닦는 예절도 모르면서 입으로는 천리를 논하는 자가 많습니다. 선생께서는 큰 어른이시니 야단쳐 마아야 하지 않겠습니까? 저야 아무 가진 것도 없고 찾아오는 사람도 드물지만, 선생께서는 높은 위치에 계시어 우러러 모시는 이가 많을 것이니, 십분 억제하실 수 있지 않겠습니까?(조식 남명집; 경상대학교 남명학연구소 옮김, 2001: 181)

남명의 글을 접한 퇴계는 제자 정자중에게 아래와 같은 글을 보냈다.

> 남명의 말은 참으로 우리를 위해서 약석이 되니, 지금부터 각기 더욱 분발하고 반궁실천 해서 천리의 근본을 논하면서 날로 연궁체험 하는 공에 힘쓰면 지행양진과 언행상고를 이룰 수 있어, 성문에 죄를 짓지 않을 뿐 아니라 고세지사들의 비웃음을 면할 수 있을 것이다.

비록 천학비재 하지만, 평소 일가 선조 남명을 사표(師表)로 불구종 불구묵과 지행일치의 삶을 살고자 노력하고 있다. 2년간의 교사와 7년간의 강사 시절을 거쳐 1996년 3월 1일 대구교육대학교에 부임해 2024년 8월 31일 정년퇴임을 앞두고 있다. 지난 39년간의 교단생활을 되돌아보면서, 과연 대의명분과 시시비비에 따라 불구종 불구묵을 실천하고 살아왔는지 반성하며, 남은 삶도 새털보다 가볍게 살지 않기를 다짐한다.

02 서시와 앙불괴어천

서시

죽는 날까지 하늘을 우러러
한 점 부끄럼이 없기를,
잎새에 이는 바람에도
나는 괴로워했다.

별을 노래하는 마음으로
모든 죽어가는 것을 사랑해야지
그리고 나한테 주어진 길을
걸어가야겠다.

오늘 밤에도 별이 바람에 스치운다.

윤동주(1941.11.20.)

서시(序詩)는 저자가 가장 좋아하는 시다. 고등학교 국어 시간에 서시를 처음 마주한 순간 깊은 감명을 받았다. 마침 대학교 1학년 교양 국어 시간에 윤동주 시인을 주제로 발표를 맡게 됐다. 대학도서관과 시립도서관 등을 찾아다니며 열심히 발표를 준비했다. 하지만 담당 교수가 학기 말 마무리 시간에 쫓겨 발표 기회를 얻지 못하게 됐다. 대신 준비한 자료로 발표를 대신하고 A 학점을 받은 기억이 있다. 그때 발표 준비를 하면서 윤동주 시인의 삶과 시에 더욱 매료됐다.

강사 시절부터 퇴임을 앞둔 지금까지 매 학기 초에 교육의 개념을 다룰 때마다 맹자의 군자유삼락(君子有三樂)과 서시를 인용한다. 윤동주 시인이 서시의 모티브를 군자유삼락의 두 번째 즐거움인 앙불괴어천 부부작어인(仰不愧於天 俯不怍於人: 하늘을 우러러 부끄러움이 없고 굽어보아 사람들에게 부끄럽지 않다) 에서 가져왔다고 직접 밝힌 적은 없다. 하지만, "죽는 날까지 하늘을 우러러 한 점 부끄럼이 없기를, 잎새에 이는 바람에도 나는 괴로워했다."라고 읊었으니, 앙불괴어천이 시인의 마음에 절절히 와닿은 것만은 분명해 보인다.

서시가 담긴 시집 "하늘과 바람과 별과 시(詩)"가 세상에 빛을 보게 된 것은 윤동주와 기숙사와 하숙 생활을 함께했던 연희전문 후배이자 글 벗 정병욱 교수 덕이다. 윤동주 시인이 연희전문 졸업 후 일본으로 유학하기 전 육필 원고 3부를 만들어 한 부는 자신이 가지고, 스승인 이양하 교수와 정병욱에게 각각 한 부씩 전했다고 한다. 윤동주 시인과 이양하 교수 소장 원고는 아쉽게도 소실돼 전하지 않는다. 마지막 한 부를 소장하고 있던 정병욱은 일제 말기 학도병으로 끌려가기 전 윤동주의 시고를 광양의 어머니에게 맡겼다. 목숨처럼 소중한 것이니 자신이나 윤동주가 살아 돌아올 때까지 소중히 잘 간수하고, 만약 둘 다 돌아오지 못하더라도 독립이 되면 연희전문에 보내 세상에 알려달라고 당부했다. 아들의 당부에 정병욱의 어머니는 명주 보자기에 곱게 싼 윤동주의 시고를 항아리 속에 넣어 마룻바닥 아래에 숨겨 두었다.

광양의 정병욱 생가에서 유일하게 보존된 시고는 정병욱이 해방 후 돌아와 윤동주의 연희전문 동기인 경향신문 기자 강처중과 상의해 세상에 알리기로 했다. 강처중은 당시 경향신문 주간인 정지용을 찾아가 윤동주의 시를 전하며 세상에 알리고 싶다고 했다.

정지용은 며칠간의 검토 끝에 윤동주의 유고 시 '쉽게 씌어진 시'를 1947년 2월 13일 자 경향신문에 게재했다. "시인 윤동주의 유골은 용정 묘지에 묻히고, 그의 비통한 시 십여 편은 내게 있다. 지면이 있는 대로 연달아 발표하기에 윤 군보다 내가 더 자랑스럽다."라는 소개 글과 함께. 이후 정병욱이 보관했던 유고 시는 강처중이 보관한 12편의 시와 함께 1948년 1월 30일 출간돼 마침내 세상에 빛을 보게 됐다. 윤동주의 유고집 "하늘과 바람과 별과 시(詩)"에는 정지용의 서문과 강처중의 발문, 유령의 추모시와 함께 서시를 포함한 31편의 시가 3부로 나뉘어 수록돼 있다.

정지용은 서문에서 이렇게 서술했다.

> 노자(老子) 오천언(五千言)에, '허기심(虛基心) 실기복(實基腹) 약기지(弱基志) 강기골(强基骨)'이라는 구(句)가 있다. 청년 윤동주는 의지가 약하였을 것이다. 그렇기에 서정시에 우수한 것이겠고, 그러나 뼈가 강하였던 것이리라. 그렇기에 일적(日賊)에게 살을 내던지고 뼈를 차지한 것이 아니었던가? 무시무시한 고독에서 죽었구나! 29세가 되도록 시도 발표하여 본 적도 없이! 일제시대에 날뛰던 부일문사(附日文士) 놈들의 글이 다시 보아 침을 배앝을 것뿐이나, 무명 윤동주가 부끄럽지 않고 슬프고 아름답기 한이 없는 시를 남기지 않았나? 시와 시인은 원래 이러한 것이다.

정지용의 서문은 윤동주를 일제 식민지 시대를 별처럼 빛낸 시인으로 자리매김하는 데 결정적인 기여를 한 것으로 평가되고 있다. 강처중은 발문에서 윤동주의 마지막 순간을 이렇게 묘사했다.

> 그는 간도에서 나고 일본 복강에서 죽었다. 이역에서 나고 갔건만 무던이 조국을 사랑하고 우리말을 좋아하더니 … 그는 나의 친구기도 하려니와 그의 아잇적동무 송몽규와 함께 독립운동의 죄명으로 이년형을 받아 감옥에 들어간 채 마침내 모진 악형에 쓰러지고 말았다. 그것은 몽규와 동주가 연전을 마치고 경도에 가서 대학생 노릇 하던 중도의 일이었다. '무슨 뜻인지 모르나 마지막 외마디소리를 지르고 운명했지요. 짐작컨대 그 소리가 마치 조선독립만세를 부르는 듯 느껴지디군요.' 이 말은 동주의 최후를 감시하던 일본인 간수가 그의 시체를 찾으러 복강에 갔던 유족에게 전하여 준 말이다. 그 비통한 외마디소리! 일본 간수야 그 뜻을 알리 만두 저도 그 소리에 느낀 바 있었나 보다. 동주 감옥에서 외마디소리로서 아주 가 버리니 그 나이 스물아홉, 바로 해방되던 해다.

정병욱은 “내 평생 해낸 일 가운데 가장 보람 있고 자랑스러운 일이 무엇이냐고 묻는 이가 있다면 나는 서슴지 않고 동주의 시를 간직했다가 세상에 알려주게 한 일이라고 대답할 것이다. … 오늘의 나에게 문학을 이해하고 민족을 사랑하고 인생의 참된 뜻을 아는 어떤 면이 있다면 그것은 오로지 동주가 심어준 씨앗임을 나는 굳게 믿고 있다. … 이 글을 쓰는 순간에도 그가 내 곁에서 나를 쳐다보고 있는 것 같은 느낌이 든다”(정병욱 회고록 「잊지 못할 윤동주 형」 중에서) 고 했다. 이런 마음으로 정병욱은 윤동주의 시 ‘흰 그림자’의 한자인 백영(白影)을 자신의 호로 삼아 윤동주를 잊지 않고 늘 함께하고자 했다. 윤동주의 육필 시고를 보존한 정병욱의 집은 ‘윤동주 유고 보존 정병욱 가옥’이라는 명칭으로 등록문화재 제341호로 지정돼 있다.

윤동주 시인과 평양 숭실중학교 동기인 김형석 교수는 “그때 나는 그를 병아리 시인이라 생각했고, 크게 되면 세상을 울릴 거라고 여겼는데 과연 그렇게 됐다”(김형석 「동창 윤동주는 못 펼쳐 본 국어사전… 지금도 늘 뒤적인다」 중에서, 조선일보, 2023.4.25.)라고 회고했다. 두 사람 모두 크리스찬으로 당시 일제가 강요하던 신사참배를 하지 않으려고 숭실중학교를 중도에 그만두었다고 한다.

서시에 담긴 정신과 정병욱을 비롯한 여러 인사들의 진술에 비추어 윤동주 시인은 실로 죽는 날까지 하늘을 우러러 한 점 부끄럼 없는 삶을 살았다고 해도 틀린 말이 아니다. 매 학기 초 학생들에게 군자의 세 가지 즐거움과 서시를 소개하며 죽는 날까지 하늘을 우러러 한 점 부끄럼 없이 살기를 거듭 다짐한다.

四七五

四七五는 문학청년 윤동주의 옷깃에 새겨진 수인번호
육첩방 남의 나라에서 유학 생활을 하며
빼앗긴 조국의 한을 시로 달래다가
안타깝게도 귀국 직전 항일운동 혐의로 후쿠오카 형무소에 투옥
함께 수감됐던 이들의 증언에 의하면
간수가 번호를 부르면 큰 소리로 복창해야 하는데
수감 중 생체실험 대상자로
의문의 주사를 자주 맞아 기력이 쇠진해진 윤동주는
들릴 듯 말 듯 가냘픈 목소리로 대답해
다른 사람들이 제대로 알아들을 수 없었다고 한다
마루타는 통나무를 뜻하는 일본어
고귀한 생명을 통나무처럼
맘대로 쓰다 버리듯 함부로 하다니,
윤동주는 죽는 날까지 하늘을 우러러
한 점 부끄러움이 없기를 다짐하며
시대처럼 다가올 아침을 기다리다가
해방을 불과 6개월 앞두고
꽃다운 나이에 일본 땅 후쿠오카 형무소에서
쓸쓸히 생을 다했지만
그가 남긴 시와 정신은
우리네 가슴에 영원히 남아 있다.

윤동주와 송몽규

동주는 몽규보다 석 달 늦은 동갑내기 고종사촌 동생이자 친구
북간도 명동촌 한집에서 태어나 함께 자라며
어릴 적부터 동주는 시로
몽규는 행동으로 자신의 길을 걸었다
둘은 연희전문을 거쳐 동주는 도쿄, 몽규는 교토로 유학
같이 공부하자는 몽규의 뜻에 따라 동주도 교토 도시샤 대학에 편입
하지만 이것이 운명의 장난이었던가
귀국 직전 항일 독립운동으로 요시찰 인물이었던 몽규와 함께
항일 투사들을 표적으로 삼았던 악법
치안유지법 위반 혐의로 일본 특별고등경찰에 체포돼
후쿠오카 형무소에 투옥
공교롭게도 후쿠오카 형무소는
2차 대전 말미 끝까지 발악하던 일본군이
생화학전을 위해 생체실험 이른바 마루타를 자행하던 곳
동주와 몽규는 복역 중 수차례 의문의 주사를 맞고
고통으로 신음하다가 원통하게도
해방을 불과 6개월 앞둔 1945년 2월 16일
외마디 비명을 지르며
스물여덟 꽃다운 나이에 윤동주 옥사
한 달도 채 못 된 3월 7일
동주를 뒤따르듯 송몽규 옥사
다른 듯 같은 길을 걸어가며
국권 잃은 암울한 식민지 시대 청년의 삶을 웅변한 두 사람
시와 행동으로 시대의 아픔을 짊어지고 안타깝게 산화(散華)했다

03 교육부의 국립대학 총장 공모제 강요와 대학 자율성 침해

교육부가 국립대학의 총장 직선제에 부작용이 많다는 이유로 공모제 방식으로 학칙 개정을 강요하고 있다. 학칙과 규정을 개정하지 않을 경우, 대학 재정지원 사업에서 불이익을 주겠다고 말이다. 이는 분명 헌법 제31조 4항에 보장되어 있는 대학의 자율성을 침해한다. 또한 국립대 총장후보자를 추천할 때는 해당 대학 교원의 합의된 방식과 절차에 따라 직접선거로 선정할 수 있도록 한 교육공무원법 제24조 3항에도 위배된다.

대통령 선거에서 일부 부작용이 있다고 해서 직선제를 간선제로 바꾸자는 논리가 헌법과 상식에 위배되는 것과 마찬가지이다. 설령 총장 직선제에 일부 부작용이 있다고 하더라도 이를 보완하여 바람직한 방향으로 개선하도록 하는 것이 마땅하다. 빈대 잡자고 초가집을 전부 불태울 수는 없지 않은가?

'2014년 대학 재정지원 사업에 반영되는 국립대학 총장 직선제 요소 추가 알림'(대학정책과-3359) 공문을 보면 가히 가관이라 하지 않을 수 없다. 투표나 추천 등을 통해 총장임용추천위원회 내부 위원을 선정하는 방식을 직선제 요소로 간주하고 이를 학칙과 자체 규정에서 모두 삭제하도록 하고 있기 때문이다. 투표나 추천 등을 무작위 추첨 방식과 혼합하는 것도 직선제 요소가 있는 것으로 보고 있다. 오로지 무작위 추첨 방식만 허용할 뿐이다.

로또와 같은 무작위 추첨 방식은 초등학교 반장 선거에서도 하지 않는다. 일각에서는 차라리 후보자끼리 가위, 바위, 보를 해서 총장을 선출하는 것이 더 간편하고 낫지 않느냐는 우스개도 들린다. 총장 직선제는 대학의 자율성과 민주화의 상징이다. 그 폐지 여부와 간선제 방식의 공모제에 대한 결정도 외부의 부당한 간섭 없이 대학 구성원들이 직접 선택할 수 있어야 한다.

교육부가 총장 공모제를 강요하는 것은 직선제의 폐해에 대한 대안이라기보다 국립대학을 손쉽게 통제하려는 의도로 보인다. 대표성이 담보되지 않은 총장이 누구의 말을 듣겠는가? 더구나 내부 위원 선정은 무작위 추첨 방식만을 강요하면서, 외부 위원은 추천으로 선정할 수 있도록 허용하고 있다. 이율배반(antinomy)이 아닐 수 없다. 또한 공모제로 총장을 선출할 경우에도 지원자들이 반드시 대학발전기금을 납부하게 되어 있다.

총장 지원자가 대학의 발전을 위해 일정액의 기금을 기부하는 것은 일면 당연하다. 하지만 교육대학의 경우 교외 인사는 예외로 하고 있다. 누가 왜 그렇게 했겠는가? 교육부를 비롯한 관료 출신들과 외부 인사들이 쉽게 대학에 진출할 수 있도록 안전판을 마련한 것과 다를 바 없지 않은가? 교외 인사가 지원하려면 오히려 더 많은 대학발전기금을 납부해야 하는 것이 건전한 상식이다.

공모제 방식으로 총장을 선출한 대학들에서도 최근 이상이 일들이 벌어지고 있다. 공주대, 한국방송통신대, 한국체육대는 공모제 방식으로 총장을 선출하였으나 교육부는 '총장직을 수행하기에 부적합하니 다른 후보를 추천해 달라.'라며 아직 총장을 임명하지 않고 있다. 공주대의 경우 법원에서 교육부가 공주대총장 임용을 거부한 처분이 행정절차법에 위배되어 이를 취소한다는 판결이 내려지기도 했다. 오죽하면 대표적인 보수 언론인 조선일보에서 조차 다음과 같이 지적했겠는가?

"간선제로 총장을 뽑자 교육부가 '상전'으로 올라탄 것이다. … 교육부에서 후보자를 판정하겠다면 대학에서 왜 선거를 해야 하는지 모를 일이다. 세상에 이런 낭비가 없다. 차라리 정부가 총장을 세우는 '임명제' 시절로 돌아가자고 말하는 게 옳다. … 특정 대학에서 총장을 뽑는 문제는 남의 집안 얘기쯤으로 여겼다. 하지만 이번 교육부의 행태 하나를 보면 우리가 주목하지 않는 곳에서 이와 유사한 많은 일이 벌어졌거나 벌어지고 있지 않을까 싶다."(2014년 10월 10일자 최보식 칼럼)

2000년 이후 교육 차관을 지낸 14명 중 11명이나 대학 총장이 되었고, 같은 기간 교육부장관을 지낸 15명 중 5명이 퇴임 후 대학 총장이 되었다고 한다. 이러한 관행이 법조계의 전관예우와 무엇이 다른가? 교육부 관료 출신들이 자리 잡은 상당수 대학이 공교롭게도 부실대학이라는 점은 아이러니하다. 부실대학들이 왜 부담을 감수하고 이들에게 대학을 맡기고자 했겠는가?

구조조정에서 강제 퇴출을 면하기 위해 이들을 방패막이로 삼고자 했거나, 교육부 내에 있는 인맥을 활용하여 더 많은 재정지원을 얻고자 하였기 때문일 것이다. 제로섬의 생존경쟁에서 게임의 법칙이 무너지면 누가 피해를 보겠는가? 전 국민을 분노하게 했던 세월호 사건 이후, 사회 각 분야의 관피아(관료출신+마피아: 모피아, 교피아, 해피아, 철피아 등) 척결에 대한 목소리가 커지고 있어 그나마 다행이긴 하다.

교육부가 이런 식으로 대학을 장악하려 해서는 결코 안 된다. 교육은 백년지대계라 했다. 상식과 기본에 어긋난 정책을 강요하는 교육부는 개혁의 주체가 아니라, 개혁의 대상이 되어야 한다. 최근 대통령이 앞장서서 우리 사회의 각종 규제를 '손톱 밑에 박힌 가시', '가장 큰 장벽', '쳐부술 원수', '암 덩어리', '사생결단을 하고 붙어야'라고 수위를 높여가며 철폐를 강조하고 있다. 교육부의 국립대학 총장 직선제 폐지 강요야말로 대학 사회의 대표적인 규제이자 철폐 대상이라 할 수 있다. 대학은 이를 암 덩어리로 생각하고 사생결단하고 붙어서 헌법에 보장된 대학의 자율성을 회복해야 할 것이다.

한국대학신문 [기고] 2014.04.13. "교육부, 대학 자율성 침해 도 넘었다"를 보완한 글임

04 교육혁신위의 미래교육 비전과 전략안은 빛 좋은 개살구

대통령 자문 교육혁신위원회가 2007년 8월 16일 '미래교육 비전과 전략안'을 발표했다. 문민정부 시기인 1995년 발표된 5·31 교육개혁안에 뒤이은 참여정부의 교육정책 로드맵인 셈이다. 저출산·고령화, 사회 양극화 및 세계화에 대비한 새로운 교육 패러다임을 제시하는 데 초점을 두었다고 한다. '미래의 관점', '세계적 관점'을 강조하며 중·장기적인 교육개혁 방안으로 초·중학교 학년군제, 고교 무학년(non-grade)제, 홈스쿨링(home schooling)제, 교사자격갱신제, 교원전문대학원 도입 등 겉보기에 화려한 다양한 안들을 제시하고 있다.

이 안은 전문가 토론회와 공청회를 통한 각계의 의견 수렴을 거쳐 9월 말경 최종 확정될 예정이라고 한다. 그러나 이에 대해 많은 비판과 우려의 목소리가 제기되고 있다. 발표 이후 8월 24일 열린 첫 공청회에서부터 질타와 성토가 이어졌다. '대선을 앞둔 정치용이다', '임기말 정부 정책이 차기 정부에서 채택된 적이 없다', '탁상공론이다', '현실성 없는 백화점식 나열에 불과하다', '공교육 내실화에 역행된다', '예산 마련이나 구체적인 추진책이 없다', '시기상조다', '교육 문제의 핵심인 대학 입시와 대학 서열화에 대한 구체적인 비전과 전략이 없다' 등의 비난이 거침없이 쏟아졌다. '미래교육 비전과 전략안'에 포함된 여러 방안 중 초등교육과 관련된 주요 사례와 이에 대한 반론을 제시하면 다음과 같다.

먼저 초·중학교는 현재 추진 중인 학제 개편 작업에 맞추어 2015년부터 지역별, 학교별 특성에 따라 몇 개의 학년을 하나로 묶는 학년군제가 시범 도입되는 것으로 되어 있다. 철저한 사전 대비 없이 초·중학교를 통합하고 학년군제를 도입하면, 학부모들의 지나친 교육열 때문에 학년 군마다 상위권 학생들간의 경쟁이 더욱 심화될 수 있다. 이 경우 지금보다 사교육이 더욱 과열되게 되어 도리어 공교육 내실화에 역행될 수 있다.

자녀를 학교에 보내지 않고 부모가 가정에서 직접 교육하는 학력으로 인정하는 가정학교제도 2010년 시범 운영을 거쳐 2015년부터 제도화할 수 있도록 하고 있다. 가정학교제 역시 부모의 자녀교육 회피 수단으로 악용되지 않도록 보완책을 마련하지 않으면 오히려 공교육의 근간을 뒤흔들 수 있다. 초등학교의 경우 자칫 기초·기본에 초점을 둔 보통 교육, 의무교육, 무상교육이라는 초등교육의 기본 성격을 왜곡하여 교육의 빈익빈 부익부 현상을 더욱 심화시킬 수 있다.

교사자격갱신제는 교원들의 전문성 향상을 위해 교사들의 자격증을 주기적으로 갱신하게 하고 최악의 경우 교사자격증을 박탈하게 하는 제도이다. 그러나 국가 차원의 전문성 지원 대책이 미비한 상황에서 자격갱신제를 도입하는 것은 바람직하지 않다. 지나칠 경우, 자칫 교직사회의 갈등과 교직에 대한 기피 현상도 나타날 수 있다.

학부에서 다양한 전공을 공부한 뒤 대학원에 진학해 교원 양성 과정을 이수하도록 하는 교원전문대학원 도입하는 계획도 포함되어 있다. 로스쿨(law school: 법학전문대학원)이나 의학전문대학원처럼 전문대학원 체제로 전환되면 기존의 교육대학과 사범대학은 폐지되게 된다. 지금까지 정권이 교체될 때마다 교육개혁의 주요 과제로 교사 양성 제도의 개편을 시도해 왔으나 제대로 되지 않았다. 양성 체제에 대한 문제점과 비판의 근본 원인은 교사 양성에 대한 정부의 무원칙과 수급 계획 차질에 있다. 이를 도외시하고 이해당사자들의 합의도 없이 섣부른 제도로 해결하고자 하는 것은 본말이 전도된 것이다. 이는 교육정책 실패를 호도하기 위한 방편에 불과하다. 지금까지의 양성과 수급 과정을 보면, 국·사립 사범대학과 일반대 교직과정 이수자를 중심으로 한 중등교사 양성은 실패한 모델인 반면, 초등교사를 양성하는 교육대학은 비교적 성공한 모델로 볼 수 있다. 성공적인 사례는 적극적으로 유지, 발전되어야 한다.

교과전담제를 기본으로 하는 중등의 경우는 그렇다손 치더라도, 학급전담제를 기본으로 하고 있는 초등의 경우 교원전문대학원을 도입하는 것은 맞지 않다. 설령 교원전문대학원이 도입된다고 하더라도 교원의 전문성 제고와 지질 향상을 위해서는 교대와 사대 졸업생들에게 입학이 한정돼야 한다. 일반대학 출신자들을 대상으로 한 2년간의 대학원 과정만으로는 초등교육의 전문성을 갖춘 유능한 초등교사를 양성할 수 없다. 오히려 교육대학교의 수학 연한을 1~2년 연장하는 것이 바람직하다. 또한 열악한 교육 환경을 획기적으로 개선하고, 교육대학교 대학원에 박사과정을 하루빨리 개설하는 것도 초등교육의 전문성을 제고할 수 있는 또 다른 방안이다.

교대생들은 유능한 초등교사가 되겠다는 일념으로 교육대학에 진학하여 4년 동안 각종 예, 체능 실기를 비롯한 10개의 교과교육과 교육실습 등 140여 학점을 이수하느라 전력을 다한다. 교원전문대학원 도입은 이러한 과정을 거치고도 교단에 서기에 부족함을 자책하며, 안타까워하는 교대생들에게 크나큰 실망과 허탈감을 줄 따름이다.

마침 9월 18일 발표된 OECD의 '2007년 교육지표'에 따르면, 공교육에 대한 민간(학부모) 부담률(2.8%)이 OECD 국가(평균 0.7%) 중 최고로 나타났다. 학급당 학생 수는 초등학교의 경우 32.6명으로 OECD 평균(21.5명)을 초과해 최고치를 기록했고, 교원 1인당 학생 수도 멕시코를 제외하면 OECD 국가 중 가장 많다. 초등학교 교사들의 수업 시간도 OECD 평균보다 많으며, 초등학교 수업 일수도 OECD 평균보다 33일이나 많다.

그럼에도 교육부에서는 교육대학교의 2008학년도 입학정원을 2007학년도 입학정원 대비 5.4%를 감축하도록 통보해 왔다고 한다. 이 얼마나 시대착오적 발상인가? 교육혁신위의 '미래교육 비전과 전략안'에도 이러한 문제점들을 개선하기 위한 구체적인 방안은 잘 나타나 있지 않다.

그나마 장기적인 관점에서 교육정책이 정권 교체와 관계없이 일관성 있게 추진될 수 있도록 대통령 소속의 '국가미래교육위원회'를 설치할 것을 제안하고 있어 다행이다. 대선을 앞둔 임기 말에 정치용이란 비난을 듣지 않기 위해서는 먼저 국민적 합의를 거쳐 초 정권적인 기관을 법률기구로 설치할 필요가 있다. 그런 다음, 이 기구에 전권을 부여해 백년대계의 교육정책을 개발하고 정권교체와 관계없이 일관성 있게 추진될 수 있도록 하는 것이 순리일 것이다.

빛 좋은 개살구에 불과한 교육혁신위의 '미래교육 비전과 전략안'의 전면 재검토를 강력히 촉구한다.

05 대학 개혁의 걸림돌이 될 교육부 관료들의 대학 총장 낙하산

조선일보 사설에 "교육 次官 14명 중 11명이 총장, 이러니 대학 개혁되겠나"가 실렸다. 교육부 차관을 지낸 인사가 금년 1, 2월 각각 지방대 총장으로 선임된 것을 포함하여 2000년 이후 교육 차관을 지낸 14명 중 11명이나 대학 총장이 되었다고 한다. 같은 기간 교육부장관을 지낸 15명 중 5명이 퇴임 후 대학 총장이 됐다고 한다. 게다가 2010년 이후 퇴직하여 재취업한 서기관급 이상 교육부 관료 39명 중 28명이 대학이나 부속기관에 자리를 잡은 것으로 알려졌다. 이러한 관행이 법조계의 전관예우와 무엇이 다르단 말인가?

교육부 관료 출신들이 자리 잡은 대학의 상당수가 부실 대학이라는 점은 아이러니하다. 부실 대학들이 왜 거액의 연봉을 감수하고 이들에게 대학을 맡기고자 했겠는가? 이유는 자명하다. 대학 구조조정에서 강제 퇴출을 면하기 위해 이들을 방패막이로 삼고자 했거나, 교육부 내에 있는 이들의 인맥을 활용하여 더 많은 재정지원을 얻고자 하는 욕심 때문이다. 교육부의 예산은 한정되어 있다. 한정된 예산에서 일부 대학들이 편법으로 더 많은 예산을 배정받게 되면 선량한 다른 대학들은 어떻게 하란 말인가? 제로섬의 생존경쟁에서 게임의 법칙이 잘못되면 누가 피해를 보겠는가? 국립대학의 총장 직선제 폐지를 주도했던 전 교육부 차관이 지난해 지방 국립대 총장 공모에 지원했다가 여론에 밀려 중도 사퇴한 적이 있다. 금년 1월에 이 사람이 비리로 재정지원 제한 대학으로 지정된 지방 사립대학의 총장이 됐다.

교육부 관료들의 낙하산 관행과 의도는 이에 그치지 않는다. 국립대학의 경우를 보자. 교육부가 국립대학의 직선제 총장 선거가 부작용이 많다는 이유로 공모제 방식으로의 학칙 개정을 강제하고 있다. 공모제 방식으로 학칙 개정을 하지 않을 경우, 재정상의 불이익을 주겠다고 말이다. 이는 분명 "국립대 총장 후보자를 추천할 때는 해당 대학 교원의 합의된 방식과 절차에 따라 직접선거로 선정"할 수 있도록 규정한 교육공무원법 제24조 3항에 위반된다. 대통령 선거에서 약간의 부작용이 있다고 해서 직선제를 간선제로 바꾸자는 논리가 헌법에 위반되는 것과 마찬가지이다. 부작용이 있으면 이를 보완하여 바람직한 방향으로 개선하도록 하는 것이 마땅하다. 빈대 잡자고 초가집을 완전히 불태울 수는 없지 않은가?

교육부가 총장 공모제를 빌미로 국립대학을 손쉽게 통제하려고 하고 있다. 총장 공모제는 직선제보다 훨씬 더 큰 폐해를 야기하고 있다. 공모제로 총장을 선출한 대학에서 공통적으로 들려오는 이야기다. 공모제로 국립대 총장을 선출하는 경우에도 지원자들이 지원서를 접수할 때 반드시 대학발전기금을 납부하도록 되어 있다. 하지만 교육대학의 경우 교외 인사는 예외로 하도록 하고 있다. 누가 왜 그렇게 했겠는가? 이는 곧 교육부를 비롯한 관료 출신들이 대학발전기금 납부 부담 없이 대학에 진출할 수 있도록 안전장치를 마련한 것과 다를 바 없다. 교외 인사가 총장에 지원하려면 대학을 위해 오히려 더 많은 발전기금을 납부해야 하는 것이 건전한 상식이다. 교육부가 이런 식으로 대학을 장악하려 해서는 결코 안 된다. 교육은 백년지대계다. 상식과 기본에 어긋난 행위를 하는 교육부는 개혁의 주체가 아니라, 개혁의 대상이 돼야 한다.

06 정부포상 기준 재직기간에 대학 강사 경력 포함 요청[1)]

2023년 10월 21일 국민신문고에 "퇴직교원 정부포상 기준의 재직기간에 대학 강사 경력 포함 요청" 민원을 신청했습니다. 하지만 동년 11월 14일 교육부의 소극 행정으로 문제의 본질을 벗어난 형식적인 답변을 받았습니다. 이에 2023년 11월 22일 앞서 제기한 민원에 대한 적극 행정을 요청하는 민원을 다시 신청했습니다. 이후 약 3개월이 경과된 2024년 2월 19일 행정안전부로부터 역시 문제의 본질을 무시한 시대착오적인 답변을 받았습니다.

적극 행정을 요청하는 민원을 제기했음에도 민원의 본질을 파악해 적극적으로 문제를 해결하려고 노력하기는커녕, 구차한 형식적 답변으로 책임을 회피하고 있습니다. 이 정도 답변이면 반나절 아니 한두 시간이면 충분할 것을 무려 3개월이나 소요됐다니 어이가 없습니다. 이는 전형적인 탁상공론이자 행정 편의주의, 무사안일한 업무 처리라 하지 않을 수 없습니다. 손가락으로 달을 가리키면 달을 바라봐야지, 손가락만 바라보면 되겠습니까? 이에 부득이 앞서 제기한 민원에 대한 적극 행정을 요청하는 민원을 다시 신청합니다.

현행 「정부포상 업무지침」에는 유치원과 초·중등학교의 경우 기간제 교원 근무 기간을 임용 전 경력에 합산하고, 대학에서 행정업무를 보조하는 조교의 근무 기간도 경력에 합산됩니다. 반면, 대학 교육의 본질과 핵심인 교육을 담당

---

1) 국민신문고를 통해 퇴직 교원 정부포상 기준의 재직기간에 대학 강사 경력을 포함할 것을 교육부와 행정안전부에 거듭 요청했으나, 현 「정부포상 업무지침」, Ⅲ. 포상기준, 4. 퇴직 공무원 포상, 바. 재직기간 합산대상에 대학 강사가 제외돼 있다는 사유로 불가하다는 형식적 답변을 거듭했다. 관련 법령 개정을 통해 대학교육에 중요한 역할을 맡고 있는 대학 강사 경력이 퇴직 교원 정부포상 기준의 재직기간에 포함되기를 바란다.

하는 대학 강사 경력은 전혀 포함하지 않고 있습니다. 실례로 유치원과 초·중등학교의 기간제 교원이나 대학의 조교로 1년 미만 아니 1개월만 근무해도 「정부포상 업무지침」 경력에 포함되는 반면, 대학 강사의 경우 10년 이상 강사로 근무해도 「정부포상 업무지침」 경력에 전혀 포함되지 않습니다. 이는 정부포상 목적의 정당성과 방법의 적절성, 피해의 최소성 등에 비추어 헌법에 보장된 평등권과 법익의 균형성, 과잉금지 원칙(비례의 원칙), 행복 추구권 등에 위배됩니다.

「고등교육법」 제14조(교직원의 구분)에는 ② 학교에 두는 교원은 제1항에 따른 총장이나 학장 외에 교수·부교수·조교수 및 강사로 구분한다. 제14조의 2(강사)에는 ⑤ 강사에게는 「교원의 지위 향상 및 교육활동 보호를 위한 특별법」을 적용한다고 명시되어 있습니다. 「교원의 지위 향상 및 교육활동 보호를 위한 특별법」에는 제1조(목적) 이 법은 교원에 대한 예우와 처우를 개선하고 신분보장과 교육활동에 대한 보호를 강화함으로써 교원의 지위를 향상시키고 교육 발전을 도모하는 것을 목적으로 한다. 제2조(교원에 대한 예우) ① 국가, 지방자치단체, 그 밖의 공공단체는 교원이 사회적으로 존경받고 높은 긍지와 사명감을 가지고 교육활동을 할 수 있는 여건을 조성하도록 노력하여야 한다고 명시돼 있습니다.

이상 「고등교육법」과 「교원의 지위 향상 및 교육활동 보호를 위한 특별법」에 명시된 조항의 기본 정신에 비추어 볼 때, 〈「정부포상 업무지침」, Ⅲ. 포상기준, 4. 퇴직공무원 포상, 바. 재직기간 합산대상〉에서 시간강사를 제외한 것은 시대착오적 발상입니다. 고등교육법 개정안으로 종전의 시간강사는 더 이상 존재하지 않을뿐더러, 강사는 「고등교육법」과 「교원의 지위 향상 및 교육활동 보호를 위한 특별법」상 교직원으로 법적 보호를 받고 있습니다. 이러한 법 정신을 무시하고 우리나라 고등교육의 중요한 역할을 담당하는 강사(고등교육법 개정안으로 시간강사란 명칭은 더 이상 사용하지 않고 강사로 통칭)를 예전의 관행대로 「정부포상 업무지침」에서 제외한 것은 잘못된 행정으로 반드시 시정할 것을 거듭 간곡히 요청합니다.

「정부포상 업무지침」에 대학 강사 경력을 포함함으로써 「고등교육법」과 「교원의 지위 향상 및 교육활동 보호를 위한 특별법」에 명시된 대학 강사의 권익 보장은 물론, 정부포상 목적의 정당성과 방법의 적절성, 피해의 최소성 등에 비추어 헌법에 보장된 평등권과 법익의 균형성, 과잉금지 원칙(비례의 원칙), 행복 추구권 등을 보장할 수 있을 것으로 기대합니다.

07 일방적인 입학정원 감축 반대

4월 21일 개최된 보직자 회의에서 2017년도까지 학생정원 10%(39명) 감축을 결정했다고 합니다. 올해 지방대학 특성화 사업에서 가산점을 받기 위함이라고 합니다. 기획처장이 학과장들에게 메일을 보내 이러한 결정 사항을 학과 구성원들에게 전달할 것을 요청했다고 합니다. 하지만 오늘 현재 상당수 학과에서는 이러한 사실이 교수님들께 전혀 전달되지 않은 것으로 확인되고 있습니다.

저는 교수협의회장으로서 본부의 일방적인 입학정원 감축 결정에 반대해 다음과 같은 문제점을 지적합니다.

첫째, 의사결정 과정상의 중대한 하자입니다. 입학정원 감축과 같은 학교의 중차대한 문제는 반드시 교수회의를 통해 결정해야 합니다. 하물며 학과를 대표하는 학과장들이 참석하는 교무운영위원회도 아닌 보직교수 회의를 통해 입학정원 감축을 일방적으로 결정한 것은 상식적으로 이해할 수 없는 일입니다.

둘째, 의사결정 과정 자체가 잘못됐을 뿐만 아니라, 잘못된 결정을 전달하는 과정도 크게 잘못됐습니다. 기획처장은 보직교수 회의에서 논의된 사항을 전제 교수들에게 직접 전달하거나 교수회의를 소집해 의견을 수렴하는 과정을 거치지 않았습니다. 대신 학과장들에게만 메일을 보내 학과 구성원에게 전하도록 요청하는 형식을 취했으나, 상당수 학과장은 의례적인 과정으로 알고 이를 학과 교수님들께 전달하지 않았습니다.

셋째, 본부는 입학정원 감축안 등 특성화 사업 지원 보고서에 담을 내용을 교수회의에서 심의하기도 전에 이미 최종 보고서를 인쇄했습니다. 교수회의의 기능을 무시하는 월권이자 본말이 전도된 행정 횡포입니다. 교수회의 논의 자체를 차단하고 사후 보고로 책임을 회피하려는 의도로 보입니다.

넷째, 특성화 사업에서 우리와 같은 권역에서 경쟁하게 될 춘천교대는 교수회의에서 입학정원 감축안을 부결시켰습니다. 춘천교대도 입학정원을 감축하면 가산점을 받는다는 사실을 잘 알고 있을 것입니다. 그럼에도 이를 부결시킨 것은 정원 감축 이면에 내재한 엄청난 부작용을 잘 알고 있기 때문일 것입니다. 이런 상황에서 우리 대학이 정원 감축안을 승인하게 되면 교대 간의 이전투구와 제 살 깎기 경쟁을 유발한 책임을 면하기 어려울 것입니다.

재직기간이 많이 남은 젊은 교수님들께서는 입학정원 감축과 관련해 다음과 같은 점들을 잘 고려해서 판단해야 할 것입니다.

첫째, 입학정원을 먼저 감축하는 것이 과연 득이 되는가 하는 문제입니다. 정원 감축에 따른 기성회비 감소는 매년 지속되는 반면, 특성화 사업 지원으로 얻는 수익은 일시적일 뿐만 아니라 용도도 제한적입니다. 기성회비가 계속 감소하게 되면 그에 상응해 연구비와 교재개발비 등 교수들에게 수혜 되는 경비도 줄어들게 됩니다. 4월 21자로 발행된 교수신문에 따르면, 교수들의 평균 연봉 인상률이 물가 인상률에도 채 못 미친다고 합니다. 입학정원 감축으로 인한 기성회비 감소와 그에 따른 교수들의 수혜 경비 삭감으로 인한 고통 분담은 매우 클 것으로 예상됩니다.

둘째, 입학정원을 먼저 많이 줄인 대학이 더 큰 손해를 보았다는 사실이 역사의 교훈입니다. 예를 들어 2005년도에 '구조개혁 선도대학 지원' 사업에서 ○○대학교는 375명의 입학정원을 감축하고 62억 1천만 원을 지원받았으나, ○○대학교는 82명을 감축하고도 64억 5천만 원을 지원받았습니다. 입학정원 감축과 재정지원이 큰 상관이 없다는 사례입니다. 본부는 입학정원 감축이 아닌 다른 부분에서 더 많은 점수를 받을 수 있도록 노력해야 할 것입니다.

셋째, 입학정원 감축이 가속화될 경우, 대학 존립의 기반이 흔들릴 수 있습니다. 우리 대학의 2014년도 입학정원이 383명입니다. 본부의 결정대로 2017년도까지 10%를 감축하게 되면 입학정원이 344명까지 줄어들게 됩니다. 이후에도 지속될 특성화 사업을 통해 구조조정 압박을 받게 되고 이에 따라 입학정원을 계속 줄여나가면, 우리 대학의 위상이 어떻게 되겠습니까? 과연 재정 자립과 독자 생존이 가능하겠습니까?

넷째, 입학정원 감축은 결국 교수정원 감축으로 이어지게 될 것입니다. 이는 상호 약탈적 성과 연봉제와 같은 논리입니다. 교육부는 보수 총액은 늘이지 않고, 제로섬(zerosum) 방식으로 상호 약탈적인 경쟁을 시키고 있습니다. 마찬가지로 입학정원을 먼저 감축시켜 놓고 정부 재정 여건 악화를 빌미로 교수정원 감축을 요구할 것으로 예상됩니다. 그때는 누가 어떻게 책임을 지겠습니까? 손대지 못할 것만 같았던 공무원 연금도 삭감하려 하고 있습니다.

이상과 같은 문제점과 부작용을 내포하고 있는 입학정원 감축을 눈앞의 작은 이익에 매몰되어 우리가 앞장서서 결정해야 하겠습니까? 총장을 비롯한 보직교수들은 자신의 임기 내에 무언가를 이루고자 하는 유혹이 강할 것으로 생각합니다. 보직 기간이 끝나면 그 자리에서 물러나야 합니다. 하지만 학교와 구성원들의 입장은 다릅니다. 잘못된 결정으로 자칫 학교와 구성원들이 더 큰 피해를 볼 수 있습니다. 따라서 입학정원 감축 문제는 충분한 논의를 거쳐 장기적인 관점에서 더 신중하게 대처해야 할 것입니다.

저는 지금까지 교수협의회장직을 수행하면서 학교의 여러 사안에 대해 반대를 위한 반대를 하지 않았습니다. 우리 대학 발전과 교수님들의 복지를 위해 나름대로 노력해 왔습니다. 이번 사안도 마찬가지입니다. 교수님들께서는 무엇이 진정으로 대학 발전에 도움이 되는지를 잘 판단하셔야 할 것입니다.

이번 특성화 지원사업은 입학정원 감축 건 외에도, 총장 공모제 규정과 시행세칙 개정이라는 또 다른 중요한 사안이 관련돼 있습니다. 직선제든 간선 공모제든 총장 선출 방식을 대학 구성원들이 직접 결정할 수 있어야 합니다. 설령 직선제에 문제가 있어 간선 공모제 방식을 도입하더라도 위원들 구성을 추천으로 할 것인지 추첨으로 할 것인지는 대학 구성원들이 결정해야 합니다. 이것이 헌법에 보장된 학문의 자유와 대학 자율성의 기본 정신입니다. 하지만 교육부는 대학의 결정과 관계없이 일방적으로 공모제를 강요하고, 그 방식도 로또 방식의 무작위 추첨만을 인정하고 있습니다. 초등학교 반장 선거도 이렇게 하지는 않습니다. 대표성을 인정받지 못하는 총장이 누구의 눈치를 보게 되겠습니까? 교육부를 비롯한 관료들의 낙하산식 인사를 어떻게 막을 수 있겠습니까? 교육부가 이런 식으로 대학을 통제하며 상아탑이자 지성인 집단인 대학을 무력화하고 있어 안타깝기 짝이 없습니다.

08 아베는 메르켈 총리의 충고에 따라야

며칠 전 일본을 방문한 독일의 메르켈 총리가 "과거를 똑바로 보라"며 일침을 가했다. 한 일간의 역사 갈등을 풀려면 위안부 문제를 해결하는 것이 중요하다고도 했다. 지극히 당연한 지적이다. 일본 정부는 이러한 발언에 대해 의문을 제기하며 어정쩡한 태도를 취하고 있다. 독일과 일본은 2차 세계대전의 주범이다. 하지만 독일과 일본의 역사적 책임에 대한 인식은 크게 달라 보인다.

메르켈은 독일이 범한 역사적 과오에 대해 "항구적인 책임을 진다"라고 했다. 유럽의 화해는 독일이 과거를 똑바로 마주 보았기 때문에 가능했다고 했다. "과거의 일을 완전히 매듭짓는다는 것은 불가능한 일이다. 항상 과거와 마주 보고 가지 않으면 안 된다"라고 충고했다. 이는 아베를 비롯한 우익들이 일본군 위안부 문제가 한·일 청구권 협상을 통해 법적으로 이미 종결되었다고 주장하는 것을 정면으로 비판하는 것이다.

일본도 1993년 고노 담화를 통해 위안부 강제 동원을 인정하고 사과한 적이 있다. 그리고 2차 대전 종전 50년이 되던 1995년 무라야마 담화를 통해 태평양전쟁 당시 주변국에 대한 식민 지배와 침략을 사과한 바 있다. 무라야마 담화는 일본의 식민 지배를 가장 적극적으로 사죄한 것으로 평가되고 있으나, 이후 잘 계승되지 않았다. 더구나 아베는 오히려 일본이 피해자인 것처럼 역사를 왜곡하여 주변 피해국들은 물론 세계를 자극하고 있다. 2012년 집권 이후 야스쿠니 신사를 전격 참배하고, 독일에 가서는 "일본은 독일식의 화해와 사과 방식을 따를 수 없다"라고도 했다. 미국 공립 고등학교 교과서에 실린 위안부 관련 내용을 보고는 "정말로 경악했다"라며, 수정 요구를 하겠다고 했다. 한, 일간의 독도와 중, 일간의 댜오위다오(釣魚島) 영유권 분쟁에 대한 태도도 마찬가지다.

아베가 전후 70년인 2015년 8월 15일 미래지향을 강조하는 담화를 발표할 것이라고 한다. 이에 대해 무라야마 전 총리는 "과거와 미래는 떼어 놓을 수 있는 것이 아니다. 과거의 반성에 입각해 (미래에 대한) 전망을 갖는 것이 중요하다"라고 했다고 한다. 일본을 방문한 반기문 유엔 사무총장도 16일 NHK와의 인터뷰에서 "일본 지도자가 보다 대국적인 미래지향 비전을 가짐으로써 역사 인식을 둘러싼 대립이 최대한 조기에 해소되기를 바란다"라고 말했다고 한다. 아베는 이러한 충고를 겸허하게 받아들여야 할 것이다.

한일월드컵이 한창이던 2002년 여름에 인류 최초의 원폭 투하 지인 히로시마를 방문한 적이 있다. 히로시마에는 원폭 피해의 참혹함을 경각시키기 위한 원폭 돔 잔해와 평화의 불꽃, 각종 위령비, 평화기념 자료관이 있다. 하지만 한국인 희생자 위령비는 안내도에 표시가 없어 찾기가 어렵다. 평화기념 자료관에는 원폭 피해로 사망하거나 부상당한 사람들의 처참한 사진, 녹아버린 기와와 유리, 폐허가 된 히로시마의 모형 등이 전시되어 있었다. 아이러니한 것은 이러한 참사의 근본 원인인 일본의 전쟁 책임은 뒤로 한 채, 마치 자신들이 피해자인 양 일본의 피해 상만 잔뜩 강조하고 있다는 사실이다. 이곳을 방문하는 일본인이나 다른 나라 사람들에게 자칫 잘못된 역사관을 심어줄 수 있겠다는 우려가 들었다. 생각 끝에 방명록에 불이병 강천하(不而兵 强天下: 무력으로 천하를 다스릴 수 없다) 인류평화(人類平和)라는 메시지를 남겨 두었다.

최근 아베가 취하는 일련의 행태를 보니 이러한 우려가 기우만은 아닌 것 같다. 오죽하면 아베를 역사 왜곡의 일인자, 메르켈을 속죄의 모범자라고까지 하겠는가? 총리의 인식이 이러한데 일본 국민들의 인식은 과연 어떠할지 궁금할 따름이다. 역사를 잊은 민족에게 미래는 없다는 말이 있다. 충언은 귀에는 거슬리나 행동에 이롭다고 한다. 아베는 독일 메르켈 총리의 충고를 받아들여 과거사를 진심으로 사죄하고, 일본군 위안부 문제를 조속히 해결하기를 바란다.

매일신문 칼럼, 2015.03.18.

09 성과급과 업적관리 평가에 대한 유감

이글은 현재 국립대학 교수들에게 지급되고 있는 성과급 체제가 어떻게 왜곡, 변질되었는지와 대구교육대학교의 성과급 지급의 근거인 교수업적관리 평가의 문제점을 지적하는 데 초점을 두었다.

성과급의 왜곡 · 변질

성과급과 업적관리 · 평가 문제가 학내의 뜨거운 감자로 대두되고 있다. 잘 알다시피 국립대학 교수들의 연구보조비는 사립대학과의 보수 격차를 줄이고 연구 활동을 지원하기 위한 목적으로 연 4회(2월, 5월, 8월, 10월) 직급에 따라 월정액으로 지급돼 왔다. 이런 성격의 연구보조비가 연구 활동을 장려하고 업적이 뛰어난 교수들에게 혜택을 준다는 명목하에 2005년부터 성과급으로 통합되어 차등 지급되고 있다. 1994년에 도입된 국립대학의 성과급도 사실상 낮은 연구보조비를 보전하여 현실화한다는 차원에서였다.

이처럼 기존의 월정액 연구보조비는 성격상 급여성 수당으로 국립대학 교수들의 생계 유지비와 직결되어 있다. 이를 폐지하고 성과급으로 통합한 그 자체가 원래의 목적에 배치될 뿐만 아니라, 사실상의 임금 삭감과 다를 바 없다. 게다가 교육부는 한 걸음 더 나아가 성과급 지급을 빌미로 대학 간의 무한경쟁을 유발하고 있다. 교육부의 이러한 행태는 대학 길들이기의 한 방편으로 보인다. 이런 식으로 교육부의 밀어붙이기 정책을 하나씩 따라가다가는 결국 어떤 일이 벌어질지 심각히 고민해 보아야 할 것이다.

지난해 우리 대학은 성과급 차등 지원 실적경진대회(?)에서 C등급을 받았다고 한다. 학교 측에서는 올해는 더 나은 등급을 받기 위해서 총력을 다하고 있는 모양이다. 그 대표적인 시도가 직급 허물기 즉, 업적평가 등급에 따라 직급별 구분 없이 차등 지급하는 것으로 나타났다. 직급 허물기의 긍정적 측면을 완전히 부정하는 것은 아니다. 하지만 당초 급여 보전성 수당으로 직급별로 배정된 것을 무시하고 직급을 허물어서 지급한다는 것은 이치에 맞지 않다. 이는 단순히 금액상의 문제가 아니라 자신에게 주어진 기본 수혜권을 포기해야 하는 교수들의 자존심 문제이다. 지난해 직급 구분을 폐지해서 A 등급을 받았다는 G 교대의 경우도 실상을 보면 우리의 직급 구분 없애기와 경우가 다르다.

반발을 예상해서인지 학칙상 반드시 교수회의 심의를 거쳐야 할 업적관리·평가와 관련된 규정(2006. 6. 23)과 지침(2006. 6. 23; 2006. 11. 6) 개정안을 변칙적으로 통과시켰다. 업적관리·평가를 주된 기능으로 하는 업적관리·평가위원회는 우리 대학에서 해마다 배부하는 각종 위원회(29개 위원회) 명단에는 빠져 있다. 해당 규정에는 이 '위원회는 교무처장, 학생처장, 기획처장, 연구지원단장, 각 학과장으로 구성하며 위원장은 기획처장으로 한다'고 되어 있다. 우리 대학에는 각 학과의 학과장이 당연직 위원으로 되어 있는 몇 개의 위원회가 있다. 교무운영위원회, 교육과정위원회, 학생상벌위원회가 바로 그것이다. 이처럼 중요한 역할을 수행하는 위원회에서 학과장이 당연직 위원이 된다고 함은 개인으로서의 자격이 아니라, 학과 의사를 대표하는 대의직으로서의 권한을 행사하기 때문이다. 따라서 관련 위원회에서 중요한 의사결정이나 심의 사항이 있으면 사전에 반드시 학과의 의견을 수렴하여 이를 반영해야 한다. 표결안의 경우 더욱 그러하다. 그러나 이번의 경우 어떠했는가? 관련 부서의 모호한 태도로 지침의 개정안에 대해 일부 학과장들이 학과의 의견을 제대로 수렴하지 않고 회의에 참석한 것으로 알려져 있다. 회의에서 여러 가지 의견이 제시되자 어떤 학과는 회의의 성격을 몰라서 학과의 의견을 수렴하지 않았고, 어떤 학과는 학과의 의견과 학과장의 의견이 달랐고, 어떤 학과는 학과장을 대리하여 참석해서 표결하기가 곤란하다고 발언한 경우도 있었다고 한다. 결국 개인의 자격으로 투표권을 행사하도록 했다고 한다. 대의를 반영해야 할 위원회의 안건에 대해 개인의 자격으로 표결하도록 했다니, 도대체 이를 어떻게 받아들여야 한다는 말인가? 또한 학과의 대의를 반영해야 할 사안의 투표는 무기명 비밀투표로 행해져서는 안 된다. 무기명 투표로는 학과의 의견이 제대로 반영되었는지를 확인할 수 없기 때문이다. 그럼에도 이번 사안은 무기명 투표로 이루어졌다. 그것도 찬성(직급 허물기)과 반대(직급 반영)가 8:8로 동수가 되자 위원장이 찬성 쪽으로 손을 들어 개정안을 통과시켰다고 한다. 8:8 표결 속에 위원장의 표가 이미 반영되었음에도 다시 위원장이 결정권을 갖는 것은 이중 투표에 해당된다. 위원장은 과연 두 표를 행사해도 되는 것인지? 이에 대해 학교 측에서는 해당 규정에 그렇게 되어 있다고 강변할는지 모른다. 하지만 이를 명시한 규정 자체가 잘못된 것이다.

학칙 제53조(교수회의 기능) 제2항에는 '교수 및 연구에 관한 사항은 교수회의 심의'를 거치도록 명시되어 있다. 이번 지침 개정 역시 승진과 재임용은 물론 정년 보장 심사의 기초 자료가 되는 '교수와 연구에 관련된 중요한 사안'으로 교수회의 심의를 거쳐야 하나 이 역시 이루어지지 않았다. 이상과 같은 일련의 전개 과정을 보면 이번 사안에 대한 학교 측의 의도를 짐작할 수 있다. 게다가 업적관리 · 평가 지침의 경우 금년도 업적평가 기준일이 2006년 10월 31일까지임에도 불구하고, 11월 6일에 비정상적으로 개정을 하고는 이에 맞추어 업적평가표를 제출하도록 하였다. 지침 개정일과 업적평가 기준일이 뒤바뀌어 소급적용되는 어처구니없는 일이 벌어지고 만 것이다. 따라서 이번 업적평가는 원천적으로 무효가 될 수 있는 사안이다.

개정된 지침은 부칙에 '본 지침은 2006년 11월 6일부터 시행한다'라고 분명히 명시되어 있다. 따라서 금년도 업적평가는 당연히 개정 전의 지침에 따르고 내년부터 새 지침에 따르도록 해야 한다. 업적평가의 속성상 적어도 1년 전에 개정된 지침을 공개하고 이에 따라 평가 준비를 하도록 해야 하기 때문이다. 게다가 개정된 지침의 내용이 많이 달라졌기 때문에, 이를 소급 적용하게 되면 이전 지침에 따라 업적평가를 준비한 교수들의 경우 낭패를 볼 수밖에 없다. 원칙에도 어긋날 뿐만 아니라, 일관성과 지속성도 없고 마땅히 거쳐야 할 교수회의 심의도 없이 사정에 따라 편의적으로 개정하는 관행이 계속되면 그 피해는 고스란히 이해 당사자인 교수들이 볼 수밖에 없다. 대학의 행정이 이러해서야 되겠는가?

또한 성과급에서 직급을 폐지하는 등 우리 대학이 나름대로 노력한다고 해서 대학평가에서 반드시 좋은 결과가 있다는 보장도 없다. 지난해 A 등급을 받은 대학들의 사례가 이미 드러난 상황이다. 설사 올해에 좋은 결과를 얻는다 하더라도 내년 이후에도 계속 같은 결과를 얻는다는 보장도 없다. 자칫하면 구성원들 간의 갈등과 위화감만 가중시키는 역효과를 야기할 수도 있다. 학내 분위기도 겉으로는 잠시 잠잠해진 것 같지만, 속으로는 불만의 소리가 커지고 있다. 교육부의 눈치를 좇아 해마다 규정과 지침을 개정해 가며 이런저런 궁리를 하는 것이 과연 바람직한지에 대해 신중히 검토해 보아야 할 것이다. 교육부의 평가 등급 차등화 여부에 관계없이 이미 나름대로 길을 고수하고자 하는 교대들도 있는 것으로 알고 있다.

교수업적관리 · 평가의 문제점

성과급의 왜곡, 변질 과정은 그렇다 치고, 우리 대학 성과급 지급의 근거가 되는 교수업적관리 · 평가 지침 중에서 문제가 되는 몇 가지 사례를 지적하면 다음과 같다.

먼저 영역별 배점이 기존의 교육 분야 50점, 연구 분야 35점, 봉사 분야 15점에서 교육 40점, 연구 40점, 봉사 20점으로 변경되었다(참고로 J 교대는 교육 50점, 연구 30점, 봉사 20점으로 배정되어 있다). 교육 분야가 10점 줄어들고 연구와 봉사 분야가 각각 5점씩 늘어났다. 보는 사람에 따라 견해가 다를 수도 있겠지만 필자에게는 개선이라기보다 개악으로 보인다. 영역별 배점 변경은 그 사유가 분명해야 하고 또 구성원들의 합의가 있어야 한다. 우리 대학이 연구 중심 대학인지, 교육 중심 대학인지에 대한 논의는 충분히 되었는가? 하기야 학교 측에서는 점수 차이가 상대적으로 적게 나는 교육 영역의 배점을 줄이고 연구와 봉사 영역의 배점을 강화하는 것이 교수들 간의 차별화와 등급 짓기에 용이한 선택이었을 지도 모르겠다.

교육 영역 중에는 강의평가가 10점 배당되어 있다. 강의평가의 목적은 강의의 질을 개선하는 데 있다. 따라서 평가 결과는 강의 개선을 위한 피드백 자료로 활용되어야 한다. 현재의 강의 평가용 설문지는 전공 영역과 강좌별로 특성화되어 있지도 않다. 또한 평가에 임하는 학생들의 자세도 강의평가의 본질과는 거리가 멀다고 할 수 있다. 수강 행태도 성적을 잘 주거나 과제가 적고 쉽게 이수할 수 있는 강좌를 선호하고 있다. 제대로 된 강의를 위해 최선을 다하거나 수업 분위기를 해치는 학생을 나무란 적이 있는 경우, 학기 종료 후 받게 되는 강의평가를 통해 실망한 적이 한두 번이 아니라는 교수들의 탄식이 많다. 이처럼 평가 도구 자체가 그다지 타당하고 신뢰롭지 않을 뿐만 아니라, 학생들의 평가 행태 등 다른 문제점들도 내포하고 있다. 이러한 결과를 강의의 질 개선이라는 본래의 목적과는 달리 승진과 재임용은 물론 정년 보장 심사와 교내 학술 연구비 지급, 연구교수 선정과 성과급 지급의 기초가 되는 업적평가에 포함하는 것은 바람직하지 않다.

우리 대학은 해마다 재적 교수의 10% 정도가 연구교수로 지정되고 있다. 연구에 전념하는 대신 강의와 학생 지도를 면제받는 것이 연구교수인데 현재의 평가 기준대로라면 전 학기 연구교수는 교육 영역의 40점 배점 중 0점을 받을 수밖에 없다. 이는 20점이 배정된 봉사 영역의 경우도 마찬가지이다. 그나마 후 학기 연구교수의 경우 귀국 연도 평가 시 전년도 전 학기 실적을 준용한다는 정도가 고작이다. 이렇게 되면 또다시 전, 후 학기 연구교수 간의 형평성 문제가 제기될 수 있다. 업적평가 결과가 단순히 성과급 지급의 기초자료로만 활용되는 것이 아니라, 다른 중요한 지표로도 활용된다는 점에서 이는 분명 시정되어야 한다. 참고로 J 교대의 경우 '연수 및 공무로 국내, 외의 타 기관에 파견된 경우 주당 책임시수를 강의한 것'으로 규정에 명시하여 불이익을 받지 않도록 배려하고 있다(이 대학의 경우 교육 영역을 50점 만점으로 배정하여 책임시수를 강의하면 50점을 받도록 하고 있다).

연구 분야의 경우 배점이 이전보다 5점 늘어나 교육 영역과 같이 40점 만점으로 되어 있다. 최저(50% 미만, 18점)와 최고(500% 이상 40점)의 점수 간격은 무려 22점이나 된다. 최저와 최고 간의 등급도 2점 간격으로 12등급이나 된다. J 교대의 경우 최저 18점에서 최고 30점까지 12점 차에 4등급으로 구분되어 있다. 물론 다른 실적 내용도 포함이 되지만 연구논문을 기준으로 볼 때, 심사 과정이 없는 기타 논문이 50%, 학술진흥재단 등재(후보)지급 이상이 100%인 것을 감안하면 연구 분야에서 최고 점수를 받기 위해서는 연간 기타 논문 10편, 학술진흥재단 등재(후보)지급 이상 5편을 제출해야 한다. 학술진흥재단 등재(후보)지급 이상 연구 실적을 2편 이상 제출해야 겨우 40점 만점에 28점을 얻을 수 있다. 설사 연구 중심대학이라 하더라도 이것이 과연 합당한 기준인지 의심스럽다. 우리 대학에서 교수 1인당 지급하는 연구비 수준이 실제로 어느 정도인지 묻지 않을 수 없다. 지원은 제대로 하지 않으면서 성과는 최대한을 요구하고 있다니 이율배반이 아니고 무엇이겠는가? 연구 영역이 우리 대학 교수들의 업적평가 점수를 낮게 하는 주요인이다. 또한 연구논문 이외의 실적의 경우 인정 대상과 인정율이 전공 영역별로 객관성과 형평성이 부족해 자칫 구성원들 간의 갈등의 소지가 될 수 있다.

봉사 영역의 평가 항목과 평가 방법도 무보수, 자발성, 공익성, 지속성으로 대변되는 봉사의 기본 속성에 비추어 보면 적합하지 않은 것으로 보인다. 그야말로 평가를 위한 평가라는 생각이 든다. 이 영역의 평가 항목과 방법에 제시된 사례처럼 봉사의 의미를 느슨하게 적용하게 되면, 교직 그 자체가 전문 봉사직이라 할 수 있다. 개정된 지침을 보면 봉사 영역을 교내, 교외, 기타 봉사로 구분하여 평가 항목을 백화점식으로 나열해 두고 있다. 개인별 해당 사항에 따라 최저 0점에서 최고 20점이 가능하도록 배정되어 있다. 같은 봉사직에 종사하면서 형편에 따라 0점과 20점을 받게 하는 것은 합당치 않은 것으로 판단된다. 사회 통념에 따라 교직을 전문 봉사직으로 인정한다면, 모든 교수에게 일정 수준의 기본 점수를 배정하는 것이 바람직하다. 그리고 해당 사항별로 사례를 통합하여 배점 간격을 줄이면 (이는 연구 영역의 경우에도 적용할 수 있다)

나름대로 차등화가 가능하여 업적평가와 성과급 지급을 위한 기초자료로서의 취지를 충분히 살릴 수 있다.

이상에서 지적한 것 외에도 우리 대학의 업적평가 기준은 지나치게 까다롭고 세분화되어 평가 결과가 다른 대학에 비해 상대적으로 낮다. 실상을 모른 채 평가 결과만을 단순 비교하면 우리 대학 교수들이 타 교대에 비해 무능한 것으로 인식될 가능성도 있다. 실제로 평가 결과 평균이 70점, 80점대에 있는 직급도 있다. 점수도 10점대에서 90점대까지 넓게 분포되어 있다. 도대체 이를 어떻게 해석해야 할 것인가? 다른 대학들의 경우 전체 평균이 90점이 넘는 경우가 많다고 한다. 이는 그 대학 교수들의 업적이 우리 대학 교수들보다 월등히 나아서가 아니라, 평가 항목과 기준을 적합하게 잘 마련하였기 때문이다. 실례로 각 영역 내 최저와 최고 간의 등급을 줄이고 영역별 만점에다 + α제를 적용하여 교육과 연구, 봉사 영역 중 자신의 강점 영역에서 부가 점수를 받을 수 있도록 하고 있다.

반면 우리 대학의 업적평가는 가히 만능 교수를 요구하고 있다. 따라서 해마다 업적평가 제출 때가 되면 자괴감을 느끼는 교수들이 많다고 한다. 평가 항목과 기준을 지나치게 세분화하여 스스로 옥죄이게 하는 것은 바람직하지 않다. 매년 나름대로 최선을 다해 교육과 연구, 봉사활동에 헌신하는 우리 대학 교수들의 자존심을 상하게 하지 않고 업적을 평가할 수 있는 방안을 마련해야 할 것이다.

이번 사안과 관련된 학교 측의 시각은 우리는 혁신을 위해 열심히 노력하는데 한쪽에서는 이를 방해하거나 딴죽을 거는 것으로 보는 것 같다. 여기에는 교육부에서 추진하는 시책은 무조건 인정하고 따라야 한다는 시각이 전제된 듯하다. 터널 비전처럼 한쪽으로만 빠져들어 앞만 보고 달려가다가 전혀 예상치 못한 곳에 도착한 뒤 후회한들 이미 때는 늦은 법이다. 소 잃고 외양간 고치는 방식이 거듭 반복되어서는 안 된다. 성과급을 비롯하여 교육부의 시책이 옳다면 왜 다수의 교수가 적극 찬성하지 않고 반대하겠는가. 교육부의 시책이 옳다면 강의실에서 열심히 공부하고 있어야 할 학생들이 왜 동맹휴업을 결의하고 거리로 나서겠는가. 잘못된 것에 대해서는 분명 잘못되었다고 말해야 하지 않겠는가. 상아탑이자 양심의 보루인 대학에서조차 이를 외면해서야 되겠는가. 성과급과 교원 평가제에 대처하는 초·중등 교원들의 노력이 새삼 새롭게 다가오는 것은 왜일까.

대구교육대학교 교수협의회보 06-2호, 2006. 12.21

10 창의적 체험활동의 기본 이수 과목 표시 요청

2009 개정 교육과정에서 기존의 특별활동과 재량활동을 통합해 창의적 체험활동이 신설됐습니다. 현재 시행되고 있는 2015 개정 교육과정에서도 창의적 체험활동은 교과와 함께 교육과정의 양대 축으로 편제돼 있습니다. 그러나 교원자격검증령 시행규칙에 따른 유치원 및 초등, 중등, 특수학교 등의 교사자격 취득을 위한 세부 기준(별표 3)에 의하면, 초등교사의 기본 이수 과목에 교과(초등윤리, 초등국어, 초등수학, 초등사회, 초등과학, 초등체육, 초등음악, 초등미술, 초등실과, 초등영어, 초등컴퓨터, 통합교과)와 초등 안전교육은 포함돼 있으나, 창의적 체험활동은 완전히 배제돼 있습니다. 이는 분명 교육과정 편제의 근본 취지와 시대정신에 위배됩니다.

참고로 2015 개정 교육과정의 초등학교 시간 배당 기준에 따르면, 창의적 체험활동은 1~2학년군에 336시간(총 1,744시간의 약 19.3%), 3~4학년군에 204시간(총 1,972 시간의 약 10%), 5~6학년군에 204시간(총 2,176시간의 약 9.4%) 배정되어 있습니다. 따라서 창의적 체험활동에 배정된 시간은 초등학교에 배정된 총 5,892시간 중 744시간으로 합계 시간량의 약 12.7%를 차지하고 있습니다. 창의적 체험활동은 초등교원 임용고시 출제 과목이기도 합니다. 따라서 예비교사들이 장차 초등학교 현장에서 창의적 체험활동을 효율적으로 지도하기 위해서는 초등교사 양성 교육과정에 창의적 체험활동이 반드시 포함돼야 할 것입니다.

하지만 창의적 체험활동이 초등교사의 기본 이수 과목에 표시되지 않아, 초등교사 양성 기관 교육과정에 창의적 체험활동을 안정되게 편성할 수 있는 제도적 장치가 전혀 마련돼 있지 않습니다. 현재 대구교육대학교는 창의적 체험활동 교육론 강좌를 초등교사 양성 교육과정에 필수과목으로 편성해 운영하고 있습니다. 그러나 창의적 체험활동이 초등교사의 기본 이수 과목에 표시되지 않아 교육과정 개편 논의가 있을 때마다 교과 이기주의가 팽배해 창의적 체험활동 강좌가 존립의 위기에 처해 있습니다. 다른 교대의 상황은 더욱 열악합니다.

이에 초등교사 양성 교육과정에서 창의적 체험활동의 위상을 확보하고 안정적인 운영을 위해 교원자격검증령 시행규칙에 따른 교사자격 취득을 위한 세부기준 별표 3의 초등교사 기본 이수 과목에 창의적 체험활동을 반드시 포함시켜 줄 것을 강력히 요청합니다.

2018년 5월 31일

첨부 자료:

1. 유치원 및 초등, 중등, 특수학교 등의 교사자격 취득을 위한 세부 기준(별표3)
2. 초등학교 편제와 시간 배당 기준(2015 개정 교육과정)

11 대학교수 해외방문연구 지원 사업 선정 관련

한국학술진흥재단 대학교수 해외방문연구 지원 사업 예비 선정 발표와 최종 선정을 앞둔 시점에 발생한 문제와 관련하여 알려드립니다.

2005년 10월 28일 교무처에서 보내온 "한국학술진흥재단의 대학교수 해외방문연구 지원 사업 안내" 메일을 받고, 담당자인 김○○ 선생에게 우리 대학 연구교수의 경우도 이번 사업 공모에 지원이 가능한지 문의했습니다. 11월 14일 담당자로부터 지원이 가능하다는 메일을 받고, 준비했던 계획서와 관련 자료를 바탕으로 이 사업에 지원했습니다. 지원자 개인별로 온라인 신청을 한 다음, 대학의 연구 담당 부서에 신고하면 담당 부서는 이 사업에 지원한 다른 분들과 함께 학술진흥재단에 기관 승인을 받게 돼있습니다. 이에 담당자에게 메일로 지원 사실을 알리고, 11월 23일 담당자로부터 학술진흥재단에 기관 확인을 했다는 메일을 받았습니다.

2006년 1월 16일 대학교수 해외방문연구 지원 사업 예비 선정 과제가 발표됐습니다. 다행히 제가 신청한 "한국과 캐나다 초등교사와 학생들의 ICT 활용교육 실태 분석 연구"가 예비 선정이 됐습니다. 관례상 예비 선정 후 일주일 정도 표절과 중복 지원에 대한 공지를 한 다음 최종 선정 과제를 발표하기 때문에, 최종 결과가 발표되면 총장님과 담당 부서에 알릴 생각을 하고 있었습니다. 1월 23일 담당자인 김 선생이 저의 예비 선정 사실을 알고 있다며, 연구교수 기간 연기 신청을 해야 한다는 메일을 보내와 기간 연기 신청서를 메일로 보냈습니다. 통상적으로 예비 선정 과제가 탈락한 사례가 거의 없기 때문에, 저는 비자 연기와 초청대학인 UBC와의 방문교수 기간 연장, 자동차와 새로운 숙소

계약, 아이들 학교 연장, 대구의 집 문제 등 이곳에서 필요한 조치를 미리 하고 있었습니다. 또한, 아내가 중등학교 교사인 관계로 김 선생에게 배우자 동반 휴직을 신청하는 데 필요한 서류 발급을 요청했습니다.

최종 발표를 바로 앞둔 1월 25일 학술진흥재단 담당자로부터 저의 과제가 중복 지원에 해당하는 것 같다는 예상치 못한 국제전화를 받고 깜짝 놀랐습니다. 알고 보니 김 선생이 학술진흥재단 담당자와 통화하는 과정에서 연구교수 기간과 관련된 오해가 생겼던 것 같습니다. 학술진흥재단 담당자는 우리 대학의 연구교수 기간이 종료된 후 학술진흥재단의 연구교수가 시작되는 것을 우리 대학 연구교수 기간 중 학술진흥재단의 연구교수로 선정돼 기간이 중복되는 것으로 잘못 이해한 것 같았습니다. 우리 대학에서 필요한 모든 절차와 과정을 거쳐 정당하게 지원했고 학술진흥재단의 엄격한 심사 과정을 거쳐 예비 선정된 것이 아니냐고 항변했더니, 대학에서 문제가 없으면 괜찮다며 다시 확인해 보라고 했습니다.

우리 대학 연구교수 규정에는 "국내 학술기관의 공개 전형에서 선발된 경우에는 총장의 승인을 받아 우선해서 연구교수가 될 수 있다"(연구교수 규정 제9조)라고 명시돼 있습니다. 학술진흥재단 담당자와 통화 후 바로 김 선생에게 전화했더니, 오해가 발생하게 되어 죄송하다며 문제가 없도록 최선을 다하겠다고 말했습니다. 저로서는 당초 학술진흥재단 연구기간을 1년 과제로 신청하려다가 강사 채용 등 학교의 행정업무를 생각해서 6개월로 변경해서 신청했습니다.

최종 발표가 임박한 시점에서 이런 어처구니없는 일이 발생하게 돼 매우 당혹스럽습니다. 예비 선정된 과제들을 보시면 아시겠지만, 전국 교육대학교 교수 중에는 제가 유일하게 선정됐습니다. 저의 학술진흥재단 대학교수 해외방문연구 지원 사업 선정이 학교와 개인의 명예는 물론 장차 있을 대학평가에도 긍정적으로 작용할 수 있을 것으로 생각됩니다. 학교 차원에서 이러한 과제에 지원하고 선정되기를 적극 권장해야 마땅할 터인데, 엄격한 심사를 거쳐 예비 선정된 과제가 최종 발표를 앞두고 연구기간과 관련된 단순한 오해로 문제가 생겨서는 결코 안 될 것입니다.

이상과 같은 정황을 잘 살펴서, 한국학술진흥재단 대학교수 해외방문연구 지원 사업 예비 선정 관련 사안이 원만하게 잘 해결될 수 있도록 적의 조치해 주시길 바랍니다.

12 15대 총장 선거 출마 소견

존경하는 교내외 추천위원 여러분,

21세기가 시작된 지 벌써 15년이 지났습니다. 하지만 대구교대는 변화를 요구하는 시대정신에 제대로 대처하지 못하고 있습니다. 오늘은 대구교대가 과거에 머물 것인가, 밝은 미래로 나아갈 것인가를 선택하는 중요한 날입니다. 이 자리에 평소 존경하는 분들이 많이 계신 것을 보니, 추천위원 여러분들께서 대구교대 역사에 새로운 장을 활짝 열어주실 것으로 확신합니다.

저는 오늘 이 자리에 서기까지 "제가 과연 대구교대 총장 선거에 출마해야 하는가?" 하는 고민을 많이 했습니다. 하지만 숙고 끝에 지금의 모습으로는 도저히 안 되겠다는 판단을 내리게 되었습니다. 저는 단지 총장이 되고 싶다는 개인적 욕심에서가 아니라, 대구교대의 발전적 변화와 밝은 미래를 개척하기 위해서 출마를 결심했습니다.

지금 대구교대는 교수와 직원, 학생들 간에 갈등의 골이 깊습니다. 이 때문에 구성원 모두가 각자 가지고 있는 역량을 제대로 발휘하지 못하고 있습니다. 초등 교사교육과 시대 변화를 선도하기는커녕 오히려 다른 대학에 비해 많이 뒤처져 있는 것이 사실입니다.

이제 대구교대는 변해야 합니다. 그 변화는 결코 힘들고 어려운 것이 아닙니다. 우리 대학과 지역사회 발전을 위해 역량을 한데 모아야겠다는 마음을 가지면 쉽게 변화될 수 있습니다. 우리 대학 구성원들 모두의 마음가짐부터 변해야 합니다. 그 변화를 제가 솔선수범하며 앞장서 나가겠습니다.

21세기에는 새로운 리더십이 필요합니다. 저는 다음과 같은 근본적 믿음이 있습니다.

첫째, 대학의 수장인 총장의 주된 임무는 교수와 직원, 학생 모두가 대구교대라는 한 울타리 속에서 하나의 가족으로 잘 기능할 수 있도록 든든하게 보살피고 지키는 것입니다. 그래서 저는 무신불립(無信不立)을 교훈으로 신뢰와 희생을 바탕으로 구성원들을 존중하고 섬길 줄 아는 CSO(Chief Servant Officer: 최고 섬김이) 리더십으로 대학 발전을 위한 비전을 이루고자 합니다.

구성원 모두가 자신이 해야 할 일을 열심히 할 수 있도록 하는 것이 대구교대를 제대로 작동하게 하는 것입니다. 미래를 어떻게 만들지는 우리 손에 달려있습니다. 소수가 아닌 모든 구성원이 만족하는 학교를 만들어야 합니다. 지금 우리 대학의 난맥상 상당 부분이 타협과 양보 없는 일방통행과 소통의 부재 때문이라고 생각합니다.

저는 지난 2년간 교수협의회장 직을 맡아 수년 동안 무기력해진 교수협의회에 많은 변화와 발전을 이루어냈습니다. 성과연봉제에 대한 대응은 물론, 중단되었던 회보와 활동보고서 발간을 비롯하여 교내외 각종 현안에 적극적으로 대처했습니다. 모든 정보를 있는 그대로 공개하여 공유를 통한 소통의 장을 마련했습니다. 현재 10개 교대 중에서 현재 가장 잘 기능하는 교수협의회로 만들었습니다. 이러한 경험을 바탕으로 학교의 변화를 선도해 나가겠습니다. 총장이 되면 교수협의회장 때 보다 더 많은 희생과 봉사의 자세로 맡은 바 직무를 충실히 수행하겠습니다.

둘째, 모든 구성원이 공평하고 공정한 역할을 하고 동일한 규칙을 적용받도록 하겠습니다. 학교를 위해 이바지한 분들에게는 그에 따른 보상을 하겠습니다. 대구교대는 모교 출신 교수들이나 이 지역사회 출신 교수들의 학교도 직원들과 학생들만의 학교도 아닙니다. 우리 대학의 구성원들 모두가 다 소중합니다. 서로 다른 배경을 가진 구성원들도 대구교대라는 용광로 속에서 우리 모두 하나가 되어야 합니다.

셋째, 이제 우리 대학도 학연과 지연 그리고 인맥을 중심으로 한 대학 운영에서 신뢰를 바탕으로 하는 안정된 시스템 중심 대학 운영 체제로 탈바꿈해야 합니다. 신뢰 없이는 대학도 제대로 기능할 수 없습니다. 이번 선거를 통해 말 잘하는 사람이 아닌 일 잘하는 사람, 약속을 어기는 사람이 아닌 공약을 잘 지키는 도덕성과 실천력을 갖춘 사람이 총장으로 선출돼야 합니다.

교수회의를 독선적으로 진행해 교수협의회로부터 탄핵의 대상이 됐고, 더구나 교수회 의결 기구화가 위법, 불법이라고 주장하는 사람이 총장으로 선출되어서 되겠습니까? 이전 총장 선거에 출마해 다시는 출마하지 않겠다고 공언해 놓고, 약속을 무시하고 또다시 출마하는 사람이 총장이 되어서 되겠습니까?

교육대학교는 유능한 초등교사 양성을 목적으로 하는 특수 목적대학입니다. 교육대학의 총장은 무엇보다 도덕성을 갖춘 사람이어야 합니다. 제가 총장으로 선출되면 임기 동안 대구교대를 위해 최선이라고 믿는 것들을 차근차근 실천하겠습니다. 대구교대를 더 강하게 만들기 위해 함께 힘을 모으는 방법을 찾겠습니다. 대구교대 구성원들은 강합니다. 가족들처럼 강한 유대감으로 위기를 극복하겠습니다.

대학이 마주한 위기와 난제들을 가장 잘 해결해 나갈 후보가 과연 누구이겠습니까? 저는 이러한 역할을 수행함에 있어서 이 자리에 계신 다른 후보님들보다 더 잘할 수 있다는 확고한 신념을 가지고 있습니다. 더불어 다른 후보님들의 공약 중에서 학교 발전에 도움이 되는 공약도 적극 수용하겠습니다. 화려한 말보다 더욱더 중요한 것은 실천입니다. 저의 구체적인 선거 공약은 첨부된 대학발전계획서를 참고해 주시기를 바랍니다.

간디는 철학 없는 정치, 도덕 없는 경제, 인격 없는 교육, 인간성 없는 과학, 윤리 없는 쾌락, 헌신 없는 종교를 대표적인 악덕으로 지적한 바 있습니다. 저는 철학과 도덕, 인격, 인간성, 윤리 그리고 헌신을 바탕으로 한 교육 공동체를 지향하고자 합니다.

저는 대구교대의 더 나은 미래를 위해 최선의 노력을 다할 것입니다. 중용에 이르기를 "작은 일에도 최선을 다하면 다른 사람들을 감동시켜 능히 세상을 변하게 할 수 있다."라고 했습니다. 대구교대의 새로운 역사의 장을 개척할 수 있도록, 교내외 추천위원님들께서 현명한 선택을 해주실 것으로 믿어 의심치 않습니다.

이제 교내외 추천위원님께서 대구교대의 미래를 열어갈 새로운 총장을 선택할 시간입니다. 추천위원님들께서는 그동안 대구교대에서 누가 어떤 삶을 살아왔는지, 누가 새로운 총장에 적합한 인물인지를 잘 판단하셔서 후보를 선택해 주시기를 바랍니다. 대구교대의 발전적 변화를 위한 저의 여정에 적극 동참해 주실 것을 간곡히 부탁드립니다.

중장기 비전과 목표[1)]

대구교대 미래 진단
학령기 **학생 수 급감** 학생 수 감소로 인한 **재정 수입 악화** 최첨단 테크놀로지를 활용한 **스마트 교육환경 요구** 창의성과 인성을 겸비한 미래지향 **글로벌 인재 양성 요구** 시대정신과 사회적 요구를 반영한 **초등교사의 역할 변화 요구**

DNUE 2020 비전과 5대 경영목표

1) 대학발전계획서(24쪽으로 구성) 중에서

발전 전략 및 실행 계획

최고의 학문과
최고의 교사 양성
모두가 주인이 되어
대학 발전 추진
발전 전략 및
실행 계획
우수 연구결과 산출을
위한 인프라 구축
창의성과 인성을 겸비한
미래형 인재 양성
구성원의 참여와
시스템 중심 행정

13 15대 총장 선거 백서, 반드시 발간돼야

우리 대학 15대 총장 선거가 2015년 8월 27일 실시됐다. 그러나 선거가 끝난 지 2년이 지난 현재까지 총장 선거 백서가 발간되지 않고 있다. 당연히 발간되어야 할 백서가 지금까지 발간되지 않는 이유가 무엇인지 매우 궁금하다. 12대 총장 선거 때부터 선거 관련 자료를 정리해 백서를 계속 발간해 왔기 때문이다.

백서(白書: white paper)는 통상적으로 특정 현상을 사실대로 분석해 그 내용을 알리고 미래를 전망하기 위해 만든 보고서를 말한다. 총장 선거 백서는 선거의 전 과정을 상세하게 기록해 객관적 사실과 증거를 제시하고, 이를 통해 문제점을 발견하고 개선책을 마련해 교훈으로 삼고자 하는 데 목적이 있다.

참고로 우리 대학 12대 총장 선거는 2006년 1월 24일 실시됐다. 당시 대학 본부가 선거 백서 출간을 약속했으나 지키지 않고 해를 넘기게 됐다. 이에 총장 임용추천위원회가 "역사에 대한 기록을 남기는 것이 현재를 살아가는 우리의 사명"이라 결의하고 2007년 1월 23일 위원들 자비로 314쪽 분량의 백서를 출간했다. 백서는 선거 준비와 선거 관리, 선거 투·개표 및 결과 그리고 선거 비용과 총장임용추천위원회의 업무 마무리 등으로 구성됐다.

12대 강○○ 총장은 임기 중 불거진 "논문대필과 대필자 교수 임용" 사태를 거치며 의원면직 돼, 2007년 9월 13일 13대 총장 선거가 실시됐다. 13대 총장 선거 백서는 본부의 예산 지원을 받아 2008년 2월 29일 516쪽 분량으로 발간됐다. 백서는 회의 및 회의록, 대구교육대학교 연구물 검증위원회, 남구 선거관리위원회, 총장임용후보자 선출 관련 법규, 선거 후보자 공개토론회 및 후보자 합동연설회, 개표 결과 및 부록 순으로 구성됐다. 발간사에는 "우리 대학 총장 선출 과정을 가능한 한 있었던 그대로 백서에 담으려 선거 과정에서 없었던 사실을 보태지도 않고 있었던 일을 빼내려고도 하지 않았다"라고 기록돼 있다.

14대 총장 선거는 2011년 9월 7일 실시됐다. 14대 총장 선거 백서는 13대 때와 마찬가지로 본부의 예산 지원을 받아 선거 후 약 3개월 만인 2011년 12월 6일 368쪽 분량으로 발간됐다. 백서는 회의록 및 공문, 연구물 검증위원회, 남구 선거관리위원회, 총장임용후보자 선출 관련 법규 및 후보자 등록 서류, 선거 후보자 공개토론회 및 후보자 합동연설회, 투・개표 결과 및 부록 순으로 구성됐다. 발간사 첫 문장에는 "선거는 민주주의의 꽃이며 축제의 한마당"이라 언급돼 있다.

2015년 8월 27일 실시된 15대 총장 선거는 우리 대학 역사상 처음으로 간선 공모제 방식으로 치러진 선거였다. 구성원들이 직접 참여해 총장을 선출하는 총장 직선제는 대학 민주화의 상징이라 해도 과언이 아니다. 교육부의 강요에 의해 채택된 간선 공모제 방식의 총장 선거는 대학의 민주화 정신에 역행하는 정책이다. 대학의 재정지원을 빌미로 한 교육부의 부당한 압력으로 대부분 국공립대학이 어쩔 수 없이 이를 수용했기 때문이다. 따라서 최초로 실시된 간선 공모제 방식의 선거 과정에서 나타난 문제점과 시행착오를 밝혀 역사의 교훈으로 삼아야 한다. 하지만 2015년 대학회계 세출예산서에 "총장 선거 관련 경비"가 분명히 책정돼 있음에도 불구하고 아직 선거 백서가 발간되지 않고 있다.

선거 백서가 발간되지 않으면, 선거가 어떤 절차와 과정을 통해 이루어졌으며 선거 과정에서 어떤 시행착오와 문제점이 발생했는지 전혀 알 수 없다. 또한 후보자들이 어떤 공약을 제시했는지, 선출된 총장이 어떤 공약을 했으며 이를 잘 실천하고 있는지 구성원들이 전혀 알 수가 없다. 15대 총장 선거 때처럼 깜깜이식 로또 추첨 방식으로 진행되었던 간선 공모제의 경우 더욱 그러하다.

지난 15대 총장 선거 과정에서 드러난 주요 문제점은 다음과 같다. 첫째, 간선 공모제 선거에서 가장 중요한 총장 추천위원 선정을 위한 탁구공 뽑기 역할을 맡은 선거관리위원을 선거 당일(8월 27일)이 아닌 선거일 이전(8월 18일)에 미리 선정[1)]했다. 둘째 모 후보자가 "총장후보자 선정에 관한 규정 시행세칙" 제3조의 접수 서류에 명시되지 않은 별도의 홍보물을 제출하자 다른 후보자들의 반대에도 불구하고 이를 심사 자료에 포함했다. 셋째 "총장후보자 선정에 관한 규정 시행세칙" 제6조에 접수 서류의 미비 사항만 보정할 수 있게 돼있음에도 불구하고, 모 후보자에게는 이미 제출한 서류 전체를 보정할 수 있도록 해, 사실상 서류를 다시 접수할 수 있게 했다. 이러한 사례들에 비추어 볼 때, 총장임용추천위원회는 "총장후보자 선정에 관한 규정" 제5조 위원의 의무에 명시된 중립성과 공정성을 크게 훼손했다.

이렇듯 선거의 중립성과 공정성을 훼손할 수 있는 중대 사안은 규정대로 처리하지 않은 반면, 참으로 어처구니없는 일이 벌어졌다. 조영남 후보자에게는 대학발전계획서 서두에 들어간 "존경하는 학내외 추천위원 여러분"이라는 표현을 지적하며 "존경하는"이라는 표현이 추천위원들에게 영향을 줄 수 있으니 이를 제외하고 대학발전계획서를 다시 제출하도록 요구했다. "존경하는"이라는 표현은 그야말로 의례적이자 관행적인 표현이다. 이전 선거 과정에서도 아무런 문제 없이 사용됐으며(12~14대 총장 선거 백서 참조), 실제로 선거 당일 추천위원들을 대상으로 한 공개 평가 토론회에서 모든 후보자가 반복 사용한 표현이었다. 총장후보자 선정 관리위원회의 이와 같은 행위는 본말전도이자 과유불급, 대소경중을 가리지 못한 치졸한 처사라 하지 않을 수 없다.

---

1) 선거 관리의 핵심은 중립성과 공정성에 있다. 간선 공모제 선거는 선거 당일 탁구공 뽑기를 통해 선정된 추천위원들이 총장을 선출하기 때문에, 탁구공 뽑기 결과가 선거에 결정적인 영향을 미친다. 그럼에도 탁구공을 뽑는 선거관리위원을 선거 당일이 아닌 선거일보다 아흐레 전에 선정한 것은 선거 관리의 공정성과 중립성 차원에서 절대 있어서는 안 될 일이다. 더구나 탁구공을 뽑는 관리위원 중 한 사람은 당선된 후보자와 같은 과학과 교수였다. 당연히 기피, 회피, 제척 요건에 해당한다. 하지만 이러한 기본원칙이 전혀 지켜지지 않았다. 백서를 통해 확인된 탁구공 뽑기 위원으로 선정된 날(8월 18일)부터 선거일(8월 27일)까지 실제로 어떤 일이 벌어졌는지 당사자 외에는 아무도 모른다. 실제로 특정 번호의 탁구공들을 냉동실에 얼렸다가 함에 넣어 뽑는 수법으로 부정선거를 해 처벌받은 사례도 있다. 당시 탁구공 뽑기를 통해 선정된 교내 추천위원들을 보고 누가 당선될지 미리 짐작할 수 있었다는 이야기가 돌았다고 한다. 게다가 관리위원장은 당선자와 같은 지역 출신으로 당선자가 총장으로 있을 때 본부 보직을 맡았다. 선거 백서 발간을 거듭 촉구할 때까지 발간하지 않은 연유도 이와 관련된 것은 아닌지 매우 궁금하다. 선거 후 몇몇 교수로부터 선거 비하인드 스토리가 밝혀지면 누군가 감옥에 가야 할 수도 있다는 이야기를 들었다. ○ 교수는 당선된 후보자가 선거 전 자신이 사는 아파트에 찾아와서 "교수 20~30명 정도를 매수하면 어떻겠느냐"라고 말했다고 알려주었다.

한편, 모 후보자의 경우 자신을 총장 후보로 추천하는 추천장에 서명했던 일부 교수들이 선거 당일 총장 추천위원으로 선정됐으나, 투표 결과 정작 자신을 추천했던 추천위원들 수보다 적게 득표한 실로 믿기 어려운 일이 일어났다. 이를 어떻게 해석해야 할지 참으로 난감하기가 그지없다. 간선 공모제 방식의 선거였기에 가능했던 일이 아닌가 생각한다. 이와 같은 제반 문제점들이 사실대로 적시돼야 다음 선거에서 바로 잡을 수 있다. 지나가면 그만이다는 생각은 매우 안이한 발상이다. 유사한 실수와 잘못을 반복할 수 있기 때문이다. 시행착오가 있었다고 하더라도 사실대로 밝혀 반면교사로 삼는 것이 정도다.

다행히 문 대통령이 대선 때 '국립대 총장 선출에 대학 구성원의 자율권 보장'을 공약한 바 있다. 교육부장관도 8월 17일 부산대에서 열린 고(故) 고현철 교수의 2주기 추도식에 참석해 "국립대 총장 임용에 관해 대학의 자율성을 보장하겠다"라고 한 만큼 향후 국립대 총장 선출 방식에 큰 변화가 있을 것으로 예상된다. 고현철 교수는 총장 직선제 약속을 이행하라며 유서를 남기고 살신성인해 부산대가 현재 전국 국립대학 중 유일하게 직선제 총장을 유지하도록 했다. 나아가 국립대 총장 선출에 대학 구성원의 자율권을 보장받게 된 결정적 계기가 되었다. 우리 지역의 거점 국립대학인 경북대의 경우도, 2017년 10월 26일 총장 직선제 전환 찬성 여부를 묻는 교수 투표 결과, 찬성표가 92.8%에 달한 것으로 발표했다. 경북대 교수회는 투표 결과를 토대로 직선제 전환을 위한 규정 개정에 들어갈 예정이라고 한다.

우리 대학도 총장 직선제로의 환원 여부를 묻고 결과에 따라 관련 규정을 개정하는 절차가 반드시 이루어져야 한다. 대학 구성원들의 선택을 통해 직선제로 환원될 경우, 지난 15대 총장 선거는 우리 대학 역사상 간선 공모제 방식으로 실시된 초유의 사례로 남게 된다. 구성원들의 합의를 통해 설령 현재와 같은 간선 공모제 방식이 유지된다고 하더라도, 이전 선거 과정에서 드러난 문제점과 잘못은 반드시 바로 잡아야 한다. 총장 선거 백서 발간이 필요한 이유가 바로 여기에 있다.

역사를 잊은 민족에게는 미래가 없다고 했다. 대학도 마찬가지다. 기록하지 않은 것은 기억되지 않는다. Better late than never. 라는 영어 격언처럼 지금도 늦지 않았다. 15대 총장 선거 백서, 반드시 발간돼야 한다.

대구교대신문 제504호 상록인 칼럼, 2017.9.18을 보완한 글임

14 15대 총장 선거 과정과 백서에 대한 유감

15대 총장 선거는 교육부의 강권으로 간선 공모제 방식으로 시행되어 베일에 가려진 선거였다. 대학 구성원들의 알 권리를 위해 그 어느 때보다 선거 백서 발간이 중요했다. 하지만 이전과 달리 선거가 끝난 지 2년이 넘도록 선거 백서가 발간되지 않았다. 이에 필자가 2017년 9월 18일 자 대구교대신문(제504호, 14면)에 "15대 총장 선거 백서, 반드시 발간돼야"라는 제목의 글을 게재했다.

이후 2018년 7월 말에 열린 교수연수회에서 우연히 15대 총장 선거 백서가 발간됐다는 이야기를 듣게 되었다. 하지만 교수들에게 배포되지 않았기 때문에, 백서의 실체를 보지 못했다. 2018년 12월 말 모 교수 연구실에서 책장에 있는 15대 총장 선거 백서를 보고 깜짝 놀랐다. 백서 발간 날짜가 2016년 1월 4일로 기록돼 있었기 때문이다. 교무처에 확인해 보니 실제 발간 일자는 이보다 2년이 더 지난 2018년 2월 말이라고 했다. 이처럼 선거가 끝난 지 2년 6개월이 지난 시점에 발간된 선거 백서는 이전과 달리 교수들에게 배부되지도 않았다. 15대 총장 선거 백서를 교수들에게 배부하지 않은 사연과 발간 일자를 2년 이상 앞당겨 허위로 기재한 이유가 매우 궁금했다.

백서 발간을 이토록 미룬 것을 보면, 애당초 백서를 발간할 의사가 없었던 것 같다. 짐작하건대 필자가 2017년 9월 18일 자 대구교대신문에 "15대 총장 선거 백서, 반드시 발간돼야"라는 글을 게재하자 면피성으로 뒤늦게 급히 발간한 것으로 보인다. 게다가 예산 부족을 핑계로 교수들에게 배부하지 않았다고 한다. 이 역시 궁색한 변명에 불과하다. 15대 총장 선거 당시 선거 관련 예산이 1,000만 원 배정되었고, 후보자들이 낸 기탁금만 해도 4,000만 원이기 되기 때문이다. 앞서 12, 13, 14대 총장 선거 백서는 모든 교수에게 개별적으로 배부됐다.

백서의 내용을 검토해 보니 어이가 없다. 총 218쪽 분량 중 발간사 15줄을 제외하고는 전체가 회의록과 선거 관련 공문을 수합한 내용뿐이다. 백서라기보다는 단순 서류철에 불과해 보인다. 간선 공모제 총장 선거에서 가장 핵심인 후보자별 공약과 대학발전계획서, 자기소개서를 비롯한 서면 평가 자료가 전혀 수록되지 않았다. 전체 구성원들을 대상으로 한 사전 정책발표회와 선거 당일 후보자들의 도덕성과 대학발전 의지, 리더십, 교육 및 연구 발전 의지를 심층 면접 평가한 정책 발표 녹취록도 수록되지 않았다. 핵심 내용이 빠진 백서는 제대로 된 선거 백서라 할 수 없다.

심지어 총장 당선자의 공약과 대학발전계획서 그리고 자기소개서도 수록되지 않았다. 후보자들이 어떤 공약을 하였는지, 총장 당선자가 실제로 공약을 잘 실천하고 있는지를 전혀 알 수 없게 돼있다. 이런 백서라면 왜 발간하는지 이해할 수 없다. 이전 총장 선거 백서에는 당선자를 비롯해 모든 후보의 공약과 정책 발표 등이 상세히 수록돼 있다. 반면 15대 총장 선거 백서에는 꼭 필요한 내용은 빠져 있고, 총장후보자 선정에 관한 규정과 시행세칙(4-15쪽, 75-86쪽)과 공고와 관련된 내용(16-20쪽, 65-70쪽)은 중복해서 게재되어 있기까지 하다. 얼마나 성의 없이 작성했는지 알 수 있는 증표다.

더욱더 심각한 문제는 총장 선거 과정에서 반드시 지켜야 할 시행세칙을 준수하지 않았다는 것이다. 간선 공모제로 치러진 15대 총장 선거의 1차 평가는 서면 평가와 심층 면접 평가로 돼있다. 서면 평가는 교육 및 사회 경력, 대학발전 방안 및 실현 가능성, 교육연구 발전 방안, 행정발전 방안이 주요 평가 항목이다. 심층 면접 평가는 도덕성과 대학 발전 의지, 리더십, 교육 및 연구 발전 의지를 평가하게 돼있다. "대구교육대학교 총장 후보자 선정에 관한 규정 시행세칙" 제16조 ⑤항에 의하면, "서면 평가와 심층 면접 평가는 추천위원의 평가 총점을 합산하여 산술 평균 점수로 결정하되, 추천위원의 평가 총점 중 최고, 최저 점수 각 1명의 점수를 제외"하여 객관성과 신뢰성 및 공정성을 보장하고 있다. 제16조 ④항에는 "서면 평가와 심층 면접 평가는 기명으로 한다"라고 명시되어 있다. 따라서 추천위원들이 자신의 이름과 명예를 걸고 평가해야 하기 때문에, 심사 항목에 대해 신중하고 공정하게 객관적으로 평가할 수밖에 없다. 이것이 이른바 로또 방식의 복불복 식 간선 공모제의 단점을 보완하고 평가 결과의 신뢰성과 객관성을 담보하기 위한 핵심 조항이다.

시행세칙 제16조 ⑥항에는 "서면 평가 및 심층 면접 평가를 통해 최고 득점을 획득한 순으로" 2차 평가 대상자를 선정하게 돼있다. 하지만 어떤 이유에서인지 선거 당일 1차 서면 평가와 심층 면접 평가 결과를 공개하지 않고 바로 2차 평가를 진행했다. 이 때문에 기명으로 객관성과 신뢰성, 공정성과 투명성을 담보한 1차 서면 평가와 심층 면접 평가 결과가 휴지 조각에 불과하게 되었다. 이는 분명 "최고 득점을 획득한 순으로" 2차 평가 대상자를 선정하도록 명시한 시행세칙에 위반된다.

추천위원회가 왜 시행세칙을 무시하고 신뢰성과 객관성을 담보한 1차 평가 결과를 공개하지 않았는지 매우 궁금하다. 비유컨대 이는 교수 공채 시 규정에 따라 서류심사와 면접 및 공개 강의평가를 종합해 순위를 결정해 놓고서도 규정을 완전히 무시한 채, 무조건 자신이 좋아하는 지원자를 다시 뽑도록 한 것과 다르지 않다. 후보자들은 간선 공모제의 핵심인 서면 평가와 심층 면접 평가에 대비하기 위해 최선의 노력을 다했다. 이렇다면 왜 많은 시간과 노력과 예산을 허비하면서 서면 평가와 심층 면접 평가를 했는지 모를 일이다. 차라리 후보자들끼리 가위, 바위, 보로 총장을 결정하는 것이 더 나을 뻔했다.

"대구교육대학교 총장 후보자 선정에 관한 규정 시행세칙" 어디에도 1차 평가 결과를 공개하지 않는다는 조항이 없다. 1차 서면 평가와 심층 면접 평가가 간선 공모제의 핵심이기 때문이다. 그럼에도 15대 총장 선거에서 1차 평가 결과를 공개하지 않은 절차상의 큰 하자를 범했다. 이 때문에 기명으로 실시해 신뢰성과 공정성을 담보한 1차 평가에서 1위를 한 후보가 무기명으로 한 2차 평가에서 2위가 되고, 1차 평가에서 3위를 한 후보가 2차 평가에서 1위를 차지하는 상식적으로 납득하기 힘든 상황이 벌어졌다(15대 총장 선거 백서 217쪽 참조).[1)]

선거는 민주주의의 꽃이다. 직선이든 간선이든 선거는 공정해야 한다. 더구나 고도의 도덕성과 윤리 의식을 바탕으로 초등교사를 양성하는 교육대학에서 왜, 어떻게 이런 일이 벌어졌는지 이해가 되지 않는다. 간선 공모제의 핵심인 1차 평가 결과를 공개했더라면 과연 이렇게 왜곡된 결과가 나올 수 있었겠는가? 우려했던 간선 공모제 총장 선거 최악의 사례가 우리 대학에서 적나라하게 드러난 셈이다. 게다가 선거관리위원회는 선거가 끝난 후에도 1차 평가 결과를 구성원들에게 밝히지 않았다. 1차 평가 결과를 공개하지 않고 2차 평가를 한 사실이 선거 직후에 바로 알려져 교육부에 보고되거나 법적인 문제가 제기됐다면, 지난 15대 총장 선거는 아마도 무효가 되었을 것이다. 절차상 하자가 있어 선거 결과에 중대한 영향을 미친 경우, 선거 자체가 원천 무효 된다는 것이 법의 정신이자 법원의 판례이기 때문이다.

선거관리위원회는 선거가 끝나면 관례대로 백서를 통해 선거 과정에서 드러난 문제점을 적시하고 개선 방안을 제안하는 것이 마땅하다. 그러나 백서 발간을 2년 넘게 지체하다가 대학신문을 통해 백서 발간을 거듭 촉구하자 선거가 끝난 지 2년 6개월이 지난 시점에 마지못해 발간했다. 더구나 선거 백서에 반드시 포함되어야 할 후보자별 공약과 대학발전계획서 및 자기소개서는 물론 후보자들의 도덕성과 대학 발전 의지, 리더십, 교육 및 연구 발전 의지를 평가하는 심층 면접 평가 녹취록도 전혀 수록하지 않았다. 시행세칙을 무시한 채 1차 서면 평가와 심층 면접 평가 결과를 공개하지 않고 2차 평가를 한 이유도 밝히

1) 거듭된 발간 요구에 2년 6개월이나 늦게 발간된 백서에는 무엇이 두려웠는지 순위만 제시돼 있고 점수는 공개되지 않았다. 정보공개 청구를 통해 15대 총장 선거 평가 결과를 2024년 6월 18일에 받았다 탁구공 뽑기를 통해 특정 후보자에게 유리한 추천위원들이 선정됐음에도, 간선 공모제의 핵심인 기명으로 실시한 1차 서면 평가와 심층 면접 평가 결과는 1위 조영남(3,323점), 2위 박○○(3,310점), 3위 임청환(3,284점), 4위 김○○(3,258점)이었다. 하지만 총장임용후보자 추천위원회는 “서면 평가 및 심층 면접 평가를 통해 최고 득점을 획득한 순으로” 2차 평가 대상자를 선정하도록 한 규정을 무시하고 1차 평가 결과를 공개하지 않고 2차 평가를 하는 우를 범했다. 결과를 발표하지도 않을 평가를 내외부 추천위원들을 불러서 장시간에 걸쳐 왜 했는지? 결과적으로 기명으로 실시해 타당성과 신뢰성, 공정성을 담보한 1차 서면 평가와 심층 면접 평가 결과와는 달리, 1차에서 3위를 한 후보자가 1위로 당선되는 기이한 현상이 벌어졌다. 1차 평가 결과를 공개했더라면, 3위 후보자가 과연 1위를 할 수 있었을지 의문이다. 추천위원회의 과오에 더해 기명과 무기명에서 서로 다른 결과를 보인 추천위원들의 심리를 실로 어떻게 해석해야 할지?

지 않았다. 게다가 발간된 백서를 교수들에게 배포하지도 않았다. 이러한 모든 정황이 15대 총장 선거 과정에서 드러난 절차상의 하자와 결정적인 문제점을 감추려 한 의도로 보인다.

요컨대 15대 총장 선거 백서는 시일을 천연하다가 거듭된 발간 요구에 마지못해 발간됐다. 더구나 발간 일자도 허위로 조작했을 뿐만 아니라, 백서의 본래 모습이 아닌 단순 서류철에 불과하다. 선거 과정에서 반드시 따라야 할 시행세칙을 준수하지 않은 결정적인 문제점과 백서에 반드시 포함되어야 할 핵심 내용도 빠져있다. "기록하지 않은 것은 기억되지 않는다"라고 했다. 잘못된 역사도 역사의 한 부분이다. 정확한 기록과 반성을 통해 잘못된 역사가 되풀이되지 않도록 해야 한다. 노자는 도덕경에서 천망회회 소이불루(天網恢恢 疎而不漏)라 했다. "하늘의 그물은 매우 넓어서 몹시 엉성해 보이지만, 하나도 놓치지 않는다."라는 뜻이다. 손바닥으로 하늘을 가릴 수 없다. 15대 총장 선거 과정에서 드러난 결정적인 오류와 진실을 가리기 위해 알맹이가 빠진 채 뒤늦게 발간된 허울뿐인 백서에 대해 깊은 유감을 표한다.

대구교대신문 제515호, 교수 칼럼, 2019.4.18을 보완한 글임

4 총장임용추천위원회 후보자 심사 및 1 · 2순위자 선정[2)]

- '15. 8. 27. 09:00~11:00 [120분] 총장임용추진위원회 위원 등록 (20명 중 20명 등록)
- '15. 8. 27. 11:00~11:20 [20분] 추천위원 오리엔테이션, 위원장 및 부위원장 선출
- '15. 8. 27. 11:20~12:40 [80분] 후보자 질의 응답 및 정책발표
- '15. 8. 27. 12:40~12:50 [10분] 휴식
- '15. 8. 27. 12:50~13:10 [20분] 1차 평가(서면, 심층) 집계표

후보자	박○○	김○○	임청환	조영남	계
서면평가총점	–	–	–	–	
심층평가총점	–	–	–	–	
순위	2	4	3	1	

- '15. 8. 27. 13:10~13:30 [20분] 2차 최종심층면접 평가 집계표

후보자	박○○	김○○	임청환	조영남	계
득표수(표)	–	–	–	–	
득표율(%)	–	–	–	–	
순위	3	4	1	2	

2) 15대 총장 선거 백서 217쪽. 간선 공모제의 핵심인 기명으로 실시한 1차 서면평가와 심층면접평가 결과를 공개하지 않고, 무기명으로 2차 평가(투표)를 진행해 1차 서면평가와 심층면접평가에서 3위를 한 후보자가 2차에서 1위를 하는 기현상이 벌어졌다.

15 16대 총장 선거 관련[1)]

존경하는 교수님, 직원 선생님 그리고 조교 선생님

광복절 휴일 잘 보내셨는지요? 대구교육대학교를 전국 최고의 교육대학으로 발전시키기 위해 제16대 총장 선거에 출마한 기호 1번 조영남 인사드립니다. 제가 우리 대학에 재직하면서 염원해 왔던 대학발전 비전을 교수님과 직원 선생님 그리고 조교 선생님과 함께 할 기회를 가지게 된 것을 영광스럽게 생각합니다.

우리 대학은 "참된 스승의 길을 간다"를 교시로 유능한 초등교사를 양성하는 특수 목적대학입니다. 교육대학교의 총장은 무엇보다 도덕성을 갖추고 말보다 실천이 앞서는 사람이 돼야 합니다. 저는 총장은 대학을 위해 끊임없이 희생하

---

1) 15대 총장 선거를 통해 대구교대와 같은 소규모 대학의 선거에서는 인물과 정책이 통하지 않음을 실감했다. 대신 학맥과 인맥, 보직 제의, 누가 자기에게 더 많은 혜택을 제공해 줄 것인지가 표심에 더 중요하게 작용했다. 그럼에도 16대 총장 선거에 출마하게 된 데는 연유가 있다. 간선 공모제에서 직선제로의 선거 규정 개정 과정에서 개정 규정에 위헌적 요소가 있음을 수차 지적했음에도, 본부의 막무가내식 행정으로 수용되지 않았다. 부득이 2019년 7월 26일 헌법재판소에 총장 선거 규정에 대한 위헌 소청을 청구했다. 헌법소원 청구를 위해서는 청구 기간(공권력의 행사일 또는 기본권 침해가 있음을 안 날로부터 90일 이내)과 기본권 침해의 현재성 요건을 충족해야 한다. 요건상 총장 선거에 출마하지 않고서는 헌법소원을 제기할 수 없었다. 선거 결과보다 소신인 불구종, 불구묵을 실천하고 잘못된 제도를 개선하는 데 더 큰 의미를 두었다. 선거 과정에서도 준법 선거를 주창하고 솔선수범했다. 낙선했지만, 우리 대학에서 가장 힘든 일을 하면서 상대적으로 힘이 가장 약한 조교들로부터는 가장 많이 득표한 반면, 우리 대학에서 가장 큰 권력을 가지고 힘이 가장 센 직원들로부터는 단 한 표도 득표하지 못한 사실이 16대 총장 선거의 실상을 상징적으로 대변한다. 늦었지만 2021년 12월 23일 헌법재판소 판결을 통해 선거 규정의 해당 조항이 위헌임이 선고됐다. 헌법재판소의 위헌 결정은 법원과 그 밖의 국가기관 및 지방자치단체를 기속한다. 교육부는 헌법재판소 결정을 각 대학에 전파하고 기탁금 관련 조항의 개정을 요구했다(교육부 국립대학정책과-451, 2022.1.25.). 이로써 16대 총장 선거에 출마한 진정한 의미를 찾게 됐다.

고 헌신해야 한다고 생각합니다. 총장이 대학을 위해 얼마나 희생하고 헌신하느냐에 따라 대학의 발전이 달라진다고 확신합니다. 저는 희생과 봉사의 마음으로 교수협의회장을 비롯한 맡은 바 직무를 성실히 수행해 왔습니다.

저는 무신불립(無信不立)을 교훈 삼아 희생과 헌신을 바탕으로 구성원들을 존중하고 섬길 줄 아는 CSO(Chief Servant Officer: 최고 섬김이)와 CVO(Chief Volunteer Officer: 최고 봉사자) 리더십으로 우리 대학이 비록 규모는 작지만 내실 있고 강한 강소 교육대학으로 발전하기 위한 비전을 실현하고자 합니다.

저는 구성원들과 늘 소통하고 약속을 하면 반드시 지키는,
겉과 속이 일치하는 TOMATO 같은 총장이 되겠습니다

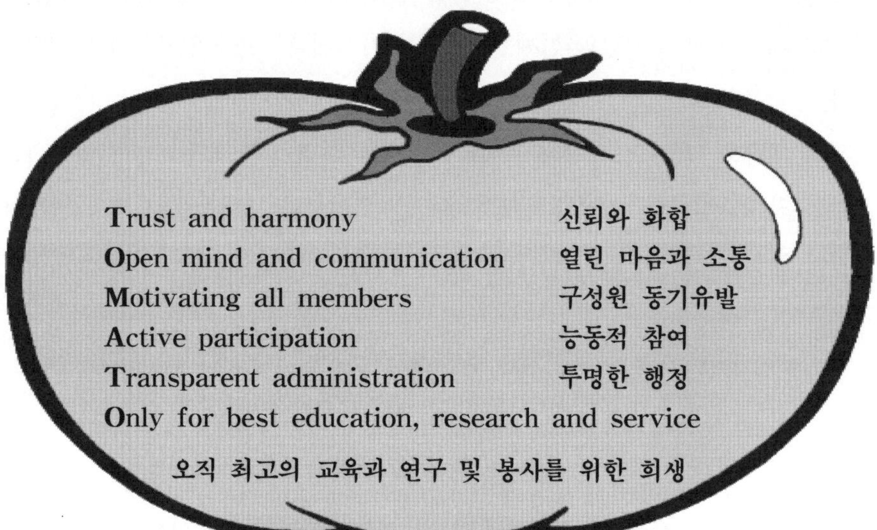

저의 대학 발전 비전과 대학경영 목표 그리고 발전 전략과 실행 계획은 선거공보와 선거 홈페이지 그리고 후속 메일을 통해 상세히 알려드리겠습니다. 존경하는 교수님, 직원 선생님 그리고 조교 선생님의 적극적인 성원과 격려 부탁드립니다.

2019년 8월 16일 메일

오늘은 이번 16대 총장 선거에서 저의 슬로건인 NEW RISING DNUE (새롭게 도약하는 대구교육대학교)에 대해 말씀드리고자 합니다. NEW는 아래와 같은 영어 첫 글자로 구성했습니다.

Next and New (차세대, 최첨단)
Energetic, Engaging Education (열정적, 매력적 교육을 제공하는)
World Class University (세계 수준의 초등교사 양성 대학교)

RISING은 다음과 같은 영어 첫 글자로 구성했습니다.
Reinforcement (초등교사 양성 경쟁력 강화)
Innovation (수요자 중심의 인프라 혁신)
Smart (스마트 캠퍼스, 스마트 경영)
Information (정보화 마인드에 기초한)
Native (디지털 원주민 세대를 위한)
Global University (글로벌 초등교사 양성 대학)

저는 상록 가족 모두와 함께 우리 대학을 차세대 최첨단, 열정적이고 매력적인 교육을 제공하는 세계 수준의 초등교사 양성 대학교로 만들고 싶습니다. 이를 위해 초등교사 양성 경쟁력 강화, 수요자 중심의 인프라 혁신, 스마트 캠퍼스와 스마트 경영, 정보화 마인드에 기초한, 디지털 원주민 세대를 위한 글로벌 초등교사 양성 대학을 구현하고자 합니다.

2019년 8월 20일 메일

창밖에 더위를 시켜주는 단비가 내리고 있습니다. 염려 덕분에 어제 오후 1차 공개토론회 잘 마쳤습니다. 오늘은 우리 대학의 예산 절감 방안에 대해 말씀드리겠습니다. 우리 대학의 최근 통계 연보에 의하면 재정 규모가 일반회계 약 177억, 대학회계 약 132억, 합계 약 309억 정도입니다.

주요 내역은 인적 경비(27.9%: 인건비, 복리후생비, 실비변상 인적경비, 강의료, 법정고용분담금), 교육연구 장학비(30.3%: 장학금, 교육, 연구 및 학생지도비, 학생활동지원비), 자산적 경비(5.2%: 토지매입비, 건설비, 자산취득비), 운영비(36.1%: 학교운영비), 예비비 및 기타로 구성되어 있습니다.

학생 1인당 등록금은 학부가 180만 원, 대학원 인문계 204만 원, 자연계 216만 원입니다. 학부 장학금 수혜율 154.82% 대학원 80%인 점을 감안하면, 대학원 신입생 수요 창출이 재정 확보에 매우 중요함을 알 수 있습니다. 재정 확보를 위해서는 예산 절감이 매우 중요합니다. 저는 다년간 예산결산심의위원회 위원과 위원장을 맡은 경험이 있어 우리 대학 예산 전반에 대해 타 후보자보다 강점이 있다고 생각합니다.

실례로 이번 총장 선거 벽보와 선거공보만 보더라도 누가 예산을 가장 잘 절감할 수 있는지 확인할 수 있다고 생각합니다. 총장 선거는 구성원들 간에 이미 잘 아는 사이인 교내 선거입니다. 일회성에 불과한 선거 벽보와 선거공보를 마치 국회의원 선거처럼 비용을 많이 들여 제작할 필요가 있을까요? 이 같은 사례가 반복돼 향후 총장 선거에서 과열 홍보물 경쟁이 일어나지 않을까 우려됩니다.

저는 비용 효과성 차원에서 초안을 제가 직접 작성해 최소한의 비용으로 선거 벽보와 공보를 제작했습니다. 외형보다 내실이 더 중요하다고 생각하기 때문입니다. 예결위원장을 맡았을 때는 3억 정도의 대학 예산을 줄여 상록동재서편 주차장 부지 매입에 기여했습니다. 이처럼 제가 총장이 되면 예산 절감에 앞장서겠습니다. 복사 용지와 토너만 재생품으로 대체하더라도 연간 3억 원 이상의 예산을 절감할 수 있습니다. 불요불급하거나 소모성, 전시성 경비를 줄여 교직원 복지에 활용하도록 하겠습니다. 불용액으로 인해 연말 이월금이 연간 12억 정도 되는 것으로 알고 있습니다.

저는 운영비 비율(36.1%)을 삭감해 연구비와 교직원 복지 관련 예산을 대폭 인상할 예정입니다. 구성원들의 자존심과 자부심을 지켜주는 자랑스러운 대학이 될 수 있도록 하겠습니다.

2019년 8월 22일 메일

외람되지만, 오늘은 제가 우리 대학 총장 선거에 출마하게 된 사적인 동기를 말씀드리고자 합니다. 저는 황금 돼지해였던 1959년 7월 무더운 여름날 가난했지만, 청렴한 공무원의 4형제 중 맏이로 태어났습니다. 4대 봉사를 하시는 부모님으로부터 어릴 적부터 윗대 어른들에 대한 말씀을 많이 듣고 자랐습니다. 그중 특별히 기억나는 분들이 계십니다. 한 분은 저의 17대 조부이신 정우당 조치우 할배입니다. 정우당 할배는 대구부사 등의 관직을 지내며 청렴결백과 목민의 치적이 뛰어나 청백리에 오르셨으며, 중종으로부터 옥으로 만든 비석을 하사받았고 밀양 오봉서원에 배향되셨습니다.

다른 한 분은 14대 조부 지산 조호익 할배입니다. 지산 할배는 퇴계 선생의 만년 고제로 젊은 시절 모함을 받아 평안도 강동으로 전 가족이 유배되는 고초를 겪으면서도, 당시 학문의 불모지였던 평안도 지역에 학풍을 떨쳐 선조로부터 '관서부자'라는 칭호를 받았습니다. 임진왜란 때는 평안도 지역을 중심으로 의병 활동을 하면서 수많은 전공을 세웠습니다. 훗날 대동법을 실시한 잠곡 김육 선생이 지산 할배의 고제입니다. 사후에 문간공이란 시호와 함께 이조판서에 증직되었고, 영천 도잠서원 등에 배향되셨습니다. 현재 지산학회와 지산선생기념사업회가 설립돼 저는 이사를 맡고 있습니다. 부끄럽지만 저의 호인 치산(恥山)도 17대 조부이신 치자 우자 할배의 휘에서 치자 음을 차용하고, 14대 조부이신 지산 할배의 호에서 산자의 음과 훈을 차용해 지었습니다. 훌륭한 조상의 뜻을 성실히 받들고 싶다는 저 나름의 다짐이기도 합니다.

저의 아버님은 성실하고 청렴한 공무원으로서 맡은 바 임무를 충실히 수행하다 공상을 입어 투병 중 순직하셔서 국가유공자로 대전현충원에 안장되어 계십니다. 밀양 박씨 소요당 하담 후손인 저의 어머니는 아버님이 돌아가신 후, 당신이 하루라도 더 오래 사는 것이 자식들이 장수하는 길이라며 혹시라도 치매에 걸려 자식들에게 부담을 줄까 노심초사하시며 아직도 컴퓨터를 배우고 카톡으로 자식들에게 건강 관련 정보를 전해주십니다. 15대 총장 선거 때에는 선거 바로 전날 담낭 절제 수술을 받으셨는데, 당신의 수술 때문에 아들이 낙선했다며 자책을 많이 하셔서 이번에는 출마 소식을 알려드리지 못했습니다. 이번에는 좋은 소식을 들려드려 어머니께서 당신 자식이 집안에 큰일을 했다며 덩실덩실 춤을 추실 수 있게 해 드릴 수 있었으면 하는 것이 저의 간절한 소망이기도 합니다.

저는 평소 이분들의 나라에 대한 헌신과 희생정신을 본보기로 삼고 있습니다. 저는 24년 전 우리 대학에 부임해서 전임강사 시절부터 지금까지 잘못된 일에 구차하게 침묵하거나, 부당한 일에 구차하게 따르지 않고, 학교를 위해 소신껏 정당한 주장을 해 왔습니다. 특히 2년간 교수협의회장을 맡으면서 학교 발전을 위한 더 많은 희생과 봉사를 생각하게 되었습니다.

잘 아시다시피 15대 총장 선거는 로또 방식의 간선 공모제였습니다. 저는 간선 공모제의 핵심인 1차 서면 평가와 심층 면접 평가에서 1위를 했습니다. 하지만 "1차 평가에서 최고 득점을 획득한 순으로" 2차 평가 대상자를 선정하도록 명시한 시행세칙과 달리, 1차 평가 결과를 공개하지 않고 2차 평가를 해 1차 평가에서 3위를 한 후보가 1위가 되는 기이한 일이 벌어졌습니다. 1차 평가 결과를 공개했다면 과연 이러한 결과가 나올 수 있었을지 의문입니다. 이러한 결과는 선거 후 공개되지 않았습니다. 하지만 저의 거듭된 백서 발간 요구에 선거가 끝난 지 거의 3년 만인 2018년에 알려졌습니다.

제가 16대 총장 선거에 다시 출마한 한 이유도 지난 15대 총장 선거의 서면 평가와 심층 면접 평가에서 1위를 했던 비전과 공약을 시대정신에 맞게 보완해 우리 대학의 발전에 이바지하기 위해서입니다.

저는 구성원들을 위해 늘 희생하고 봉사하며 약속을 하면 꼭 지키는 총장이 되겠습니다. 저는 이번 총장 선거가 존경하는 교수님, 직원 선생님, 조교 선생님 그리고 학생 모두가 win-win 하는 상록 상생 공동체의 새로운 출발이 되기를 진심으로 바랍니다.

2019년 8월 26일 메일

선거운동 마지막 날 밤입니다. 낮에 마지막 선거 문자를 보내 드렸습니다만, 선거 규정상 오늘밤 자정까지 메일 송신이 가능하다고 해서 선거운동 기간을 되돌아보며 마지막 인사드립니다. 이번 16대 총장 선거는 후보자들 간에 첨예한 대립이나 과열, 상호비방 없이 무난하게 잘 진행되어 온 것 같습니다. 광주교대, 전주교대 등 다른 교대의 나쁜 사례를 반면교사 삼아 우리 대학은 이들 대학과 달라야 한다며, 선거 초반 제가 다른 후보자들에게 제안한 준법과 페어플레이 선거 다짐도 영향을 미친 것 같습니다.

불필요한 선거 비용을 줄이기 위해 홍보용 동영상을 제작하지 않기로 하고, 선거 공보물도 컬러가 아닌 흑백으로 제작하고, 학생들에게는 전화나 문자, 메일을 보내지 않기로 한 것도, 제가 제안해 후보자들 간에 합의가 있었기 때문에 가능했습니다.

마지막 메일을 통해 이에 흔쾌히 동의해 주신 후보자님들과 이를 적극 수용해 주신 총추위원님들께 다시 한번 감사드립니다. 마찬가지로 저를 비롯한 후보자들 모두가 내일 선거 결과에도 흔쾌히 승복할 것으로 생각합니다.

제가 선거 공약으로 "대화와 소통, 신뢰와 화합"을 강조하며, "교직원과 학생 모두가 win-win 하는 상록 상생 공동체 구축"을 강조한 것도 이와 같은 맥락입니다. 저는 선거 기간 동안 넥타이를 매지 않고 운동화를 신고 다녔습니다. 예의범절이 부족해서가 아니라, 형식에 얽매이지 않고 열심히 발로 뛰겠다는 마음에서였습니다.

제가 당선되면 형식보다는 내실, 말보다는 실천이 앞서는 총장이 되겠습니다. 저는 대학 1학년 교양국어 시간에 시인 윤동주를 주제로 한 발표를 맡아 발품으로 여러 도서관을 다니며 자료 수집을 한 연유로 윤동주 시인을 좋아합니다. "죽는 날까지 하늘을 우러러 한 점 부끄럼이 없기를 … " 윤동주 시인의 서시를 새기며, 이번 선거에 임하는 저의 마음과 삶의 자세를 대신 전해드립니다. 선거 기간 동안 보여주신 교직원 선생님들의 성원과 서로 최선을 다한 후보자님, 그리고 총추위원님들의 수고에 거듭 감사드립니다. 편안한 밤 되시기 바랍니다.

2019년 8월 26일 메일

교직원 선생님들께,

16대 총장 선거에서 최선을 다했습니다만, 교직원 선생님들의 지지와 격려에 부응하지 못했습니다. 모든 것이 다 제가 부족한 탓으로 생각합니다. 그동안 저에게 베풀어주신 성원에 깊이 감사드리며, 새로 선출된 총장 후보자를 중심으로 우리 대학이 더욱 발전하기를 기원합니다.

2019년 8월 28일 메일

16 교육부의 감사 처분 요구에 대한 이의[1)]

2009년 1월 초, "총장 논문대필과 대필자 교수 임용 사태"와 관련된 법적 쟁송이 한창 진행 중일 때였다. 손○○ 총장이 보자고해서 갔더니 뜬금없이 경거망동(輕擧妄動)하지 말라고 했다. 무슨 뚱딴지같은 소리인가 했더니 교육부 종합감사가 내려온다고 했다. 교육부 감사가 얼마나 부담이 되었던지 총장 입에서 부지불식간에 불쑥 튀어나온 표현이었다.

1월 5일부터 14일까지 열흘간 종합감사가 아닌 "총장 논문대필과 대필자 교수 임용 사태"에 앞장섰던 세 교수에 대한 표적 감사가 이루어졌다. 감사 결과 보고 자리에서 감사관이 직접 민원에 의한 표적 감사라고 말했다. 논문대필과 대필자 교수 임용 관련자들이 앙심을 품고 교육부에 세 교수를 표적으로 민원을 제기한 때문이었다. 감사 기간 동안 특히 당시 국어과 학과장이 주 표적이 돼 며칠간 집중 조사를 받느라 고생을 많이 했다. 국어과 학과장은 아동문학 관련 서지연구에 관심이 있어서 연구실에 월북 작가들의 서적이 비치돼 있었는데, 혹여 감사관들이 연구실에 들어와 이마저 문제 삼을 것에 대비해 책을 집으로 옮기는 해프닝도 벌어졌다.

저자의 경우 대면 조사를 받지는 않았으나, 주로 연구교수와 연구결과물과 관련된 감사가 이루어졌다. 2005년 우리 대학 연구교수와 2006년 학술진흥재단의 대학교수 해외방문연구 지원 사업에 선정된 연구교수 출입국 사실 확인서까지 발급해 대조했다. 사실관계를 충분히 소명했으나 4월 13일 "연구교수의 연

---

1) 2009년 4월 20일 이의를 신청한 후 6월 5일 교육부로부터 감사 처분 이의 신청에 대한 심의 결과, 감사 처분을 취소한다는 통보를 받아 사필귀정이 됐다.

구결과물 미제출에 따른 경고" 처분을 받았다. 감사일 이전에 연구결과물을 제출했음에도 감사관이 민원인이 제기한 잘못된 정보로 사실관계를 오인했기 때문이었다. 민원 제기와 관련된 자가 보직을 맡고 있을 때 취득한 잘못된 정보로 민원을 제기한 탓으로 보인다. 이에 4월 20일 자로 교육부에 감사 처분 요구에 대한 이의 신청서를 제출했다. 아래는 "감사 처분 요구 이의 신청서"에 첨부한 글이다.

감사 처분 요구에 대한 이의 신청 사유

"2009년 종합감사 결과 지적 사항 통보 및 이의 신청 안내"에 따르면, "… 중략 … 교수 조영남은 2009.1.12. 감사일 현재까지 연구결과물을 제출도 하지 않고, 연구비(3,500천원)도 반납하지 않은 사실이 있음"과 관련해 '경고' 처분을 내리고 조속한 시일 내에 연구결과물을 받거나, 연구비를 회수하도록 통보했습니다. 하지만 감사 결과 지적 사항에 사실과 다른 부분이 있어 아래와 같이 감사 처분 요구에 대한 이의 신청을 합니다.

첫째, "조영남은 2009.1.12. 감사일 현재까지 연구결과물을 제출도 하지 않고"라는 지적 사항은 사실과 전혀 다릅니다.

가. 조영남은 2008년 12월 30일 자로 발행된 연구결과물(한국학술진흥재단 등재지인 '중등교육연구' 제56집 제3호 별쇄본, 논문접수일: 2008년 6월 30일, 논문심사일: 2008년 7월 10일, 심사완료일: 2008년 9월 11일)을 감사일 이전인 2009년 1월 8일 자로 담당 부서에 제출했습니다. 해당 학회에서 발급한 논문 게재예정증명서(2008.09.11자로 최종 심사 완료, 2008.10.1자로 게재예정증명서 발급)와 논문 투고 시 제출했던 출력본 연구결과물은 2008년 10월 초에 이미 제출했습니다.

나. 담당 부서 직원도 감사관에게 조영남 교수가 감사일인 2009년 1월 12일 이전에 별쇄본으로 된 연구결과물을 제출했음을 보고했다고 합니다.

다. 피처분자인 조영남 교수는 감사 기간 중 연구결과물 제출과 관련해 감사

관으로부터 직접 조사를 받은 적이 없습니다.

이처럼 2008년 12월 30일 자로 발행된 연구결과물을 감사일(2009.1.12.) 이전에 제출해 처분의 원인 요인이 이미 소멸했음에도 불구하고, 피처분자에게 기본적인 사실관계조차 확인하지 않고 사실과 전혀 다른 지적 사항을 근거로 '경고'라는 감사 결과 처분을 내린 것은 부당하다 하지 않을 수 없습니다.

둘째, 감사 결과 처분의 근거가 된 "2008.11.18 조영남에게 연구결과물 미제출에 따른 연구비 환수 조치를 통보"한 학교의 행정 처분도 행정절차법상 중대한 하자가 있습니다.

가. 행정절차법 제21조(처분의 사전통지) ①항에는 "행정청은 당사자에게 의무를 과하거나 권익을 제한하는 처분을 하는 경우에는 미리 다음 각호(1. 처분의 제목, 2. 당사자의 성명 또는 명칭과 주소, 3. 처분하고자 하는 원인이 되는 사실과 처분의 내용 및 법적 근거, 4. 제3호에 대하여 의견을 제출할 수 있다는 뜻과 의견을 제출하지 아니하는 경우의 처리방법)의 사항을 당사자 등에게 통지하여야 한다"라고 명시돼 있습니다.

나. 이번 교육부 종합감사 감사 결과는 행정절차법의 기본 취지를 반영해 당사자에게 지적 사항을 통보하고 이의 신청을 하도록 안내하고 있습니다. 그러나 당시 학교에서는 처분의 사전통지와 의견 제출 기회 제공이라는 행정절차법상의 중대한 절차를 무시하고, 최종 처분 문건을 통보했습니다.

다. 조영남 교수는 "2005학년도 전 학기 연구교수 연구결과물 미제출 교수 의무 위반자에 대한 제한 및 조치에 대한 재심의 청구" 문건을 제출해 행정 절차의 부당성과 연구결과물 제출이 늦게 된 사유를 구체적으로 제시한 바 있습니다. 이에 대해 학교는 "2005학년도 전 학기 연구교수 연구결과물 미제출 의무 위반자 제한 및 조치에 대한 재심의 청구 요청에 대한 회신"을 통해 "추후 적법한 절차를 거쳐 그 결과를 회신해 드리겠습니다"라는 공문을 통보해 현재 그 결과를 기다리는 중입니다.

라. 조영남 교수는 제한 및 조치라는 최종 처분 문건을 통보받은 2008년 11

월 18일 보다 약 5개월 전인 2008년 6월 30일에 이미 논문을 투고했고, 7월 10일 자로 논문 심사에 이어 9월 11일 자로 최종 심사가 완료돼 게재 예정증명서를 발급받았습니다.

마. 8월 30일 이전에 연구결과물을 제출하지 못한 이유도 조영남 교수의 고의나 과실에 의한 것이 아니라, 학회 측의 부득이한 사정에 기인한 것이었음을 문건을 통해 충분히 제시한 바 있습니다.

바. 사실이 이러함에도 불구하고 당사자에게 처분의 내용을 사전에 통지하거나 소명을 위한 의견 제출 기회를 주지 않은 것은 행정절차법상 중대한 하자가 있는 처분입니다. 이처럼 절차상 중대한 하자가 있는 처분의 위법성은 '교원소청심사위원회'와 법원의 각종 판례를 통해서 이미 충분히 지적된 바 있습니다.

이상과 같이 2008년 12월 30일 자로 발행된 연구결과물을 감사일인 2009년 1월 12일 이전에 제출해 감사 결과 처분의 원인 요인이 이미 소멸했습니다. 이에 「교육과학기술부 행정감사규칙」 제20조제1항에 의거 감사 결과 처분 요구에 이의를 제기하니, 적의 처리해 주시기를 바랍니다.

2009년 4월 20일

17 번역서 실적 평가 대상 제외에 대한 이의[1)]

"2015학년도 대구교육대학교 교육, 연구 및 학생지도비 지급 계획" 중 연구 영역 실적 평가 대상에서 번역서가 제외돼 있어, 아래와 같은 사유로 이의를 신청합니다.

첫째, "대학교원의 연구역량 강화와 연구 활성화를 위한 연구장려금 지급"이라는 연구 영역의 기본 방향과 학계의 건전한 상식, 그리고 저술 활동 지원을 강화하겠다는 총장의 공약에 반해 번역서를 평가 대상에서 제외한 어이없는 조치를 도저히 납득할 수 없습니다. 번역서 출판이 왜 연구 실적이 아니란 말입니까? 번역서 출판이 교육부의 대학평가에 방해라도 된다는 말입니까? "2015학년도 대구교육대학교 교육, 연구 및 학생지도비 지급 계획" 어디에도 번역서를 제외한다는 표현이 없습니다. 그럼에도 연구실적 평가 대상에서 번역서를 제외한 조치는 누가 어떤 논리에 의해 판단했는지 구체적인 절차와 적법한 근거를 제시해 주기 바랍니다.

둘째, "2015학년도 대구교육대학교 교육, 연구 및 학생지도비 지급 계획"에 의거 2015학년도 연구 활동 계획서를 제출했습니다. 계획서 항목의 저서 출판란에 번역서 출판 계획을 명시했습니다. 하지만 번역서는 평가 대상에서 제외된다는 통보를 받지 못했습니다. 이를 근거로 사전 연구지원금을 수령했습니다. 그리고 2016년 2월 3일 제출한 연구 활동 보고서에도 번역서 출판 사실을 충실하게 수록했습니다. 국립국어원의 국어사전에 의하면 저서(著書)는 책을

1) 번역서 실적 평가 대상 제외에 대한 이의 신청을 통해 2015학년도부터 대구교육대학교 연구 영역 실적 평가 대상에서 번역서가 추가되었다.

지음, 또는 그 책을 의미합니다. 번역서는 원서를 번역하여 책을 지은 것입니다. 한국연구재단의 2016년도 우수학자 지원 사업 신청 요강에는 분명히 학술저서(단행본)에 "전문 학술저서/번역서"를 포함하고 이를 논문 3편에 준하도록 명시하고 있습니다. 번역서는 책을 지은 것이 아닙니까? 번역서는 책이 아닙니까? 이에 대한 해명과 저서에서 일방적으로 번역서를 뺀 사유를 밝혀주길 바랍니다.

셋째, 연구 영역 평가 계획에 따르면, 연구실적 인용율은 "교원업적평가 기준에 준용"한다고 명시돼 있습니다. "대구교육대학교 전임교원 임용규정"에도 연구실적물의 범위 및 인정기준은 "교원 업적평가 및 성과급적 연봉제 운영 규정"에 따른다고 적시돼 있습니다. 연구 영역 평가 계획의 상위 규정인 "대구교육대학교 교원 업적평가 및 성과급적 연봉제 운영 규정"의 연구 영역 평가 기준에는 "저서 및 번역서" 항목이 포함돼 있습니다. 국립국어원의 국어사전에는 "및"은 '그리고', '그 밖에', '또'의 뜻으로, 문장에서 같은 종류의 성분을 연결할 때 쓰는 말로 정의돼 있습니다. 그럼에도 "저서 및 번역서"에서 번역서를 왜 일방적으로 제외했는지 도무지 이해할 수 없습니다. 나아가 "저서 및 번역서" 항목에서 저서만 인정할 경우, 또 다른 심각한 문제가 야기됩니다.

예컨대, 논문의 경우 "한국학술진흥재단 등재(후보)지급 이상 100%", "학진 미등재 및 교내학술지(심사과정 포함. 최대 100% 인정) 70%"로 산정돼 있습니다. "저서 및 번역서" 항목에서 번역서를 제외할 경우, "한국학술진흥재단 등재(후보)지급 이상 100%"에 준하는 "전문서적 번역서 100%"는 전혀 인정되지 않고 "학진 미등재 및 교내학술지 70%"는 인정되는 심각한 논리적 모순을 범하게 됩니다. 상위 규정에는 100%를 인정하도록 명시돼 있는데 하위 근거인 계획에서 어떻게 이를 완전히 제외할 수 있습니까? 누가 어떻게 이런 판단을 내렸습니까? 월권적 행위라 하지 않을 수 없습니다. 이에 대해 해명해 주기 바랍니다.

넷째, 저서와 번역서를 연구실적으로 거의 대등하게 인정하는 것은 학계에 통용되는 일반 상식입니다. 저서와 번역서의 경우, 오히려 논문보다 더 가중치를 두는 것이 상례입니다. 실례로 한국연구재단에서는 저서와 역서를 동일하게 취급하고 논문 3편에 해당하는 연구업적으로 인정하고 있습니다. 또한 한국연구재단에서는 매년 "명저번역지원 사업"을 공모하고 있습니다. 이러한 사실에도 불구하고 우리 대학에서 굳이 번역서를 연구실적에서 완전히 삭제한 이유가 무엇인지 설명해 주기 바랍니다.

다섯째, "2015학년도 대구교육대학교 교육, 연구 및 학생지도비 지급 계획"은 문자 그대로 계획일 뿐입니다. 계획이 상위 규정인 "대구교육대학교 교원업적 평가 및 성과급적 연봉제 운영규정"을 위배해도 됩니까? 만약 해당 문건이 계획이 아니라 규정이었다면 규정 개정 발의와 공고, 법제심의위원회 등 관련 위원회 심의와 교수회의라는 일련의 절차를 거쳐야 것입니다. 하지만 계획은 시행 과정에서 잘못된 부분이 있거나 문제가 제기되면 수정, 보완하는 것이 건전한 상식입니다. "2015학년도 대구교육대학교 교육, 연구 및 학생지도비 지급 계획"에 명시돼 있으니 어쩔 수 없다는 논리는 핑계에 불과합니다. 지극히 당연한 근거에도 불구하고, 이를 해결하려는 의지가 부족한 것으로 밖에 볼 수 없습니다. 이와 관련하여 이미 1월 29일에 담당 직원, 2월 5일에 담당 부서장에게 각각 문제를 제기한 바 있습니다. 담당 부서에서는 그동안 어떤 해결 노력을 기울였는지 밝혀주길 바랍니다.

여섯째, 교육 영역 경우 논문지도 자료를 제출해도 실적 인정을 받게 돼있습니다. 마찬가지로 학생지도 영역의 경우에도 학생 상담 실적을 제출해도 실적을 인정받게 돼있습니다. 반면 엄청난 정성과 노력이 수반되는 번역서 출판은 전혀 연구실적으로 인정받지 못하게 돼있습니다. 교육과 학생지도 영역과의 상대적 형평성에 비추어 과연 누가 납득할 수 있겠습니까? 이에 대해 해명해 주기 바랍니다.

일곱째, 행정은 서비스 활동으로 지원하고 보조하는 역할을 하는 것이 주 임무로 알고 있습니다. 따라서 연구 행정은 연구를 진작, 촉진하고 활성화하는 것이 주 임무일 것입니다. 연구의욕을 저해하거나 상대적 불평등으로 연구자들 간의 갈등을 조장하는 것이 주목적은 아닐 것입니다. 번역서를 연구실적에서 제외한 이번 조치가 과연 우리 대학의 연구의욕을 촉진할 수 있다고 생각하는지 이에 대해 설명해 주기 바랍니다.

끝으로 교육, 연구, 학생지도 관련 비용은 2015년 2월까지만 하더라도 급여 보조성 경비로 월급에 반영되어 정액으로 고정적, 일률적으로 지급되었습니다. 대학회계법이 제정돼 부득이 재정, 회계 규정에 의거해 지급할 수밖에 없다고 하더라도, 터무니없는 근거로 교수들 간의 갈등을 조장하거나 연구의욕을 꺾는 일은 없어야 할 것입니다. 이는 개인이나 대학 전체를 위해서도 절대 바람직하지 않습니다. 이 문제는 단순히 연구장려금 몇 푼으로 끝날 문제가 아닙니다. 진리의 상징인 상아탑에서 학자이자 교수로서 자존심과 명예와 관련된 문제입니다. 연구 영역의 경우 절대평가를 적용하기 때문에 다른 사람에게 전혀 불이익을 주지 않음에도 당연히 인정돼야 할 번역서를 연구실적에서 제외하는 것은 상식에 어긋나다 하지 않을 수 없습니다. 번역서를 연구실적에서 제외함으로써 남은 예산을 어디에 어떤 용도로 사용하려고 하는지도 알려주길 바랍니다.

이상과 같은 이의 신청과 재심이 받아들여지지 않을 경우, 부득이 가능한 모든 조치를 취할 예정입니다. 이로 인해 발생하는 모든 책임은 원인을 제공한 위원회와 담당 부서 그리고 학교 측에 있음을 천명합니다.

18 교육과정 개정(2017년)

2017년 11월 2일 열린 교육과정 개정 공청회를 겸한 교수회의에서 질의한 내용과 관련해서 메일 드립니다. 공청회에서 제가 교육과정개정위원장에게 "초등학교 교육과정에 명시된 시간 배당 기준"을 참고했느냐고 질의한 바 있습니다. 우리 대학 교육과정을 초등학교 교육과정에 배당된 시간을 고려해서 전면 개정하자는 의미가 아니었습니다. 그럼에도 일부 오해가 있는 것 같아 보충 설명드립니다. 이번 교육과정 개정이 실습 시수를 학점으로 인정하고 모든 학과가 학점을 줄이는 것을 전제로 하다 보니, 학과 이기주의가 작용해 구성원들 간에 갈등이 유발될 수 있을 것으로 예상했습니다.

모두가 자기주장만 하면 교육과정 개정이 제대로 진행될 수 없습니다. 양보와 타협, 나눔과 배려의 차원에서 "초등학교 교육과정에 명시된 시간 배당 기준"을 참고하면 합리적인 개정안을 도출하는 데 도움이 될 것 같아 제안한 의견이었습니다. 우리 대학의 교육과정 구성 원칙이 "초등교원 양성을 목적으로 하는 특수대학으로서의 목적을 구현"하는 데 있고, "전 교과에 대한 전문적 지식을 습득하고 교과를 효과적으로 지도할 수 있는 능력"을 기르는 것이 우리 대학 교육과정의 목표이기 때문입니다.

"2015 개정 초등학교 교육과정 시간 배당 기준"과 현행 교육과정에서 심화과정별 전공 과정에 배당된 필수 학점(시수) 그리고 시수를 학점으로 인정할 시 필수 학점 배당 상황을 다음과 같이 표로 정리했습니다.

초등학교 시간 배당 기준과 심화 과정별 전공 과정 필수 학점 시간 배당

심화과정	초등학교 시간 배당 기준	필수 학점 배당(시수)	필수 학점 배당 (시수 학점 인정 시)
윤리	(사회 포함) 544	4	4
국어	1,264	5	5
수학	800	5	5
사회	(도덕 포함) 544	5	5
과학	(실과 포함) 544	5(6)	6
체육	408	6(8)	8
음악	(미술 포함) 544	6(9)	9
미술	(음악 포함) 544	6(9)	9
실과	(과학 포함) 544	4(5)	5
영어	340	4	4
컴퓨터		2	2
교육학	1,040	4	4
계	5,892	56(66)	66

표에 따르면, 초등학교 교육과정 시간 배당 기준이 교과별로 상당한 차이가 있습니다. 초등학교에서 해당 교과의 비중과 중요도를 고려한 데 기인한 것으로 보입니다. 표를 통해 우리 대학의 현행 심화 과정별 전공 과정 필수 학점이 초등학교 시간 배당 기준과 불균형하게 배당돼 있음을 알 수 있습니다.

그럼에도 본부에서 "학점과 시수가 일치하지 않는 전공의 의견을 반영한 안으로써, 현재 145학점 157시간을 157학점 및 시수로 보고 감축하는 안"을 교육과정 개정의 배경으로 제시했습니다. 하지만 이 안에 따라 실습 시수를 학점으로 인정할 경우, 기존의 불균형이 더욱 심각하게 됩니다. 이는 총장의 교육과정 개정 철학으로 보기 어렵습니다. 반대가 불 보듯 뻔히 예상됨에도 굳이 실습 시수를 학점으로 인정해 교육과정을 개정하려는 이유가 무엇인지 매우 궁금합니다.

표에서 보는 바와 같이 초등학교에 배정된 총 시수 5,892시간 중 1,264시간

(약 21.5%) 배정된 국어과의 경우 전공필수에 5학점이 배정돼 있습니다. 800시간(약 13.6%) 배정된 수학과의 경우, 전공필수에 5학점이 배정돼 있습니다. 반면, 실습 시수를 학점으로 인정할 경우 각각 272시간(약 4.6%) 배정된 음악과와 미술과의 경우, 전공필수에 각각 9시간씩 배정되게 됩니다. 또한 408시간(약 6.9%) 배정된 체육과의 경우, 전공필수에 8학점이 배정되게 됩니다. 음악, 미술과 거의 비슷한 시간이 배당된 윤리과가 전공필수에 4학점 배정된 것에 비하면 2배가 넘습니다.

이처럼 실습 시수를 학점으로 인정할 경우 음악과 3학점, 미술과 3학점, 체육과 2학점, 과학과 1학점, 실과 1학점이 증가해 총 10학점이 증가하게 됩니다. 이를 어떻게 해석해야 하겠습니까? 누가 보더라도 본말이 전도된 개정안이라 하지 않을 수 없습니다. 결과적으로 일부 학과에 특혜를 제공하는 것으로 볼 수밖에 없습니다. 혜택을 받는 일부 학과를 제외하고 누가 이 안을 수용하겠습니까?

이렇게 되면, 학과별 학점 배당이 초등학교 교육과정에 배정된 시간 기준에 더욱 역행해 실습 시수가 없는 학과들은 상대적 박탈감과 자괴감을 느낄 수밖에 없습니다. 공청회 때 사회과에서 제기한 것처럼 지금까지 실습을 하지 않았던 학과에서 실습 시수를 확보해 달라고 요구하면 어떻게 할 것입니까? 무조건 안 된다고 할 수 있습니까? 아니면 다시 학점을 늘일 것입니까? 이번 개정안이 그대로 통과될 경우, 개선은커녕 개악이 돼 심각한 부작용을 초래하게 될 것입니다. 따라서 실습 시수를 학점으로 인정하고 모든 학과가 1학점씩 학점을 감축하는 안은 출발 자체가 잘못된 것으로 보입니다.

또한 현재 교수 인원을 기준으로 해 1인당 학부 평균 시수가 상대적으로 적은 학과를 시수 감축 대상에서 제외하는 안도 바람직하지 않습니다. 우리 대학은 학부 6시간을 포함하여 대학원 수업을 책임시수 9시간에 포함하고 있습니다. 학부 시수가 6시간이 되지 않는 학과는 하나도 없습니다. 따라서 학부 시수가 6시간을 넘으면 모든 학과에 동일한 기준이 적용돼야 마땅합니다. 향후 대학원 지원 상황에 따라 수업시수 문제가 발생하게 되면 그때 해결안을 논의해도 무방합니다. 아직 발생하지도 않은 문제를 미리 상정해 교육과정에 반영하자는 주장은 쉽게 납득할 수 없습니다.

이러한 점들을 잘 반영해 교육과정 개정위원회에서 합리적인 교육과정 개정안을 도출하기를 바랍니다.

19 교원양성위원회 회의 관련

교육과정 개편 안건으로 2020년 12월 21일 교원양성위원회 회의가 열렸습니다. 잘 아시다시피 현행 교육과정은 145학점(157시간) 체제로 학점과 시수가 불일치하고 학점 수가 많아 학생들의 학업 부담이 크다는 문제점을 안고 있습니다. 이에 학사기획위원회에서 2021년 역량진단과 교원양성 체제 개편에 대비해 고등교육법에 위반된 현행 145학점(157시간) 체제를 먼저 학칙 개정을 통해 학점과 시수를 일치시킨 다음, 전체 학점을 140학점 이하로 감축할 것을 적극 주장했습니다.

교무처는 학칙을 먼저 개정해 학점과 시수를 일치시키는 안에 대해 해당 학과의 반대가 심하다는 이유로 학점과 시수 일치 및 학점 감축을 동시에 추진했습니다. 그러다 보니 원래 의도와 달리 합당한 근거 없이 학점 감축 5개 학과(윤리과, 국어과, 사회과, 영어과, 교육학과), 학점 증가 4개 학과(음악과, 미술과, 체육과, 과학과: 실습 시수 대비 각 2 시수 감축), 학점 무변동 4개 학과(수학과, 컴퓨터과, 특수통합과, 실과: 실과는 실습 시수 대비 1 시수 감축)가 됐습니다.

교육학과는 창의적 체험활동 교육론이 1학점 감축 대상이 됐습니다. 학과 교수님 중에서 한 분이 "학점을 줄일 수 있는 과목은 창의적 체험활동 교육론밖에 없다"라는 말씀을 하셨다고 합니다. 대신 수업시수가 부족하게 된 실과의 시수 보전 차원에서 교양과정에 "미래 사회와 진로 탐색"을 1학점 신설하는 것이 교육학과와 관련된 개편안의 핵심이었습니다. "미래 사회와 진로 탐색" 신설은 위인설관이자 교양과정의 본질에도 부합되지 않는 안으로 생각합니다. 이에 학과 교수님들의 의견 수렴을 통해 두 차례나 교육학과의 주장을 담은 문건을 교무처에 제출했으나 수용되지 않았습니다.

학과의 주장을 끝까지 고수할 경우, 교과교육 대 교육학과의 대결이 되어 교무처 원안대로 통과되거나 자칫 교육과정 개정 자체가 무산돼 모든 책임이 교육학과로 돌아올 수도 있는 상황이 초래됐습니다. 이에 부득이 이○○, 홍○○ 교수님과 제가 총장님과의 면담을 통해 교양과정에 실과의 "미래 사회와 진로 탐색"을 신설하지 않는 대신, 과목 명칭을 창의적 체험활동 교육론 그대로 두고 2학점으로 유지하되, 실과의 부족한 시수를 실과와 협의해 창의적 체험활동 교육론에서 보전할 수 있도록 절충해 이 안을 근거로 한 수정 개편안이 교원양성위원회에서 심의, 가결됐습니다.

교육학과와 창의적 체험활동 교육론을 맡고 있는 저로서는 아쉬운 결정이지만, 145학점(157시간)에서 140학점(140시간)으로 학점과 시수 일치 및 17 시수 감축이 이루어져 학생들의 학업 부담을 크게 경감한 것에 의미를 찾을 수 있을 것 같습니다. 최선책은 아니지만 차선책으로 이해해 주시기 바랍니다.

향후 교육과정 개편 시 이번처럼 또다시 교육학과의 학점 감축을 요구할 것에 대비해 "지난 2002년 151학점에서 145학점 체제로 교육과정을 개정할 때, 교육학과는 다른 학과보다 상대적으로 많은 2학점을 감축해 다음 교육과정 개정 시 교육학과 학점을 더 이상 감축하지 않기로 했음에도, 이번 교육과정에서 이를 무시하고 다시 1학점 감축하도록 한 것이 잘못되었음을 지적하며, 추후 교육과정 개편 시 교육학과의 학점을 더 이상 감축하지 않도록 할 것"을 교원양성위원회 회의록(2020.12.21)에 반드시 명시해 달라고 요청했습니다.

이번 교육과정 개편 과정에서 학과의 신임 교수님들께서 초등교육의 정체성과 우리 대학의 존립 목적을 강조하며 합리적인 주장과 대안을 내 주신 데 대해 깊이 감사드립니다. 아쉽게도 신임 교수님들의 주장이 관철되지는 않았지만, 학과의 정체성을 되새기고 학과의 단합을 도모하는 데 크게 기여한 것으로 생각합니다. 이번 교육과정 개편 과정에서 학과에 누를 끼쳐 송구한 마음을 전하며, 협조해 주신 학과 교수님께 다시 한번 감사드립니다.

2020년 12월 21일 메일

20 교육과정 개정(2020년)

1

학과 교수님들께, 오늘 교수회의에서 교육과정 개편안이 통과됐습니다. 교육학과로서는 매우 아쉬운 결정이었지만, 현행 145학점, 157시간 체제로 예체능과 과학, 실과의 실기, 실습으로 학생들에게 과도한 부담을 준 기형적인 교육과정을 140학점, 140시간으로 학점 감축과 시수와 학점을 일치시킨 대승적 차원에서 우리 대학과 학생들을 위해서 나름대로 불가피한 선택이었다고 생각합니다. 외람되지만, 이번 교육과정 개편 과정에서 가장 많은 상처를 받은 사람이 바로 제가 아닐까라고 생각합니다. 저는 우리 대학에 재직하면서 교수협의회장 때는 물론 학과장과 교수로서 우리 대학이 바른길로 가는데 누구보다 앞장서 왔습니다.

다름이 아니라 22일 열린 학과 회의와 관련해 말씀드리고자 합니다. 18일 저를 포함한 3명의 학과 원로 교수님과 총장과의 면담 결과를 학과에 바로 알리지 못한 것은 면담에서 논의된 내용을 바탕으로 총장님이 실과와 협의한 안을 만들어 교원양성위원회에 상정하겠다고 했기 때문입니다. 21일 교원양성위원회에서 오늘 교수회의에 상정된 안과 동일한 안이 제출됐습니다. 회의에 참석한 ○ 교수님이 이 안에 대해 창의적 체험활동 교육론 과목을 담당하는 저의 의견은 어떤지 물었습니다. 저는 2002년 교육과정 개정 과정에서 교육학과가 2학점을 감축해 향후 교육과정 개정 시 교육학과 배정 학점을 더 이상 감축하지 않는다고 합의한 사실이 지켜지지 않은 점을 거듭 지적했습니다. 그리고 추후 교육과정 개정 시 교육학과 배정 학점을 더 이상 감축하지 않을 것을 교원양성위원회 회의록에 반드시 기록할 것을 요청하고 개편안에 대해 표결했습니다. 교육학과에서 ○ 교수님과 ○ 교수님과 (○ 교수님은 개인 사정으로 불참) 저를 포함한 7명의 위원이 참석해 만장일치로 가결됐습니다.

그리고 21일 학과 교수님들께 교원양성위원회 회의 결과와 그간의 경과를 정리한 메일을 보내드렸습니다. 원로 교수님 중 한 분은 "어려운 상황이었는데 그나마 학점 수가 줄지 않았다는 측면에서 위안을 삼을까 합니다. 고생 많으셨어요"라고 회신을 보내주셨습니다. 22일 학과 회의는 이전과 달리 당일 오전에 학과 회의가 개최된다는 안내 문자가 없었습니다. 저는 전날 보내드린 메일에 별다른 의견이 없어 학과 회의가 열리지 않는 줄 알았습니다. 혹시나 해서 학과 사무실에 연락했더니 근로학생이 회의가 진행되고 있다고 해서 조금 늦게 도착했습니다.

제가 도착하기 전 무슨 이야기가 오갔는지는 잘 모르겠으나, 학과장님은 회의를 진행하면서 마치 기다렸다는 듯 18일 오후 "세 분 교수님이 학과의 대표성도 없이 총장을 방문해 창의적 체험활동 교육론을 실과와 공동 운영하기로 합의"한 것으로 단정했습니다. 저는 총장과의 면담 과정과 교원양성위원회에서 개인적으로 잘못한 점을 지적하면, 인정하고 사과하겠다고 했습니다. 그리고 학과 회의에서 더 나은 대안이나 주장이 나온다면 학과장이 학과를 대표해 교수회의에서 학과 의견을 제시하라고 했습니다.

이번 교육과정 개편에서 모델이 된 교육학과의 창의적 체험활동 교육론 1학점 감축안은 ○ 전 교무처장, ○ 전 학과장 때 마련된 안으로 ○ 학과장님은 누구보다 사정을 잘 알고 있을 줄 압니다. "교육학과에서 학점을 줄일 수 있는 과목은 창의적 체험활동 교육론밖에 없다"라는 말도 학과장님이 한 것으로 알고 있습니다. 그랬던 분이 "학과의 대표성도 없이 총장을 방문해 창의적 체험활동 교육론을 실과와 공동 운영하기로 합의"한 것으로 사실을 호도하고 "조영남 교수가 자신은 정년퇴직 때까지 영향을 받지 않으면서, 퇴임 후 남은 교육학과 교수들에게 실과와 협의해야 하는 부담을 안기는 부당한 결정"을 한 것으로 주장해 저는 큰 충격을 받았습니다. 통합교과 교육론 과목도 당연히 교육학과 학점 감축 대상에 포함될 수 있지만, 저는 후배 교수님을 위해 학점 감축 대상에서 통합교과 교육론은 언급조차 하지 않았습니다. 참고로 초등학교 교육과정에서 창의적 체험활동에 배정된 시수가 통합교과보다 더 많습니다.

오늘 교수회의에서 ○ 교수님과 총장님 발언으로 18일 면담에서 총장이 교육학과 교수들을 설득한 것이지, 교육학과 교수들이 총장과 합의를 한 것이 아닌 것으로 밝혀졌습니다. 저는 지금까지 권력에 구차하게 따르거나, 불의에 구차하게 침묵하지 않는 것을 좌우명으로 살아왔습니다. 학자로서 양심을 걸고 사적인 이익을 추구하거나 학과에 부담을 주기 위해 한 결정이 절대 아니었음을 거듭 확언합니다. 오로지 학교와 학생들을 위한 결정이었습니다.

학과장님은 저보다 연배가 십여 년 정도 아래인 것으로 알고 있습니다. 교수 사회에서도 지켜야 할 예의와 범절이 있고 금도가 있습니다. 학과장님이 무슨 연유로 학과 회의에서 아무런 근거도 없이 제가 마치 본부와 야합을 한 것처럼 허위 사실을 공포해 선배 교수의 명예를 훼손하려 했는지 정말 궁금합니다. 그것도 이번 교육학과 학점 감축의 단초를 제공한 2017년 교육과정 개정을 추진했던 전 교무처장님과 학과장님 외에 부임한 지 얼마 되지 않아 학교 사정을 잘 모르는 신임 교수들만 참석한 자리에서 …

오늘 교수회의 중 발언 기회를 얻어 학과장님께 어제 학과 회의에서 저에게 한 발언에 대해 이 자리에서 사과할 의향이 없느냐고 물었으나, 학과 차원의 일이라며 회피했습니다. 그리고 지금까지 아무런 의사를 표하지 않았습니다. 저는 손가락으로 달을 가리켰는데 학과장님은 달은 보지 않고 손가락만 쳐다본 것은 아닌가 생각합니다. 성사되지는 않았지만, 신임 교수님들께서 초등교육의 본질과 특수목적대학으로서 우리 대학과 교육학과의 정체성 확립을 위해 좋은 안을 내어 주신 데 대해 거듭 감사드리며, 이번 교육과정 개편 과정에서 학과 교수님들을 불편하게 해드려 죄송한 마음을 전해드립니다.

2020년 12월 23일 메일[1)]

2

성탄절 연휴 잘 보내셨는지요? 제가 학과 교수님들께 보낸 메일에 대해 ○ 교수님이 크리스마스 전날인 24일 해명 메일을 보냈습니다. 사실관계를 밝혀 바로 답신하려다가 연휴를 지나고 나서 하는 것이 좋겠다는 판단에서 이제 답신 올립니다.

○ 교수님 메일에는 이번 교육과정 개편 과정의 본질과 핵심보다는 놀람과 당혹, 당황, 오해, 독단적 행위 등의 자극적인 키워드가 두드러져 보입니다. 오히려 제가 사용했어야 하는 표현들이 아니었나 하는 생각이 듭니다. 후배 교수가 자신들이 해결하지 못한 난제를 선배 교수가 몸소 나서 우리 대학과 학과를 위해 대신 희생하고 결단을 내려주어서 감사하다는 인사를 전하기는커녕 놀람과 당혹, 당황, 오해 더구나 "독단적 행위" 등의 표현으로 마치 학과에 해를 끼친 중대한 과오를 저지른 것처럼 매도하다니요?

단적으로, 이번 교육과정 개편에서 교육학과 이외에 학점이 감축된 국어과와 영어과, 사회과, 윤리과 교수님들은 23일 교수회의에서 왜 단 한 분도 반대 발언을 하지 않았을까요? 지금까지 시수와 학점을 동일시해 큰 혜택을 누려왔던 음악과와 미술과, 체육과, 과학과, 실과 교수님들의 경우도 실제 시수 기준으로 2 시수씩 감축되었음에도, 왜 시수 감축에 대한 항의나 적극적인 반대 의사를 표하지 않았을까요? 본부의 교육과정 개편안에 흔쾌히 동의했기 때문일까요?

한편으로는 내년에 있을 교원양성대학 역량진단에 대비하고, 우리 대학의 고질적 문제였던 시수와 학점 간 불일치를 해소하고 학생들에게 과도한 부담을 주었던 총 학점과 시수(145학점, 157시간)를 감축한다는 대전제에 흔쾌히 동의하지는 않지만, 시대적 요구에 부응해 서로 고통을 분담한다는 차원 아니었을까요?

---

1) 12월 26일 ○ 학과장님이 교육학과 특성화 사업 코멘트 메일에 대한 답장을 통해 "대학본부의 일 처리 방식에 대해 문제 제기를 한다는 것이 의도와 달리 선생님께 큰 상처를 드리게 된 것 같습니다. 제 발언이 선생님께 상처를 드렸다면 학과의 후배 교수로서 죄송하다는 말씀을 드립니다."라는 메일을 보내왔습니다.

이번 교육과정 개편으로 총 시수 기준으로 이전 교육과정에 비해 무려 17 시수가 감축된 140학점, 140시간 체제가 됐습니다. 지금까지 여러 차례 교육과정 개편 시도에서 해결하지 못한 실로 의미 있는 결과라고 생각합니다. 개편된 교육과정이 시행되면 학생들에게는 학업 부담의 실질적 감소로 대학 생활을 더욱 알차게 할 수 있는 소중한 계기가 될 것입니다. 학점이 단순 감축된 국어과, 영어과, 사회과, 윤리과와 시수가 더 많이 감축된 음악과, 미술과, 체육과, 과학과, 실과에 비해 교육학과는 명분도 살리면서 실리를 추구해 상대적으로 더 합리적인 해결책을 모색했다는 생각이 들지는 않는가요? 현시점에서 이보다 더 합리적인 해결 방안이 있다면 말씀해 주시기 바랍니다.

학과 세 분 원로 교수님과 총장과의 면담 이후 총장이 실과와의 협의를 거쳐 새로운 안이 마련되지 않았다면, 과연 어떠한 결과가 벌어졌을까요? 교양 필수에 실과의 "미래 사회와 진로 탐색"이 기형적으로 버젓이 자리 잡고, 전공 과정의 "창의적 체험활동 교육론"이 1학점으로 감축됐으면 정말 좋았을까요?

23일 교수회의에 참석하신 학과 교수님들은 당일 교수회의 분위기와 의사결정 과정을 잘 알고 계실 것으로 생각합니다. 후배 교수님의 메일에 일일이 토를 달아 해명한다는 것이 선배 교수로서 부끄러운 일이라는 생각이 들기도 합니다. 하지만 학과 교수님들께 정확한 사실을 알려드릴 책임감에서 ○ 교수님이 보낸 메일에 대해 아래와 같이 사실관계를 적시합니다.

1. ○ 교수님이 "12월 21일 개최된 교원양성위원회에 참석하면서, 매우 놀랐습니다"라고 한 내용과 관련하여

▸ 먼저 12월 7일 교원양성위원회에 제기된 안은 제가 강력히 주장해 채택되지 않도록 했습니다. 교원양성위원회 회의 전날 교육학과 주장을 담은 문건이 교무운영위원회에 제출됐음에도, 이를 무시하고 교양과정에 실과의 "미래 사회와 진로 탐색"이 필수 1학점 배정되고, 전공 과정의 "창의적 체험활동 교육론"이 2학점에서 1학점으로 감축된 안이 상정됐기 때문입니다. 회의를 마치고 나오면서 ○ 교수님은 저에게 "끝까지 버티시다가는

대학원장님과 교육학과가 독박을 쓰게 될 것 같은데요"라고 하셨지요? 저는 "그래도 끝까지 최선을 다해야지요"라고 답한 바 있습니다.

▸ 12월 21일 교원양성위원회에 상정된 안에는 교양과정에 실과의 "미래 사회와 진로 탐색"이 필수 1학점이 삭제되고 "창의적 체험활동 교육론"이 2학점으로 유지되면서, 교육학과가 실과와 협의해 공동으로 운영하는 것으로 되어 있습니다. 저는 18일 총장과의 면담과 이후 총장과 실과와의 협의 과정을 거쳐 나온 이 안이 나름대로 "창의적 체험활동 교육론"을 2학점으로 유지하면서 학점 감축으로 시수가 부족하게 된 실과의 시수 일부를 보전해 준다는 실리와 명분을 동시에 충족할 수 있는 합리적 대안이라고 생각해 반대하지 않았습니다. 당일 "교원양성위원회에 참석하면서, 매우 놀랐습니다"라고 하신 ○ 교수님은 그때 왜 반대 의사를 표하지 않고, 만장일치로 채택되도록 하셨나요?

▸ 교무처장에게 확인한 결과, ○ 교수님이 지적한 회의자료에 '20.12.18 오후 3시 총장과 교육학과 대표 교수 3인의 간담회에서 협의된 사항임'이라고 표현된 것은 회의자료에 관련 내용을 압축해서 기록하다 보니 그렇게 기술된 것이라고 했습니다. 총장이 교수회의 때 발언한 "교육학과 교수들과의 면담을 통해 합의한 것이 아니라, 총장이 교육학과 교수들을 설득하고 이후 실과와 협의해 안을 만들어 교원양성위원회에 제출"한 사실이 맞다고 했습니다. 상식적으로 상대방이 없는 상황에서 어떻게 협의할 수 있나요? 하지만 학과장님은 22일 학과 회의에서 세 분 교수님이 학과의 대표성도 없이 총장을 면담하여 독단적으로 (협의가 아닌) 합의를 한 것으로 표현했습니다.

▸ ○ 교수님은 "조영남 교수님께서 인정한 것으로 저는 받아들였으며, 결과적으로 교원양성위원회는 반대 의견도 투표도 없이 전원일치 가결됐습니다."라고 하면서 왜 회의 도중에 학과장님께 쪽지를 보내 학과 갈등의 단초를 제공하는 이중적 행태를 보이셨나요? 마찬가지로 학과장님은 이 안이 학과의 승인을 받지 않은 안이라는 사실을 ○ 교수님이 보낸 쪽지를 보고

도저히 용납하지 못할 안이라고 판단했다면, 당장이라도 달려와서 교원양성위원회 회의를 저지하거나 이러한 사실을 신속히 학과에 통보하고 긴급 학과 회의를 소집해서 그에 따른 조치를 논하는 것이 마땅하지 않나요? 왜 22일 학과 회의 때까지 아무런 조치도 취하지 않으셨나요?

- 어쨌든 ○ 교수님이 교원양성위원회 회의 도중 학과장님에게 보낸 쪽지는 이번 교육과정 개편과 관련해 두 분이 서로 긴밀하게 소통해 왔음은 물론, 의도적이었던 그렇지 않든 간에 이후 학과 갈등의 단초를 제공한 스모킹 건이 되었음에 분명합니다.
- 교육과정 개편과 관련해 학과장님이 12월 9일 개설한 교육학과 단체 카톡방에는 ○ 교수님이 포함되어 있음에도 ○ 교수님은 단 한 번도 의견을 개진하지 않았습니다. 저는 교육과정 개정을 주창한 당사자로서 저의 의견이 자칫 학과에 누가 될 것 같아 "수고 감사합니다"라는 표현 외에 개입을 자제해 왔습니다. 지금 보니 ○ 교수님은 단체 카톡방에는 참여하지 않고, 지금껏 학과장님과 개별적으로 긴밀히 접촉해 오셨네요?
- ○ 교수님은 말씀과 행동이 다른 분이신가요? 저는 ○ 교수님이 전 교무처장으로 교육과정 개편과 관련된 정황을 누구보다 잘 알면서 후배 교수들을 설득해서 문제해결에 기여는커녕, 교원양성위원회에 새로운 안이 올라온 것을 빌미로 학과 갈등을 증폭시켰다는 느낌을 지울 수 없습니다.
- 12월 15일 자 단톡방에 의하면, 교무처에서 교육학과 창의적 체험활동 교육론 시수 1학점 감축안에 대한 학과 의견을 16일까지 제출하도록 요구해, 15일 오전 신임 교수 5분이 모여 의견을 모아 학과장님 앞으로 전달하고, 16일 학과장님이 학과 의견 초안을 작성한 후 ○ 교수님이 수정한 최종안을 교무처에 제출했습니다. 22일 학과 회의 개최를 알리고 교무처장을 참석하게 하겠다고 했으나 17일 교무처장이 21일 교원양성위원회를 열어서 결정하면 끝나기 때문에, 22일 교육학과 학과 회의에 참석하지 않고 23일에 교수회의를 개최하겠다고 했습니다. 학과장님은 17일 오후 5시 29분에 동의하신 교수님들의 사인과 도장을 받아 총장님께 학과 의견을 제출했음

을 알렸습니다.

▸ 이처럼 두 차례에 걸쳐 학과 의견을 제출했음에도 수용되지 않았고, 21일 교원양성위원회, 23일 교수회의 순으로 교육과정 개정 일정이 촉박하게 정해진 상황이었습니다. 이에 22일 학과 회의는 정황상 늦은 것으로 생각한 ○ 교수님이 총장 방문을 추진했고 저도 다른 원로 교수님 한 분과 함께 참석했습니다. 면담 자리에 학과장님을 비롯해 더 많은 교수님이 참석하지 못해 매우 아쉬웠습니다. 이 자리에서 우리 대학 교육과정 개편의 역사, 이번 교육과정 개편 과정의 절차적 문제, 지난 교육과정 개편 정책보고서의 실효성 문제 등 여러 이야기가 오갔습니다. 그리고 우리 대학의 미래를 위해 이번 교육과정 개편은 반드시 성사돼야 한다는 공감대가 형성됐습니다.

하지만 제가 창의적 체험활동 교육론을 2학점에서 1학점으로 감축하고, 교양 필수에 실과의 "미래 사회와 진로 탐색"을 신설하는 것은 우리 대학의 정체성과 교육과정 본질상 인정할 수 없다고 하자, 총장님은 교양 필수에 신설할 실과의 "미래 사회와 진로 탐색"을 "창의적 체험활동 교육론"과 통합해 강좌명에 실과가 요구하는 진로 탐색이 들어가도록 했으면 좋겠다고 했습니다. 하지만 저와 ○ 교수님은 이는 교과와 창의적 체험활동으로 편제된 초등 교육과정의 본질에 어긋날 뿐만 아니라, 창의적 체험활동의 하위 영역에 진로활동이 포함돼 있어 창의적 체험활동과 진로를 양립하는 명칭 변경은 곤란하다고 주장했습니다. 이에 총장님은 실과와 협의를 거쳐 안이 마련되면 이를 교원양성위원회에 올리겠다고 했습니다.

▸ 12월 21일 교원양성위원회에서 교양과정에 신설하기로 했던 실과의 "미래 사회와 진로 탐색"을 삭제하는 대신, "창의적 체험활동 교육론" 명칭과 학점을 그대로 유지하되, 실과와 교육학과가 공동 운영하는 안이 올라왔습니다. 이에 제가 지난 수십 년 동안 이 과목을 운영해 온 교육학과가 중심이 돼 실과와 협의해 공동 운영하는 것으로 수정할 것을 제안했습니다. 그리고 향후 교육과정 개편 시 교육학과 학점을 더 이상 감축하지 않을 것을

회의록에 명시하는 것을 전제로 만장일치로 가결됐습니다. ○ 교수님 주장처럼 "저를 포함한 학과의 대다수 구성원이 인지하지 못한 상태라 당혹스러운 마음이었습니다."라면 ○ 교수님은 과연 어떻게 행동했어야 하는 것이 바람직할까요?

2. ○ 교수님은 "12월 22일 13시에 개최된 교육학과 회의에서는 당황스러웠습니다"라고 하면서 "교원양성위원회의 결과를 정확하게는 모르고 참석하셨을 신임 교수님들의 심중을 제가 헤아릴 수는 없으나"라고 했습니다.

- 저는 12월 21일 16시에 열린 교원양성위원회 결과와 18일 총장 면담 경과를 21일 저녁 10시 48분에 학과 교수님들께 메일로 전해드렸습니다. ○ 교수님이 "교원양성위원회의 결과를 정확하게는 모르고 참석하셨을 신임 교수님들의 심중을 제가 헤아릴 수는 없으나"라고 하셨기 때문에, 부득이 22일 학과 회의에 참석하신 학과장님과 ○ 교수님 그리고 신임 교수님들의 메일 수신 시간을 공개하지 않을 수 없음을 양해해 주시기 바랍니다. ○ 교수님(21일 22시 49분 확인), ○ 학과장님(22일 0시 7분 확인), ○ 교수님(22일 0시 22분 확인), ○ 교수님(22일 08시 확인), ○ 교수님(22일 08시 29분 확인), ○ 교수님(22일 10시 2분 확인), ○ 교수님(22일 10시 2분 확인) 순으로 메일을 확인했습니다. 따라서 당일 학과회의에 참석하신 교수님들은 모두 22일 13:00에 개최된 회의에 앞서 교원양성위원회 회의 결과와 총장과의 면담 경과를 알고 참석했습니다. 메일에서 저는 학과 교수님들께서 애써 주셨지만, 최선책이 아닌 차선책이 돼서 죄송하다는 말씀과 양해의 말씀을 전했습니다. 더구나 당일 학과 회의 전까지 저에게 이의를 제기한 분은 단 한 분도 없었습니다.
- ○ 교수님은 "항의 방문 시점을 생각해 보신다면, 교육학과에서 두 번이나 반대(안)을 제출한 시점이었고"라고 했습니다. 12월 8일과 16일 두 차례에 걸쳐 학과 의견을 제출했으나 수용되지 않았습니다. 12월 17일 학과장님이 단톡방에 "교무처장님께서 방금 연락하셨네요. 다음 주 월요일에 교원

양성위원회를 열어서 결정하면 그걸로 끝이기 때문에 굳이 화요일에 저희 학과회의에 올 필요성이 없다고 생각하신답니다. 그리고 수요일에 전체 교수회의를 개최하겠다고 하십니다"라고 올렸습니다. 이처럼 21일 교원양성위원회, 23일 교수회의 일정에 비추어 22일 학과 회의 개최 일정은 시점이 적합하지 않다고 판단했습니다.

▸ ○ 교수님은 "그 중간에 학과장님이 교무처장님께 전화로 억박을 받았으며"라고 했습니다. 제가 해명할 사항은 아니지만, 교무처장에게 이전 교육과정 개편 관련 자료를 요청하면서 "교육학과 학과장님이 교무처장으로부터 전화로 억박을 받았다는데 어떻게 된 것이냐?"라고 물었습니다. 교무처장은 허허 웃으며 "글쎄 말이죠, 제가 지금까지 살아오면서 그런 말은 처음 들어보았습니다. 어이가 없습니다."라고 했습니다.

▸ ○ 교수님은 "총장님의 문건 진위 확인 요구에 확인 날인까지 진행하였던 시점이었습니다"라고 했습니다. 총장의 문건 진위 확인 요구에 학과장님이 학과 교수님들의 서명과 날인을 받아 제출한 것은 12월 17일이었습니다. 저는 학과 의견 문건에 이미 학과 교수님들의 서명과 날인을 받은 상태이기 때문에, 이날 학과장님만 참석하지 않고 참석 가능한 학과 교수님들은 함께 참석하자는 연락을 취해서 더 많은 교수님이 참석했더라면 이후에 야기된 갈등 상황을 방지할 수 있지 않았을까 하는 아쉬움이 큽니다. 이후에도 교육학과 주장은 수용되지 않았고, 교육과정 개정 상황은 달라지지 않았습니다.

▸ ○ 교수님은 "지난 항의 방문 전(20.12.17. 12시경)에 전화를 통해 한 분의 선배 교수님께 참여 요청을 받았으나, 학과의 공식적인 방문은 아니라는 학과장의 대답에 참석하지 않았습니다"라고 했습니다. 총장실 항의 방문에 학과 교수님이 한 분이라도 더 많이 참여할 수 있도록 독려해야 할 학과장님이 오히려 학과의 공식적인 방문이 아니라며 선을 그어 학과 교수님께 마치 참석하지 않아도 되는 듯한 모양새를 취한 것도 이해할 수 없습니다. 게다가 학과장님을 설득해서라도 많은 교수님이 참석할 수 있

도록 해야 할 학과 학과의 중견 교수님이 학과장님 의견을 핑계로 면담에는 참석하지 않고, 이후 열린 교원양성위원회 안을 보란 듯이 학과장님에게 쪽지로 전달해 갈등을 유발하게 하고서는, 정작 본인은 교원양성위원회 표결에 찬성하는 이중적 행위를 한 것에 대해서는 어떻게 생각하시는지요?

▸ ○ 교수님은 "하지만 학과의 요청이 있을지 몰라 건강검진을 바쁘게 마치고 연구실에 대기하고는 있었습니다"라고 했습니다. 여담입니다만, 저는 수년 전 ○ 교수님의 교수 채용과 관련해 교육부에 민원이 제기돼 우리 대학에서 이를 처리하는 과정에서 ○ 교수님이 어려움을 겪고 있다고 해서, 교육학과 선배 교수의 한 사람으로 측은한 마음이 들어 지금은 퇴직하신 학과 원로 교수님들을 모시고 본부에 항의 방문을 한 적이 있습니다. 학과 소속 개인 교수의 일도 이러할진대 하물며 학과의 교육과정과 관련된 중요한 문제에, 그것도 전화를 통해 선배 교수로부터 참여 요청을 받았다고 하면서 학과장님의 말을 핑계로 면담에 참석은 하지 않고 연구실에 대기하고 있었다니요? 그럼에도 도리어 문제해결을 위해 총장님을 면담한 교수님들을 "독단적 행위"라고 비난하다니요. 제가 가진 상식으로는 도무지 이해할 수 없습니다.

▸ ○ 교수님이나 학과장님은 총장에게 현재 수업을 맡지 않고 있고, 소속 학과 원로 교수도 곧 퇴직하게 되어 시수가 부족하지 않으니, 용단을 내려 컴퓨터교육과의 학점을 감축해 대학의 난제를 해결하고 화합에 앞장서 달라고 주장한 적이 있나요? 23일 교수회의에 참석하신 학과 교수님들은 제가 12월 10일 밤 총장님께 메일을 보내 이러한 주장을 했던 사실을 총장님께 직접 확인한 것을 알고 계실 줄 압니다.

▸ 저는 이번 교육과정 개정과 관련해 제가 할 수 있는 모든 노력을 다했습니다. 그래서 지난번 보내드린 메일에서도 최선책은 아니지만, 차선책으로 이해를 부탁드렸습니다. 비록 본부 보직을 맡고 있지만, 대학 본부를 견제하고 비판적 지지를 통해 균형을 맞추어야 할 교수협의회가 유명무실해진

상황에서, 저는 본부의 각종 회의에서 소신을 밝히며 본부 내에서 나름대로 야당 역할을 해 왔다고 생각합니다.

3. ○ 교수님의 "전임 ○ 교무처장(안)에 대해 오해를 하고 계십니다"와 관련하여

▸ ○ 교수님은 "따라서 메일에서 말씀하신 아래 표현은 전혀 사실이 아니며 오해이십니다"라고 했습니다. 이번 교육과정 개편에서 모델이 되다시피 한 교육학과 창의적 체험활동 교육론 1학점 감축안은 ○ 전 교무처장, ○ 전 학과장 때 마련된 안으로 학과장님은 누구보다 사정을 잘 알고 있을 줄 압니다.

▸ 먼저 ○ 전 교무처장님의 임기는 2015년 12월 15일부터 2017년 12월 14일까지였습니다. 교무처장 임기 중 두 차례 교육과정 개편이 시도됐습니다. 첫 번째가 ○ 교수님이 메일에서 첨부한 교무운영위원회 회의자료(2016. 10.4)에 포함된 내용입니다. 이 안은 교수회의에서 부결됐습니다. 두 번째는 2017년 기획 및 정책연구 과제로 추진된 "대구교육대학교 교육과정 개편"이었습니다. 이 안도 2017년 11월 30일 교수회의에 상정됐으나 채택되지 않았습니다.

교수회의 회의록을 보면 ○ 전 교무처장님이 "다수 교수님들의 의견을 종합한바, 오늘 상정한 안에 대해서 결정하기보다는 위원회와 본부가 함께 의논을 해서 특정한 방법을 정하고 다시 교수회의에서 교수님들께 상정하도록 하겠다"라고 기록돼 있습니다. 교수회의에 상정된 3가지 교육과정 개편(안) 중 2안이 윤리과, 국어과, 사회과, 영어과, 교육학과가 각 1학점 감축 음악과, 미술과, 과학과, 체육과가 각 1시수 감축, 수학과와 실과, 컴퓨터과, 특수(통합)과는 학점(시수) 감축에서 제외되는 안이어서 이번 교육과정 개편의 기초가 된 것임을 잘 알 수 있습니다.

따라서 ○ 전 교무처장님 임기 때 기획 및 정책연구 과제로 "대구교육대학교 교육과정 개편"이 추진됐고 그 결과에 근거해 교수회의를 직접 진행했

기 때문에, ○ 교수님이 "따라서 메일에서 말씀하신 아래 표현은 전혀 사실이 아니며 오해이십니다"라고 주장한 것은 오해가 아니라 분명한 사실입니다. 다만, 2016년 교육과정 개편 추진 때 교육학과 학과장님은 ○ 교수님이었으나, 2017년 교육과정 개편 추진 때 학과장님은 ○ 교수님이었기 때문에, 이 부분은 오류를 인정하고 바로 잡습니다. 2016년 제가 연구교수로 해외에 체류하는 동안, 창의적 체험활동 교육론 감축안과 관련된 내용을 당시 ○ 학과장님과 메일로 소통한 적이 있어 혼돈이 생겼던 것 같습니다. 이 점 ○ 학과장님에게 사과의 뜻을 전합니다.

4. ○ 교수님의 "절차적 흠결과 논의구조 왜곡에서 기인한 교육학과 내의 갈등은 지속되지 않기를 바랍니다"와 관련하여

▸ 저는 이번 교육과정 개편의 중요성을 강력하게 주장했습니다. 그 중요성을 누구보다 잘 알고 있는 ○ 전 교무처장님이 교육과정 개편 상황을 제대로 파악하고 학과의 중견 교수답게 보다 슬기롭게 행동했더라면 오히려 학과의 갈등이 일어나지 않지 않았을까 생각합니다.

▸ 이번 교육과정 개편 과정에서 더 현명하고 합리적인 안을 도출할 수 있었으면 좋았겠지만, 모든 일에는 상대가 있고 상황과 한계가 있습니다. 이 과정에서 제가 맡은 과목과 관련된 교육학과 교수의 한 사람이자 대학원장을 맡은 본부 보직자로서 제가 할 수 있는 역할에 나름대로 최선을 다해 왔다고 생각합니다. 외람되지만, 저는 2020년 9월 21일 개최된 학사기획위원회에서 초발성으로 "학칙 개정을 통한 학점과 시수 일치와 과감한 학점 감축"을 요지로 교육과정 개편의 당위성을 주장했습니다. 이후 12월 23일 교수회의를 통해 마무리될 때까지 교육과정 개편 상황을 누구보다 잘 알고 있는 분은 이번 교육과정 개편이 성공하게 된 8할 이상이 저의 역할이었다고 말했습니다.

▸ 학과의 신임 교수님들께서 우리 대학의 상황을 잘 모르실 것 같아, 참고로 제가 교수협의회장 때 간행한 교수협의회보를 전해드렸습니다. 여러 권이

어서 부피도 있고 제가 직접 연구실을 방문해서 전해드리면 부담되실 것 같기도 해서 근로학생을 통해 대신 전해드린 점 양해 바랍니다. 지금은 우리 대학 교수협의회가 유명무실해져 제 기능을 수행하지 못하고 있습니다. 회장단이 회원들 간의 의사소통과 정보교류 통로인 교수협의회보 발간은커녕, 국교련(전국국립대교수회 연합회)이나 교협연(전국교대교수협의회 연합회) 등의 소식도 제대로 전하지 않고 그야말로 시위소찬(尸位素餐)만 하고 있습니다. 교수협의회가 제 기능을 했다면, 교육과정 개편 때 균형감을 가지고 본부를 견제하며 합리적 대안을 제시했어야 함에도 말입니다.

- 저는 군자의 삼락중 하나인 앙불괴어천(仰不愧於天), 부부작어인(俯不怍於人)을 가슴에 새기며, 하늘을 우러러 부끄럼 없고, 사람들에게도 부끄럼 없이 살려고 노력하고 있습니다. 저는 보직에 연연하지 않았습니다. 지금까지 여러 차례 보직 제의가 있었으나 고사해 왔습니다. 대신 교수회의에서 "총장 논문대필과 대필자 교수 임용" 문제를 제기해 결국 당시 부도덕한 총장이 물러나도록 했습니다. 2007년 초에 발생해 2012년 5월 대법원의 최종 판결로 사필귀정으로 종결됐습니다. 야당 역할인 교수협의회장을 맡아 유명무실해진 교수협의회를 재건했습니다. 교육부의 성과 연봉제 강행에 맞서 한여름 땡볕에 광화문 이순신 장군 동상 앞에서 1인 시위를 한 적도 있습니다.
- 이처럼 저는 학내외 여러 문제에서 본부와 교육부에 맞서는 역할을 해왔습니다. 학내 사태와 관련하여 수차례 고소, 고발돼 경찰서와 검찰청을 오가며 조사를 받았지만, 모두 무혐의 불기소 판정을 받았습니다. 그럼에도 저는 당사자를 무고로 고소하지 않았습니다. 지금 대학원장직도 제가 간청해서 맡은 것이 아닙니다. 총장 선거 후 당선자가 수차례 간곡히 부탁해, 우리 대학을 위한 마지막 봉사 기회라 생각하고 맡은 것입니다. 그리고 교수협의회장을 맡았을 때처럼 맡은 바 직무를 성실히 수행하고 있습니다.
- 결론적으로 ○ 교수님이 메일에서 언급한 놀람, 당혹, 당황, 오해, 독단적

행위 … 저야말로 실로 당혹스럽고 당황스럽습니다. 혹시라도 이번 학과 갈등 얘기가 교육과정 개편의 본질을 떠나 제 개인에게 흠집을 입힘으로써 장차 자신들이 의도하는 바를 성사하기 위한 불순한 동기에서 비롯됐다면, 결코 이를 용납하거나 좌시하지 않을 것입니다. 이번 교육과정 개편 과정에서 신임 교수님들께서 보여주신 학과에 대한 사랑과 열정, 그리고 비록 수용되지는 않았지만 합리적 대안을 내어 주신 데 대해서 거듭 감사의 말씀을 전해드립니다.

혹여 제가 보내드린 메일과 관련해 잘못된 점이 있거나, 궁금한 점이 있으면 언제든지 연락주시기 바랍니다. 지금 다른 학과에서는 이번 교육과정 개편 후속 조치로 심화 과정 학점 조정과 과목 명칭 변경 안건으로 신속히 학과 회의를 연다고 합니다. 학과장님도 빨리 긴급 학과 회의를 소집해 후속 조치를 취하시기 바랍니다. 학과 교수님들, 남은 한 해 잘 마무리하시고 2021년 새해에도 하시는 모든 일 뜻대로 잘 이루어지기를 바랍니다.

2020년 12월 28일 메일

21 교수협의회 회장 임기를 마치며

저는 2013년 4월 10일 개최된 교수협의회 정기총회를 통해 교수협의회 회장을 맡게 되었습니다. 제가 회장을 맡게 된 가장 큰 이유는 2007년에 일어났던 학내 사태와 관련이 있습니다. 이른바 총장 논문대필과 대필자 교수 임용 사태였습니다. 학내 사태가 결국 법적인 문제로까지 비화 됐으나, 대법원에서 모두 원고 패소 판결이 내려져 사필귀정으로 마무리됐습니다. 당시 사태 여파로 우리 대학 교수협의회가 수년간 제 기능을 다하지 못하자, 저는 교수협의회를 일시 탈퇴했습니다. 더구나 우리 대학 교수협의회를 창립하고 회장을 지내면서 교수협의회 발전에 가장 크게 기여한 원로 교수님도 탈퇴하는 안타까운 일도 있었습니다.

총장 논문대필과 대필자 교수 임용 의혹을 제기해 당시 사태에 직접적으로 관련됐던 저로서는 이러한 상황에 책임을 통감하고, 교수협의회가 정상적인 모습을 되찾기를 바랐습니다. 또한 탈퇴했던 원로 교수님이 복귀해 자신이 창립한 교수협의회 회원으로서 명예롭게 퇴임하셨으면 하는 바람이 있었습니다. 그러던 차에 2012년 2월 말 제가 교수협의회 회원으로 복귀해 2013년 정기총회를 통해 교수협의회 회장을 맡게 되었습니다. 그리고 2014년 정기총회를 통해 회장을 연임하게 됐습니다. 지난 2년간의 임기를 마치면서 회보 지면을 빌려 그동안의 소회를 반추해 보고자 합니다.

지난 2년간 대내외적인 최대 이슈는 무엇보다 "상호 약탈적 성과 연봉제 폐지" 문제였습니다. 다행히 국교련과 우리 대학 교수님들의 적극적인 참여로 상호 약탈적 성과 연봉제가 누적 없는 성과 연봉제로 전환되게 됐습니다. 국립대학 교수들의 단합된 힘으로 정부의 잘못된 정책에 끝까지 항거해 교수의 자존심을 지켜낸 쾌거라고 해도 과언이 아닐 것입니다. "교육부는 상호 약탈적 성과급 누적 연봉제를 즉각 철회하라!"는 현수막 게시와 더불어 반대 서명과 국회 청원 등에 적극 동참해 주신 교수님들께 거듭 감사드립니다.

기성회계 폐지에 대비해 여당에서 제안한 국립대학 재정회계법이 이번 2월 임시국회에서 "국립대학의 회계 설치 및 재정 운영에 관한 법률안"이란 대안으로 야당 안과 병합돼 3월 3일 국회 본회의 통과를 앞두고 있습니다. 하지만 대법원의 기성회계 폐지 선고를 앞둔 다급한 상황을 면하기 위한 임시방편의 미봉책으로 보입니다. 국립대학이 자율적으로 운영될 수 있는 보다 안정적이고 체계적인 법적 기반을 갖추기 위해서는 향후 가칭 "국립대학법" 제정이 필요할 것으로 생각합니다.

대내 주요 활동으로는 2006년 12월 21일 이후 발행이 중단됐던 교수협의회보를 약 7년 만에 복간해 "교수협의회보 〈복간 호 통권 제28호, 제13-1호〉"를 발간한 이래 29호, 30호, 31호, 32호, 33호를 연이어 발간하고, 우리 대학 교수협의회의 네 번째 활동보고서를 발간했습니다. 또한 2013년 일방적으로 삭감된 교내학술연구비 지원 재공모 추진, 2014년 동계방학 중 교내 테니스장에 무단으로 설치된 야간 조명탑 철거, 2014년 정책연구과제 발주를 요청해 "대구교육대학교 교원 업적평가 및 성과급적 연봉제 운영 규정과 지침 개정" 연구를 수행하게 된 점 등이 기억에 남습니다.

개인적으로는 자신이 주도해 창립한 교수협의회가 유명무실해진 상황에서 더 이상 회원으로 머물 이유가 없다며 수년 전 탈퇴했던 원로 교수님을 제가 회장을 맡은 이후 다시 회원으로 모시고 교수협의회가 제 기능을 수행하는 모습을 보여드린 점, 그리고 정년퇴임을 기념해 그동안 우리 대학 교수협의회 발전을 위해 수고하신 데 대한 감사의 마음을 패에 새겨 전해드리게 되어 뿌듯하게 생각합니다. 지난해 온 국민의 가슴을 아프게 했던 세월호 참사와 관련해 "지켜주지 못해 죄송합니다. 삼가 세월호 희생자 여러분의 명복을 빕니다"라는 현수막을 게시하고 애도와 반성의 뜻을 함께하기도 했습니다. 국교련 주관하에 무더운 여름날 우리 대학을 대표해 광화문 앞 세종대왕 동상과 이순신 장군 동상 앞에서 정부의 부당한 국립대 정책에 항의하는 1인 시위를 했던 기억도 새롭습니다. 궂은일임에도 불구하고 저와 함께 1인 시위에 동참해 주신 이○○, 박○○ 교수님께 거듭 감사드립니다.

반면 총장의 핵심 공약이자 우여곡절 끝에 교수협의회장과 총장 간에 합의가 되었음에도 약속대로 추진되지 않은 "교수회 학칙 기구화를 위한 학칙 개정"과 "교수회 규정 제정", 그리고 이와 관련하여 개최된 긴급 교수회의 때 교수님들의 동의하에 공개를 전제로 녹취를 해 놓고 교수협의회의 수차례에 걸친 요구에도 불구하고 결국 녹취 파일이 공개되지 않은 점 등에 대해서는 많은 아쉬움이 남습니다.

2014년 후학기 개강 직후 "학생회 간부 해외연수 중 총장의 술자리 폭언과 성희롱" 사태가 발생했습니다. 교수협의회에서는 학생대책위와 본부 당사자들과의 면담과 두 차례의 평의회 및 교수회의를 통해 교육부의 감사 결과와 본부 특별위원회의 조사 결과를 보고 입장을 밝히기로 했습니다. 하지만 본부에 확인한바 현재까지 아무런 결과가 나오지 않았다고 합니다. 마지막으로 개최된 평의회에서 이전에 결정한 대로 양쪽의 결과가 나오는 것을 보고 판단하기로 했습니다. 이 사태가 저의 임기 내에 제대로 마무리되지 않은 점에 대해 유감으로 생각합니다.

또한 기성회계 폐지로 인한 급여 보조성 인건비 지급 문제와 연구장려금, 저서 발간 지원금, 연구비 수혜를 받지 않은 논문에 대한 인센티브 폐지 등의 문제가 해결되지 않아 안타깝게 생각합니다. 제가 교수협의회를 맡은 동안 해결하지 못한 사안들에 대해서도 향후 계속 관심을 가지고 잘 실천될 수 있도록 노력하겠습니다.

회장직을 수행하는 동안 전해드린 국교련과 교협연 관련 소식과 수많은 메일을 귀찮아하지 않고 흔쾌히 봐주시고 격려해 주신 데 대해서도 감사드립니다. 저는 무신불립(無信不立)을 교훈 삼아 모든 사안을 있는 그대로 투명하게 공개하고 열린 마음으로 소통하는 것을 원칙으로 회장직을 수행했습니다. 겉과 속이 같은 토마토처럼 말과 행동이 일치하도록 노력해 왔습니다. 그동안 저의 언행이나 글로 인해 본의 아니게 마음에 상처를 입거나 불편을 겪으신 분들에게는 지면을 빌려 깊은 유감의 뜻을 전해드립니다.

지난 2년 동안 저와 함께 활동한 임원진과 평의원 교수님들은 물론 모든 회원 교수님의 성원과 협조에 진심으로 감사드립니다. 더불어 차기 회장단의 활동에도 많은 관심과 격려 부탁드립니다. 향후 우리 대학 교수협의회가 '교수회'라는 학칙 기구로 재탄생해 대학 발전에 더 많이 기여할 수 있기를 간절히 기원합니다.

끝으로 아래 시구를 통해 저의 마음을 대신하며, 그동안 협조에 주신 교수님들께 거듭 감사드립니다.

踏雪野中去(답설야중거) 눈 덮인 들판을 걸어갈 때는
不須胡亂行(불수호란행) 모름지기 이리저리 어지럽게 걷지 말라
今日我行跡(금일아행적) 오늘 내가 남긴 발자취가
遂作後人程(수작후인정) 반드시 뒷사람의 이정표가 될 것이니

대구교육대학교 교수협의회보, 통권 제33호, 제15-1호, 2015.2.28

22 공적인 약속과 합의는 반드시 지켜야

2014년 2월 13일 총장과 교수협의회장, 대학원장, 교무처장, 학생처장, 기획처장이 참석한 자리에서 교수회 학칙 기구화를 위한 학칙 개정안과 교수회 규정 제정안에 합의하고 늦어도 5월 교수회의에 상정하기로 약속했습니다. 하지만 5월에는 교수회의가 열리지 않았고, 6월 17일 열린 교수회의 안건에도 교수회 학칙 기구화를 위한 학칙 개정안과 교수회 규정 제정안이 상정되지 않았습니다.

교수협의회는 6월 17일 교수회의에서 지난 2월 13일 총장과 합의한 내용을 정리해 합의 사항 이행을 재촉구한 교수협의회 공문을 배부해 드렸습니다. 그리고 교수회의 말미에 합의 사항 이행 여부에 대한 총장의 답변을 요청했습니다. 이에 교무처장이 교수회를 학칙 기구화하지 않고 현 상태의 교수협의회 체제로 그대로 두기로 결론내렸다고 했습니다. 도대체 누가 누구와 상의해 결론을 내렸다는 말입니까? 총장의 의사를 다시 묻자, 총장은 본질을 회피하고 동문서답으로 일관했습니다. 가관인 것은 총장과 교무처장 그리고 학생처장 모두가 이전 교수협의회장으로서 교수회 학칙 기구화를 추진했었다는 사실입니다. 이렇게 황당한 경우가 어디에 있겠습니까?

교수회 의결 기구화는 남○○ 총장의 공약이었습니다. 공약(公約)은 빈 약속 공약(空約)이 아닌 공적(公的)인 약속입니다. 실행할 것을 공식적으로 약속하는 것입니다. 대학 총장이 더구나 고도의 도덕성과 윤리의식이 요구되는 교육대학의 총장이 실행을 공식적으로 약속하고도 이를 모른 척 파기하는 것이 말이 됩니까? 이는 분명 양식과 상식에 어긋난 행위입니다. 5월 이전에 더 빨리

처리해도 충분히 가능할 일을 본부에서 지방대학 특성화 사업 지원 운운하며 핑계를 대 5월 교수회의에 상정하는 것으로 양보했습니다. 하지만 정작 5월에는 교수회의가 열리지 않았습니다. 합의는 법률적으로는 둘 이상의 당사자의 의사가 일치하는 것을 의미합니다. 혹 불가피한 사정으로 합의를 실행하기 힘들 경우, 사전에 당사자에게 충분히 설명하고 양해를 구하는 것이 상식입니다.

자신의 공약이자 교수협의회장과 합의한 사항을 총장이 아닌 교무처장이 마치 아무런 일이 없었던 것으로 결론을 내렸다니 해도 해도 너무 하지 않습니까? 이런 방식으로 대학 행정을 하니 대학이 바로 설 수 있겠습니까? 이 모든 것이 비정상입니다. 우리 대학의 앞날이 걱정입니다. 지금 우리 대학 총장은 앞서가는 대학을 벤치마킹할 생각은 하지 않고, 오히려 비난받고 있는 대학을 따라 뒷걸음질하는 행태를 보이고 있습니다.

실례로 지방대 특성화 지원 사업에서 우리 대학과 경쟁 관계에 있는 춘천교대는 현 총장이 선거공약으로 내걸지 않았음에도 2013년 10월에 이미 학칙에 교수회의 "의결" 기능을 부여했습니다. 또한 교수회의 학칙 기구화 등을 위한 정책연구 과제를 발주해 다음 학기 중에 학칙 기구화를 매듭짓는다고 합니다. 지방대학 특성화 지원 사업에도 우리 대학보다 더 좋은 결과를 기대하고 있습니다. 참으로 부럽습니다.

총장과 보직 교수들이 직원들의 손안에 있다는 말과 함께 남 총장이 우리 대학 역사상 최악의 총장이 될지도 모른다는 이야기가 심심찮게 들리고 있습니다. 거듭 말씀드리지만, 초등학생들도 공적인 약속과 합의를 지키지 않는 사람을 나쁜 사람이라고 합니다. 총장은 지금부터라도 초심으로 돌아가 무엇이 진정으로 대학발전에 이바지하는 길인지를 고심해 보기 바랍니다.

끝으로, 대학 민주화의 상징이자 우리 대학 교수협의회의 숙원인 교수회 학칙 기구화를 위한 학칙 개정안과 교수회 규정 제정안을 하루빨리 교수회의에 상정할 것을 다시 한번 간곡히 요청합니다.

23 사필귀정: 논문대필과 대필자 교수 임용 관련 대법원판결

사필귀정(事必歸正)이란 성어가 있다. 모든 일은 반드시 바른길로 되돌아간다는 뜻이다. 2012년 5월 24일 자 대법원판결로 지난 5년여 간 우리 대학을 혼란스럽게 했던 일단의 사태가 사필귀정으로 마무리됐다. 2007년 초 우리 대학 국어교육과 교수 채용 과정에서 벌어진 사태로 임용이 취소된 A 씨가 제기한 '교원 임용취소 처분 취소' 상고심에 대한 대법원의 최종 판결이었다. 사태의 전말은 다음과 같다.

2007년 교수 채용 과정에서 제기되었던 문제가 학과 차원에서 해결되지 않자, 사태 악화를 우려한 교수협의회에서 학교 측에 인사유보 요구서(당시 교수협의회장은 사퇴로 인해 공석이어서 교수협의회 부의장 명의로 서명)를 제출하면서 표면화됐다. 그때 제출한 인사유보 요구서가 제대로 받아들여졌다면, 당사자들이 최악의 상황에 빠지거나 우리 대학이 수년간 큰 혼란에 빠지는 불행한 사태가 일어나지 않았을 것이다.

하지만 교수협의회의 인사유보 요구는 물론, 뒤이어 개최된 교수회의를 통한 문제 제기 마저 수용되지 않았다. 사태의 심각성을 인식한 교수들이 '대구교대 바로 세우기 모임'을 결성해 '논문대필과 대필자 교수 임용' 의혹과 관련된 기자회견을 하고, 이 사태에 대해 총장이 책임질 것을 요구하는 성명서를 발표하면서 언론의 주목을 받았다.

이에 당시 총장은 사태의 본질과 전혀 관계없는 '대학혁신에 대한 저항 세력들의 조직적 음해'라는 터무니없는 주장을 하며 징계와 법적 대응을 공언했다. 그리고 문제를 제기한 일부 교수들의 강의와 논문 등을 뒷조사한다는 소문까지

나돌았다. 대학 본부의 카운터파트너로서 견제와 균형 그리고 건전한 비판자 역할을 해야 할 교수협의회마저 총장 측이 장악해 사태 해결에 전혀 기여하지 못했다. 안타깝게도 이후 우리 대학 교수협의회는 지금까지 본연의 기능을 제대로 수행하지 못하고 있다.

또한 당시 우리 대학 신문사 주간이었던 B 교수가 사태의 본질과 총장의 거취 및 향후 방향을 묻는 설문조사를 저지하고 학내의 여론을 반영한 인터뷰 기사 그리고 사설 내용까지 문제 삼아 학보 인쇄를 허락하지 않았다. 이 때문에 대구교대신문 428호가 제때 발행되지 못하는 어처구니없는 상황에 이르렀다. 학보사 기자들이 '428호 대구교대신문' 편집권 침해 및 언론탄압에 대한 대구교대 학보사・총학생회 성명서를 타이틀로 특별 호외를 발행하는 초유의 사태가 벌어지기도 했다.

'논문대필과 대필자 교수 임용' 의혹을 규명하기 위해 '대구교대 바로 세우기 모임' 교수들이 중심이 되어 외부 인사가 참여하는 '진상규명 토론회'를 열었다. 하지만, 당시 총장은 일방적으로 불참을 통고했다. 이후 총학생회가 주최하는 '진상규명 대토론회'에 총장이 참여하지 않으면, 총학에서 퇴진 운동을 벌이겠다고 하자 총장이 토론회에 참석했다. 학생들과 지역 언론의 집중 추궁이 거듭되자 토론회 말미에 총장이 "교수직을 유지할 수 있게 해주면 사퇴하겠다"라고 조건부 사퇴 의사를 표명했고, 얼마 후 사직서를 제출해 교육부로부터 의원면직 됐다.

이후 총장 선거를 통해 취임한 새 총장이 당시 임용된 교수에 대한 임용취소 요구를 받아들여 재심사 절차와 인사위원회의 심의를 거쳐 당사자의 임용을 취소했다. 당사자가 이에 불복해 교원소청심사위원회에 '임용취소 처분 취소 청구' 소청을 제기했으나 기각됐다. 소청 심사 과정에서 임용취소 당사자가 직접 입수하기 어려운 우리 대학의 내부 정보가 소청 자료로 이용되기도 했다. 또한 어떤 연유에서인지 우리 대학과 일부 교수들이 교육부로부터 갑작스럽게 집중 표적 감사를 받기도 했다. 교육부 감사관이 감사 후 브리핑에서 이번 감사가 표적 감사였음을 인정했다. 임용이 취소된 당사자가 연이어 제기한 대구지

방법원과 고등법원의 1, 2심과 대법원의 상고심 판결에서도 원고가 패소했다.

교원소청심사위원회와 대구지방법원과 대구고등법원 및 대법원 상고심의 연이은 원고 패소 판결은 재심사 과정을 통해 임용을 취소한 학교 측의 행정행위가 정당했음을 의미한다. 본말이 이러할진대 당시 총장은 왜 학과 심사 과정과 교수협의회의 인사유보 요구 그리고 교수회의 때 문제 제기를 무시하고 결국 자신은 의원면직 되고, 임용된 당사자도 임용이 취소되는 최악의 사태를 초래하게 되었을까? 당시 학내에서는 이를 두고 천고의 의문이라는 표현이 횡횡했다.

의원면직 된 당시 총장은 '대구교대 바로 세우기 모임'을 주도한 일부 교수를 명예훼손과 협박 및 강요 등 여러 가지 혐의로 수차례 검찰에 고소했다. 하지만 경찰과 검찰의 조사 결과, 고소당했던 교수들은 모두가 무혐의로 결정됐다. 그리고 당시 총장이 자신의 교수직 복귀 문제 등과 관련해 제기한 소송에서도 1, 2심 그리고 대법원 상고심 모두 원고 패소했다.

이 사태의 여파로 학내에 제기됐던 논문 표절 문제와 관련된 C 교수가 자신이 명예훼손을 당했다며 동료 교수들을 상대로 제기한 수차례의 고소, 고발 건도 모두 무혐의로 결정됐다. 교수회의라는 공식 석상에서 발표한 점, 적시된 내용 자체가 교수들의 연구 결과물 부정 제출에 대한 적법 조치를 요구하면서 부정 제출 사례가 사실로 밝혀질 경우, 논문 취소 및 연구비 환수 등의 조치를 요구한 점 등에 미루어, 객관적으로 드러난 주요한 목적은 대구교육대학교 측의 공익을 위한 행위로 보인다는 것이 무혐의 결정의 배경이었다. 이렇듯 지난 5년여 긴 우리 대학을 떠들썩하게 했던 사태의 전말은 법원의 판결과 경찰과 검찰의 수사를 통해서 시시비비가 분명히 밝혀졌다.

우리 대학은 '참된 스승의 길을 간다'라는 교시 하에 유능한 초등교사 양성을 목적으로 한다. 참된 스승에게는 고도의 윤리의식과 도덕성이 요구된다. 지난 사태로 불행한 결말을 맡게 된 당사자들에게는 매우 안타까운 일이지만, 모두가 자신들이 스스로 초래한 결과였다. 다행히 교수와 학생을 비롯한 우리 대학 구성원들은 학내 문제를 스스로 정화할 수 있는 능력을 보여주었다. 어려운 상황 속에서도 문제해결을 위해 노력을 아끼지 않은 많은 교수와 학생들에게 이 글을 통해 다시 한번 감사의 인사를 드린다. 인간은 반성적 동물이다. 과거에 대한 반성을 통해 교훈을 얻지 못하면 더 이상 진보할 수 없다. 지난 일련의 사태가 우리 대학 구성원 모두에게 도덕성과 연구 윤리의식을 강화하는 중요한 계기가 되었을 것으로 믿어 의심치 않는다. 5년 전 사태를 거울삼아 우리 대학에서 다시는 이와 같은 불행한 일들이 일어나지 않도록 모두가 함께 노력해야 할 것이다. 마찬가지로 학내에서 아직 해결되지 않고 있는 연구 윤리 문제도 하루빨리 정리되기를 바란다.

'모든 일은 반드시 바른길로 되돌아간다.'라는 사필귀정의 교훈을 잊지 말아야 할 것이다.

대구교대신문 제468호, 교수 칼럼, 2012.10.9.

24 사필귀정: 총장임용후보자 선정 규정 위헌판결

2021년 12월 23일 "대구교육대학교 총장임용후보자 선정규정(이하 이 규정) 제24조 제2항"이 위헌으로 선고됐다. 이 규정에 관한 헌법소원심판 청구(2019헌마825. 2019.7.26.)에 대해 헌재가 내린 최종 결정이었다. 헌법소원심판 청구의 전말은 다음과 같다.

2015년 8월 17일 故 고현철 부산대 교수가 "대학 민주화와 총장 직선제 수호를 외치며 진정한 민주주의를 위해서 희생이 필요하다면 감당하겠다"라는 유서를 남기고 투신했다. 이후 강력한 총장 직선제 요구에 따라 부산대가 2015년 11월 17일 직선제로 총장선거를 실시했다. 이에 교육부가 "국립대학 총장임용제도 보완 방안"(2015.12.15.)을 발표했다. 기탁금 • 발전기금 납부 등 개별 대학들이 내부 규정으로 정하고 있는 불합리한 총장임용후보자 자격 요건의 폐지가 핵심이었다. 이후 발표된 "국립대 총장 임용제도 운영에 대학 자율권 확대 방안"(2017.8.30.)에서도 기탁금, 발전기금 납부 등 불합리한 제도 폐지를 거듭 천명했다. 하지만 대학 본부는 이러한 사실을 구성원들에게 알리지 않았다.

이 때문에 규정에 포함된 기탁금과 발전기금 납부가 교육부에서 요구한 폐지 대상임이 알려지지 않은 채, 2019년 5월 2일 교수회의에서 심의됐다. 이에 필자가 교육부의 "국립대학 총장임용 제도 보완 방안"과 "국립대 총장 임용제도 운영에 대학 자율권 확대 방안"을 공개했다. 그리고 "이 규정 제24조(기탁금의 납부 및 반환)"가 헌법에 보장된 공무담임권을 침해할 뿐만 아니라 과잉금지 원칙에도 위배된다는 점을 지적하고, 빠른 시일 내에 관련 조항을 개정할 것을 요구해 다음 교수회의에서 재논의 하기로 결정했다.

2019년 5월 16일 열린 교수회의에서 교육부의 발전기금과 기탁금 납부 등 불합리한 제도 폐지 요구와 헌법재판소의 위헌 선고(2014헌마274, 2018.4.26.) 주장이 공감을 얻어 이 규정 중 기탁금 관련 조항을 삭제 개정하기로 했다. 하지만 임청환 전 총장은 학칙 제77조(규정 개정) ⑤항 2호(교수회의 심의를 거친 내용을 반영한 규정의 개정)"에 의거 별도의 절차 없이 개정된 규정을 공포해야 함에도 그렇게 하지 않았다. 게다가 교수회의에서 통과된 이 규정 개정안을 5월 29일 열린 교무운영위원회에서 부결시켰다. 교수회의에서 의결된 사안이 교무운영위원회에서 부결되는 어처구니없는 일이 벌어졌다. 누구보다 학칙을 준수해야 할 총장이 스스로 학칙을 위반했다.

필자는 사태의 심각성을 인지하고 교내 메일을 통해 교무운영위원회의 규정 개정안 심의 과정의 문제점을 상세히 알렸다. 하지만 대학 본부는 6월 13일 교수회의에서 개정안에 대한 표결을 강행해 이전 교수회의에서 가결했던 안을 다시 부결시켰다. 교수회의에서 가결된 사안을 교무운영위원회를 거쳐 교수회의에서 다시 부결시킨 경우는 우리 대학에서 처음 있는 일이었다. 당일 교수회의 참석자 55명 중 28명이 개정안에 반대해 겨우 과반을 채웠다. 반대한 28명은 우리 대학 재직 교원 93명 중 30%에 불과할 뿐만 아니라, 교수회의 참석자도 본부 보직자들이 다수였다. 필자는 기탁금 조항의 문제점을 거듭 지적했다. 또한 우리 대학이 헌법재판소와 교육부에서 지적한 불합리한 기탁금 조항을 폐지하게 되면, 다른 국립대학의 모범 사례가 되어 교원양성기관 역량진단평가에도 긍정적으로 작용할 수 있음을 주장하고 다수 교수도 동의했다. 하지만 이전과 달리 대학 본부는 작심한 듯 막무가내식 회의 진행으로 표결을 강행했다.

기탁금 제도를 폐지하지 않더라도, 이 규정에 명시된 기탁금 반환 조항도 위헌 소지를 담고 있었다. 1차 투표에서 최종 환산득표율이 100분의 15이상을 득표한 경우에는 납부한 기탁금의 반액을 반환받으며, 반환되지 않는 기탁금은 모두 발전기금에 귀속되게 했다. 따라서 기탁금을 발전기금에 강제로 납입하게 하여 헌법에 보장된 과잉금지 원칙에 반해 후보자의 재산권을 과도하게 침해하기 때문이다.

누구든 법 위에 군림하거나 법을 무시해서도 안 된다. 그 어떤 하위 법령도 국가의 최고법인 헌법에 위배되면 안 된다. 민주주의의 단점인 떼법(mob rule) 논리와 중우정치(衆愚政治: ochlocracy)도 경계해야 한다. 노예 연구 권위자인 패터슨은 "노예의 진정한 요건은 법적 능력의 상실"에 있다며, 법적 능력 상실을 '사회적 죽음(social death)'이라 했다. 교수들 스스로 헌법적 가치를 지키지 않고서 어찌 예비교사들에게 "준법정신"과 "참된 스승의 길"을 강조할 수 있겠는가.

준법과 공정을 바탕으로 한바탕 축제가 되어야 할 총장선거를 왜 처음부터 법적인 문제를 안고 시작하려는지 이해할 수 없었다. 대학 본부에 이 규정 해당 조항의 위헌 소지에 대해 자문 변호사에게 법적 자문을 구해 빠른 시일 내에 규정 개정 등 필요한 조치를 해 줄 것을 거듭 요구했으나 끝내 수용되지 않았다.

필자는 우리 대학 부임 이후 지금까지 불구종 불구묵을 소신으로 대의명분과 시시비비에 따라 처신하고 행동해 왔다. 이 사안이 끝내 학내에서 해결되지 않아 누차 공언한 대로 부득이 총장 선거 전인 2019년 7월 26일 헌법재판소에 헌법소원 심판을 청구했다. 헌재의 지정재판부 적법 요건 검토를 거쳐 8월 13일 심판에 회부되어 청구인 조영남과 피청구인 대구교육대학교 총장 간의 수차례 보충서면과 의견서 제출 과정을 거쳤다. 마침내 2021년 12월 23일 헌재로부터 이 사건 기탁금 귀속 조항은 법익 균형성과 과잉금지 원칙에 위반되어 청구인의 재산권을 침해한다는 위헌결정을 받았다.

헌법재판소법 제47조 위헌결정의 효력에 따라 법률의 위헌결정은 법원과 그 밖의 국가기관 및 지방자치단체를 기속(羈束)한다. 필자는 헌법소원 심판 청구를 통해 헌재로부터 위헌결정을 받음으로써 국립대학 총장 임용후보자 선정 규정의 기탁금 관련 조항이 헌법정신에 맞게 합리적으로 개정되게 한 것을 큰 보람으로 여긴다.

헌재의 위헌결정은 언론 보도와 교육부의 공문(국립대학정책과-451.2022. 1.25.)을 통해 구성원들에게 전달됐다. 하지만 헌법정신에 따른 정당한 주장을 무시하고 독단적으로 위헌 규정을 제정한 임청환 전 총장을 비롯한 관련자들은 시간이 지나면 그만이라는 듯 모르쇠로 일관하고 있다. 도덕성을 전제로 “참된 스승의 길을 간다”라는 교시에 반해, 우리 대학의 명예를 실추시킨 자신들의 과오를 솔직히 인정하고 반성하는 모습을 보여야 할 것이다.

이번 위헌결정과 더불어 15년 전 우리 대학에서 있었던 “총장 논문대필과 대필자 교수 임용” 사태가 떠오른다. 필자는 당시 문제 제기자로서 사태가 순리에 따라 조기에 수습될 수 있도록 최선을 다했다. 하지만 당사자들의 무리한 선택으로 결국 총장은 사퇴하고 신임교수는 임용이 취소됐다. 이 사태는 급기야 법적 문제로 비화해 1심과 2심을 거쳐 최종심인 대법원판결로 5년 만에 종결됐다. 당사자들의 고소, 고발이 이어졌으나 결과는 모두 인과응보, 자업자득이었다. 대법원판결 후 대구교대신문(제486호. 2012.12.15.)에 ‘사필귀정’이란 제목으로 사태의 전말을 담은 사설을 기고한 적이 있다.

우리 대학에서 다시는 법과 상식에 어긋난 안타깝고 불미스러운 사태가 반복되지 않기를 바란다. 만사 사필귀정이다.

대구교대신문 제531호, 상록인 칼럼, 2022.4.1.

25 사필귀정: 화랑무공훈장을 아버님 영전에

선친의 30주기 기일을 앞두고 불현듯 어디선가 보았던 6.25 무공훈장 찾아주기 기사가 생각났다. 바로 국방부 홈페이지에 들어가 6.25 무공훈장 찾아주기 대상자 리스트를 찾아 선친의 성명을 입력했다. 아니나 다를까 성명과 본적이 정확히 일치하는 인물이 나타났다. 순간 전율과 흥분이 온몸을 감쌌다. 아버님께서 생전에 받지 못한 무공훈장을 찾아달라는 신호를 보내셨다는 생각이 들었다. 곧바로 6.25 무공훈장 찾아주기 조사단에 전화했다. "연번 33186, 군번 1604398 조사현 대상자가 바로 저의 선친입니다. 지금까지 찾지 못한 6.25 무공훈장을 빨리 찾게 해주시길 바랍니다."

일제강점기 암울한 소년 시절을 보낸 선친은 1948년 6월 불과 열여덟 어린 나이에 국군의 전신인 국방경비대에 자원입대했다. 해방 후 극도로 혼란한 시기, 국토방위와 애국의 일념에서였다. 1948년 8월 정부수립 후 국방경비대가 육군으로 개편되자, 선친은 1사단 12연대에 소속돼 최전방 개성지구 38선에 배치됐다. 1950년 6월 25일 새벽, 북한군의 기습 남침을 방어하다 적군의 엄청난 화력에 밀려 부대가 소개됐다. 후퇴 도중 한강교가 폭파되자 뗏목을 타고 도하 하다가 북한군이 쏜 포탄이 바로 옆에 떨어지는 등 수차례 죽을 고비를 넘겼다. 결국 부대가 낙동강까지 후퇴해 낙동강 방어전에 참전했다.

8월 13일부터 9월 22일까지 경상북도 군위군 고로면 조림산 일대에서 무려 42일간에 걸쳐 치열한 전투가 벌어졌다. 이 전투에서 선친은 "도치카(벙커) 파괴 2"(1950년 9월 18일 자 훈장지부 기록)의 전적으로 무공훈장에 서훈이 됐다. 맨몸으로 적의 진지에 돌격한 무명의 전쟁 영웅이었다. 그러나 계속된 피 말리는 전투에서 육탄전을 벌이다 정수리에 개머리판 가격을 받고 쓰러져 북한군의 포로가 됐다. 이 때문에 선친의 병적에는 군위 전투가 끝난 1950년 9월 22일 전사한 것으로 기록됐다. 국립현충원에는 선친의 위패가, 전쟁기념관에는 전사자 명비에 새겨져 있다. 동족상잔 비극적 역사의 한 장면이 아닐 수 없다.

선친은 포로로 잡혀 있는 동안 북한군이 총구를 목에 겨누며 위협하는 등 온갖 고초를 겪었다. 다행히 인천상륙작전으로 북한군이 퇴각하던 틈을 타 구사일생으로 탈출해 고향에 돌아왔다. 생존해 계신 고모는 오빠가 얼마나 고생했는지 생환 당시 거지같이 초라한 몰골에 눈물이 펑펑 쏟아졌다고 한다. 스무살 청년이 포로로 겪은 고초를 어찌 말로 다 표현할 수 있으랴. 불심이 깊었던 할머니는 피란도 가지 않고 맏이인 선친의 무사 귀환을 빌었다. 날마다 한없이 절을 해 무릎이 까져 삼베옷에 벌겋게 피가 배었다고 한다.

가족의 만류에도 선친은 제주도 제1훈련소에 재입대해 2개의 군번을 갖게 됐다. 6.25 전후 기간 9년 넘게 군 복무를 한 후 경찰에 투신했다. 어려운 시절 보리밥에 된장 반찬으로 도시락을 싸 다녔다. 필자는 4형제의 맏이로 선친의 숙직 때면 동생을 데리고 어머니가 싸 주신 도시락을 전해드리곤 했다. 줄곧 통신 분야에 전념해 대구, 경북 경찰 통신의 선구자로 알려졌다. 울릉도와 독도, 팔공산의 통신기지, 대구경찰청 통신탑에도 당신의 피와 땀이 서려 있다. 선친을 본받아 4형제 모두 현역으로 병역 의무를 마쳤다. 필자가 교육공무원이 된 것도 당신의 바람에서였다. 지금까지 선친이 알려주신 훌륭한 선조들과 선친을 롤 모델로 교단생활을 하고 있다. 아내는 날이 갈수록 아버님을 닮아간다고 한다.

55년 전 필자가 초등학교 1학년 때, 선친이 병환이 깊은 할머니를 리어카에 태우고 멀리 있는 병원에 모시고 다녔다. 할머니가 탄 리어카에 함께 태워 달라고 철없이 졸랐던 기억에 부끄럽기만 하다. 원래 효심이 깊기도 했지만, 6.25 당시 포로로 있던 당신의 무사 귀환이 할머니의 지극정성 기도 덕이라는 마음으로 더욱 성심을 다했으리라. 막내 동생은 어릴 때 선친의 정수리에 깊이 남은 상처를 보고 흉봤던 게 너무 죄스럽다고 한다. 선친은 근면과 성실을 좌우명으로 공직 생활을 해 녹조근정훈장과 근정포장, 대통령 표창을 비롯해 20여 차례 각종 훈, 표창을 받았다.

안타깝게도 재직 중 입은 공상 후유증으로 순직해 대전현충원에 안장됐다. 생전에 당신이 직접 6.25 무공훈장 기록을 찾으려 백방으로 노력하셨다. 돌아가신 후에는 필자가 육군본부에 민원을 제기했다. 하지만 당시에는 기록이 확인되지 않아 뜻을 이루지 못했다. 지금은 한자 판독 병사들이 수기로 작성된 6.25 참전 용사들의 병적문서를 해독해 무공훈장 대상자 명단을 계속 업데이트하고 있다.

선친의 30주기 기일인 2020년 7월 10일 서면으로 또다시 민원을 제출했다. 하지만 진행 과정은 결코 순탄치 않았다. 육군본부 병적민원과로부터 전사 기록된 첫 번째 군번과 재입대로 받은 두 번째 군번이 동일인임을 확인받았다. 병무청에서 정정 발급한 병적증명서에도 두 군번의 주인공이 동일인으로 명시돼 있다. 그럼에도 6.25 무공훈장 찾기 조사단은 두 군번의 생년월일이 다르게 기재된 부분이 소명되지 않으면 무공훈장을 수여할 수 없다고 했다.

당시 본적지에 선친과 동명이인이 없었고, 열여덟 어린 나이에 자원입대하느라 생년을 앞당겨 신고했다는 친인척들의 인우보증서를 제출하고, 전화와 메일을 통해 수차례 빠른 처리를 요청했다. 그러나 코로나19를 빌미로 시일이 계속 천연됐다. 부득이 국민신문고와 국방신고센터를 통해 신속한 민원 처리를 거듭 촉구하고, 본적지인 영천시에도 신원확인 협조 요청을 했다. 우여곡절 끝에 2021년 5월 28일 조사단이 고향을 방문해 친척에게 사실관계를 확인하고 고모와도 통화를 한 후 화랑무공훈장 대상자로 최종 확정됐다.

마침내 6.25 71주년 바로 전날인 2021년 6월 24일 영천시장실에서 무공훈장 수여식이 열렸다. 시장이 코로나19로 행사를 성대하게 열지 못해 미안하다고 했다. 유종의 미, 끝이 좋으면 모든 게 좋다는 말이 실감이 났다. 어머니도 지하에 계신 아버님께서 흐뭇해하실 거라며 기뻐하셨다. '위국헌신 군인본분', 안중근 의사의 유지를 몸소 실천했으니, 선친의 화랑무공훈장 수훈은 비록 늦었지만 사필귀정이다. 온 가족이 함께 마음의 훈장을 수여했다. 자식으로서 선친이

6.25 71주년, 돌아가신 지 31년 만에 화랑무공훈장의 주인공이 된 것을 가장 큰 보람으로 생각한다. 순탄치 않았던 과정을 묵묵히 지켜보며 격려해 준 어머니와 가족 모두에 감사하며, 아버님 영전에 화랑무공훈장과 이 글을 바친다.

대구교대신문 제530호, 상록인 칼럼, 2022.1.14.

무공훈장 수훈 대상자 확인 참고자료

〈조사○팀장 소령 ○○○ / ☎ 042-550-7581, '21. 6. 24.(목)〉

1. 인적사항
   가. 대상자
      1) 성명: 故) 조사현
      2) 군번: 1604398(재입대 군번: 9242928)
      3) 소속: 1사단 12연대(입대: 1948. 6. 21)
         * 12연대 이하 중・대대 기록자료 없음
   나. 유가족: 아들 조영남

2. 수훈내용
   가. 수공당시 계급: 일등중사(現 하사)
   나. 수공지역/기간: 경북 군위(군위전투) / '50. 9. 18
   다. 수훈공적: "도치카 파괴 2"(훈장지부기록)
      * 도치카: 엄폐호(벙커)로 추정되는 용어
      * 군위전투(1950. 8. 11.~9. 21.)
      경북 군위군 효령면과 고로면 화산리 조림산과 갑령일대에서 무려 42일간에 걸쳐서 아주 치열하게 벌어졌던 전투임.

6・25 무공훈장찾아주기조사단

제3부

교육 관과 군자 관

01 루소의 에밀

장 자크 루소(Jean-Jacques Rousseau: 1712~1778)는 18세기를 대표하는 프랑스의 계몽주의 철학자이자, 교육가, 소설가이다.『에밀(Émile ou De l'éducation』(1762)은 자연주의(naturalism) 교육사상을 대표하는 루소의 교육 철학서이자 소설이다.

루소는 1712년 6월 28일 스위스 제네바에서 시계공의 아들로 태어났다. 생후 10일 만에 어머니가 세상을 떠났다. 정규교육을 받지 못하고, 독학으로 방대한 서적을 탐독했다. 18세 때인 1730년에 음악 가정교사를 했다. 1735년 아버지에게 쓴 편지에서 자기가 할 수 있는 모든 직업 중에서 가정교사가 가장 맞는 것 같다고 고백한 바 있다. 1740년 리옹 법원장 아들의 가정교사가 되어,『생트-마리 씨의 교육』에 대한 연구를 집필했다. 1745년 23세였던 여관 하녀 테레즈와 동거했다. 1746년 출생한 첫 아이를 비롯한 다섯 명의 아이를 모두 고아원에 보냈다. 1747년 아버지 사망 후 어머니의 재산을 상속받고, 희극『경솔한 약속』을 집필했다. 1750년 디종 아카데미에서『학문・예술론』으로 일등상을 받았다. 1755년『인간불평등 기원론』, 1760년『신 엘로이즈』, 1762년『사회계약론』과『에밀』을 발간했다. 하지만 두 권 모두 금서가 되고 체포령이 떨어져 스위스로 피신했다. 1768년 테레즈와 결혼식을 올렸다. 1776년『고독한 산책자의 몽상』을 집필하기 시작했으나, 1778년『고독한 산책자의 몽상』열 번째 산책(미완성)을 집필하다, 7월 2일 사망했다.

루소는 청년에게 가장 좋지 못한 역사가를 이렇게 기술했다.

> 청년에게 가장 좋지 못한 역사가는 판단을 내리는 역사가이다. 사실을 청년 스스로 판단하게 하라. … 저자가 내린 판단이 끊임없이 그를 안내한다면 그는 타인의 눈으로 볼 뿐이다. 그리하여 그에게 타인의 눈이 없으면 그는 더 이상 아무것도 보지 못한다(427쪽).

루소의 주장을 새기면, 『에밀』에 대한 해제 쓰기가 망설여진다. 저자와 내용, 체제 등 책 전반에 대해 개략적으로 설명하는 것이 해제인데, 설명에는 가치판단이 들어가기 때문이다. 독자가 『에밀』을 직접 읽고 자신의 관점에서 의미를 찾는 것이 가장 좋은 방법이다. 이에 『에밀』에 대한 해제를 가능한 한 루소가 직접 기술한 내용을 중심으로 엮고자 한다.

『에밀』은 서문과 5개의 부로 구성되어 있다. 서문에는 『에밀』의 집필 동기, 1부는 유년기의 에밀, 2부는 다섯 살에서 열두 살까지, 3부는 열두 살에서 열다섯 살까지, 4부는 열다섯 살에서 스무 살까지, 마지막 5부는 스무 살에서 결혼까지의 내용이 담겨있다.

루소는 『에밀』 서문에서 이렇게 말했다.

> 사람들은 어린이에 대해 거의 문외한이다. … 어린이가 무엇을 배워야 하는 점에 대해서는 고려하지도 않는다. … 그러니 당신의 학생들을 더 잘 연구하는 것으로부터 시작하라. 확신하건대 당신은 그들을 전혀 모르기 때문이다(서문: 54-55쪽).

루소의 교육은 한 마디로 아동 중심이다. 아동 중심 교육은 조기교육을 강조한 플라톤을 시발점으로 『아동교육론』을 집필한 에라스무스를 거쳐, 루소의 『에밀』을 통하여 개화되었다. 아동 중심 교육은 이후 페스탈로치, 프뢰벨, 헤르바르트와 케이를 거쳐 듀이를 통해 확립됐다.

1부는 에밀의 생후 5세까지의 유년기 교육을 통해 신체의 자유를 구속하지 않는 양육을 강조하고 있다. "모든 것은 창조자의 수중에서 나올 때는 선한데 인간의 수중에서 모두 타락한다."(61쪽)라는 문장으로 시작된다. 당시 주류였던 기독교의 원죄설(原罪說)에 배치되는 성선설(性善說)을 표방해 출판 초기 금서가 되기도 했다. “식물은 재배를 통해 가꾸어지며, 인간은 교육을 통해 만들어진다.”(62쪽)라고 했다.

> 그 교육은 자연이나 사물 또는 인간의 소산이다. … 그러므로 우리는 모두 세 종류의 선생을 통해 교육받는다. … 그 세 교육의 일치는 각자의 교육의 완성에 필요하기 때문에, 다른 두 교육을 통솔해야 하는 것은 우리가 어찌할 도리가 없는 바로 그 자연의 교육 쪽이다(63-64쪽).

루소는 자연과 인간과 사물에 의한 교육 중 자연에 의한 교육을 가장 중요시했다. 루소의 교육사상을 자연주의 교육이라고 하는 연유도 여기에 있다. 번역본의 찾아보기에도 ‘자연’이 가장 많이 색인 되어 있다.

2부는 5~12세까지의 교육으로 신체와 감관 훈련이 중심이다. 자연의 필연성을 알게 하고 감각과 경험을 통한 이해를 강조했다.

> 불확실한 미래를 위해 현재를 희생시키면서 아이에게 온갖 종류의 사슬을 채워, 그가 맛보지도 못할 이른바 행복이라는 것을 미래에 안겨준다는 미명 아래 아이를 불행하게 만드는 그런 야만적인 교육을 도대체 어떻게 생각해야 하는가?(136쪽)

루소는 인간답게 행동할 것을 첫째 의무로 제시했다. 아이를 사랑하고 놀이와 즐거움과 사랑스러운 천성을 독려했다.

> 젊은 선생이여, 나는 당신에게 어려운 기술 하나를 권장하겠다. 훈계하지 않고 학생을 지도하는 기술이며, 아무것도 하지 않고 모든 것을 다하는 기술이 바로 그것이다(213쪽).

교사의 지시와 명령, 권위에 의한 적극적 교육 대신, 타고난 자연성에 따라 아동이 스스로 할 줄 알도록 이끌어 주는 소극적 교육을 강조했다.

3부는 12~15세까지의 교육을 지능과 기술교육 중심으로 다루고 있다.

> 인간의 지능에는 한계가 있다. 그리하여 한 인간이 모든 것을 알 수는 없으며, … 있는 모든 것을 아는 것이 중요한 게 아니라, 유익한 것만 아는 것이 중요하다. (297쪽) … 다시 말하지만 내 목적은 그에게 지식을 가르쳐주는 것이 아니라 필요할 때 그것을 획득하는 방법을 가르쳐주고 지식의 가치를 정확하게 가능하도록 하는 것이며, 특히 그가 진실을 사랑하도록 하는 것이다(371쪽).

루소는 "수다스럽게 지껄이는 교육으로는 수다쟁이밖에 만들어 내지 못한다."(321쪽)라며 실생활에 유용한 교육과 감각과 경험을 통한 교육, 문제해결 방법을 강조하여 듀이의 진보주의 교육이론에 영향을 주었다. "그것이 각 개인과 연령과 성(性)에 적합하지 않다면, 내 방법과 같은 성공을 거둘 수 있을지 의문을 품지 않을 수 없다."(343쪽), "학문 연구에 적합한 시기가 있는 것처럼, 세상의 관습을 잘 이해하는 데 적합한 시기가 있다."(592쪽)라며 교육 만능설 대신, 학습 준비설을 주장했다. 루소의 학습 준비설은 피아제의 인지발달 이론과 비고츠키의 사회성 발달 이론에도 영향을 미친 것으로 보인다.

4부는 15~20세까지의 교육을 도덕과 종교교육을 중심으로 다루고 있다. 이 시기는 정서적, 도덕적 감정이 형성되는 시기로 인간과의 관계와 말이 아닌 행동을 통한 교육을 강조하고 있다. 4부에 삽입된 "사부아 보좌신부의 고백"(475-567쪽)을 통해 서로에 대한 존중과 관용의 정신을 호소했다. 하지만 원죄설 거부와 성선설에 근거한 순수 자연종교 추구, 그리고 유물론을 반박하는 내용으로 당시 철학자들과 기독교인들을 격앙시켜 출판 초기 금서가 됐다.

> 청년기는 복수의 시기도 증오의 시기도 아니다. 그 시기는 연민과 관용과 동정의 시기이다. 그렇다 확실히 그러한 시기이다. 경험은 내 이 주장을 부인하지 못하게 할 것이다(394쪽).

> 인생에는 결코 잊혀지지 않는 시기들이 있다. 에밀에게서는 내가 지금 이야기하고 있는 교육의 시기가 바로 그 시기이다. 이 시기는 그의 나머지 생애에 영향을 미친다. 그러므로 이 시기가 잊혀지지 않도록 그의 기억 속에 새겨지도록 힘쓰자(579쪽).

루소는 "청년의 그 불같은 열정이 교육에 장애물이 되는 것이 아니다. 오히려 그 열정에 의해 교육이 수행되고 완성되는 것이다."(415쪽), "청년의 모든 교육은 말로써 보다는 행동으로 하라." "경험으로 가르칠 수 있는 것을 책에서 배우지 않도록 하라."(451쪽)라고 강조했다. 선생이 인간애와 미덕, 말과 행동에 본보기가 될 것을 강조하고, "당신 학생의 약점들을 교정해 주기를 원한다면, 당신의 약점들을 당신 학생에게 보여주라."(605쪽)라고 주장했다.

5부는 에밀과 소피의 결혼을 테마로 20세에서 결혼까지의 교육과 여성 교육론을 담고 있다.

루소는 "성(性)과 관련이 없는 모든 점에서 여자는 남자와 다름이 없다."(645쪽), "차이점은 모두 성에 관련된 것이라는 사실이다. 그들을 그토록 다르게 조립하면서도 그토록 유사한 두 존재로 만들 수 있었던 것은 아마도 자연의 불가사의 가운데 하나일 것이다."(646쪽)라고 주장했다. 여성과 남성은 자연의 질서와 조화에 따른 권리와 능력이 평등하며, 남성과 마찬가지로 여성의 교육도 자연에 따르도록 했다.

> 소녀에게 강요하는 임무들에 대해서는 항상 잘 설명해 주어라. 하지만 끊임없이 그 임무를 부과하라. 나태와 불순종은 그녀에게 가장 위험한 두 가지 결점으로 그런 결점을 갖게 되면 아주 치유하기 힘들다. 소녀는 주의가 세심해야 하며 부지런해야 한다. 그게 전부가 아니다. 그녀는 일찍부터 속박받아야 한다(666쪽).

오늘날 페미니즘과 성인지 감수성 관점에서 보면, 루소의 여성 교육론은 비난받을 측면이 많다. 하지만 루소가 활동하던 18세기 계몽시대에도 여성을 교육의 대상으로 보지 않았다. 루소가 『에밀』을 통해 여성을 교육의 장으로 끌어들인 것만으로도 여성 교육에 크게 기여한 것으로 평가할 수 있다.

> 서로 조화를 이루는 것은 부부의 몫이란다. 서로 좋아하는 것이 그들의 첫 번째 연결 끈이 되어야 한다. 그들 자신의 눈과 가슴이 그들의 첫 번째 안내자가 되어야 한다. 결혼의 첫 번째 의무는 서로를 사랑하는

것이다(723-724쪽).

> 그러니 사랑하는 에밀, 네가 진실로 네 아내의 애인이 되기를 원하고, 소피가 진실로 네 애인이 되기를 원하고 또 자기 자신이기를 원한다면, 행복하지만 예의를 지키는 애인이 되어라. 의무라고 말하며 요구하지 말고, 사랑을 통해 모든 것을 얻어라. 아주 작은 사랑의 표시일지라도 당연하게 받아야 할 권리라고 생각하지 말고 감사의 마음으로 받아들여라(863쪽).

루소가 『에밀』에서 전한 부부간의 사랑과 조화, 예의와 의무는 오늘날 부부에게도 새삼 소중하게 다가온다. 루소는 『에밀』의 끝을 아래와 같이 맺고 있다.

> 선생님, 선생님의 아들을 축하해 주세요. 곧 아버지가 되는 영광을 가지게 되었거든요. … 저를 키워주셨는데, 제 아들까지 키워달라고 부탁하는 일은 당연히 없을 거예요. … 하지만 젊은 선생들의 스승으로 계속해서 남아주세요. … 제가 살아있는 한, 저에게는 선생님이 필요할 겁니다. 어른으로 제 임무가 시작되는 지금, 저에게는 그 어느 때보다 선생님이 필요해요. … 선생님을 본받을 수 있도록 저를 이끌어 주세요. 휴식도 함께 취하시고요. 이제 그러실 때도 되었으니까요?(869쪽).

생애에서 밝혔듯이, 루소는 다섯 명의 자식을 모두 고아원에 보냈다. 이는 『에밀』에서 보인 루소의 교육론과는 전혀 다른 실상이어서 비판의 빌미가 되었다. 루소와 함께 계몽주의를 대표하며 프랑스 대혁명을 이끈 볼테르는 '시민들의 견해'란 소책자에서 "『에밀』의 저자인 루소가 실제로는 자식들을 모두 고아원에 버린 위선자"라고 비난했다.

> 사람이 태어나는 곳 어디서나 내가 제안하는 방법으로 인간을 교육한다면 그것으로 나는 만족하며, 내가 제안하는 방법으로 인간을 교육하여 그들 자신에 대해서나 타인에 대해 최선의 결과를 얻는다면 그것으로 또한 만족한다. 만일 내가 그와 같은 약속을 이행하지 못한다면 그것은 당연히 내 잘못이다(서문: 57쪽).

루소가 제안한 교육 방법도 내적인 모순과 한계가 있다. 하지만 260년 전 루소가 주창한 자연주의 교육이론은 4차 산업혁명 시대로 접어든 현대 사회 교육에도 여전히 화두를 던지고 있다. 루소가 주창한 아동 중심 교육과 감각과 경험을 통한 교육, 소극적 교육, 생활 중심 교육, 발달 단계별 교육, 학습 준비설, 수학, 과학, 음악, 도덕, 종교 등 각 영역별 교육 방법을 적재적소에 적용하여 최적의 교육활동이 이루어지기를 바란다.

『에밀』은 전 세계적으로 널리 알려진 고전이다. 『에밀』의 번역본은 완역본으로 오증자 역(1996, 박영사 상, 367쪽; 중, 306쪽; 하, 280쪽), 김중현 옮김(2003, 한길사, 888쪽), 정봉구 역(2006, 종합출판범우, 934쪽), 민희식 역(2012, 육문사, 896쪽), 축약번역본으로 이애경 역(1996, 일신서적출판사, 464쪽), 정영하 역(2003, 연암사, 512쪽), 권응호 역(2006, 홍신문화사, 583쪽), 강도은 역(2009, 산수야, 400쪽), 김종웅 역(2009, 미네르바, 525쪽), 정병희 역(2016, 동서문화사, 744쪽), 김평옥 역(2020, 집문당, 518쪽) 등이 출판되어 있다. 여러 번역본 중 번역과 주석의 충실성 등의 측면에서 김중현이 번역한 책을 추천한다. 이 책은 2003년 10월 초판이 출간된 후 2018년 11월까지 11쇄가 발행됐다. 이 글에서 인용한 쪽수의 출처도 김중현이 옮긴 『에밀』(2003, 한길사)이다.

시간관념이 철저하기로 유명한 칸트가 산책을 딱 두 번 빠트린 적이 있는데, 한 번은 『에밀』을 읽다가, 또 한 번은 프랑스 대혁명을 보도한 신문을 읽다가 그랬다고 한다. 루소가 『사회계약론』과 『인간불평등기원론』으로 프랑스 대혁명의 기초를 제공했으니, 공교롭게도 칸트가 빠트린 두 번의 산책 모두가 루소와 관련된 셈이다.

끝으로 옮긴이의 말을 인용하며, 교육에 관심을 가진 모든 사람이 『에밀』을 꼭 읽어보기를 권한다.

> 『에밀』을 꼭 한 번 읽어볼 것을, 나는 이 땅의 모든 이에게 다시 한번 권하고 싶다. 누가 뭐래도 『에밀』은 그럴만한 가치가 있기 때문이다. 누구나 인정하듯 이 책은 고전 중의 고전이며, 인간성의 유지 · 회복에 관한 '이상적인' 교육론이기 때문이다(옮긴이의 말: 880쪽).

더 읽기 자료

듀이(Dewey J.)(이홍우 역)의 『민주주의와 교육』(교육과학사, 2007)
루소(Rousseau, J.)(최석기 역)의 『인간불평등기원론/사회계약론』(동서문화사, 2016)
비고츠키(Vygotsky, L.)(이병훈 외 역)의 『사고와 언어』(한길사, 2013)
페스탈로치(Pestalozzi, J. H.)(김정환 역)의 『은자의 황혼』(서문당, 1996)

Rousseau, Jean-Jacques(1762). 『Émile ou De l'éducation』
김중현 옮김(2003). 『에밀』
『대구교육대학교 권장도서 해제집』(류덕제 · 조영남 · 주웅영 역음, 2022)에 수록한 글임

02 듀이의 민주주의와 교육

> 이 책은 민주사회에 작용하고 있는 이념을 추출하여 진술하고 그 이념을 교육의 실제 문제에 적용해 보려고 한 노력의 결과이다. … 이 책에 진술된 철학은 민주주의의 성장을 과학의 실험적 방법, 생물학의 진화 이론, 그리고 산업의 재조직과 관련된 것으로 보고, 이러한 방면의 발달이 교육의 내용과 방법에 어떤 변화를 가져오는가를 지적하는 데에 관심을 둔다(31쪽).

『민주주의와 교육(Democracy and Education)』(1916)은 현대 교육학을 대표하는 문헌 중 하나다. 이 책의 저자 존 듀이(Dewey, John: 1859~1952)는 20세기 전반을 대표하는 미국의 철학자, 심리학자, 교육개혁가로 실용주의(pragmatism)에 근거한 진보주의(progressivism) 교육철학을 대표하는 인물이다.

듀이는 1859년 미국 버몬트주 벌링턴에서 태어났다. 1879년 버몬트대학교를 졸업한 후 약 2년간 고등학교 교사로 근무했다. 1882년 존스홉킨스대학교의 예술과학대학(School of Arts & Sciences)에 진학하여 1884년 「칸트(Kant, Immanuel)의 심리학(The Psychology of Kant)」을 주제로 철학박사 학위를 받았다. 1884년 미시건대학교 교수로 임용됐다가, 1894년 시카고대학교로 자리를 옮겨 경험주의와 당시 태동하던 실용주의 철학에 관심을 가지게 됐다. 시카고대학교에 재직하는 동안 실험학교(University of Chicago Laboratory Schools)를 만들어 자신의 교육적 신념을 실천하고, 첫 번째 주요 저서인 『학교와 사회(The School and Society(1899)를 출간했다.

듀이는 〈미국심리학회(American Psychological Association: APA)〉의 창립

멤버로 1899년에 회장으로 선출됐다. 시카고대학교 재직 동안 발표된 그의 주요 저작물은 1903년 『논리 이론에 대한 연구(Studies in Logical Theory)』라는 제목으로 출간됐다. 1904년에 컬럼비아대학교로 옮겨서 1930년 은퇴할 때까지 철학과 교수로 재직했다. 1905년에 〈미국철학회(American Philosophical Association): APA〉의 회장이 됐다. 〈미국교사연맹(American Federation of Teachers): AFT〉의 종신회원으로 140개 저널에 700개가 넘는 논문과 기사 그리고 40여 권의 책을 출판했다.

『민주주의와 교육』은 듀이가 시카고대학교 부속 실험학교에서 겪은 생생한 경험과 컬럼비아대학교의 새로운 철학적 분위기 속에서 자신의 진보주의 교육철학을 체계화한 고전이다. 듀이 스스로 이 책이 자신의 철학을 "가장 포괄적으로, 가장 충분히 제시한 책"으로 표현하며 『교육철학 입문』이라는 부제를 붙였다. 듀이는 교육을 삶(life)과 성장(growth), 사회적 과정(social process), 그리고 경험의 지속적인 재구성 과정(the process of a continuous reconstruction of experience)으로 정의했다. 교육에 대한 듀이의 정의는 유치원은 물론 초·중·고와 대학을 비롯한 각급 교육 현장과 평생교육 등 모든 교육 장면에 유의미하게 적용할 수 있는 매우 실제적이고 합리적인 정의다.

『민주주의와 교육』의 번역· 주석자인 이홍우는 이 책의 가치를 다음과 같이 기술했다.

> 이 책은 그야말로 '현대 교육학의 가장 중요한 문헌'임에 틀림없다. 만약 교육학을 얼마간 공부한 사람이 이 책을 세밀히 읽어본다면, 현대 교육학에서 논의되고 있는 대부분의 주제들이 이 책에, 비록 태아적인 형태나마, 취급되어 있다는 것을 알게 될 것이다. 그 정도로 이 책은 교육학의 '종합 교과서'요, 나아가서, 현대 철학은 '플라톤의 주석'이라는 화이트헤드의 말을 빌려 표현하자면, 현대 교육학은 '『민주주의와 교육』의 주석'이라고 말해도 별로 틀림이 없다(역자 해설: 9쪽).

이홍우는 또한 듀이의 교육이론을 다음과 같이 두 가지 명제로 요약했다.

> 듀이의 교육이론 또는 그의 사상 전체는 두 명제 즉 '이론은 실제에서 파생되며 실제에 적용되는 한에서 가치를 가진다.'는 인식론적 명제와 '이론과 실제의 괴리는 사회적 계층분열을 반영하며 그것을 영속시킨다.'는 사회 철학적 명제에 들어 있는 의미를 부연, 적용한 것이라고 볼 수 있다(역자 해설: 11-16쪽).

듀이는 이토록 이론(theory)과 실제(practice) 즉 '아는 것'과 '행하는 것'의 통합을 강조하고, 이론 없는 실제와 실제 없는 이론을 경계했다. 칸트가 주장한 "내용 없는 사상은 공허하고, 직관 없는 개념은 맹목이다"와 같은 맥락이다.

> 교육은 무엇이 바람직한가에 대한 가설을 제시하는 것으로 그치는 것이 아니라 실제로 필요한 변형을 일으키는 과정이기 때문에, 교육은 의도적으로 수행되는 실제요 철학은 교육의 이론이라는 진술이 타당하다는 결론에 도달한다(474쪽).

『민주주의와 교육』은 각 주제별 총 26개의 장으로 구성되어 있다. 1장 삶의 필연성으로서의 교육, 2장 사회적 기능으로서의 교육, 3장 지도로서의 교육, 4장 성장으로서의 교육, 5장 준비설, 발현설 및 형식도야 이론, 6장 보수적 교육과 진보적 교육, 7장 민주주의 교육의 개념, 8장 교육의 목적, 9장 교육목적으로서의 자연적 발달과 사회적 효율성, 10장 흥미와 도야, 11장 경험과 사고, 12장 교육에 있어서 사고, 13장 방법의 성격, 14장 교과의 성격, 15장 교육과정에서의 놀이와 일, 16장 지리와 역사의 의의, 17장 교과로서의 과학, 18장 교육적 가치, 19장 노동과 여가, 20장 이론적 교과와 실제적 교과, 21장 자연과와 사회과: 자연주의와 인문주의, 22장 개인과 세계, 23장 교육의 직업적 측면, 24장 교육철학, 25장 지식의 이론, 26장 도덕의 이론이 그것이다. 각 장의 제목만 보아도 듀이의 교육관과 교육철학 및 교육이론에 대한 빅 픽처(big picture)와 빅 아이디어(big idea)를 간파할 수 있다.

1장부터 6장까지는 교육의 개념과 의미를 삶, 성장, 사회적 기능 등과 같은 다양한 관점에서 정의하고 있다. 7장부터 12장까지는 민주주의 관점에서 본

교육의 개념과 목적, 흥미와 도야 등에 대해 기술하고 있다. 13장부터 23장까지는 교육의 방법과 교과의 성격, 교과로서 지리와 역사, 과학, 노동과 여가 등의 주제를 다루고 있다. 24장부터 26장까지는 듀이 자신의 교육철학과 지식과 도덕이론에 대해 기술하고 있다.

『민주주의와 교육』에서 듀이의 교육관과 교육철학, 교육이론을 파악할 수 있는 주요 문단을 간추려 보면 다음과 같다. 먼저 민주주의와 교육의 관계에 대해 듀이는 다음과 같이 진술했다.

> 민주주의가 교육에 열성을 가진다는 것은 잘 알려진 사실이다. 여기에 대한 피상적인 설명은 민주주의 정치는 국민의 투표에 의존하는 만큼, 대의원들을 선출하고 그들에게 복종할 사람들이 교육을 받지 않으면 정치가 잘 될 수 없다는 것이다. 민주적인 사회는 외적 권위에 복종해야 한다는 것을 인정하지 않기 때문에, 자발적인 성향과 관심은 오직 교육에 의해서만 길러질 수 있다. 그러나 이 피상적인 설명 이외에, 더 본질적인 설명이 있다. 즉, 민주주의는 단순히 정치의 형태만이 아니라, 보다 근본적으로는, 공동생활의 형식이요 경험을 전달하고 공유하는 방식이라는 것이다(155쪽).

듀이는 교육의 목적을 민주사회의 실현에 두고 민주사회에 적용되는 삶의 철학들이 어떻게 교육의 원리로 변형되어 교육의 실제 문제에 영향을 미치는가를 포괄적으로 설명하고 있다. 민주사회는 모든 구성원이 평등한 조건하에서 행복 실현에 참가할 수 있는 사회, 다른 사회에 대해 폐쇄되지 않고 서로 배움으로써 자신에게 필요한 제도를 개조할 수 있는 사회를 의미한다. 교육은 스스로 민주사회를 지향하며, 교육 이외의 어떠한 외적 권력에도 굴하지 않는다. 따라서 민주주의에서 교육의 역할이 중요함을 강조했다.

또한 듀이는 교육목적이 교육활동과 밀접히 연계되어야 하며, 교육활동은 학습자가 중심이 되는 쓸모 있는 경험이 되어야 한다고 주장했다.

> 교육목적은 수업을 받는 학생들의 활동에 맞추어 그것을 도와주는 방법을 직접 시사할 수 있는 것이어야 한다. 교육목적은 '그들의' 능력을 이끌어 내고 조직하는 데에 필요한 환경이 어떤 것인가를 시사하는 것이어야 한다. 교육목적이 구체적인 교육의 절차를 마련하는 데에 도움이 되지 않는다면, 또 이 절차가 교육목적을 검증하고 수정하고 확장하는 데에 도움이 되지 않는다면 교육목적은 전혀 쓸모가 없다. 이 경우에 교육목적은 구체적인 교육활동에 도움이 되지 않으며, 사태를 관찰하고 파악하는 대부분의 교사들이 통상적으로 하고 있는 판단을 저해한다(183쪽).

듀이는 교육의 방법으로 반성적 사고를 통한 능동적 참여와 탐구의 중요성을 강조했다. 전통적 교육은 학생들의 실제 경험과 교육 사이에 직접적인 관련 없이 이미 선정된 학습내용을 학생들에게 강제적으로 부과하는 데 큰 문제점이 있는 것으로 보았다. 이러한 문제점을 해결하기 위한 대안으로 듀이는 교육활동의 기초를 학생들의 자발적인 참여에 두었다. 자발적 참여를 위해서는 흥미가 중요하다. 흥미는 마음과 행동을 이끄는 힘이다. 미리 조직된 교과 내용을 학생들에게 전달하기보다는 학생들이 흥미를 지니고 실생활 속에서 직면하는 문제를 탐구하는 문제해결 학습을 강조했다.

> 내가 더 중요하다고 생각하는 것은, 어떠한 사고나 아이디어도 한 사람에게서 다른 사람에게 아이디어로서 전달될 수 없다는 것이다. 그것을 말로 해 주면, 그 말을 들은 사람에게는 또 하나의 주어진 사실일 뿐이며 아이디어는 아니다. 언어에 의한 전달은 상대방으로 하여금 스스로 질문을 깨닫게 하고 비슷한 아이디어를 생각해 내도록 자극할 수도 있지만, 또한 지적 관심을 파괴하고 사고하려는 노력의 싹을 짓밟을 수도 있다. (257쪽)

듀이는 실용주의에 입각한 지식획득 방법을 제안하여 쓸모없는 비활성 지식(inert knowledge)이 아닌 실생활에 쓸모 있는 유용한 지식이 참된 지식임을 강조했다.

> 이 책에서 주장한 지식획득 방법을 설명하는 이론은 실용주의라고 부를 수 있을 것이다. 이 이론의 핵심적인 주장은, 지식을 추구하는 행위는 환경을 의도적으로 변형시키는 활동과 연속성 유지하고 있다는 것이다. 이 주장에 의하면, 엄밀한 의미에서 지식을 소유하고 있다고 말하기 위해서는 그것이 우리의 지적 자원이 되어야 한다는 것, 다시 말하면, 지식은 우리의 행동을 지적인 것이 되게 하는 모든 습관을 가리킨다는 것이다. 우리가 환경을 우리의 필요에 맞게 적응시키고 우리의 목적과 욕망을 우리가 살고 있는 상황에 맞게 적응시킬 수 있도록, 우리의 성향의 한 부분으로 조직되어 있는 것만이 참으로 지식이라고 말할 수 있다(489쪽).

듀이는 지적 능력의 개발도 중요하지만, 이것만이 교육의 충분한 목표는 아니라고 주장했다. 학교교육은 학생들이 자기 주도적인 평생 학습자가 되어 잠재력을 발휘하고 사회에 기여하며 성공적인 삶을 영위할 수 있는 능력을 길러주어야 한다. 교육의 중요한 기능 중 하나는 학생들에게 흥미를 유발하여 동기를 부여하고 지성을 개발하는 것이다. 나아가 성숙하고 효과적인 시민으로서 한 세대에서 다음 세대로 사회문화를 전수하고 변화에 잘 대처할 수 있도록 이끌어주는 것이다.

20세기 초반 듀이가 주장한 민주주의와 교육에 대한 신념과 실용주의, 학습자 중심, 생활 중심, 경험 중심 교육관은 4차 산업혁명 시대인 현대 사회에도 많은 교훈을 주고 있다. 참된 지식에 기초한 쓸모 있는 교육을 통해 학생들이 초 연결(super-connectivity), 초 지능(super-intelligence)으로 대변되는 4차 산업혁명 시대의 불확실성에 현명하게 대처할 수 있는 능력을 길러주어야 한다. 나아가 학생들이 정보통신기술(ICT) 융합에 기반한 평생학습 사회의 주인공으로 행복한 삶을 누릴 수 있는 슬기로운 민주시민이 되도록 이끌어주어야 한다.

듀이의 『민주주의와 교육』의 번역본은 최병칠 역(1947, 연구사), 오천석 역(1948, 국제문화관; 1984, 교육과학사), 임한영 · 오천석 공역(1955, 한국번역도서), 이상옥 역(1975, 대양도서), 이홍우 역(1987, 교육과학사), 김성숙 · 이귀학 공역(2008, 동서문화사) 등이 출간됐다. 하지만 번역은 물론 주석의 충실성 면에서 이홍우가 번역· 주석한 책(2007 개정·증보판, 교육과학사)을 추천한다. 이홍우가 번역·주석한 책은 1987년 1월 초판이 출간된 후 2006년 2월까지 19쇄가 발행됐다. 2007년 5월 개정·증보판이 출간된 후에도 2019년 9월까지 11쇄가 발행됐다. 이 글에서 인용한 쪽수의 출처도 이홍우 역주 『민주주의와 교육』(2007 개정·증보판, 교육과학사)이다. 개정·증보판 서문에서 이홍우가 밝혔듯이 이 책도 불완전성이 여전히 남아 있어 장차 누군가가 듀이의 『민주주의와 교육』을 더 완전하게 번역·주석해 주기를 기대한다.

끝으로 『민주주의와 교육』 부록에 실린 듀이의 「나의 교육 신조」 중 일부를 인용하며 교육에 관심을 가진 모든 사람이 듀이의 진보주의 교육관이 오롯이 담긴 『민주주의와 교육』을 꼭 읽어보기를 권한다.

> 교육은 삶의 과정 그 자체이며, 장차의 삶을 위한 준비가 아니다(514쪽).
>
> 학교는 삶의 전형적인 모습을 나타내어야 한다. 이 삶은 아동이 가정에서, 이웃에서, 놀이터에서 살고 있는 삶, 그것과 다름없이 실감과 생기를 가진 것이어야 한다(514쪽).
>
> 나는 이것을 믿는다. 즉, 교육은 사회의 진보와 개혁의 근본적인 방법이다(523쪽).
>
> 학교가 사회의 진보와 개혁의 가장 중요하고도 효과적인 도구임을 역설하여, 사회 전체가 학교라는 곳에서 하는 일이 무엇인지 깨닫게 되고, 교육자가 그 일을 적절하게 수행하는 데 충분한 장비를 갖추도록 할 필요성을 느끼도록 하는 것, 이것은 교육에 관심이 있는 모든 사람의 과업이다(524쪽).

더 읽기 자료

듀이(Dewey, J.)(송도선 역), 『학교와 사회』, 교육과학사, 2016.
듀이(Dewey, J.)(엄태동 역), 『경험과 교육』, 박영스토리, 2019.
루소(Rousseau, J.)(김중현 역)의 『에밀』, 한길사, 2003.
루소(Rousseau, J.)(김영욱 역)의 『사회계약론』, 후마니타스, 2018.
비고츠키(Vygotsky, L.)(이병훈 외 역)의 『사고와 언어』, 한길사, 2013.

Dewey, John(1916). 『Democracy and Education』
이홍우 역주(2007). 『민주주의와 교육』
『대구교육대학교 권장도서 해제집』(류덕제 · 조영남 · 주웅영 엮음, 2022)에 수록한 글임

03 비고츠키의 사고와 언어

> 이 책에서는 실험심리학에서 가장 어렵고 혼란스러우며 복잡한 문제의 하나인 사고와 언어의 문제를 심리학적으로 연구한다. 우리가 알고 있는 한 이 문제를 체계적이고 실험적으로 고찰한 연구자는 아직 없었다 (27쪽).

레프 비고츠키(Lev. Vygotsky, 1896~1934)의 『사고와 언어(Thought and Language)』(1934)는 인간 의식의 본성을 다룬 현대 심리학을 대표하는 문헌 중 하나다. 이 책의 저자 비고츠키는 구소련의 인지심리학자이자 발달심리학자로 21세기 교육이론인 사회적 구성주의(social constructivism)를 선도한 인물이다.

비고츠키는 1896년 벨라루스 민스크 북동쪽 오르샤의 유복한 유태인 가정에서 태어났다. 출생 직후 가족이 남부의 고멜로 이주하여 이곳에서 유년기와 청소년기를 보냈다. 고멜의 유태인 김나지움에서 공부한 것이 전 생애의 학문적 토대가 됐다. 1913년 김나지움을 졸업하고 모스크바 대학교에 진학했다. 처음에 의학을 공부하다가 법학으로 전공을 바꿨다. 모스크바 법대 재학 중 러시아 혁명이 일어났다. 당시 비공식 교육기관이던 샤냐프스키 대학교에서 철학과 심리학 과정을 이수하면서 블론스키의 심리학과 교육학 강의에 감명을 받았다. 모스크바 대학교 졸업 후 고멜에서 중등학교 교사로 재직했다. 고멜사범기술대학에서 심리학 실험실을 조직하여 본격적으로 심리학 연구에 몰두했다. 1924년, 레닌그라드에서 개최된 제2차 러시아 심리신경학회에서 「조건반사적 조사방법과 심리학적 조사방법」 논문 발표로 주목을 받고, 모스크바 국립실험심리학연구소에 발탁됐다. 이곳에서 1925년에 「예술 심리학」 논문으로 박사

학위를 받았다. 비고츠키는 심리학을 주관적인 영역에서 역사적, 문화적 영역으로 확장하는데 관심을 기울였다. 1934년 폐결핵으로 요절할 때까지 약 10년 동안 저술 활동에 몰두하며 비고츠키 학파의 이론을 정립했다.

『예술 심리학』(1925), 『심리학 위기의 역사적 의미』(1925~26), 『고등정신기능의 발달사』(1931), 『심리학 강의』(1932)를 비롯한 180여 편의 논문과 저술을 남겼다. 비고츠키의 저서는 스탈린 체제의 학문 탄압으로 출판이 금지됐으나, 그의 업적과 학문적 전통은 소비에트 심리학계에 많은 영향을 미쳤다. 동료와 제자들의 지속적 노력으로 1960년대 초반부터 다시 주목받게 되어, 소비에트 연방 및 기타 공산권의 학교교육에 많은 영향을 주었다. 이후 서구 학자들의 공감을 얻어 서구 사회의 교육에도 많은 영향을 미쳤다.

비고츠키의 제자이자 동료로 비고츠키 학파의 학문적 성과를 서구에 전파한 루리아는 내 연구의 모든 것은 비고츠키가 구성한 심리학 이론을 완성한 것뿐이다. 내 경력은 비고츠키를 만나기 전의 작고 무의미한 시기와 그와의 만남 이후의 보다 중요한 시기로 나눌 수 있다고 했다. 영국의 철학자 툴민은 비고츠키의 업적을 기려 심리학계의 모차르트라고 평가했다.

비고츠키의 심리학은 융합 학문적 특성이 있다. 이 책의 번역자인 이병훈 등은 "비고츠키 심리학 이론의 특징은 예술, 철학, 미학, 언어학, 교육학 등의 문제를 심리학의 주요 연구 주제로 삼았다는 데 있다."(역자 해제, 7쪽)라고 진술했다. 이 책은 인간 의식의 본성인 사고와 언어의 관계를 심리학적으로 접근한 비고츠키의 마지막 저서로 저자 서문과 7개의 장으로 구성되어 있다.

비고츠키는 저자 서문에서 이 책이 사고와 언어에 대한 자신과 동료들의 10년에 걸친 연구 결과물로, 언어와 사고의 발달에 관한 가장 완성되고 영향력 있는 두 가지 이론 즉, 피아제와 스턴의 이론을 비판적 견지에서 분석하여 새로운 관점을 탐구하려 했음을 천명했다.

> 우리는 새로운 방향으로 내디딘 첫걸음 같은 이 연구가 가지고 있는 피할 수 없는 불완전성을 잘 알고 있다. 그러나 확신하건대 그 첫걸음이

> 사고와 언어의 연구에서 이전에 심리학에서 진행된 연구와 비교하여 진일보한 것이며, 사고와 언어의 문제를 인간 심리의 중심적 문제로 해명하며, 연구자들을 의식에 대한 새로운 심리학 이론으로 직접 인도한다는 점에서 그 불완전함의 정당성을 찾으려 한다(32쪽).

제1장 '문제와 연구 방법'에서 비고츠키는 "사고와 언어의 문제는 무엇보다 다양한 심리 기능, 다양한 종류의 의식 활동에 관한 문제로 심리학의 영역에 속한다. … 심리학 역사만큼이나 오래된 문제인 사고와 언어의 문제는 생각과 말에 대한 문제로 귀결되며, 이 문제는 연구가 가장 덜 되고 밝혀진 것도 가장 적다."(33쪽) 고 지적했다. 따라서 아동기의 개념 발달을 인공적인 개념 발달과 실제적인 개념 발달로 구분하여 계통 발생과 개체 발생 차원에서 실험적으로 연구하는 것이 이 연구의 핵심임을 밝히고 있다.

제2장 '피아제 이론에서 아동의 언어와 사고에 대한 문제: 비판적 연구'는 피아제의 심리학 이론을 비롯한 9개의 절로 구성되어 있다. 비고츠키는 심리학의 위기를 유물론적 경향과 관념론적 경향의 대립에 있다고 보고, 피아제 이론이 관념론과 유물론의 경계 위치에 있음을 지적했다. 그리고 피아제가 아동 사고의 자기중심적 특징을 성인의 사고와 비교해서 아동 사고의 빈약함, 비합리성, 비논리성을 지적하려 한 것을 비판했다.

제3장 '스턴의 학설에서 언어발달 문제'에서 비고츠키는 스턴의 철학적, 심리학적 인격주의의 제한성과 내적 모순, 과학적 근거 부족, 그리고 관념론적 본질을 지적했다. 뿐만 아니라 스턴이 언어의 발달과 관련된 복잡한 기능적, 구조적인 사고 변화를 전혀 연구하지 않고 있음을 비판했다.

제4장 '사고와 언어의 발생적 근원'에서는 유인원의 사고와 언어, 아동의 사고와 언어의 발달, 내적 언어의 발생을 다루고 있다. 사고와 언어는 상이한 발생적 근원을 가지고 서로 다른 경로를 따라 독립적으로 발달하다가 일정한 시점에서 두 경로가 만나서 사고는 언어적으로, 언어는 지능적으로 된다고 보았다. 하지만 유인원의 사고와 언어는 직접 연결되어 있지 않다. 내적 언어는 언어의 사회

적, 자기중심적 기능의 분화와 함께 외적 언어에서 분리되어 아동이 획득하는 언어 구조가 사고의 주된 구조 역할을 하게 된다고 주장했다.

제5장 '개념 발달에 관한 실험적 연구'는 과거의 개념연구 방법 비판을 비롯한 18개의 절로 구성되어 있다. 비고츠키는 이전 개념연구에서 개념의 형성 과정과 심리학적 본성을 깊이 있게 연구할 수 있는 실험적 방법이 미비했던 것을 중요한 문제점으로 보았다. 이러한 문제를 해결하기 위해 실험적 방법을 통해 고차원적 정신 기능의 발달과 활동을 연구했다. 실험 결과, 우리가 진정한 의미의 개념이라고 부르는 독자적인 의미적 구조가 혼합적 형상과 결합들로부터, 복합적 사고로부터, 개념 형성 수단으로서 말의 사용에 기초를 둔 잠재적 개념으로부터 발생한다는 사실을 증명했다.

이 책의 가장 많은 부분을 차지하고 있는 제6장 '아동기의 과학적 개념 발달 연구: 작업가설의 구성'은 일상적 개념과 과학적 개념을 비롯한 8개의 절로 구성되어 있다. 비고츠키는 학교교육에서 취학 연령기 아동의 과학적 개념 발달 문제가 매우 중요하지만, 우리가 알고 있는 것은 놀라울 정도로 미약함을 지적했다. 과학적 개념의 문제는 교육과 발달과 관련되어 있다. 교육과 발달의 관계에 대한 가장 보편적인 관점은 양자가 상호 독립적 과정이라는 점이다. 피아제는 아동의 사고는 교육을 받았는지 여부와 상관없이 일정한 발달 단계(감각운동기, 전조작기, 구체적 조작기, 형식적 조작기)를 거친다고 보았다. 아동이 교육을 받았다는 것은 순전히 외적인 사실일 뿐, 그 교육이 아직 아동의 사고 과정에 통합된 것은 아니다. 따라서 아동에게 새로운 사고의 가능성이 발달할 때 또 다른 단계의 교육이 가능해진다.

교육과 발달의 관계에 대한 두 번째 관점은 손다이크를 비롯한 연합주의자들의 관점으로 교육과 발달을 동일시한다. 아동은 교육받은 만큼 발달하기 때문에, 발달은 교육이고 교육이 곧 발달이라는 것이다. 교육과 발달의 관계에 대한 세 번째 관점은 앞선 두 관점을 통합한 코프카의 견해로 양자의 극단성을 보완하기 위해 발달 자체를 이중적으로 해석하려고 한다. 발달은 하나의 과정이 아니라, 성숙의 발달과 교육의 발달로 구분한다. 결과적으로 교육은 발달에 뒤

따를 수도, 발달과 보조를 같이 할 수도, 발달에 선행할 수도 있다는 관점이다.

반면, 비고츠키는 아동의 발달 정도를 하나의 척도로만 측정할 수 없으며, 이미 성숙한 부분만으로는 발달의 정도를 알 수 없다고 지적했다. 교육이 이미 성숙한 발달만 사용하고, 발달의 원천이 되지 않는다면 필요 없게 되기 때문에, 교육이 발달에 선행하는 것이 바람직하다고 주장했다.

> 자신의 정원 상태를 알려는 정원사가 만약 성숙해서 열매를 맺은 사과나무만 고려한다면 옳지 않다. 정원사는 성숙하고 있는 나무도 고려해야 한다. 이와 마찬가지로 심리학자는 발달 상태를 정할 때 이미 성숙한 기능뿐 아니라 성숙하고 있는 기능도 고려해야 하며, 실제적인 발달 정도뿐 아니라 근접발달 영역까지 고려해야 한다(376쪽).

> 모든 교육심리학에서 중심적인 것은 협력으로 고도의 지적 단계로 상승할 가능성, 모방을 통해서 아동이 할 줄 아는 것에서 할 줄 모르는 것으로 이행할 가능성이다. 발달에서 모든 교육의 의미는 이것에 기반을 두고 있다. 그리고 이것은 최근접 발달 영역이라는 개념의 내용을 이룬다(380쪽).

비고츠키는 교육의 가능성은 아동의 근접 발달 영역(ZPD: zone of proximal development)으로 결정되기 때문에, 교육이 최상의 열매를 맺기 위해서는 근접 발달 영역 내에서 이루어져야 한다고 강조했다. 사회적 구성주의의 핵심 개념인 근접 발달 영역은 교사와 학생 간의 상호작용을 중요시한다. 언어적 의사소통에 기초한 모델링과 코칭, 스케폴딩을 통해 학생이 현재의 발달 수준에서 잠재적 발달 수준으로 나아갈 수 있도록 도와주어야 한다.

과학적 개념과 일상적 개념의 비교 연구를 통해 비고츠키는 개념의 자각성과 자의성, 취학 연령기 아동의 자연발생적 개념에서 적게 발달한 특성들이 최근접 발달 영역에 속한다고 주장했다. 또한 개념의 일반성과 일반화의 구조를 통해 사고의 구조와 기능이 통합되어 있다는 것, 개념과 그 개념을 위한 모든 가능한 활동과 작용이 통합되어 있다는 것이 모든 개념 심리학의 중요한 법칙

중 하나라고 강조했다.

비고츠키는 자신들이 수행한 아동기의 과학적 개념 발달 연구의 한계를 첫째 실험에서 아동의 사회학적 개념들이 너무 평범하고 일반적인 측면에서 채택되었다는 점, 둘째 개념 구조의 연구와 그 속에 내재하는 일반성의 관계, 그리고 이에 따른 기능들에 대한 연구가 지나치게 일반적, 전체적이고 차별성이 약하다는 점, 셋째 일상적 개념의 속성과 취학 연령의 심리발달 구조라는 두 문제에 대한 실험이 충분히 진행되지 못한 점을 들었다.

제7장 '생각과 말'은 사고와 언어에 관한 여러 학설의 방법론 비판을 비롯한 7개의 절로 구성되어 있다. 비고츠키는 계통 발달과 개체 발달의 가장 극단에 있는 생각과 말 사이의 내적 관계를 규명하기 위해 연구를 시작했다. 사고와 언어에 관한 기존 학설의 비판적 명제로 말을 말이 되게 하는 것과 말과 그것의 의미를 발달의 시각에서 보지 못하고 있는 점을 들었다. 말의 의미는 불변이 아니라 발달 과정에서 변화한다. 말하는 것은 언어의 내적, 의미적 측면이 외적, 음성적 측면으로 변화되고, 이해하는 것은 언어의 외적 측면에서 내적 측면으로 변화되는 것이다.

내적 언어와 외적 언어의 근본적인 차이는 음성화의 유무에 있다. 비고츠키는 내적 언어를 연구하는 열쇠가 자기중심적 언어에 있다고 보고, 내적 언어의 심리학적 본성을 연구하기 위해서는 자기중심적 언어의 기능적, 구조적 본성을 설명하는 것이 중요하다고 했다. 자기중심적 언어는 심리학적 측면에서는 내적 언어이지만, 구조적 측면에서는 외적 언어다. 비고츠키는 언어적 사고를 복잡하고 동적인 총체적 과정으로 보았다. 생각과 말의 관계를 말 속에서 생각이 태어나는 살아있는 과정으로 결론짓고, "생각이 없는 말은 무엇보다도 죽은 말이다. 생각과 말은 발달 과정에서 발생하며, 스스로도 발달한다"(545쪽)라고 주장했다.

20세기 초반 비고츠키가 주장한 사고와 언어의 발생적 관계와 근접 발달 영역에 기초한 교육적 신념은 21세기 교육이론인 구성주의에 견실한 이론적 기초를 제공해 주었다. 사회적 구성주의를 대표하는 비고츠키와 인지적 구성주의를 대표하는 피아제는 1896년 같은 해에 태어났으나 비고츠키는 1934년, 피아제는 1980년 세상을 떠났다. 비고츠키가 비록 37세의 젊은 나이에 요절하였지만, 그가 남긴 학문적 업적은 4차 산업혁명 시대의 교육이론에 지대한 영향을 미치고 있다.

비고츠키의 『사고와 언어』의 번역본은 이병훈, 이재혁, 허승철 옮김(2013, 한길사: 한국연구재단 학술명저번역총서), 윤초희 역(2011, 교육과학사), 이병훈, 이재혁, 허승철 옮김(2021, 연암서가)이 출판되어 있다. 이병훈, 이재혁, 허승철 옮김(2013, 한길사)은 현재 절판됐다. 윤초희 역(2011, 교육과학사)은 비고츠키 사후 미국 MIT에서 영문으로 발행한 'Thought and Language'(1962)를 1986년 Kozulin이 편집한 개정 증보판을 이중 번역한 것이다. 번역자가 직접 밝힌 것처럼 러시아어 텍스트의 이중 번역으로 원저자의 의도나 원문의 의미를 충분히 살리지 못했을 가능성이 있다.

이에 절판된 이병훈, 이재혁, 허승철 옮김(2013, 한길사: 한국연구재단 학술명저번역총서)의 최신 개정판인 이병훈, 이재혁, 허승철 옮김(2021, 연암서가)을 권장 도서로 추천한다. 이 글에서 인용한 쪽수의 출처도 이병훈, 이재혁, 허승철 옮김 『사고와 언어』(2021, 연암서가)이다. 끝으로 『사고와 언어』의 마지막 단락을 인용하며, 독자들이 비고츠키가 탐구한 인간 의식의 본성에 한 걸음 더 가까이 다가갈 수 있기를 바란다.

> 태양이 작은 물방울에 반영되듯이 의식은 말 속에 자신을 표현한다. 말과 의식의 관계는 미시적 세계와 거시적 세계, 살아있는 세포와 유기체, 원자와 우주의 관계와 같다. 말은 의식의 소(小)세계다. 의미가 부여된 말은 인간 의식의 소우주다(547쪽).

더 읽기 자료

듀이(Dewey J.)(이홍우 역)의 『민주주의와 교육』(교육과학사, 2007)
루소(Rousseau, J.)(김중현 역)의 『에밀』(한길사, 2003)
비고츠키(Vygotsky, L.)(조희숙 외 역)의 『비고츠키의 사회 속의 정신』(양서원 2000)
피아제(Piaget, J.)(김명자 역)의 『사고의 심리학』(양서원, 2015)

한순미의 『비고츠키와 교육』(교육과학사, 1999)

Vygotsky, Lev(1934). 『Thought and Language』
이병훈, 이재혁, 허승철 옮김(2021). 『사고와 언어』
『대구교육대학교 권장도서 해제집』(류덕제 · 조영남 · 주웅영 역음, 2022)에 수록한 글임

04 닐의 섬머힐

이런 *학교*를 한번 상상해 보자 …
아이들 스스로 *자유*를 누리고 …
성공이 *학업성취도*에 의해 결정되지 *않으며* …
*자신*이 누구인가가 얼마만큼 아는가보다 더 *중요하고* …
왕따와 인종차별 같은 문제들을 학교 *전체*가 *민주적으로* 다루며 …
각 *개인*이 *동등한 발언권*을 가지고 …
억압으로 인해 *창의성*이 저해되지 않으며 …
복종으로 인해 *자기표현*이 박탈되지 않고 …
교사와 학생들이 *동일한 위치에* 있는 …
섬머힐에 오신 것을 환영합니다.
(http://www.summerhillschool.co.uk/pages)

최근 국내외적으로 다양한 형태의 대안교육이 주목받고 있다. 대안교육은 전통 교육의 강제성과 획일성, 억압과 권위주의, 지식교육에 반대해 학습자의 자유와 자율, 다양성과 탈권위주의, 인격교육을 강조한다. 섬머힐은 20세기의 가장 위대한 교육자 중 한 사람으로 평가받고 있는 알렉산더 닐이 1921년에 설립한 진보적인 남녀공학 국제 기숙학교이다. Times Educational Supplement는 1999년 12월에 닐을 지난 천 년간 가장 위대한 교육자 12명 중 한 사람으로 선정했다. UNESCO에서도 100명의 가장 영향력 있는 교육사상가 중의 한 사람으로 닐을 선정한 바 있다.

섬머힐은 닐의 교육철학을 구현하는 자율 실험학교로 출발해, 전 세계 대안교육의 상징 역할을 하고 있다. 닐은 '아동의 본성은 원래 선하다'라는 전제하에 삶의 목적을 행복, 즉 흥미를 추구하는 것으로 보고 교육은 행복한 삶을 위한 준비가 돼야 한다고 주장했다(Neill, 1960: 24). 교육의 목적을 행복과 자비와 용기를 갖춘 인물의 양성에 두고 아동의 발달 수준과 능력에 따라 지적, 정서적 측면을 고루 개발할 것을 강조하고 있다.

프롬(1970: 253-254)은 닐의 기본 가르침을 삶에 대한 사랑으로 정의하고, 섬머힐이 바로 biophilia(love of life: 삶에 대한 사랑)의 표상이라고 주장했다. 삶에 대한 사랑이란 누구와도 공유할 수 없는 자신만의 가치를 느끼는 것으로, 삶을 사랑하는 사람은 삶의 과정 그 자체를 즐기고, 호기심을 가지며, 기존의 것을 따르기보다는 무언가 새로운 것을 추구하는 사람, 삶 자체가 항상 불확실성과 위기를 내포하고 있기에 모험을 즐기는 사람을 말한다. 섬머힐은 사랑을 출발점으로 자유를 결합해 교육의 인간화 가능성에 희망을 주고 아동기에 권위주의와 억압, 지배 또는 계급을 타파하는데 절묘하게 상호작용을 하고 있다(Ayers, 2003: 9).

섬머힐을 필두로 한 대안학교들을 통상 자유 학교(free school)라고 표현하는 것에 대해, 자유 학교란 용어가 예절과 규칙도 모르고 마음대로 행동하는 아이들을 모아두고 제 멋대로 하는(do or go as you please) 학교로 자칫 부정적인 이미지를 갖게 한다는 사실 때문에, 자치 학교(self-governing school)로 표현하기도 한다. 닐의 교육사상과 교육방법에 대해서는 극단적인 찬반양론이 있다. 하지만, 1960년대 영국과 미국에서 일어난 자유 학교 운동과 1970년대 London을 중심으로 한 개방계획 학교(open plan school), 미국에서 일어난 벽 없는 대학(UWW: University Without Walls) 운동에 큰 영향을 주었을 뿐만 아니라(김은산, 1984: 81), 우리나라를 비롯한 세계 각국의 대안교육에도 많은 영향을 주었다.

닐은 자신의 사후 섬머힐의 지속 여부에 관한 논란에 대해 다음과 같이 말했다.

> 내가 죽고 나면 가족들이 섬머힐을 지켜갈 수 있기를 바란다. 하지만,
> 내 이름이 사라진다 해도 섬머힐에 학생들이 계속 몰려올는지는 모른다.

> 하지만 섬머힐이 나와 운명을 함께 할 수밖에 없다 하더라도, 섬머힐은 지난 50년 동안 내가 쏟은 정직한 노력의 결과이다(Neill, 1992: 151).[1]

닐이 1973년 9월 23일 90세를 일기로 세상을 떠난 후 미망인 에나가 섬머힐을 맡아 12년 동안 운영했다. 1985년 에나 역시 세상을 떠나자, 이후 닐의 딸인 조이 레드헤드가 교장을 맡아 지금까지 운영해 오고 있다[2]. 닐이 세상을 떠날 당시 언론들은 닐이 없는 섬머힐은 곧 사라질 것이라고들 했지만, 30여 년이 지난 지금도 닐만 없을 뿐 섬머힐의 철학은 변하지 않고 지금까지 건재하게 운영되고 있다.[3] 섬머힐은 마치 바다와 같다. 바다는 끊임없이 움직이며 조수의 변화를 가져오지만, 바다 자체는 원래 모습 그대로 있다(http://www.summerhillchool.co.uk/pages). 섬머힐은 현재 남녀공학의 국제, 기숙학교로 영국, 프랑스, 독일, 네덜란드, 스위스, 이스라엘, 미국, 한국, 일본, 대만 등의 나라에서 온 약 80 여명의 학생들을 수용하고 있다. 이중 영국 학생들은 절반 이하이다.[4]

---

1) 닐은 1972년 출판된 자서전에서 "섬머힐이 자유를 잃기 보다는 차라리 섬머힐이 없어지는 것이 더 낫다. 하지만 에나가 살아있는 한 섬머힐이 그 기본 원리에 충실하게 운영될 것으로 확신한다. 나는 섬머힐의 자유의 깃발이 관료주의와 증오자들로 부터 더럽혀지지 않도록 지금부터 50년을 더 살고 싶다"라고 술회했다.

2) 현 교장인 닐의 딸 조이에게 향후 누가 자신의 뒤를 이어 섬머힐을 이끌어갈지에 대해 문의한 결과, 조이는 자신에게 네 자녀가 있는데 네 자녀 모두가 섬머힐의 이념에 전적으로 공감하고 있으며, 특히 장남인 윌리암이 지난 10년 동안 섬머힐에서 일하고 있어 자신이 없이도 필요한 일들을 잘 꾸려갈 수 있으며 자신의 사후 네 자녀들이 공동으로 역할을 분담할 것으로 생각한다는 견해를 피력했다.

3) 설립자인 닐과 현 교장인 조이 간의 섬머힐 운영 방식의 차이에 대해 문의한 결과, 자신과 닐은 서로 다른 사람이기 때문에 자신은 아버지와 다른 접근 방식을 가지고 있긴 하지만, 섬머힐의 철학에 대해서는 두 사람 모두가 동일한 노선을 견지하고 있으며, 지금은 닐이 예상치 못했던 많은 다른 문제점이 제기되고 있다고 했다.

4) 교장인 조이와의 교신을 통해 1995년 68명, 1998년 61명, 1999년 56명, 2001년 75명, 2002년 94명이 재학한 것으로 확인됐다. 또한 2006년 1월 80명, 2006년 9월 82명 예정(남학생 41명, 여학생 41명, 국적별로는 영국 31, 일본 13, 대만 11, 한국 8, 독일 5, 스위스 4, 기타 스페인, 미국, 프랑스, 이스라엘, 덴마크 출신)인 것으로 확인됐다. 한국 학생들의 입학과 졸업 현황에 대해 문의한 결과, 섬머힐이 일반 학교처럼 정확한 기록을 보유하고 있지 않아 자체의 정확한 정보는 가지고 있지 않지만, 1990년대 중반(1996년으로 확인됨) 처음 입학한 이래 매년 약간 명씩 다니고 있으며, 현재 8명이 재학하고 있는 것으로 확인해 주었다. 지금까지 졸업생 현황에 대해 문의한 결과 역시, 일반 학교처럼 정확한 기록을 보유하고 있지 않아 졸업생 수가 확실치 않다고 했다. 한때 조이 자신이 졸업생들을 추적한 결과 약 2,000명까지 확인했으나 컴퓨터 고장으로 정보가 손실되어 더 이상 작업을 마무리하지 못했다고 했다.

닐이 남긴 저서는 교육 수기 4권, 소설 2권, 동화 2권, 자서전 1권, 그의 초기 저서 4권의 내용을 1권으로 묶어 미국의 Hart 출판사가 1970년 펴낸 'Summerhill: A redical approach to child rearing', 1960년대 섬머힐 학생이었던 램이 Hart사에서 출간한 내용이 섬머힐의 현실과 많이 다르다며 1992년 'Summerhill school: A new view of childhood'라는 이름으로 출간한 책을 합해 20권이다.[5)]

닐의 교육사상은 사변적인 이론을 통해서가 아니라, 젊은 시절부터 일선 학교 현장에서 함께 했던 아동들과의 직접적인 경험을 통해 도출됐다. 닐은 인간의 도덕적 행위의 근본인 인격적 무의식은 자유로운 분위기에서 스스로 형성해야 가치가 있다고 판단했다. 여기에 아동에 대한 닐의 신념이 내재해 있다. 아동의 본성은 선하고 현명하고 현실적이며, 성실성을 지니고 있어서 자유로운 상태에 있는 아동은 공격적이지 않고 매우 관대한 것으로 보았다. 어른들이 간섭하지 않고 자유스럽게 두면 아동들은 자기 능력에 맞게 스스로 발전해 나갈 수 있다고 주장했다(Neill, 1960: 4, 1992: 9).

실제로 닐은 섬머힐에서 발견한 가장 위대한 것은 아동이 진실한 존재로 태어난다는 점을 강조했다(Neill, 1960: 126). 이는 루소의 아동관과 자연주의 교육사상과도 맥락을 같이하는 것으로 보인다. 하지만 닐은 자신이 루소의 제자로 불리는 데 대해 자신은 섬머힐을 설립한 지 50년이 될 동안 에밀을 읽지 않았으나, 에밀을 읽고 나서 자신이 미처 알지 못한 채 실천해 온 것을 루소가 200년 전에 이론으로 기술한 것을 알고 자신이 비견함을 느꼈다고 밝혔다. 한편, 에밀은 튜터가 처방한 환경 속에서만 자유로운 데 대해 다소 실망하고, 섬머힐은 개별 튜터가 아닌 공동체 환경임을 강조했다(Neill, 1992: 242). 닐은 자유는 원맨쇼가 아니라, 하나의 새로운 세계관(Weltanschauung)으로 자유를 이 광적인 세상에서 하나의 위대한 희망으로 보았다(Neill, 1972: 224).

---

5) 현 교장 조이는 저자와의 교신에서 2006년 4월 닐과 섬머힐을 주제로 새 책이 출간된다는 소식을 알려주었다(New book due April 2006. 'Summerhill & A. S. Neill', edited by Mark Vaughan OBE with chapters by A. S. Neill, Zoë Neill Readhead, Professor Ian Stronach and Tim Brighouse. Published by the Open University Press). 추후 http://amazon.com을 통해 검색한 결과, 2006년 3월에 출간된 것으로 확인됐다.

이처럼 닐은 아동을 선한 존재로 보고, 교육에서 가장 중요한 개념으로 사랑과 자유를 강조해 Neill의 교육사상을 자유주의 교육사상으로 부르기도 한다. 닐은 삶의 목적과 교육의 역할에 대해 다음과 같이 기술하고 있다.

> 나는 삶의 목적이 행복을 추구하는 데 있다고 주장한다. 행복 추구는 곧 흥미 추구를 의미한다. 교육은 행복한 삶을 위한 준비가 돼야 한다. 우리의 문화는 별로 성공적이지 못했다. 교육과 정치, 경제도 전쟁을 초래했다. 의학도 질병으로부터 자유롭게 하지 못했다. 종교도 고리대금과 강도를 없애지 못했다. 시대의 진보는 메카니즘 즉 통신과 컴퓨터, 과학과 공학상의 진보에 불과하다. 새로운 전쟁이 우리를 위협하고 있다. 왜냐하면, 이 세상의 사회적 양심이 아직 원시적이기 때문이다(Neill, 1960: 24; http://www.summerhillschool.co.uk/pages).

섬머힐을 이끌어가는 기본 원리는 사랑과 자유로 압축되는 건강한 삶을 위한 기본 요건과 같다. 닐은 섬머힐의 이념을 해방(release) 즉 아동이 자신의 자연스러운 흥미에 따라 성장할 수 있도록 하는 것으로 설정하고, 이를 위해서는 자유가 허용돼야 하며 학교는 아동의 삶을 게임으로 만들어주어야 한다고 주장했다. 닐은 섬머힐의 기본 이념을 다음과 같이 표현한 바 있다.

> 내가 첫 번째 아내와 섬머힐을 시작했을 때, 우리는 한 가지 중요한 생각 즉, 어린이를 학교에 맞추도록 하는 대신, 학교를 어린이에게 맞도록 하는(to make the school fit the child) 생각을 했다. 수년 동안 일반 학교에 근무하면서 전자의 방식만이 통용되는 것을 목격했다. 그러나 그것은 어른들이 생각하는 어린이상과 어른들이 생각하는 아동 학습 방법에 근거하고 있기 때문에 완전히 잘못된 것이다 … 우리는 어린이들이 자유를 마음껏 누리게 하는 학교를 만들려고 했다. 이를 위해 모든 규율과 지시, 모든 암시와 도덕적 훈련 그리고 모든 종교적 수업을 포기하기로 했다 … 우리에게 필요한 것은 어린이는 악하지 않고 선하다는 사실에 대한 완전한 믿음이었다(Neill, 1960: 4; Neill, 1992: 9).
>
> 섬머힐은 아마도 세상에서 가장 행복한 학교일 것이다. 조롱받는 아

> 이도 없고, 향수병을 앓는 사례도 거의 없다 … 미움은 미움을 낳고, 사랑은 사랑을 낳는다. 사랑은 아이들을 인정하는 것으로 모든 학교에서 필수적이다. 아이들을 벌하거나 호통을 쳐서는 아이들 편이 될 수 없다. 섬머힐은 아동이 자신이 인정받고 있음을 알게 하는 학교이다(Neill. 1992: 13).

이처럼 섬머힐은 자율의 철학을 바탕으로 개인의 자유와 평등, 민주주의, 개인적 선택을 기본 정신으로 삼고 있다. 아동들은 말할 권리를 가진 개인으로 대우를 받고, 공동체의 운영에 책임있는 일원으로 참여한다. 섬머힐의 목적은 아동들에게 정서적으로 성장할 수 있는 자유와 자신의 삶에 대한 통제력을 부여하고, 아동들이 자연스럽게 발달할 수 있는 시간을 제공하며, 성인들로부터의 두려움과 위압을 제거해 행복한 아동기를 보낼 수 있도록 하는 데 있다. 현 교장인 조이는 "당신은 섬머힐의 이념을 사랑할 수도 있고 미워할 수도 있다. 그러나 만약 당신이 자녀를 기르고 있거나 아이들을 가르쳐본 경험이 있다면 또는 어린 시절을 기억한다면, 분명 아동기와 교육을 결코 같은 방식으로 보지는 않을 것이다"라고 지적했다.

섬머힐의 교육이념과 교육목적에 따른 학교 정책은 다음과 같다(http://www.summerhillschool.co.uk/pages).

첫째, 아동들이 자신에 맞는 속도로 발달하고 자신의 흥미를 추구할 수 있도록 선택권과 기회를 제공한다. 섬머힐은 특정 지식이나 기능을 갖춘 특정 유형의 인간을 만들어내는 것이 아니라, 아동들이 자신의 정체성과 되고자 하는 인간상을 스스로 규정할 수 있는 환경을 제공해 주는 것을 목적으로 한다.

둘째, 아동들이 강제적이거나 강요에 의한 평가를 받지 않도록 하고, 자신의 목적과 성취감을 개발하도록 한다. 아동들은 유력한 아동 학습 이론과 학업성취 이론에 근거한 인위적인 성공 기준에 순응해야 한다는 압력으로부터 해방돼야 한다.

셋째, 아동들이 자신이 원하는 만큼 완전히 자유롭게 놀 수 있는 기회를 제공한다. 창의적이고 상상력이 풍부한 놀이는 아동기와 발달에 필수적인 부분이다. 자발적이고 자연스러운 놀이를 어른들이 아동을 위한 학습 경험으로 손상하거나 방향을 전환해서는 안 된다. 놀이는 아이들의 것이다.

넷째, 아동들이 어른들의 판단과 간섭을 배제하고 다양한 감정을 경험할 수 있도록 한다. 의사결정을 내릴 수 있는 자유는 항상 위험이 뒤따르고 부정적인 결과를 초래할 가능성이 있다. 지루함과 스트레스, 분노와 실망 그리고 실패와 같은 부정적인 결과들도 분명 개인의 발달에 있어서 필요한 부분이다.

다섯째, 아동들이 자신을 지원하고 자신들이 책임을 지는 공동체 속에서 살아갈 수 있도록 한다. 아동들은 공동체 속에서 민주적 과정을 통해 스스로 자유를 누리며 공동체 생활을 변화시킬 수 있는 힘을 가지게 된다. 모든 개인은 자신이 살고 있는 공동체에 근거하여 자신의 가치를 창조한다. 섬머힐은 스스로 책임을 지는 공동체이다. 문제가 발생하면 어른이나 아이 할 것 없이 나이에 상관없이 공동체의 모든 구성원이 동등하게 문제해결 과정에 참여한다.

섬머힐 학생들에게 기대하는 자질은 자기 존중감, 인내, 통합성, 공정성, 이해, 민감성, 열정, 자기주장, 창의성, 개성, 유머, 자기 동기 부여, 상식 등이다. 이러한 자질은 지식보다 감성과 결부된 것으로, 닐이 최근 주목받고 있는 감성지능(emotional intelligence)의 중요성을 앞서 강조한 것은 흥미로운 일이다. 이와 관련하여 닐은 섬머힐에서는 신경질적인 수상보다는 행복한 거리 청소부를 기르고 싶다고 했다(Neill, 1960).

졸업생들을 대상으로 섬머힐의 가치에 대해 질문했을 때 가장 많이 응답하는 것도 자신감, 대인관계 기능, 타인에 대한 배려와 존경, 개인적 책임감, 의사결정력 등이다. 설립 때부터 지금까지 폐지되거나 변하지 않고 있는 세 가지 기본 원칙은 폭력(violence)과 마약(drug), 음주(alchohol)를 허용하지 않는다는 점이다. 성적인 문제와 관련해서 지난 85년 동안 학교 내에서 임신 사례가 한 건도 발생하지 않았다.

닐은 아이들에게 자유를 주는 것은 자신의 삶을 살 수 있도록 허락해 주는 것으로 오직 자유 속에서만 자연스러운 방식 즉, 선한 방식으로 성장할 수 있기 때문에 자유를 모든 것의 선행요건으로 보고 있다. 또한 자유의 큰 적은 두려움이기 때문에, 학교는 아동들에게 두려움을 없애고 아동의 삶을 놀이로 만들어

주어야 한다. 아이들의 행복과 복지는 우리가 그들에게 어느 정도의 사랑과 승인을 주느냐에 달려 있다(Neill, 1960).

일반 학교와 마찬가지로 섬머힐에서도 형식적인 교육과정과 시간표가 있다. 하지만, 근본적으로 아동들이 자신의 교육과정을 스스로 구성한다. 교육 방법의 기본 전제도 사랑과 자유이다. 교사의 기본 메시지는 아동들이 자신의 스스로 삶을 변화시킬 수 있도록 하는 것으로 기본 원리는 학생들의 마음을 움직이는 데 있다. 수업은 섬머힐이라는 공동체에서 이루어지는 하나의 부분일 뿐 가장 중요한 것은 아니다. 가장 중요한 것은 공동체의 구성원들이 개인적인 자유를 누리며 조화롭게 공존할 수 있는 환경을 조성하고 유지하는 것이다. 따라서 수업 참여 여부는 선택적이다.

섬머힐에서 가장 중요한 교육 방법 중 하나가 전교 회의다. 학교 내에서 이루어지는 중요한 의사결정은 전교 회의를 통해 결정된다. 섬머힐에서는 강제적이거나 강요에 의한 평가가 실시되지 않는다. 행복과 진실, 조화, 사회성 등이 평가의 준거가 된다. 이제 섬머힐은 Neill이 자신의 교육사상을 실천하기 위해 설립한 실험학교 차원을 넘어 자유가 아동교육에 어떻게 작용하는지를 보여주는 하나의 시범학교가 됐다.

물론 섬머힐의 교육에 긍정적인 측면만이 있는 것은 아니다. 프로이드의 영향과 닐 자신의 어릴 적 경험에 따른 성에 대한 과대평가, 지나친 관용주의로 인한 자유와 방종에 대한 한계, 지식교육의 경시, 행복의 정의에 대한 불충분함, 외부 세계와의 고립으로 인한 갈등, 학교 재정 부족에 따른 교육시설 빈약, 교사들의 잦은 교체 등 문제점과 부정적인 견해도 만만치 않다. 그럼에도 섬머힐은 졸업생과 재학생, 학부모와 교육계의 긍정적인 반응을 통해 전통 교육에 대한 반성과 전 세계 대안교육의 상징으로 미래의 교육에 시사점을 던져주고 있다.

> 섬머힐의 미래 그 자체는 그다지 중요하지 않을 수도 있다. 그러나 섬머힐의 이상이 암시하는 미래는 인류에게 가장 중요한 것이다. 새로운 세대가 자유롭게 성장할 수 있는 기회를 제공해 주어야 한다. 자유에

중요한 가치를 두는 것은 곧 사랑에 중요한 가치를 두는 것이다. 세상을 구할 수 있는 것은 사랑뿐이다(Neill, 1960: 92).

조영남(2006). 대안교육의 상징 섬머힐 탐구. 초등교육연구논총, 22(1), 137-161 중에서

05 논어 속 군자 관

사서(四書) 중 하나로 공자와 제자들의 말과 행동을 기록한 유교의 대표 경전 논어에서 발췌한 군자의 모습은 다음과 같다.

- 배우고 때때로 익히면 이 또한 기쁘지 아니한가? 벗이 먼 곳에서 찾아오면 이 또한 즐겁지 아니한가? 남이 알아주지 않아도 성내지 않는다면 이 또한 군자답지 아니한가?(학이편 1).
- 군자는 근본에 힘쓰는 것이니, 근본이 확립되면 따라야 할 올바른 도리가 생겨난다(학이편 2).
- 군자가 신중하지 않으면 위엄이 없으며, 배워도 견고하지 않게 된다. 충실과 신의를 중시하고, 자기보다 못한 자를 벗으로 사귀지 말며, 잘못이 있으면 고치기를 꺼리지 말아야 한다(학이편 8).
- 군자는 먹는 것에 대해 배부름을 추구하지 않고, 거처하는데 편안함을 추구하지 않는다. 또한 일하는데 민첩하고 말하는 데는 신중하며, 도의를 아는 사람에게 나아가 자기의 잘못을 바로잡는다. 이런 사람이면 배우기를 좋아한다고 할 만하다(학이편 14).
- 군자는 그릇처럼 한 가지 기능에만 한정된 사람이 아니다(위정편 12).
- 군자란 말보다 앞서 행동하고, 그런 다음에 그에 따라 말한다(위정편 13).
- 군자는 여러 사람과 조화를 이루면서도 당파를 이루지는 않고, 소인은 당파를 형성하여 여러 사람과 조화를 이루지 못한다(위정편 14).
- 군자는 다투는 일이 없으나, 꼭 하나 있으면 그것은 활쏘기이다. 그러

나 절하고 사양하며 활 쏘는 자리에 오르고, 내려와서는 벌주를 마시니 그 다투는 모습도 군자답다(팔일편 7).

- 군자가 인을 버리고 어찌 군자로서의 명성을 이루겠는가? 군자는 밥 먹는 순간에도 인을 어기지 말아야 하고, 아무리 급한 때라도 반드시 인에 근거해야 하고, 위태로운 순간일지라도 반드시 인에 근거해야 한다(이인편 5).
- 군자는 천하에서, 반드시 그래야만 한다는 것도 없고, 절대로 안 된다는 것도 없으며, 오직 의로움만 따를 뿐이다(이인편 10).
- 군자는 덕을 생각하지만, 소인은 편히 머물 곳을 생각하고, 군자는 법을 생각하지만, 소인은 혜택받기를 생각한다(이인편 11).
- 군자는 의로움에 밝고, 소인은 잇속에 밝다(이인편 16).
- 군자는 말에 대해서는 모자라는 듯이 하려 하고, 행동에 대해서는 민첩하려고 한다(이인편 24).
- 그(子産)는 군자의 도(道) 네 가지를 갖추고 있었다. 처신에는 공손하고, 윗사람을 섬김에는 공경스러우며, 백성을 먹여 살림에는 은혜롭고, 백성을 부릴 때는 의리에 맞게 하였다(공야장편 15).
- 군자는 절박한 것을 도와주지만, 부유한 자가 더 부자가 되게 하지는 않는다(옹야편 3).
- 너(子夏)는 군자다운 선비가 되어야지, 소인 같은 선비가 되어서는 안 된다(옹야편 11).
- 군자가 글을 널리 배우고 예로써 단속한다면, 또한 도리에 어긋나지 않을 것이다(옹야편 25).
- 내가 성인을 만나볼 수 없다면, 군자라도 만나볼 수 있으면 좋겠다(술이편 25).
- 학문에 대해서라면 아마도 내가 남보다 못하지 않겠지만, 군자의 도리를 몸소 실천하는 것은 내가 아직 이루지 못했다(술이편 32).
- 군자는 평온하고 너그럽지만, 소인은 늘 근심에 싸여 있다(술이편 36).

- 군자가 친족들을 잘 돌봐주면 백성들 사이에는 인(仁)한 기풍이 일어나며, 예 친구를 버리지 않으면 백성들이 각박해지지 않는다(태백편 2).
- 어린 임금을 부탁할 수 있고, 한 나라의 정치를 맡길 수 있으며, 나라의 큰일을 당했을 때 그의 뜻을 빼앗을 수 없다면 군자다운 사람인가? 군자다운 사람이다(태백편 6).
- 나는 젊었을 때 천하게 살았기 때문에 비천한 일에 여러 가지로 능한 것이다. 군자가 여러 가지 일에 능할까? 그렇지 않다(자한편 6).
- 공자가 동쪽 오랑캐 땅에 가서 살겠다고 하자, 어떤 이가 말하기를 "누추할 텐데 어찌 지내시려 합니까?"라고 하였다. 공자가 말씀하셨다. "군자가 가서 살면 교화가 될 터인데 무슨 누추함이 있겠느냐?"(자한편 13).
- 말하는 것이 미덥다고 해서 그를 인정해 준다면, 그가 군자다운 사람이라는 것이냐? 겉모습 그럴듯한 사람이라는 것이냐?(선진편 20).
- 군자는 근심하지도 않고 두려워하지도 않는다(안연편 4).
- 군자가 공경하는 마음을 가지고 한순간도 소홀함이 없이 노력하며, 남에게 공손하고 예의를 지킨다면, 온 세상의 사람들이 모두 형제입니다. 군자가 어찌 형제 없음을 근심하겠습니까?(안연편 5).
- 군자는 남의 좋은 점을 이룩하도록 해주고 남의 나쁜 점은 이루어주지 않지만, 소인은 이와 반대이다(안연편 16).
- 군자는 학문으로 벗을 모으고, 벗을 통해 인(仁)의 덕을 수양한다(안연편 24).
- 군자는 명분을 세우면 반드시 그에 대해 말할 수 있고, 말하면 반드시 실천할 수 있다. 군자는 그 말에 대해서 구차히 하는 일이 없어야 한다(자로편 3).
- 군자는 사람들과 화합하지만 부화뇌동하지는 않고, 소인은 부화뇌동하지만 화합하지는 못한다(자로편 23).
- 군자는 섬기기는 쉬워도 그를 기쁘게 하려 할 때 올바른 도리로써 하지 않으면 기뻐하지 않는다. 그러나 군자가 사람을 부릴 때는 그

사람의 역량에 따라 일을 맡긴다(자로편 25).

- 군자는 느긋하되 교만하지 않고, 소인은 교만하되 느긋하지 않다(자로편 26).
- 군자로구나, 그 사람은! 덕을 숭상하는구나, 그 사람은!(헌문편 6).
- 군자로서 인(仁)하지 못한 사람은 있어도, 소인으로서 인한 사람은 없다(헌문편 7).
- 군자는 고상한 데로 나아가고, 소인은 세속적인 데로 나아간다(헌문편 24).
- 군자는 생각하는 것이 자신의 위치를 벗어나지 않는다(헌문편 28).
- 군자는 그의 말이 행동을 넘어서는 것을 부끄러워한다(헌문편 29).
- 군자의 도가 세 가지 있는데, 나는 그것을 실천하지 못하고 있다. 인(仁)한 사람은 근심하지 않고, 지혜로운 사람은 미혹되지 않고, 용감한 사람은 두려워하지 않는다(헌문편 30).
- 자로가 군자에 대하여 여쭙자 공자께서 말씀하셨다. "자기 수양을 통하여 공경스러워져야 한다." "그렇게만 하면 됩니까?" "자기 수양을 통하여 사람들을 편안하게 해주어야 한다." "그렇게만 하면 됩니까?" "자기 수양을 통하여 백성들을 편안하게 해주어야 한다."(헌문편 45).
- 군자라야 진실로 곤궁함을 견딜 수 있다. 소인은 곤궁하면 곧 함부로 행동한다(위령공편 1).
- 군자로다, 거백옥이여! 나라에 도가 행해지면 벼슬을 하고, 나라에 도가 행해지지 않으면 능력을 거두어 감출 수 있었구나(위령공편 6).
- 군자는 의로움으로 바탕을 삼고, 예의에 따라 행동하며, 공손한 몸가짐으로 드러내고, 신의로서 이루어낸다(위령공편 17).
- 군자는 자신의 무능함을 근심하지, 남이 자기를 알아주지 않음을 근심하지 않는다(위령공편 18).
- 군자는 죽은 뒤에 이름이 일컬어지지 않을까를 근심한다(위령공편 19).

- 군자는 일의 원인을 자기에게서 찾고, 소인은 남에게서 원인을 찾는다(위령공편 20).
- 군자는 자긍심을 지니지만 다투지는 않고, 여럿이 어울리지만 편당을 가르지는 않는다(위령공편 21).
- 군자는 그 사람의 말만 듣고 사람을 등용하지 않으며, 그 사람만 보고 그의 의견까지 묵살하지 않는다(위령공편 22).
- 군자는 도를 추구하지 밥을 추구하지 않는다. 농사를 지어도 굶주림에 대한 걱정은 그 안에 있지만, 공부를 하면 녹봉이 그 안에 있다. 그러므로 군자는 도를 걱정하지, 가난을 걱정하지 않는다(위령공편 31).
- 군자는 작은 일은 잘못해도 큰일은 맡아 할 수 있고, 소인은 큰일은 감당하지 못해도 작은 일은 잘할 수 있다(위령공편 33).
- 군자는 바른길을 따를 뿐이지, 무조건 신념을 고집하지 않는다(위령공편 36).
- 군자는 자기가 원한다고 솔직하게 말하지 않고 그것을 위하여 말을 꾸며내는 것을 미워한다(계씨편 1).
- 군자를 모실 때 저지르기 쉬운 세 가지 잘못이 있다. 말할 때가 되지 않았는데 말하는 것을 조급하다고 한다. 말해야 할 때가 되었는데도 말하지 않는 것을 속마음을 숨긴다고 한다. 얼굴빛을 살펴보지도 않고 말하는 것을 눈뜬장님이라고 한다(계씨편 6).
- 군자에게는 세 가지 경계해야 할 일이 있다. 젊을 때는 혈기가 안정되지 않으므로 정욕을 경계해야 한다. 장년이 되어서는 혈기가 막 왕성해지므로 다툼을 경계해야 한다. 노년이 되어서는 혈기가 이미 쇠약해졌으므로 탐욕을 경계해야 한다(계씨편 7).
- 군자에게는 세 가지 두려워해야 할 일이 있다. 천명(天命)을 두려워해야 하고, 위대한 성인(聖人)을 두려워해야 하고, 성인의 말씀을 두려워해야 한다(계씨편 8).
- 군자에게는 항상 생각하는 것이 아홉 가지가. 볼 때는 밝게 볼 것을 생각하고, 들을 때에는 똑똑하게 들을 것을 생각하며, 얼굴빛은 온화하게 할 것을 생각하고, 몸가짐은 공손하게 할 것을 생각하고, 말을

할 때에는 진실하게 할 것을 생각하고, 일을 할 때에는 공경스럽게 할 것을 생각하며, 의심이 날 때에는 물어볼 것을 생각하고, 성이 날 때에는 뒤에 겪을 어려움을 생각하며, 이득될 것을 보았을 때에는 그것이 의로운 것인가를 생각한다(계씨편 10).

- 군자가 도를 배우면 남을 사랑하고, 소인이 도를 배우면 부리기가 쉽다(양화편 4).
- 군자는 직접 선하지 않은 일을 하는 사람 속으로 들어가지 않는다(양화편 7).
- 군자는 의로움을 최상으로 여긴다. 군자가 용기만 있고 의로움이 없으면 난을 일이키고, 소인이 용기만 있고 의로움이 없으면 도적질을 하게 된다(양화편 23).
- 군자는 친족을 소홀히 하지 않고, 대신들로 하여금 써 주지 않는다고 원망하게 하지 않으며, 오래도록 함께 일해온 사람은 큰 잘못이 있지 않는 한 버리지 않으며, 한 사람에게 모든 능력이 갖추어져 있기를 바라지 않는다(미자편 10).

06 맹자 속 군자 관

사서(四書)의 하나로 맹자의 언행을 기록한 유교 경전 맹자(孟子)에서 발췌한 군자의 모습은 아래와 같다.

- 군자는 금수를 대함에 있어서 살아 있는 모습을 보고서는 차마 그것이 죽어가는 것을 보지 못하며, 애처롭게 우는 소리를 듣고서는 차마 그 고기를 먹지 못합니다(양혜왕 상, 1.7).
- 측은하게 여기는 마음(惻隱之心: 측은지심)이 없다면 사람이 아니고, 부끄러워하는 마음(羞惡之心: 수악지심)이 없다면 사람이 아니며, 사양하는 마음(辭讓之心: 겸양지심)이 없다면 사람이 아니고, 옳고 그름을 판단하는 마음(是非之心: 시비지심)이 없다면 사람이 아니다. 측은하게 여기는 마음은 인(仁)의 단서이고, 부끄러워하는 마음은 의(義)의 단서이며, 사양하는 마음은 예(禮)의 단서이고, 시비를 가리는 마음은 지(智)의 단서이다. 사람이 이 네 가지 단서를 가지고 있는 것은 그가 사지를 가지고 있는 것과 같다(공손추 상 3.6).
- 다른 사람에게서 좋은 점을 받아들여서 선행을 실천하는 것은 그 사람이 선행을 실천하도록 도와주는 것이다. 그러므로 군자에게 다른 사람이 선행을 실천하는 것을 도와주는 것보다 더 큰 일은 없다(공손추 상 3.8).
- 군자는 마음이 좁고 공경스럽지 못한 것을 따르지 않는다(공손추 상 3.8).
- 아무런 사유도 없이 황금을 보내주는 것은 뇌물로 나를 매수하려는 것이다. 군자가 어찌 뇌물에 매수될 수 있겠느냐?(공손추 하 .3).

- 내가 듣기로는 군자는 어떤 경우에도 어버이에게 인색하게 하지 않는다고 했다(공손추 하 4.7).
- 공자께서는 군자의 덕은 바람과 같고 소인의 덕은 풀과 같아서 풀 위로 바람이 불면 풀은 반드시 쓰러진다고 했소(동문공 상 5.2).
- 군자가 올바른 도로써 사물을 깊이 탐구해 들어가는 것은 스스로 체득하기 위해서이다. 스스로 체득하게 되면 사물을 대하는 것이 편안하게 된다. 사물을 대하는 것이 편안하게 되면, 그것에서 취해서 축적하는 것이 깊어진다. 취해서 축적하는 것이 깊어지면, 자신의 가까운 곳에서 이치를 탐구하여도 그 근본적인 이치와 만나게 된다. 그러므로 군자는 스스로 체득하기를 바라는 것이다(이루 하 8.14).
- 근원이 없는 빗물의 경우, 칠팔월 사이에 빗물이 모여 크고 작은 도랑들을 가득 채우지만, 그것이 마르는 것은 서서 기다릴 만큼 금방이다. 그러므로 명성이 실제보다 지나친 것을 군자는 부끄럽게 여긴다(이루 하 8.18).
- 군자가 남들과 다른 까닭은 마음을 간직하고 있기 때문이다. 군자는 인으로써 마음을 간직하고 예로써 마음을 간직한다. 인한 사람은 남을 사랑하고, 예를 지닌 사람은 남을 공경한다. 남을 사랑하는 사람은 남도 항상 그를 사랑하고, 남을 공경하는 사람은 남도 항상 그를 공경한다(이루 하 8.28).
- 백이는 성인으로서 청렴결백한 사람이요, 이윤은 성인으로서 책임을 느끼는 사람이요, 유하혜는 성인으로서 온화한 사람이요, 공자는 성인으로서 시기에 알맞게 하는 사람이다(만장 하, 10.1).
- 자신의 나이가 많음을 내세우지 않고, 자신의 지위가 높음을 내세우지 않고, 자기 형제 중에 부귀한 사람이 있음을 내세우지 않는다. 벗을 사귄다는 것은 그 사람의 덕을 벗 삼는 것이므로 내세우는 것이 있어서는 안 된다(만장 하, 10.3).
- 인은 사람의 마음이고, 의는 사람의 길이다. 그 길을 내버려두고 따르지 않으며 그 마음을 잃어버리고 찾을 줄 모르니, 슬프도다. 사람들은 닭과 개를 잃어버리면 찾을 줄을 알면서도 마음을 잃어버리고는 찾을 줄을 모른다. 학문하는 방법은 다른 데 있는 것이 아니라, 자신의 잃어

버린 마음을 찾는 것일 뿐이다(고자 상, 11.11).

- 군자는 군주를 섬김에 있어서 군주를 올바른 길로 이끄는 데 힘쓰고 인(仁)을 지향해야 합니다(고자 하, 12.8).

- 군자가 신념이 없다면 어떻게 확고한 태도를 지닐 수 있겠는가?(고자 하, 12.12).

- 군자가 벼슬길에 나아가는 상황이 세 가지이고, 벼슬에서 물러나는 상황이 세 가지였다. 군주가 그를 맞이함에 공경한 마음을 극진히 하고 예를 갖추면서 자신의 말을 실행할 것 같으면 나아갔다가, 예로서 대하는 태도는 변함이 없지만, 건의하는 그의 말을 실행하지 않으면 떠나갔다. 그다음으로 비록 자신의 말을 실행하지는 않아도 맞이함에 공경한 마음을 극진히 하고 예를 갖추면 나아갔다가, 예로써 대하는 태도가 변하면 떠나갔다. 마지막으로 아침에도 먹지 못하고 저녁에도 먹지 못해 굶주려서 문밖에도 나갈 수 없는데, 군주가 그것을 듣고서 '내가 비록 큰 문제에 있어서는 그 사람의 도를 실행할 수 없고 또 그 사람의 말을 다르지도 못하지만, 내 땅에서 굶어 죽게 하는 것은 나의 수치이다'고 하면서 구제해 주는 경우 관직을 받아도 되지만, 단지 죽음을 면할 만큼에 그쳐야 한다(고자 하, 12.14).

- 군자에게는 세 가지 즐거움이 있는데, 천하의 임금이 되는 것은 여기에 끼지 않는다. 부모가 살아 계시며 형제들이 아무 탈이 없는 것이 첫 번째 즐거움이다. 우러러봐도 하늘에 부끄럽지 않고, 굽어봐도 사람들에게 부끄럽지 않음이 두 번째 즐거움이다. 천하의 뛰어난 인재들을 얻어서 가르치고 기르는 것이 세 번째 즐거움이다(진심 상, 13.20).

- 군자가 본성으로 여기는 것은 인의예지로 마음에 뿌리박고 있다. 그것으로 생겨난 빛은 해맑아서 얼굴에 드러나고 등에 가득 차며 사지에 퍼져나가서 말이 없어도 사지가 스스로 알아차리게 된다(진심 상, 13.21).

- 군자가 사람을 가르치는 방식은 다섯 가지이다. 때맞춰 내리는 단비와 같이 사람을 교화시키는 방식이 있고, 덕을 이루어주는 방식이 있고, 재능을 완전히 실현하도록 해주는 방식이 있고, 묻는 말에 대답해

주는 방식이 있고, 직접 가르치지는 않지만 간접적으로 감화를 받게 하는 방식이 있다. 이 다섯 가지가 군자가 사람을 가르치는 방식이다(진심 상 13.40).

- 군자의 말은 늘상 보는 가까운 것들을 대상으로 하지만 도가 그 가운데 있다. 군자는 자신의 몸을 지킴에 자신의 몸을 닦음으로써 천하를 태평하게 한다(진심 하 14.32).
- 군자는 법도에 따라 행하여 천명을 기다릴 뿐이다(진심 하 14.33).

07 중용 속 군자 관

사서(四書) 중 하나로 중용의 덕과 인간의 본성인 성(誠)을 터득하고 실천하는 방법을 기록한 유교의 대표 경전 중용(中庸)에서 발췌한 군자의 모습은 다음과 같다.

- 군자는 다른 사람이 보이지 않는 곳에서도 삼가고 다른 사람이 듣지 않는 곳에서도 조심한다(중용 1장 2).
- 군자는 홀로 있을 때도 신중하게 행동한다(중용 1장 3).
- 군자는 중용에 따라 행동하고 소인은 중용에 반하여 행동한다(중용 2장 1).
- 군자의 중용이란 군자의 덕을 갖추고 있으면서 때에 맞추어 중(中)에 처함이다. 소인의 중용 즉 소인이 중용에 반하여 행동하는 것은 소인의 마음을 가지고 있으면서 아무런 거리낌 없이 행동함이다(중용 2장 2).
- 너그럽고 부드러움으로 가르치고 잘못된 행위에 대하여 보복하지 아니함은 남방의 강함이다. 군자는 이러한 입장을 취한다(중용 10장 3).
- 군자는 여러 부류의 사람들과 잘 어울리기는 하지만 사악한 방향으로 빠지지 않으니 이 얼마나 강한가, 꿋꿋한 기상이여! 가운데에 똑바로 서서 한쪽으로 기울지 않으니 이 얼마나 강한가, 꿋꿋한 기상이여! 나라가 잘 다스려질 경우에도 자신이 어려운 상황에 처해 있을 때 지녔던 마음가짐을 바꾸지 않으니 이 얼마나 강한가, 꿋꿋한 기상이여! 나라가 어지러운 지경에도 죽어도 지조가 변하지 않으니 이 얼마나 강한가, 꿋꿋한 기상이여!(중용 10장 5).

- 어떤 군자는 중용에 의거하여 세상을 피해 살면서 아무도 알아주지 않는다고 하여도 후회하지 않는다(중용 11장 3).
- 군자의 도는 광대하면서도 드러나지 않는다(중용 12장 1).
- 군자의 도를 크기로 말하자면 천하로도 다 실을 수 없을 만큼 크고, 작기로 말하자면 천하로도 파괴할 수 없다(중용 12장 2).
- 군자의 도는 일반 백성에게서 비롯하지만, 그 지극함에 이르러서는 천지에 드러난다((중용 12장 4).
- 군자는 사람의 도를 가지고서 사람들을 다스리다가 그들이 잘못된 점을 고치면 그만둔다(중용 13장 2).
- 군자의 도 네 가지 중에 나는 아직 하나도 제대로 하지 못한다. 자식에게 바라는 것으로써 부모를 섬기지도 못하고, 신하에게 바라는 것으로써 임금을 섬기지도 못하며, 동생에게 바라는 것으로써 형을 섬기지도 못하고, 친구에게 바라는 것을 먼저 베풀지도 못한다. 그러므로 말할 때는 실천할 수 있는가를 생각하고, 행동할 때는 자신이 한 말을 생각하니, 군자가 어찌 독실하지 않을 수 있겠는가!(중용 13장 4).
- 군자는 자신의 직위에 바탕을 두고 행동한다. 자신의 처지에 벗어난 일을 바라지 않는다(중용 14장 1).
- 군자는 어디에서든 항상 그에 맞게 행동한다(중용 14장 2).
- 군자는 순리대로 생활하면서 그 결과를 기다린다. 그러나 소인은 위태롭게 행동하면서 요행을 바란다(중용 14장 4).
- 활쏘기는 군자가 자신의 행동을 되돌아 볼 때와 유사하다. 활을 쏘아서 정곡을 맞추지 못하면 돌이켜 자신에게 원인을 찾는다(중용 14장 5).
- 군자의 도란 비유하자면 멀리 가려면 반드시 가까운 곳에서부터 걸어가야 하는 것과 같고, 높은 곳에 오르려면 반드시 낮은 곳에서 시작해야 하는 것과 같다(중용 15장 1).
- 시경에 “화락한 군자여! 밝게 드러나는 아름다운 덕을 지녔도다. 백성들과 관리들에게 마땅하게 대하니 하늘로부터 복록을 받네. 보살펴주고 보호하사 명을 내리며 하늘로부터 거듭 보살핌을 받네”라고 하

였다(중용 17장 4).

- 군자는 몸을 닦지 않을 수 없다. 몸을 닦으려면 부모님을 섬기지 않을 수 없다. 부모님을 섬기려면 사람의 도를 몰라서는 안 된다. 사람의 도를 알려면 하늘의 이치를 몰라서는 안 된다(중용 20장 7).
- 성실함은 사물의 처음이자 끝이다. 성실하지 않으면 어떠한 사물도 없다. 그러므로 군자는 성실함을 가장 귀하게 여긴다(중용 25장 2).
- 군자는 덕성을 높이고 묻고 배우는 것을 계기로 삼으니, 광대함을 지극하게 하고 정미함을 다 드러내며, 높고 밝음을 지극하게 하고 중용을 따르며, 옛 것을 익혀 새로운 것을 알며, 예를 숭상하여 후덕함을 돈독히 한다(중용 27장 6).
- 군자의 도는 자기 자신에게 근본을 두고, 일반 백성들에게서 입증되며 하나라, 은나라, 주나라 임금들의 도에 고찰해 보아도 잘못된 것이 없으며, 처지간에 세워 보아도 어긋나는 부분이 없으며, 구신에게 물어보아도 의심이 없고, 백 세대 뒤의 성인을 기다려도 의혹을 받지 않을 것이다(중용 29장 3).
- 군자가 움직이면 대대로 천하의 도가 되고, 그가 행하면 대대로 천하의 법이 되며, 그가 말하면 대대로 천하의 준칙이 된다. 멀리 떨어져 있는 사람들은 그를 바라고, 가까이 있는 사람들은 그를 싫어할 줄 모른다(중용 29장 5).
- 시경에 “저기에 있어도 미워하는 사람이 없으며, 여기에 있어도 싫증내는 사람이 없어, 밤낮으로 노력하여 길이 칭송받을 것이다”라고 노래하였다. 군자가 이와 같이 하지 않고서 천하에 명성을 떨친 사람은 없다(중용 29장 6).
- 군자의 도는 은근하지만 날로 드러나고, 소인의 도는 첫눈에는 확 드러나지만 날로 사그라든다. 군자의 도는 담담하지만 물리지 않고, 간소하지만 무늬를 띄고 있으며, 온유하면서도 조리가 있다(중용 33장 1).
- 군자는 자신을 성찰하여 잘못됨이 없게 하여 자신의 마음속에 부끄러움이 없도록 한다. 군자에게 보통 사람들이 미칠 수 없는 점은 오직 다른 사람들이 보지 못하는 바로 그곳이다(중용 33장 2).

- 시경에 “네가 방 안에 있을 때를 보더라도 방구석에 앉아서도 부끄러움이 없도록 하라”고 하였다. 그러므로 군자는 움직이지 않아도 공경을 받고, 말하지 않아도 믿음을 준다(중용 33장 3).
- 시경에 “나아가 신명에 도달하여 말이 없어도 그때 분쟁이 없었네”라고 하였다. 그러므로 군자가 상을 주지 않아도 백성은 힘써 따를 것이며, 화내지 않아도 백성들은 그 어떤 무기보다 더 두려워한다(중용 33장 4).
- 시경에 “그윽하게 드러나지 않는 덕을 모든 제후들이 본받나니”라고 하였다. 그러므로 군자가 공경을 돈독하게 하면 천하가 태평스러워진다(중용 33장 5).

08 대학 속 군자 관

사서(四書)의 하나로 공부하는 목적과 방법을 담은 유교의 대표 경전 대학(大學)에서 발췌한 군자의 모습은 아래와 같다.

- 군자는 어느 곳에서나 자신의 지극한 선을 베풀지 않은 적이 없다(대학 전2장 4).
- 시경에 "저 기수의 저토록 아름다운 푸른 대나무가 우거져 있구나! 멋있는 군자의 모습이어라. 잘라 놓은 듯 다듬어 놓은 듯 쪼아 놓은 듯 갈아 놓은 듯하도다. 치밀하고 굳세며, 빛나고 성대하니, 멋있는 군자를 끝내 잊을 수 없어라"라고 노래하였다(대학 전3장 4).
- 군자는 옛 군왕이 현자를 어질게 대하고 친족을 친애한 일을 항상 생각한다(대학 전3장 5).
- 군자는 반드시 홀로 있을 때도 신중하게 행동한다(대학 전6장 1, 2).
- 군자는 반드시 자신의 의지를 성실하게 한다(대학 전6장 4).
- 군자는 집안을 나서지 않고서도 백성들을 교화할 수 있다(대학 전9장 1).
- 군자는 자신에게 선함이 있은 후에야 다른 사람에게 선함을 요구하며, 자신에게 악함이 없은 후에야 다른 사람의 악함을 비난한다(대학 전9장 4).
- 군자에게는 '자신의 마음으로 미루어 헤아려 보는 도'가 있다(대학 전10장 1).
- 시경에 "즐거우신 군자여! 백성의 부모님이시다"라고 하였다. 백성이 좋아하는 것을 하고, 백성이 싫어하는 것을 싫어하니 이것을 백성의

부모라고 말한다(대학 전10장 3).

- 군자는 먼저 자신의 덕에 신중을 기해야 한다. 덕이 있으면 그를 따르는 사람이 있게 되고, 그를 따르는 사람이 있으면 영토가 있게 된다. 영토가 있으면 재물이 있게 되고 재물이 있으면 쓰임이 있게 된다(대학 전10장 6).
- 군자는 변함없는 철칙이 있다. 즉 반드시 충실함과 믿음을 지니고 있으면 군자의 지위를 얻고, 교만 방자하면 군자의 지위를 잃게 된다(대학, 전10장 18).

09 남명 조식의 교육 관

남명 조식은 퇴계 이황과 더불어 조선 중기를 대표하는 유학자이다. 남명은 퇴계와 달리 평생 벼슬을 하지 않고 산림처사로 절개를 지키며 유학의 기본 정신을 실천하는 데 힘썼다. 주자학에만 치우치던 당시 일반 성리학자들과는 달리, 여러 선현의 학설을 폭넓게 섭렵했다. 남명은 자신이 접한 선현들의 글 가운데 몸과 마음에 절실한 정수를 골라 학기(學記)라는 이름의 비망록 형태로 정리하여 항상 가까이 두고 애독했다. 남명이 정주 이후 더 이상 저술을 할 필요가 없음을 주장하며 원시 유학의 기본 정신인 실천을 강조했다는 점에서, 남명이 평소 선현들의 글 중에서 중요한 부분을 직접 발췌하여 애독하고 실천의 근거로 삼은 학기유편(學記類編)이 남명학의 기조를 형성하고 있다고 해도 과언이 아니다.

학기유편의 상편은 '도의 통체를 논함'(論道之統體)과 '학문을 하는 요체'(爲學之要)의 2개 요어(要語)로 구성되어 있는데, 전체 분량의 반 이상을 차지하고 있어 남명의 주된 관심이 유학의 기본 정신과 학문하는 요체에 있었다는 점을 알 수 있다. 하편은 '앎을 이룸'(致知)에서 '성현이 도를 서로 전함'(聖賢相傳)에 이르기까지 12개의 요어로 구성되어 있다. 남명이 선현들의 말을 발췌한 태도를 보면, 그의 학문은 철저히 주자와 정자의 학문에 근간을 두었음을 알 수 있다. 결국 남명이 선현들의 말을 직접 발췌한 이 책을 통해 자신의 학문 자세를 스스로 증명한 것이다.

김충열(2006: 141-142)은 남명의 학기유편에 소개된 '학기요어'와 '학기도'를 통해 남명의 학문 방법이 오늘날 학위논문을 쓰는 과정과 흡사함을 강조하고 있다. 먼저 제목을 정하고, 주제와 관련된 기존 학계의 연구자료를 모으고 읽으면서 중요 사항을 정리한 다음 체계를 세우고 통합해 가는 과정과 방법이 상당히 모범적인 학문 자세를 반영하고 있다는 것이다.

학문적 성과를 도식화하는 전통은 중국의 성리학자 주돈이(1016~1073)로부터 비롯됐지만, 여말선초의 성리학자인 권근의 '입학도설'을 비롯해 정지운의 '천명구도', 이황의 '천명신도'와 '성학십도'와 더불어 남명의 '학기도'도 우리나라 도식화 교육 전통의 일익을 담당하고 있다(사재명, 전영국, 2004: 111). 이들 모두가 세계 최초의 시각 교재로 평가받고 있는 코메니우스의 '세계도회'보다 훨씬 더 앞선 사례들이다.

학기도(學記圖)는 학기유편에 정리된 중심 개념들 간의 상호 관련성을 도식화한 것으로 소학대학도를 비롯하여 24개의 도식이 있다. 그중 17개의 도식은 남명이 직접 그린 것이다. 남명의 친구였던 대곡 성운이 쓴 묘비문을 보면 남명이 생전에 학기도의 이름까지 표기해 놓았음을 알 수 있다.

> 매양 독서할 때마다 긴요한 대목에 이르면 반드시 세 번 반복해 읽은 다음 붓을 들어 기록했으며, 그 기록을 일컬어 학기라 했다. 손수 신명사도를 그리고 거기에 명을 섰으며, 또 천도(天道), 천명(天命), 이기(理氣), 성정(性情) 및 도(道)를 궁구한 것과 덕에 들어가는 계제(階梯) 등을 그린 것이 비일비재하다.

학기도는 후속 내용의 핵심 아이디어를 요약, 정리하여 도식으로 제시하고, 학기요어는 후속 내용의 핵심 아이디어를 포괄하여 주제어(keyword)로 제시하고 있다는 점에서 오스벨의 선행조직자와 유사한 일종의 시각 조직자, 그리고 라이겔루스가 정교화 수업이론에서 제안한 정수(epitome)의 개념, 노만의 망사학습(web learning)의 아이디어와도 유사하다. 오스벨(1968)은 선행조직자가 앞으로 다룰 내용에 대한 포괄성과 추상성 그리고 일반성이 있는 아이디어를 미리 추출하여 제시함으로써 후속 학습을 위한 개념적 틀을 제공해 준다고 주장했다. 그리고 선행조직자로부터 구체적인 내용으로 점진적으로 분화여 구체적으로 다룬 다음, 다시 전체 내용을 통합적으로 조정하는 접근을 제안했다. 또한 라이겔루스(1987)는 피사체의 크기를 마음대로 확대, 축소할 수 있는 줌렌즈 카메라처럼 정수를 통해 전체 내용을 개요한(wide angle view) 다음, 그 구성 요소를 하나씩 점진적으로 클로즈업하여 구체적으로(specific view) 다루고, 이를 다시 통합해 전체적으로 통합하는 방법을 제안했다.

학기유편의 '위학지요'(爲學之要) 즉 학문을 하는 요체는 성현들의 글 속에서 학문하는 과정과 수양하는 방법 및 제자들을 지도하는 방법을 중심으로 발췌하여 도설화한 것이다. 위학지요의 처음에 등장하는 소학대학도(小學大學圖)는 소학에서 덕성을 길러 대학에서 군자의 업을 닦는 과정을 체계적으로 제시하고 있다. 소학에서는 수방심(收放心)의 공부와 쇄(洒), 소(掃), 응(應), 대(對), 진(進), 퇴(退)의 절도, 예(禮), 악(樂), 사(射), 어(御), 서(書), 수(數)의 습행에 힘써 그 본원을 함양한다. 그러나 지와 행이 아직 얕고 작은 단계에 있다. 이 본원이 정립되면 대학에 나아가 의리를 살피고 정심(正心)을 궁구하며 수기(修己)와 치인(治人)의 길을 확대하여 덕을 닦고 기르는 일에 힘쓰게 되니 대학에서는 자연히 지와 행이 깊고 커진다.

학기도 중 박문약례도(博文約禮圖)는 지행합일을 강조하고 있다. 박문약례는 논어에 나오는 '박학어문(博學於文), 약지어례(約之於禮)'의 줄임말이다. 널리 배운 것을 지식으로 역어야 하고, 이를 다시 정제해 예로 집약시켜야 한다는 의미이다. 남명은 박학 후의 집약을 강조하고 그 집약이 바로 자득력이 되어 위기, 즉 극기 공부를 스스로 할 수 있어야 비로소 학문하는 사람이라 할 수 있다고 주장했다.

요컨대 남명의 학기유편은 선현들의 글에서 유용한 표현을 발췌해 실천을 위한 유용한 준거로 삼은 비망록 자료인 셈이다. 학기유편에 소개된 학기도는 코메니우스의 세계도회와 같은 일종의 시각 자료로 후속되는 핵심 내용을 압축해 이해하기 쉽도록 남명이 직접 도식화하거나 차용한 것이다. 학기요어는 후속 내용을 포괄하는 핵심 주제어에 해당된다. 학기유편에 등장하는 학기도와 학기요어는 현대교육이론가들의 다양한 아이디어를 잘 담고 있어 교육방법에 대한 남명의 혜안을 확인할 수 있다.

자해자득과 자기주도적 학습

교육의 주된 목적은 학습자로 하여금 자신의 삶을 성공적으로 살아갈 수 있도록 도와주는 데 있다. 따라서 평생 학습자로서 자신의 특기와 적성, 개성과 소질을 최대한 개발, 신장할 수 있도록 자기 주도적 학습 능력을 길러주어야 한다. 교육방법에 있어서 남명의 가장 큰 특징은 바로 자해자득(自解自得)에 있다. 자해자득은 학습자 자신이 주인공이 되어 스스로 노력하고 탐구해서 스스로 터득해야 함을 의미한다. 남명이 당시 주류이던 암송이나 강해 위주의 설명식 주입 교육 대신, 학습자 자신이 학습의 주인공이 되어 자신의 관심사를 스스로 깨달아 체득할 것을 강조했다는 점에서 현대적 의미의 자기주도적 학습(self-directed learning)과 발견 학습(discovery learning), 탐구학습 나아가 구성주의(constructivism) 교육이론과 평생교육과도 상통한다. 남명이 자해자득이 중요함을 강조한 것은 자신의 문집과 학기유편 그리고 조선왕조실록 등을 통해 확인할 수 있다. 남명이 자해자득을 강조한 구체적인 사례는 다음과 같다.

> 임금의 학문은 출치(出治)의 근본이므로 스스로 터득하는 데에 귀함이 있는 것입니다. 따라서 한갓 청강(聽講)만 하실 뿐이라면 이익될 것이 없습니다. 평소에 서사(書史)를 보시면서 반드시 스스로 터득하시도록 해야 됩니다(조선왕조실록, 명종 21년 1566년 10월 7일 사정전에서 명종과의 대화 중에서).

> 조식의 학문은 마음으로 도를 깨닫는 것을 중시하고 치용(致用)과 실천을 앞세웠다. 시비를 강론하거나 변론하는 것을 좋아하지 않아 학도를 위하여 경서를 풀이해 준 것은 없고, 다만 자신에게서 돌이켜 구하여 스스로 터득하게 하였다(조선왕조실록, 선조 5년 1572년 1월 1일 처사 조식의 졸기 중에서).

> 학생들을 가르침에 있어서도 매양 근사록(近思錄)과 성리대전(性理大

> 全) 등의 책을 부지런히 읽게 했는데, 모두 체득(體得)하는 것을 급선무로 삼았고 실행 없이 읽기나 하는 것은 대수롭지 않게 여겼다(조선왕조실록, 명종 21년 1566년 12월 2일 이조가 조식에게 체직을 청하는 내용 중에서).

> 자득이 학문에서 가장 귀하다. 책에만 의존해서 의리를 명확하게 풀이할 뿐 실재로 얻은 것이 없으면, 끝내 쓰일 수가 없다. 마음에 얻고도 혹 입으로 말하기 어려워하는 이도 있으니, 학자는 말 잘하는 것을 귀하게 여기지 않는다"(남명집 4종, 언행총록, 421: 김충열, 2006: 144).

> 밖으로부터 배워 안으로 체득함을 밝음이라 하고, 안으로부터 체득하여 밖을 겸하는 것을 성실함이라 하는 데 밝음과 성실함은 하나이다(이정전서 제25권 211장b 18-19행; 경상대학교 남명학연구소 역주, 2002: 223-224).

> 스스로 체득하지 않으면 오경에 있는 말이라 할지라도 헛말일 뿐이다(성리대전 제54권 836장b 3-4행; 경상대학교 남명학연구소 역주, 2002: 271).

> 책을 주석을 달아 설명해 주는 것은 반드시 옛사람들의 뜻은 아니므로, 도리어 사람을 경박하게 만들 수도 있다. 배우는 사람은 반드시 마음을 기울여 생각을 계속해서 함양하여 스스로 이해해야 한다(근사록 제11권 200장a 3-4행; 경상대학교 남명학연구소 역주, 2002: 397).

자해자득의 학문 방법은 불교에서 활용하는 줄탁동시(啐啄同時)나 비고츠키의 ZPD(zone of proximal development) 개념과도 상통한다. 줄탁동시는 어미닭이 알을 품고 부화시킬 때 병아리가 알을 깨고 나갈 찰나에 어미 닭이 껍질을 쪼아 줌으로써 병아리가 쉽게 부화될 수 있도록 도와주듯이, 가르치고 배우는 사람 간의 상호작용 즉 교학상장이 중요함을 의미한다. ZPD는 학습자의 현재 수준의 발달단계와 잠재적 수준의 발달단계 간의 간격을 의미한다. 줄탁동시와 ZPD 모두 교수·학습 장면에서 교사와 학습자 간의 상호작용을 강조하고 있다.

자해자득은 또한 학습자의 자발성과 주도성을 강조한 것으로 '말을 데리고 물가에까지 갈 수는 있으나, 강제로 물을 마시게 할 수는 없다'는 이치와 동일하다. 현대적 의미에서 자기주도적 학습능력은 학업성취도 뿐만 아니라, 학습동기를 비롯한 주인 의식, 자아개념, 자율성, 학습 만족도 등 다양한 정의적 측면에서 긍정적인 효과를 미치는 것으로 보고되고 있다.

이론과 실천의 조화

공자는 논어 위정 편에서 "배우기만 하고 사색하지 않으면 막연하여 어둡고, 사색하기만 하고 배우지 아니하면 위태롭다"라고 설파했다. 정범모는 칸트의 "내용 없는 사상은 공허하고, 개념 없는 직관은 맹목이다"라는 표현을 차용해서 "이론 없는 실제는 공허하고 실제 없는 이론은 맹목이다"라고 주장했다. 이론과 실제, 지식과 행동과의 관련성을 강조한 표현들이다. 이론과 실천 간의 조화는 듀이가 주장한 '행함을 통한 학습'(learning by doing)과도 상통한다. 남명은 당대의 학자들이 성리학의 이론적 탐구에 함몰되어 실천을 소홀히 하는 것을 비판하였다. 남명집과 학기유편 등에 등장하는 이론과 실천 간의 조화를 강조하는 표현들은 다음과 같다.

> 앎과 실천은 서로 함께 따라가는 것이다. 이는 마치 눈만 있고 발이 없으면 못 가고, 발만 있고 눈이 없으면 못 보는 것과 같다. 선후를 따지면 앎이 우선이요. 경중을 따지면 실천이 중요하다(성리대전 제48권 759장b 16-17행; 경상대학교 남명학연구소 역주, 2002: 233).

> 학문을 하는 목적은 실천에 있다. 다만 알기만 하고 실천하지 못한다면 진실로 배우지 않은 것과 같다. 그러나 실천하려고 하지만 그 이치를 이해하지 못한다면 그 실천 또한 올바른 결실을 맺을 수 없다(성리대전 제44권 703장b 12-15행; 경상대학교 남명학연구소 역주, 2002: 176-177).

> 앎과 실천은 배움의 길이요, 이를 지극히 함과 성실히 함은 배움의

목적지이니, 어찌 부지런히 힘써 이런 경지에 도달하기를 추구하지 않을 수가 있겠는가?(성리대전 제48권 764장a 6-8행; 경상대학교 남명학연구소 역주, 2002: 215).

군자는 앎을 근본으로 삼고, 실천은 그 다음이다(이정전서 제41권 48장b 10행; 경상대학교 남명학연구소 역주, 2002: 222).

배움이 매우 바르고 앎이 매우 밝은데도 그 도가 끝내 원근의 사람들에게 신뢰를 받지 못하는 것은 오직 실제 공부가 부족하기 때문이다(성리대전 제49권 774장a 19-20행; 경상대학교 남명학연구소 역주, 2002: 246).

예전 사람들의 학문은 몸소 실천함을 근본으로 했다(심경 제4권 84장b 12-13행; 경상대학교 남명학연구소 역주, 2002: 251).

이미 말하고서 실행하지 않는다면 자신을 속이는 것 가운데 무엇이 이보다 더 심하겠는가(성리대전 제48권 764장b 7-8행; 경상대학교 남명학연구소 역주, 2002: 313).

이치란 자연스러워 본래 말이 필요 없는 것인데, 공자께서 부득이 문답하는 가운데 드러내신 것은 모두 배우는 사람이 스스로 실천하도록 하기 위해서 말씀하신 것이다(심경 제4권 85장b 2-4행; 경상대학교 남명학연구소 역주, 2002: 401-402).

남명이 정자와 주자 이후로는 더 이상 책을 쓸 필요가 없다고 설파한 것은 공리공론만 일삼던 당시 학자들의 학문 자세를 질타한 것으로, 쓸모없는 저술보다는 아는 것을 실천하는 것이 더 중요함을 강조했다. 남명의 이러한 주장은 업적 위주의 성과에 급급하여 표절과 이중 게재 등의 각종 연구 윤리 문제가 제기되고 있는 요즈음 대학 사회의 세태에 비추어서도 시사하는 바가 크다.

학습의 단계와 순서

남명의 학기유편에는 인용된 학문의 단계와 순서와 관련된 표현들은 다음과 같다.

> 학문에는 반드시 순서가 있다. 물 뿌리고 쓸고 응대하고 대답하고 나아가고 물러나는 것에서부터 그 이후의 일들이 모두 학문의 순서에 의한 것이다. 가까운 것에서부터 먼 곳으로 나아가고, 거친 것에서부터 정밀한 것에 이름은 학문을 하는 방법이다(성리대전 제45권 721장b 15-17행; 경상대학교 남명학연구소 역주, 2002: 172-173).

> 모름지기 안팎의 도리에 합일해야 하늘과 사람을 합일시키고 상하를 가지런히 하며, 아래로부터 배워 위로 통달할 것이다(이정전서 제3권 53장a 13-14행; 경상대학교 남명학연구소 역주, 2002: 220).

> 배우는 사람은 모름지기 '아래로부터 배워 위로 통달한다'라는 가르침을 지켜야 하니, 이것이 배움의 요체이다(이정전서 제2권 상 29장b 17행; 경상대학교 남명학연구소 역주, 2002: 221).

> 성현이 사람을 가르치는 내용은 아래로부터 배우는 일에 대한 말이 많고 높은 경지에 이르는 일에 대한 말은 적다. … 비유컨대 밭을 경작함에 모름지기 종자를 심고 김매고 물을 대준 뒤에야 익을 때가 오나니, 단지 저 익을 때만 상상하고 종자를 뿌리지 않으면 어떻게 익을 때가 있겠는가?(성리대전 제45권 718장b 17행-719장a 6행; 경상대학교 남명학연구소 역주, 2002: 239).

> 세상일은 먼저 그 대략적인 곳에서부터 정밀한 곳으로 나아가고, 한 단계를 연마한 뒤에 또 한 단계를 연마하는 것이다. … 요즈음 사람들은 매양 단계를 뛰어넘어 공부를 하려고 하니, 이렇게 하고서는 성취를 할 수가 없다(성리대전 제49권 779장b 4-11행; 경상대학교 남명학연구소 역주, 2002: 242).

> 마음을 확실히 하는 공부 역시 알고 있는 것에 근거하여야 한다. 살피

> 고 탐색하여 미루어 확대해 나가면 마음에 갖추고 있는 것 그 자체로서 본래 부족함이 없게 되어 있다(성리대전 제48권 766장b 13-15행; 경상대학교 남명학연구소 역주, 2002: 263).

> 반드시 엄밀하게 이해하고 정밀하게 분석하여야 한다. 세밀할수록 더욱 광대해지고, 신중하고 확실할수록 더욱 고명해진다(성리대전 제44권 702장a 6-7행; 경상대학교 남명학연구소 역주, 2002: 265).

> 학문은 탑이 올라가는 것과 같아서, 한 층씩 올라가다 보면 맨 위층이 어떤가를 다른 사람이 묻지 않더라도, 스스로 깨달을 수 있다. 만약 실제적으로 밟아 올라가지 않는다면 허공에 매달려 망상하는 것과 같다(성리대전 제49권 773장b 16-17행; 경상대학교 남명학연구소 역주, 2002: 316).

남명이 학기유편에서 기초, 기본교육의 중시, 낮은 단계에서 높은 단계로, 가까운 것에서부터 먼 것으로, 이미 알고 있는 것에서 새로운 것으로, 일반적인 것에서부터 구체적인 것으로의 단계와 계열을 강조하고 있다. 이는 현대 교육이론가 중 브루너의 나선형 교육과정(spiral curriculum)과 표현 양식, 경제성, 생성력으로 구성되는 지식의 구조, 가네의 학습위계(learning hierarchy)와 선행요건 계열, 노만의 망사학습, 라이겔루스의 정교화 계열의 아이디어와도 관련이 깊다.

반성과 피드백

인간은 의미의 구성자로서 자신의 앎과 행동에 대한 반성과 피드백을 통해 후속 학습을 촉진할 수 있다. 듀이는 문제해결 과정에서 반성적 사고(reflective thinking)의 중요성을 강조한 바 있다. 남명 역시 자신의 문집과 학기유편 등을 통해 학문 과정에서 반성의 중요함을 강조하고 있다. 남명이 반성을 강조하기 위해 인용한 구체적인 실례는 다음과 같다.

군자가 배우는 것은 자신을 반성하려고 하는 것일 따름이다. 자신을 반성하는 것은 앎을 이루는 데 있고, 앎을 이루는 것은 사물을 궁구하는 데 있다(이정전서 제25권 211장a 19-20행; 경상대학교 남명학연구소 역주, 2002: 256).

학문하는 방법에는 대략 네 가지가 있으니, 뜻을 세움(立志)과 경건한 마음가짐을 가짐(居敬)과 이치를 궁구함(窮理)과 스스로를 반성함(反身)이다(성리대전 제45권 727장b 4-5행; 경상대학교 남명학연구소 역주, 2002: 250).

'보존하고 수양하는 일'(存養)과 '살펴 반성하는 일'(省察)과 '앎을 이루는 일'(致知)과 '힘써 행하는 일'(力行) 가운데 어느 하나도 소홀히 해서는 안된다(성리대전 제48권 763장 8-9행; 경상대학교 남명학연구소 역주, 2002: 204).

사람의 마음은 한순간이라도 기르지 않으면 마음을 잃더라도 깨닫지 못하고, 하나의 작은 일이라도 살피지 않으면 악에 빠지더라도 스스로 알지 못한다(성리대전 제47권 755장b 15-18행; 경상대학교 남명학연구소 역주, 2002: 307).

기질의 측면에서 애써서 교정하려 하지 말고, 알맞고 바른 도리에서 공부해야 한다. 때때로 점검하면 자신의 치우친 점을 깨달을 수 있어 차츰 고르고 바르게 된다(이정전서 제21권 하, 184장 b 1-2행; 경상대학교 남명학연구소 역주, 2002: 320).

허물이 있으면 반드시 고친다. 죄지은 게 확실하면 고치면 그만이다. 늘 후회하는 마음을 가지고 있으면 도리어 마음에 해가 된다(성리대전 제49권 777장a 3-4행; 경상대학교 남명학연구소 역주, 2002: 322).

천하에서 가장 빠른 것은 바람과 우레이다. 그러므로 이것으로써 허물을 고치고 선에 옮겨가는 형상을 삼았다. 이것이 바로 허물이 있으면 고치기를 꺼리지 말라는 뜻이다(성리대전 제49권 778장a 5-7행; 경상대학교 남명학연구소 역주, 2002: 323).

> 오늘날 배우는 사람은 옛날 사람들과는 다르다. 예를 들면 공자의 제자들은 서로 모여 있을 때는 항상 서로 충고해 주고 수양을 도왔으며, 또 공자의 행동에서 본받을만한 일이 있다면 모두 그것을 느끼고 깨달아 변화된 사람이 많았다(성리대전 제43권 695장a 16-19행; 경상대학교 남명학연구소 역주, 2002: 436).

반성적 추상은 학습의 원동력이다. 구성주의 교육은 자신의 학습내용과 학습과정 및 결과에 대해 반성을 강조한다(조영남, 2005). 반성은 자기평가를 통해 고차적인 사고기능을 정련하고 강화하는 데 도움을 준다. 또한, 반성은 의사결정과 문제해결 방법 예컨대, 어떠한 방법이 성공적이거나 성공적이지 못했는지, 앞으로는 어떻게 달리 수행해야 할 지 등에 대해 사고할 기회를 준다. 또한 구성주의 교육에서는 반성적 실천가(reflective practitioner)로서의 교사의 역할을 강조하고 있다. 학문 과정에서의 반성과 이를 통한 피드백의 중요성을 강조한 남명의 발상 역시 현대의 교육이론과 상통한다.

각인기재의 교육방법과 수준별 학습

남명은 사람의 능력에 따른 각인기재(各人其才)의 교육방법을 강조했다. 남명이 강조한 각인기재의 교육방법 관련 사례는 다음과 같다.

> 만약 공부가 정밀하지 못하면 비록 잠시나마 사욕을 극복한다 해도 끝까지 가지 못하고 그 단서마저 사라져 버린다. 그러므로 공부는 힘써 노력해야 한다. 가령 서른 살 소견이면 서른 살 공부를 해야 하고 8, 9세 소견이면 현재 상태이 기준에서 공부해야 한다(연보, 한상규, 2003: 22).

> 배우는 사람에게 소견이 미치지 못하는 이치를 말해주면 듣는 것을 깊이 이해하지 못할 뿐만 아니라 이치를 낮게 본다(성리대전 제51권 795장a 6-7행; 경상대학교 남명학연구소 역주, 2002: 396).

남명의 각인기재의 교육방법은 현대의 발달적 교육관과 결부된 것으로, "어떤 내용이든 학습자의 지적 수준에 적합하게 제시해 주면 어떤 발달 단계에 있는 어떤 학습자에게도 잘 가르칠 수 있다"라는 브루너의 대전제와 상통한다. 또한 수준별, 개별화 교육의 기본 정신과도 맥을 같이 하고 있다.

이처럼 남명의 학문정신과 교육방법은 학습자 중심 교육과정, 자기 주도적 학습, 수준별·개별화 학습, 실천을 통한 학습, 평생학습을 강조하는 오늘날의 교육과도 깊은 관련을 맺고 있어 교육자로서 남명의 선구적 안목을 확인할 수 있다.

조영남(2010), 남명 조식의 학문정신과 교육방법, 초등교육연구논총, 26(1), 147-160 중에서

10 지산 조호익의 군자 관

예부터 동양에서는 군자를 이상적인 인간상으로 삼았다. 퇴계의 만년 고제인 지산은 저자의 14대 조부로 불행하게도 모함을 받아 경상도 창원에서 이천리 떨어진 평안도 강동으로 17년간 전가사변을 당했다. 하지만 이를 탓하지 않고 학문의 불모지였던 강동에서 후학 양성에 진력해 관서학맥과 경기학맥을 형성했다. 이러한 공을 인정받아 선조로부터 관서부자(關西夫子) 어필을 하사받았다. 임진왜란이 발발하자 소모관에 임명돼 의병장으로 국난 극복에 앞장섰다. 임란 후에는 선대의 고향 영천에 은거하여 후학을 양성해 영천학맥을 형성했다. 이러한 지산의 삶 속에서 군자의 모습을 발견하고자 했다. 지산집에 담긴 조호익의 군자로서의 모습을 논어와 맹자, 중용, 대학에서 발췌한 군자 상에 비추어 보면 다음과 같다.

지산이 모함을 받아 32세 때 전가사변을 가면서 지은 서정부와 이듬해 전가사변 지역인 강동에서 지은 유거부를 통해서 지산이 군자로서의 삶을 얼마나 절실하게 추구했는지를 엿볼 수 있다. 서정부에 3회, 유거부에 2회 군자라는 표현이 직접 등장한다.

> 귀한 바는 오직 지조를 바꾸지 않는 거니, 또다시 무엇 하러 내 마음 애태우리. 어려움에 처했을 때 군자임이 드러나니, 바른 도로 정직하게 행하면 되는 거네.
>
> (조호익, 서정부, 국역 지산집 1: 6)

> 군자는 곤란한데 처해서도 평안하니, 아홉 번을 죽더라도 맘 바꾸지 아니하리. 나의 마음 굳세어서 흔들리지 않음이여, 물과 불 속이라도 난 들어갈 수 있네.
>
> (조호익, 서정부, 국역 지산집 1: 9)

“어려움에 처했을 때 군자임이 드러나니”, “군자는 곤란한데 처해서도 평안하니”라는 표현은 논어에서 공자가 강조한 군자고궁(君子固窮) 즉 “군자는 힘들 때 오히려 마음이 더욱 단단해진다. 그러나 소인은 힘들면 바로 함부로 행동한다.”(논어, 위령공)는 구절과 상통한다. “물과 불 속이라도 난 들어갈 수 있네”는 군자로서 지산의 굳은 의지를 확인할 수 있다. “군자가 신념이 없다면 어떻게 확고한 태도를 지닐 수 있겠는가?”(맹자, 고자 하), 군자는 반드시 자신의 의지를 성실하게 한다(대학 전6장 4)와 맥을 같이 하고 있다.

> 그렇지만 군자는 도 지키는 게 중하거니, 오랑캐 땅에서도 행할 수 있다 했네. 환난에 처해서는 환난대로 행하나니, 위로도 원망 않고 아래로도 허물 않네.
>
> (조호익, 서정부, 국역 지산집 1: 13)

> 군자가 지켜야 할 바를 생각함이여, 어찌 처한 경우 따라 옮겨서야 되겠는가. 풀잎 엮어 집 삼아도 몸 아니 불편하고, 다 헤진 옷 입어도 의로움은 살찐다네.
>
> (조호익, 유거부, 국역 지산집 1: 16)

> 군자의 중한 바는 자신에게 있는 거로, 역시 또한 평소에 강구한 바 있는 거네. 마음속에 기른 바가 어떤가에 달렸나니, 어찌 바깥 허물로 스스로를 더럽히리.
>
> (조호익, 유거부, 국역 지산집 1: 17-18)

“군자는 도 지키는 게 중하거니”는 “군자는 도를 걱정하지, 가난을 걱정하지 않는다”(논어, 위령공), “군자가 지켜야 할 바를 생각함이여 어찌 처한 경우 따라 옮겨서야 되겠는가"는 "군자는 어디서든 항상 그에 맞게 행동한다"(중용 14장), "군자의 중한 바는 자신에게 있는 거로 역시 또한 평소에 강구한 바 있는 거네"는 "군자는 일의 원인을 자기에게서 찾고, 소인은 남에게서 원인을 찾는다"(논어, 위령공), "군자는 다른 사람이 보지 않는 곳에서도 삼가고 다른 사람이 듣지 않는 곳에서도 조심한다"(중용 1장), "군자는 자신을 성찰하여 잘못됨이 없게 하여 자신의 마음속에 부끄러움이 없도록 한다"(중용 33장), "군자는 홀로 있을 때도 신중하게 행동한다"(중용 1장, 대학 전6장)와 상통한다. 지산이 남긴 책문(策問)에도 지산이 추구한 군자의 모습이 담겨 있다.

> 묻노라. 한번 나아가고 한번 물러나는 것은 군자의 큰 절개이다. 나아갈 때를 당하여 물러나면 다른 사람과 함께 선을 행하기를 즐기는 뜻을 잃어버리게 되고, 물러날 때를 당하여 나아가면 자신의 분수를 모르고 무릅쓰고 나아간다는 기롱을 받게 된다. 그러니 이는 그 기미를 신중히 하지 않으면 안 되는 것이다(조호익, 책문, 국역 지산집 1: 294).

"한번 나아가고 한번 물러나는 것은 군자의 큰 절개이다"라는 표현에서 군자로서 지산의 출처관을 엿볼 수 있다. 지산의 출처관은 공자가 "나라에 도가 있으면 나가 벼슬을 하고 나라에 도가 없으면 뜻을 가슴속에 간직하기를 힘쓴다(논어, 위령공), "거친 밥을 먹고 물을 마시며 팔을 굽혀 베개를 삼더라도 즐거움이 또한 그 안에 있는 것이다. 정의롭지 않으면서 부유하고 귀하게 사는 것은 나에게 있어 뜬 구름과 같은 것이다."(논어, 술이), "나라에서 써 주면 일을 하고 관직에서 쫓겨나면 숨어 지내는 것은, 오직 너와 나만이 이러한 뜻을 가지고 있을 것이다(논어, 술이). 군자는 마음이 좁고 공경스럽지 못한 것을 따르지 않는다(맹자, 공손추 상)."군자는 자신의 처지에 벗어난 일을 바라지 않는다. … 그리고 전쟁과 같은 힘든 상황을 만났을 때는 힘든 상황에 맞게 행동한다. 군자는 어디서든 항상 그에 맞게 행동한다"(중용 14장)라는 구절과 닮아 있다. 군자는 정의를 바탕으로 공직에 나아가 백성을 위해 봉사를 해야 한다는 의미이다.

지산을 부당하게 모함해 전가사변을 청한 최황[1]조차도 후일 자신의 잘못을 후회하며 지산을 명을 아는 군자, 선인군자라고 표현하고 있어 지산의 진면목을 확인할 수 있다.

> 무자년(1588, 선조 21)에 선생이 말미를 받아 선영에 성묘를 하였는데, 경성을 지날 적에 최황이 그 소식을 듣고는 묵고 있는 집으로 찾아와서 손을 잡으면서 말하기를 "그대가 강동에서 거처하면서 나에 대해 원망하는 말을 한 마디고 하지 않았다고 하니, 참으로 명을 아는 군자이다. 나는 그대를 모함한 탓으로 하늘의 재앙을 혹독하게 받을까 두렵다" 하였다. 그리고 그 뒤에 입시하여서는 아뢰기를, "조호익은 참으로 한 시대의 어진 선비인데, 신이 잘못 망령되이 아뢰어서 오랫동안 유배되어 있습니다. 신의 죄를 다스리시고 속히 그를 불러다가 등용하시기 바랍니다" 하였다(연보, 국역 지산집 2: 11).

> 최황이 경연에 들어가 선생의 억울함을 호소하여 아뢰었다. "조호익

1) 직필을 사명으로 하는 사관이 최황의 인물됨을 실록에 다음과 같이 기록했다.
"성품이 본디 조급하고 망령스러워 교만하고 발끈 성내는 기가 있었다. 논의는 과격스럽고 용심이 교사스러웠으나 남들이 그의 마음을 환히 들여다보는 듯하였으니 무슨 소용이 있겠는가"(선조실록 19권, 선조 18년 4월 28일 기사 3번째 기사),
"성질이 급하고 몸가짐이 경박하여 처사가 경망하니, 이러한 무리들은 축에 끼일 수 없는데, 대론(臺論: 사헌부와 사간원에서 하던 탄핵)이 오래도록 고요하니, 괴이하다"(선조실록 76권, 선조 29년 6월 3일 기해 16번째 기사),
"사람됨이 사독하여 조정에 들어온 지 30년에 오로지 은혜와 원수 갚기만을 일삼았다. 기축년에 대사헌으로 있으면서 역변(逆變)을 이용하여 죄를 얽어서 무고한 선사(善士)를 살해하였고, 일찍이 사류(士類)에 이름이 오른 자를 차례로 죄를 얽어 모함하니 사람들이 모두 침을 뱉으며 욕하였다."(선조실록 104권, 선조 31년 9월 28일 경술 3번째 기사),
"최황은 한양인(漢陽人)인데 사람됨이 각박하고 편급(偏急)하며 남을 해치기를 좋아하였다. 기축년 역변(逆變)이 일어났을 때에 정철(鄭澈)과 서로 심복이 되어 역적을 함정으로 삼아서 큰 옥사를 꾸며 사류를 죄에 빠뜨렸다. 최영경(崔永慶)이 억울하게 죽은 일도 다 최황이 도운 것이 없지 않고, 조대중(曺大中)의 일족이 주벌(誅罰)된 것도 다 최황이 한 일이다. 조정에서 벼슬한 40여 년 동안에 두루 벼슬하여 이공(貳公)의 지위까지 이르렀다. 이때에 이르러 죽었으나, 아깝다고 하는 사람이 없었다"(선조실록 165권, 선조 36년 8월 1일 갑신 6번째 기사).
최황의 아들 최유원도 "간사하며 교활하고 독살스러웠다. 처음에 대간이 될 때 당시 이조판서에게 청탁하여 얻었는데 뒤에 배신하여 해치지 않았는지 모르겠다. 그의 간교하고 괴팍함이 그 아비 최황을 매우 닮았으므로 사람들이 독사로 지목하였다"(선조실록 213권, 선조 40년 윤6월 22일 계미 3번째 기사)고 기술하였다. 실록에 기록된 사료를 통해 최황 부자의 인물됨이 어떠하였는지를 짐작할 수 있다.

> 은 선인군자로 강동에 귀양 가 있은 지 지금 13년이나 되었습니다. 신이 처음에 그를 처벌하도록 청하였던 것은 국가의 법률을 엄하게 하지 않을 수 없어서였습니다. 지금에 와서 본다면 그와 같이 할 필요가 없었는바, 나이 젊었을 때 한 일이 참으로 왜 그렇게 하였는지 의아스럽기만 합니다. 신은 현명한 이를 무고한 죄를 자복하여 무너진 풍속을 가다듬게 하고자 합니다." 하였다(연보, 국역 지산집 2: 11).

지산의 오랜 벗인 대암 박성은 "주자가 적계를 칭찬하여 울연히 숨어 사는 군자의 풍치가 있다고 하였는데, 지산과 같은 벗을 두고 한 말이 아니겠는가." (연보, 국역 지산집 2: 18-19)라고 하며 지산을 숨어 사는 군자에 비유했다. "벗을 사귄다는 것은 그 사람의 덕을 벗 삼는 것이므로 내세우는 것이 있어서는 안 된다"(맹자, 만장 하)는 구절이 연상된다. 지산이 여헌 장현광과 교유하면서 보낸 편지에서도 군자에 관한 언급이 있다.

> 만약 서애로 하여금 그가 가지고 있는 바를 다 펼치게 하였더라면 천하를 다스리는 일도 가하였을 것으로, 어찌 이 정도에서 그쳤겠는가. 아, 거룩한 임금을 만난 것이 저와 같았는데도 오히려 그 도를 다 행하지 못하였으니, 군자가 세상에 용납되지 못하는 것은 예로부터 이와 같았는바, 탄식을 금할 수 없다" 하였네. 정군(여헌의 문인, 정사진)이 이런 말을 그대에게 고하던가? 그리고 그대의 고견은 어떻다고 여기는가?(조호익, 국역 지산집 1: 139).

지산이 여헌에게 서애 류성용을 들어 "군자가 세상에 용납되지 못하는 것은 예로부터 이와 같았는바, 탄식을 금할 수 없다"라고 한 것은 모함으로 장기간 전가사변을 당해 세상에 용납되지 못하였던 자신의 처지를 빗대어 표현한 것으로 보인다. 지산이 학봉 김성일의 촉석루 옆 사당 배향과 관련해 이원익에게 임금에게 청하도록 하는 서한에서도 군자라는 표현이 등장한다.

> 저의 생각으로는 상공은 군자이십니다. 군자는 남의 좋은 점을 이루어 주기를 좋아할 것이니, 어찌 차마 허물이 없는 데에서 허물을 찾아내겠

> 습니까. 진주 사람들이 스스로 소인의 마음으로 망령되이 군자의 마음을 추측한 것인바, 생각이 지나쳐서 이런 염려가 있게 된 것입니다(조호익, 국역 지산집 1: 132).

"군자는 남의 좋은 점을 이루어 주기를 좋아할 것이니"라는 표현은 "군자는 의로움을 추구하고, 소인은 자신의 이익을 탐닉한다."(논어, 위정), "다른 사람에게서 좋은 점을 받아들여서 선행을 실천하는 것은 그 사람이 선행을 실천하도록 도와주는 것이다. 그러므로 군자에게 다른 사람이 선행을 실천하는 것을 도와주는 것보다 더 큰 일은 없다(맹자, 공손추 상)와 맥을 같이한다. 이원익에게 수시로 변통하는 여론보다는 의로움에 근거하여 군자로서 소신을 따를 것을 권유한 것으로 보인다.

지산의 군자로서의 면모를 고전에 등장하는 군자와 관련된 주요 덕목을 통해 살펴보면 다음과 같다. 먼저 맹자의 진심장에 군자의 세 가지 즐거움(君子有三樂)이 기술돼 있다. 부모님이 살아 계시고 형제간에 무고함이 첫 번째 즐거움이고(父母俱存 兄弟無故 一樂也), 하늘을 우러러 부끄럽지 않고, 굽어보아 사람들에게 부끄럽지 않음이 두 번째 즐거움(仰不愧於天 俯不怍於人 二樂也)이며, 천하의 영재를 얻어 가르치고 기르는 것이 세 번째 즐거움(得天下英才而教育之 三樂也)이다.

군자의 첫 번째 즐거움은 가정의 화목 즉 효도와 우애를 강조한 표현이다. 지산은 평소 부모에 대한 효도는 물론, 형제간의 우애가 깊었다. 연이은 부모상을 3년간 지극정성을 다해 모셨다. 지산이 예학을 중시한 것도 이러한 연유로 보인다. 부모상을 치르던 과정에서 모함을 받아 전가사변을 당했다. 지산의 형제간 우의는 창원에 있는 강동구를 통해 알 수 있다. 밀양 오방리에 있는 강동구(江東邱: 경상남도 기념물 제120호)는 강동에 유배되어 있던 지산을 만나기 위해 평안도도사를 자원했던 지산의 중형 광익과 지산을 존경한 강동의 많은 선비와 백성들이 광익이 죽자, 두 사람의 우애와 존경의 마음을 담아 강동의 흙을 2천리 먼 길을 짊어지고 조문 와서 묘 위에 덮고 남은 흙으로 만든

언덕이다. 강동구 옆에는 선조가 "조광익의 효는 정말 출천이다. 지성으로 어버이를 섬겼고 부모상을 당하여는 예로서 다하니 향리가 탄복했다. 삼강행실에 기록하고 정려로서 표창하라"라는 교서를 내려 지은 효자정려각(경상남도 문화재자료 제358호)이 있다. 지산의 부모에 대한 효도와 형제간의 우애는 제자 김육이 지은 행장에도 잘 나타나 있다.

> 집안에 들어와서는 부모를 섬김에 있어서 효성을 다 하였고, 형제들을 친애함에 있어서 화목을 다하였으며, 밖에 나가서는 어른을 존경하고 어린 사람들을 친애하였으므로, 마을의 남녀노소들이 모두 기쁜 마음으로 대하였다(김육, 행장, 국역 지산집 2: 58).

군자의 두 번째 즐거움은 하늘은 물론 사람들에게 부끄럽지 않은 수신을 강조한 표현이다. 지산은 무고로 인한 전가사변을 운명으로 받아들이고, 이를 탓하지 않는 의연한 자세를 보였다. 앞서 언급한 서정부와 유거부 등을 통해서 하늘을 우러러 한 점 부끄럼이 없고자 하는 지산의 군자로서의 삶의 자세를 엿볼 수 있다. 이는 "군자는 자신을 성찰하여 잘못됨이 없게 하여 자신의 마음 속에 부끄러움이 없도록 한다"(중용 33장), "군자는 다른 사람이 보지 않는 곳에서도 삼가고 다른 사람이 듣지 않는 곳에서도 조심한다"(중용 1장), 군자는 반드시 홀로 있을 때도 신중하게 행동한다(대학 전6장)와 상통한다.

군자의 세 번째 즐거움은 천하의 영재를 데려다 가르치고 기르는 교육의 즐거움을 강조한 것이다. 지산은 평생 학습자, 자기 주도적 학습자로 위기지학(爲己之學)을 추구하며 자신을 연마하는 교육은 물론, 26세 때 3세 연하인 이희백이 찾아와 처음 수학을 요청한 것을 시작으로 유배지인 관서 지역과 선대의 고향인 영천에서의 제자 양성을 통해 일평생 교육의 즐거움을 만끽하였다. 관서 지역에서 제자 양성과 학문 전수의 공으로 선조로부터 관서부자 칭호를 받았다. 영천학맥, 관서학맥, 재경학맥을 형성하여 교학상장, 청출어람의 모범을 보였다.

지산과 관련된 여러 기록과 문헌에 비추어 볼 때 지산은 군자의 세 가지 즐거움은 물론 공자가 전한 군자삼도와 군자삼외, 군자삼계를 성실히 실천하는 삶을 산 것으로 보인다. 지산이 전가사변 과정에서 지은 서정부와 유거부, 책문, 장현광과 이원익에게 보낸 서신, 지산의 벗인 박성의 글 등 다양한 사료와 이를 뒷받침하는 유교의 대표 경전인 사서에 등장하는 군자의 덕목에 비추어 지산이 유교가 지향하는 최고 가치인 인(仁)을 비롯하여 높은 도덕성과 인품, 학덕을 겸비하고 군자로서의 삶을 살았다고 해도 과언이 아니다.

조영남(2021) 지산 조호익의 군자와 교육자로서의 삶. 교육학논총, 42, 1-23 중에서

"군자가 마음을 수양하는 데는 정성을 다하는 것보다 더 좋은 것이 없다(君子養心, 莫善於誠, 군자양심, 막선어성). … 무릇 정성이란 군자가 지켜야 할 덕성이며, 정사의 근본이다. 오로지 정성을 다함으로써 군자에 이를 수 있다.(夫誠者, 君子之所守也. 而政事之本也, 唯所居以其類至, 부성자, 군자지소수야, 이정사지본야, 유소거이기류지)."(荀子 不苟篇, 순자 불구편).

선현들과 고전 속의 교육 관과 군자 관을 교훈 삼아 퇴직 이후의 삶도 매사에 정성을 다하며 태산보다 무겁기는커녕 새털보다 가볍게 살지 않기를 다짐한다.

제4부

교단 잡필

01 호변(號辨)

4차 산업혁명 시대에 살면서 이름 외에 굳이 호(號)가 왜 필요한가 싶었다. 하지만 이순(耳順)에 이르자 호를 사용하는 것이 여러모로 편리하겠다는 생각이 들었다. 자리에 따라 할아버지가 된 친구에게 ○○야 하고 이름을 부르거나, 학창 시절 별명을 부르기가 마땅치 않기 때문이다. 여러 직종의 친구들이 모인 자리에서 누구에게는 직책을 붙여 ○ 교수, ○ 교장, ○ 사장이라 부르고 누구에게는 ○○야 하고 이름을 부르기도 편치 않다. 그렇다고 일반 사람들이 유명 정치인처럼 DJ, YS, JP 등과 같이 영문 이니셜로 부르기도 민망하다. 종교기관에서 받은 법명(法名)이나 세례명(洗禮名)도 쉽게 사용하기 어렵다.

그러고 보니 우리 조상들이 직책에 상관없이 이름 대신 호를 사용하여 서로 편하게 부르던 전통에 공감된다. 조상들이 호를 즐겨 사용한 배경은 성현이나 선조의 이름을 공경하는 경명(敬名) 사상에 기인한 것으로 보인다. 이름을 함부로 부르는 것을 피하는 기휘(忌諱) 또는 피휘(避諱) 문화가 이어져 윗사람의 이름을 부르지 않는 대신, 누구든 쉽게 부를 수 있는 호가 널리 사용된 것 같다. 따라서 호는 지위고하나 연령을 초월하여 상대방을 존중하고 배려하는 문화로 볼 수도 있다.

선조들이 호를 지을 때 널리 활용했던 몇 가지 원천은 다음과 같다. 소거(所居)는 인연이 있는 지명이나 거처를 따서 호로 삼는 경우로 가장 많이 택하고 있다고 한다(예; 율곡 栗谷, 밤나무골, 이이). 소축(所畜)은 자신이 간직하고 있거나 좋아하는 대상 또는 사물을 빌어 호를 짓는 경우이다(예: 난설헌 蘭雪軒, 눈 속의 난초, 허초희). 소득(所得)은 살아오면서 얻은 깨달음이나 자신이 지향하는 뜻과 의지를 호로 드러낸 경우이다(예: 만해 萬卍海, 부처님의 만덕과 길상이 바다처럼 가득, 한용운). 소우(所遇)는 자신이 처한 상황이나 처지에서 호를 짓는 것이다(예: 망우당 忘憂堂, 근심을 잊고 살겠다는 의지, 곽재우). 소용(所容)은 자신의 용모나 신체적 특징을 빌어 호로 삼는 경우이다(예: 미수 眉叟, 눈썹이 길어 눈을 덮음, 허목). 소인(所人)은 자신이 존경하거나 본받고자 하는 인물에서 호를 찾는 경우이다(예: 사임당 師任堂, 문왕의 어머니 太任을 스승으로 모심, 신씨).

소직(所職)은 자신이 하는 일이나 직업을 호로 삼은 것이다(예: 고산자 古山子, 옛 산을 답사하며 지도를 제작, 김정호). 소전(所典)은 고전이나 문헌에서 호를 취하는 경우이다(예: 남명 南冥, 장자에 나오는 남쪽에 있다는 큰 바다, 조식). 근래에는 한흰샘(주시경), 외솔(최현배), 가람(이병기), 옹기(김수환) 등과 같이 순우리말로 호를 짓는 경우도 많다. 또한 필요에 따라 호를 여러 개 사용하기도 했다. 대표적인 예로 추사(秋史) 김정희(金正喜)를 들 수 있다. 추사 외에도 완당(阮堂), 예당(禮堂), 시암(詩庵), 과파(果坡), 노과(老果) 등 호가 무려 503개나 된다고 한다.

저자는 가문의 선조 중 존경하고 본받고자 하는 인물들을 통해 호를 짓기로 했다. 선조 중 특히 정우당 조치우, 지산 조호익, 치재 조선적, 절도공 조학신을 모델로 삼고 있다. 이분들의 휘와 호를 차용해서 호를 지었다.

17대 조부 정우당(淨友堂) 조치우(曺致虞)는 조선 중기 문신으로 성종 때 사마시에 합격하고, 별시문과에 급제하여 사옹원(司饔院) 정(正)을 지냈다. 연산군 때 폭정으로 정치가 문란해지자 벼슬을 버리고 향리로 돌아와 산수를 즐겼다. 중종이 등극한 후 대구부사로 부임하여 청렴결백한 정치를 행하여 청백리(淸白吏)로 기록됐다. 세상을 떠나자 중종이 공의 청렴결백과 옥같이 맑은 덕을 표창하기 위해 옥비(玉碑) 2좌를 하사했다. 후손들이 정리한 정우당실기(淨友堂實記)가 있다.

14대 조부 지산(芝山) 조호익(曺好益)은 퇴계 이황(李滉)의 만년 고제로 경상도도사 최황(崔滉)의 무고로 창원에서 평안도 강동으로 17년간 유배생활을 했으나, 학문이 낙후된 유배지에서 후진 양성에 힘써 선조로부터 관서부자(關西夫子) 어필을 받았다. 임진왜란이 발발한 1592년 서애(西厓) 류성룡(柳成龍)의 청으로 소모관(召募官)이 되어 의병장으로 중화와 상원 등지에서 전공을 세워 녹피(鹿皮)를 하사받았다. 1597년 정유재란 때 재차 강동에서 의병을 일으켜 활약한 뒤 선산부사에 임명되었으나 사직했다. 사후에 이조판서에 추증되고, 문간(文簡) 시호를 받았다. 도잠서원(道岑書院)과 청계서원(淸溪書院)에 제향됐다. 문집으로 『지산집(芝山集)』 외에 『심경질의고오(心經質疑考誤)』 『가례고증(家禮考證)』 『대학동자문답(大學童子問答)』 등이 있다.

9대 조부 치재(恥齋) 조선적(曺善迪)은 어려서부터 벼슬보다 학문에 뜻을 두고 여러 서책을 널리 섭렵하고, 스승의 가르침을 받지 않고 학문의 이치를 깊이 연구했다. 사림들이 그를 종사(宗師)로 여겼다. 4권 2책의 『치재집(恥齋集)』을 남겼다. 아들 조학신의 공으로 호조참판에 추증됐다.

8대 조부 절도공(節度公) 조학신(曺學臣)은 천성이 용맹하고 뛰어난 무예를 지녀 1759년 지산 조호익의 고제 잠곡 김육의 후손 병조판서 김성응의 천거로 영조를 뵈었다. 영조가 청룡도를 하사하고 사용해 보도록 한 후 “장하도다. 이 사람이여!”라 하고 사복 내승을 제수하고 특별히 내시(內試)를 보게 하고 집을 하사했다. 여러 고을 수령을 거쳐 전라병마절도사를 지냈다. 정조가 “능히 몸은 근심을 나눌 만하고 정성은 지극하니 가상하도다”라 했으며, 고을 다스림을 성적으로 치면 으뜸인지라 친히 붓으로 말씀하시기를 “하찮은 은혜 무엇을 논하리? 더욱 성은(聖恩) 갚음을 도모하라”라고 했다. 공은 선비 가문에서 무관이 된 것을 내내 아쉬워했다. 경상북도 영천시 금호읍 오계리에 공이 거주하던 주택 만취당(중요민속문화재 제175호)이 남아 있다. 후손들이 정리한 절도공실기(節度公實記)가 있다.

저자의 호는 정우당 조치우의 휘에서 차음한 치, 치재 조선적의 호에서 음과 훈을 차용한 치(恥), 절도공의 사랑채 당호 만취당의 취와 유사한 한글 발음인 치(恥: 부끄러워할 치 10획, 발음오행 양금)와 조호익의 호 지산(芝山)과 거주지인 수성구 두산동(斗山洞)에서 산(山: 뫼 산, 3획, 발음오행 음금)을 차용해 치산

(恥山)이라 지었다. 부끄럽지만 정우당과 지산, 치재, 절도공 할아버지를 존경하고 그 뜻을 받들겠다는 마음을 담았다. 마침 상록교육관 801호 연구실 남쪽에는 앞산(大德山), 북쪽에는 멀리 팔공산(八公山)이 보인다. 전 거주지 두산동 아파트는 거실 전면이 훤히 트여 병풍산(屛風山)의 사시사철 모습을 바로 볼 수 있다. 새로 이사한 경산 아파트에서는 남동쪽으로 백자산(栢紫山), 남서쪽으로 성암산(聖岩山), 북쪽으로 팔공산이 보인다. 퇴임에 대비해 마련한 농막은 영천 구룡산(九龍山)과 오지산(五指山) 아래에 있다. 산을 바라보고 있으면 마음이 정화되고 겸허해진다.

우재(愚齋)는 정우당 조치우의 휘와 호에서 우를 차음하여 어리석을 우(愚: 어리석을 우, 13획, 발음오행 토)와 치재 조선적의 호에서 음과 훈을 차용한 재(齋: 공경할 재, 17획, 발음오행 금)를 취해지었다. 우학(愚學)은 정우당 조치우의 휘와 호에서 차음한 우(愚: 어리석을 우, 13획, 발음오행 토)와 절도공 조학신의 휘에서 차용한 학(學: 배울 학, 16획, 발음오행 토)을 취해지었다. 세 개의 호 중에서 치산이 가장 마음에 와 닿는다.

〈참고문헌〉

김선길, 『아호를 알면 역사의 지평이 보인다』, 문연사, 1999.
임삼업, 『아호연구』, 삼한, 2009.
한정주, 『호, 조선 선비의 자존심』, 다산북스, 2015.
디지털영천문화대전(https://yeongcheon.grandculture.net/yeongcheon)

02 일본에서 만난 한국과 한국인

최근 한일 관계가 악화되고 있는 것 같다. 아베 총리를 비롯한 일본 정부의 역사 왜곡과 독도 영유권 주장 등에 기인한 것으로 보인다. 한일월드컵 공동 개최로 양국 관계가 비교적 우호적이었던 2002년 7월 초 학내 두 분 교수님과 함께 자매대학인 효고교육대학 방문을 겸해 일본을 다녀온 적이 있다. 당시 일본에서 만났던 한국과 한국인에 대한 기억을 되돌아보며, 일본의 올바른 역사 인식을 기대해 본다.

일본 방문에서 맨 처음 그리고 가장 반갑게 맞이해 준 한국인은 효고교육대학에 유학 중인 4명의 우리대학 학생들이었다. 학생들은 효고교육대학 총장과의 면담은 물론 대학 부설유치원과 초등학교 방문에도 동행하여 경험담을 전해 주었다. 유학기간이 두 학기만 허용되기 때문에, 곧 귀국해야 한다는 아쉬움을 토로하기도 했다. 학칙과 관련 규정을 개정해서라도 더 많은 혜택과 기회가 주어졌으면 하는 생각이 들었다. 효고교육대학의 스즈끼 교수는 게스트하우스 배정은 물론 공식 일정 수행을 적극 도와주었다. 또한, 효고 인근에 위치한 일본에서 가장 아름다운 성인 히메지성을 자신의 승용차로 직접 안내해 주었다. 나리타 교수는 만찬 후 자신의 집으로 초대해 주었다. 스즈끼 교수와 나리타 교수는 한국에 매우 우호적인 태도를 가진 것 같았다.

히로시마, 원폭 피해만 강조해 안타까워

히로시마에는 원폭 피해의 참혹함을 경각시키기 위한 각종 위령비와 평화기념 자료관이 있다. 원폭 투하 당시 강제 징용된 7천여 명의 한국인이 희생되었고, 피폭의 영향으로 후일 숨져간 한국인이 총 2만 명이나 된다고 한다. 참으로 가슴 아픈 일이 아닐 수 없다. 이들의 넋을 기리기 위해 위령비 비석과 주변의 자갈까지 우리나라에서 가져갔다고 한다. 하지만 위령비 위치를 둘러싸고 민족 차별의 논란이 끊이지 않았다고 한다. 교민과 히로시마 시민, 자매도시인 대구시의 노력 결과 1999년에 현재의 위치로 이전되었다고 한다. 향로 안에 놓여진 This 담배꽁초가 눈에 띄었다. 누군가 무심코 버린 것이 아니라 어느 한국인이 영령들을 위로하며 헌향한 것이라 짐작되었다. 자료관에는 당시 사망하거나 부상당한 사람들의 처참한 사진, 녹아버린 기와와 유리, 폐허가 된 히로시마의 모형 등이 전시되어 있다. 참사를 불러일으킨 책임은 뒤로 한 채, 일본의 피해상만 잔뜩 강조하고 있어 견강부회라는 생각이 들었다. 방명록에도 원폭 피해의 참상을 지적한 내용이 대부분이었다. 안타까운 마음에 不而兵 强天下(불이병강천하: 무력으로 천하를 지배할 수 없다) 人類平和(인류평화)라는 메시지를 남겨 두었다.

나라 · 교토, 곳곳에서 한국 흔적 발견

나라(奈良)는 일본 최초의 국가가 세워진 곳이다. 삼국시대의 영향으로 지금까지 국가를 뜻하는 순 우리말인 나라라는 지명을 사용하고 있다. 나라에 있는 호류지(法隆寺)는 고구려 승려 담징이 그린 금당 벽화로 유명한 곳이다. 벽화는 일본의 국보로 정해져 있다. 하지만 이 벽화를 담징이 그렸다는 사실은 어디에도 기록되어 있지 않았다. 바로 옆의 다이호조인(大宝藏院)에는 백제 관음상을 비롯한 수많은 불상과 쇼토꾸(聖德)태자 관련 유물 등이 전시되어 있다. 한눈에 봐도 신라와 백제의 영향을 받았음을 직감할 수 있다. 일본 사람들이 이러한 사실을 제대로 교육받아 알고 있는지 궁금했다.

일왕이 거처하던 교토고쇼(京都御所) 인근에는 도시샤(同志社) 대학이 있다. 이곳은 윤동주 시인이 유학 시절 다녔던 곳이다. 윤동주 시인은 이 대학 재학시절 항일운동에 연루되어 후쿠오카 형무소에서 복역 중 해방을 불과 몇 달

앞두고 28세의 나이로 생을 마감했다. 당시 큐슈 대학 의학부의 생체 실험으로 살해당했다는 것이 정설이다. 다행히 정문 수위실에서 尹東柱詩碑라는 홍보 자료를 입수했다. 시비는 이 대학 출신 한국인 동문과 재학생들이 주축이 되어 1995년 고인의 50주기에 맞추어 건립하였다고 한다. 연세대 어학당에 다닌 적이 있다는 여학생의 도움으로 찾아간 시비에는 서시의 육필 원고와 일본어 번역이 나란히 새겨져 있었다. 평소 윤동주 시인과 서시를 좋아하던 터라 가슴이 뭉클했다.

교토대학은 도쿄대학과 함께 일본 최고의 명문 국립대이다. 점심시간 때 승합 차량에서 도시락과 음료수를 판매하고 있는 모습이 보였다. 차량 옆면에는 학생생활조합 표시가 있었다. 학생들이 자신이 원하는 도시락을 주문해서 주변 벤치에 앉아 식사를 하고 있었다. 우리도 이런 아이디어를 활용하면 좋겠다는 생각이 들었다. 탁 트인 공간에서 자유롭게 식사하며 시간과 비용을 줄이는 효과가 있을 것 같았다. 일본 방문 동안 효고교육대학과 도시샤대학, 교토대학, 도쿄대학, 와세다대학, 메이지대학을 견학하였다. 이들 대학의 캠퍼스에는 차량 통행이 적은 공통점이 있었다. 학생들은 주로 자전거를 이용하고 있었다. 학생들의 옷차림도 비교적 검소한 편이었다. 우리나라 학생들도 본받을 만하다는 생각이 들었다.

기요미즈데라(清水寺)는 아찔한 절벽 위에 세워진 본당 건물로 유명한 절이다. 버스에서 내려 지나던 사람에게 길을 물어 보니 마침 한국에서 온 젊은 여성이었다. 혼자서 한 달간 유럽 배낭여행을 한 경험도 있고, 이번에는 직장 휴가차 혼자서 일본으로 왔다고 한다. 해외 배낭여행이 젊은이들의 문화라는 것을 실감할 수 있었다. 우리대학 학생들도 방학을 이용하여 국내외로 다양한 경험을 하면 교단생활에 많은 도움이 될 것으로 생각한다. 교토에서 미미즈까(耳塚: 귀무덤)를 참배하지 못한 점이 못내 아쉬웠다. 미미즈까는 임진왜란과 정유재란 때 왜병이 전과를 보고하기 위해 조선인의 귀나 코를 잘라 소금에 절여 도요토미 히데요시에게 헌상한 것을 묻어둔 아픈 역사를 간직한 곳이다.

가장 많은 한국인 만난 오사카

오사카는 우리나라 교포들이 많이 사는 곳이다. 민박집 여주인은 경북 군위가 고향으로 대구에서 초등학교를 다녔고 중학교 때 일본으로 왔다고 했다. 오사카성은 임진왜란의 장본인인 도요토미 히데요시가 일본을 통일한 뒤 건축한 오사카 최대의 상징물이다. 성안에 히데요시의 일생과 각종 유품을 전시해 놓았다. 오사카성에서는 일본 방문동안 가장 많은 한국인(주로 배낭여행을 하는 대학생들)을 만났다. 월드컵의 열기가 채 가시지 않은 듯 붉은 셔츠를 입은 모습이 많았다. 그들은 오사카 성안의 전시물들을 보고 과연 어떤 생각을 했을지 궁금했다.

의인 이수현 군의 비문에 '숙연'

동경의 신오꾸보 지하철역 계단 벽면에는 의인 이수현 군의 비문이 새겨져 있었다. 이 역은 2001년 1월 이수현 군이 지하철 선로에 떨어진 일본인을 구하다가 숨진 곳이다. 살신성인의 현장에서 고인의 희생정신을 기릴 수 있어 다행이었다. 귀국 후 일본에 유학 중인 각국 유학생들 중심으로 피스(평화) 등산대를 결성하여 '그가 남긴 뜻을 되살리자'라며 이군의 영정을 들고 후지산에 오른다는 보도를 접했다. 당시 고인의 홈페이지를 방문해 보니 한일 양국의 가교역할을 하고 싶다던 의인의 체취가 그대로 남아 있는 것 같았다. 2015년 6월 16일 이수현 군의 아버지가 일본 정부로부터 일본과의 문화교류에 힘쓴 외국인에게 주는 훈장을 받았다고 한다. 그는 아들의 의로운 죽음 이후 답지한 성금으로 아들의 영어 이름 첫 글자를 딴 LSH 아시아장학회를 만들어 13년간 18개국 689명의 일본 유학생들에게 장학금을 전달하는 등 이수현 정신선양회 명예회장을 맡아 한일 양국의 교류사업을 해 왔다고 한다.

눈에 띄지 않는 백제 '왕인 박사 비석'

동경의 우에노 공원 입구에는 일본 근대화의 주역인 사이고 다까모리의 동상이 있다. 일본의 근대화를 위해 강력한 정한론(征韓論)을 주장하여 한일합방의 단초를 제공한 인물이다. 지나던 중 낯익은 모양의 비석이 눈에 띄었다. 궁금해 되돌아와 비문을 살펴보니 왕인 박사의 비석이었다. 찬란한 백제 문화를 일본에 전파하여 아스카 문화의 시조가 된 사람이 바로 왕인 박사 아닌가? 논어와 천자문을 일본에 전해 이들을 계몽하고 훗날 일본 문화의 성인으로까지 추앙받는 인물이다. 그렇다면 이 비는 공원 입구의 다까모리 동상 자리에 위치함이 마땅하지 않은가? 이런 인물의 비석이 눈에 잘 띄지도 않는 한쪽 길가에 위치하고 있다니… 상세하게 기술된 공원 안내서 어디에도 왕인 박사의 비석이 표시되지 않았다.

도쿄국립박물관, 우리 문화의 우수성 확인

도쿄국립박물관에는 우리나라를 비롯한 동양 각국의 유물들이 전시되어 있었다. 이들 유물이 어떤 경로를 통해 어떻게 입수되었을지 아픈 과거사가 다시 떠올랐다. 마침 한일 월드컵에 즈음하여 '韓國의 名宝'라는 특별전이 열리고 있었다. 삼국시대의 각종 불교 유물과 토기류, 고려의 청자와 조선의 백자, 단원을 비롯한 조선조 유명 화가의 풍속도 등 우리나라 각 지역 박물관에서 선별된 국보와 보물급 문화재들이 전시되어 있었다. 일본에서 우리 문화의 우수성을 확인할 수 있는 좋은 기회였다. 일본 관람객들도 신기한 듯 관심 있게 보고 있었다. 이들도 한일 간의 역사적 배경을 제대로 알고 있는지 궁금했다.

얼마 전 일본을 방문한 독일의 메르켈 총리가 "과거를 똑바로 보라" 며 일침을 가했다. 독일이 범한 역사적 과오에 대해 "항구적인 책임을 진다"라고도 했다. 아베는 독일을 거울삼아 식민 지배와 위안부 강제 동원 등 잘못된 과거사에 대해 진심으로 사과하고 한일 간의 새로운 지평을 열어가기를 바란다. 일본 방문 기회를 제공해 준 학교에 감사의 뜻을 전하며 앞으로 이러한 기회가 더욱 확대되었으면 한다.

대구교대신문 제489호, 교수 컬럼, 2015.8.11.

03 먼저 떠난 친구들

1978년 경북대학교 사범대학 입학생들은 학과 단위가 아닌 인문 사회 계열과 자연 계열로 입학했다. 1년간의 교양과정부 과정을 거쳐 2학년 때 전공을 선택하는 시스템이었다. 인문 사회 계열은 30반, 31반, 32반에 배정됐다. 교육학과, 국어교육과, 영어교육과, 독어교육과, 불어교육과, 일반사회교육과, 역사교육과, 지리교육과의 8개 학과가 인문사회 계열에 속했다. 영어교육과는 여학생 31명 남학생 23명이었다. 남학생 23명 중 아쉽게도 세 명의 친구가 먼저 세상을 떠났다.

김태진 친구는 2011년 2월 경북 영천여자고등학교 교감으로 재직 중 졸지에 세상을 떠났다. 방학 중임에도 학교에 출근했다가 선생님들과 테니스를 치고 귀가한 뒤 저녁에 갑자기 두통이 심해져 경북대병원 응급실에 갔다. 김 교감은 경북대병원 바로 근처 아파트에 거주했다. 응급실 당직 의사가 대수롭지 않게 생각하고 진통제 처방을 해주어 약을 먹고 집으로 돌아왔다고 한다. 그럼에도 통증이 더욱 심해지자 다시 응급실에 갔다가 안타깝게도 불귀의 객이 되고 말았다. 정황상 의료사고일 가능성이 커 보였다. 하지만 의료사고 입증에 대한 부담이 커서인지 가족들이 크게 문제 삼지 않아 그대로 장례를 치렀다. 김 교감은 평소 책임감이 강하고 성실하기로 소문났다. 축구와 테니스를 비롯해 만능 스포츠맨이었다. 음악을 좋아해 자신이 부른 노래를 테이프에 녹음해 친구들에게 들려주기도 했다. 큰딸이 대구교대와 대구교대 교육대학원을 졸업하고 초등교사로 근무하고 있다. 부인도 중등교사로 근무하다 명퇴한 뒤 얼마 전 세상을 떠났다. 장례식장에서 부모 잃은 두 딸을 마주하니 측은하기가 그지없었다.

김영기 친구는 대학 졸업 후 경북 지역 공립학교에 발령받아 근무하다가, 1985년 사립인 서울 영훈고등학교로 옮겼다. 지방 출신임에도 특유의 성실함과 능력을 인정받아 영훈고등학교 교감으로 승진했다. 2010년 8월 같은 법인 산하 영훈국제중학교 교감으로 자리를 옮겼다. 2012년 8월 전 교장이 퇴직하고 2012년 말 새 교장이 취임하기 전까지 몇 달 동안 교장직무를 대행했다. 하지만 이것이 김 교감에게는 결과적으로 독이 되어 버렸다. 2013년도 신입생 모집에 관여되게 된 것도 이 때문이었다.

2013년 영훈국제중학교 신입생 모집에서 이○○ ○○전자 부회장 아들이 사회적 배려 대상자 전형에 부정 입학한 것 같다는 소문이 퍼지자, 검찰은 영훈국제중학교에 대해 압수수색을 진행했다[2]. 김 교감은 2013학년도 입학전형에서 입학관리부장, 교무부장 등과 함께 특정 학생을 합격 또는 불합격시키기 위해 성적을 조작했다는 혐의로 수사받던 중 2013년 6월 16일 오후 54세를 일기로 학교에서 스스로 목숨을 끊었다. 영훈국제중 교사들은 한목소리로 "교장 직무대행이 자기 판단으로 그런 일(입시 비리)을 지시했을 리 없다"라고 말했다. 한 교사는 "교장이 있으면 책임질 사람이 있는데, 교감이 책임질 일은 아니었다"라면서 "김 교감이 평소 술도 잘 안 드시는 분이라 검찰 조사에서 받은 부담을 꾹꾹 담아두다가 스스로 목숨을 끊은 것 같다"라고 말했다.

김 교감의 책상 위에서 A4 용지에 자필로 남긴 유서가 발견됐다. 유서에는 "학교를 위해 한 일인데 내가 잘못 생각했다. 학교를 잘 키워달라"는 내용이 있었다. 교사들은 "40대 부장 교사 등에게까지 불똥이 튈까봐 이렇게 되신 것 같다"라고 하면서 "평상시에도 후배 교사들을 잘 챙겨주던 교감 선생님이었다"라고 입을 모았다. "김 교감은 (입시비리 관련) 권한 있는 '몸통'이 아니다"라면서 "책임질 사람이 아닌데 후배 교사를 위해 희생하신 것 같다"라고 했다.

교직에 있는 사람들에게 교감이 최종 의사결정권자가 아니어서 책임이 없다는 것은 누구나 아는 상식이다. 그저 중간 관리자에 불과할 따름이다. 사립학교

2) 영훈국제중학교 입시 비리 사건은 국민적 관심사로 언론에 많이 보도됐다. 김 교감 관련 내용 중 일부는 당시 언론 보도를 참고했다.

의 경우 더욱 그러하다. 그럼에도 교장 직무 대행을 했다는 사실만으로 학교 입시 비리와 관련된 모든 책임을 혼자 떠안고 안타까운 결정을 하게 된 것은 평소 김 교감의 애교심과 책임감 때문이었으리라. 재단 측에서 김 교감의 희생에 대한 보상으로 부인에게 학교 행정직 자리를 마련해 주었다는 소식이 들렸지만 아쉽기 짝이 없다. 김 교감이 세상을 떠나기 전 북경의 만리장성 수많은 인파 속에서 김 교감과 조우 한 적이 있다. 방학을 이용해 학교 선생님들과 함께 온 것 같았다. 인파에 떠밀려 잠시 인사를 나눈 게 마지막으로 본 모습이어서 당시 기억을 잊을 수 없다.

최수환 친구는 대구교육청 남부교육장으로 근무하다 혈액암 투병 중 세상을 떠났다. 평소 건강 관리를 비롯해 매사에 철두철미했으나 운명을 피할 수는 없었던 것 같다. 2024년 1월 21일~22일 영덕과 울진 일대에서 대학 동기 1박 2일 소모임이 있었다. 22일 오전 울진 등기산 스카이워크에서 동해의 푸른 바다를 만끽하고 인근 식당에서 점심 식사 중 최 교육장의 부고를 접하고, 그 자리에서 바로 모임을 파하고 해산했다. 최 교육장 역시 앞선 두 친구와 마찬가지로 책임감과 성실함이 뛰어났다. 대학 동기 중 중등 전문직에 가장 먼저 진출했다. 필자의 딸아이가 대구외고에 다닐 때 교장으로 재직하기도 했다.

코로나19 펜데믹 기간 열이 계속 났음에도 업무에 몰두하느라 이를 대수롭지 않게 여기고 방치한 것이 결국 병을 키우게 되었다고 한다. 서울로 치료받으러 갈 때 대중교통 이용이 어려워 친구들이 번갈아 가며 최 교육장 부부를 태우고 병원에 다녀왔다. 안부 전화 때 재직 중이라 함께 병원에 다녀오지 못해 미안하다고 하자, '괜찮아, 낫거든 보자'라고 한 최 교육장의 목소리가 귓선을 맴돈다. 간호사로서 마지막까지 남편을 보살핀 부인은 '간병 기간 이별 연습을 충분히 했으니 괜찮다'라며 오히려 친구들을 위로했다.

세 친구 모두 각자 사연을 달리한 채 남들보다 일찍 세상을 떠났지만, 살아생전 맡은 바 책임을 다하며 성실하게 살다가 생을 마감했다. 훌륭한 교육자이자 가장으로서 가정과 교단생활에 최선을 다하며 군자와 선비의 삶을 살다 먼저 간 친구들, 다음 생에서 다시 만나기를.

04 대학 동기회 봄나들이

2024년 4월 12일 대학 동기회 봄나들이를 다녀왔다. 샐러드로 가볍게 아침 식사를 하고 버스 타고 가겠다고 하니, 집사람이 늦지 말라며 버스 정류장까지 데려다주었다. 버스가 연착한 데다 출근 시간대라 차가 밀려 손중언 총무에게 조금 늦을 것 같다고 문자를 보냈다. 다행히 8시 55분 약속 장소인 대공원역 3번 출구에 도착해 먼저 와 있던 변경숙, 손잠숙, 김노주, 김재현, 문병식, 소상호, 손중언, 한명훈 동기와 인사를 나눴다. 40여 년 만에 처음 동기 모임에 참석한 문병식 동기는 전날 밤 단톡방에 내일 소풍 가기 전 감상하라며 나훈아의 인생 소풍 곡을 올렸다. 오늘 참석 이유 중 하나가 대륜고등학교 은사인 대구교대에서 정년퇴직한 김문웅 교수의 전화번호를 알려주어 고맙다는 인사를 전하기 위해서라고 했다. 곧이어 오랜만에 지하철을 타서 출구를 잘못 찾은 오인숙 동기가 도착하고 구미에서 달려 온 정태국 동기가 마지막으로 합류하였다. 정태국 동기도 동기회 모임에 처음 참석했다. 9시 10분 28인승 리무진 버스에 11명이 탑승해 단양으로 출발했다. 온화하고 포근한 전형적인 봄날이었으나, 미세먼지가 조금 있었다.

버스 안에서 손 총무가 미리 준비한 봄나들이 기념 타올과 떡과 생수 등 간식을 나누어 주었다. 총무의 세심한 준비가 돋보였다. 참석 인원이 적어 취소를 고민하다가 오인숙 동기에게 상황을 전하자 무슨 소리냐며 설령 다섯 명밖에 안 되더라도 추진해야 한다는 말에 용기를 내어 행사를 진행하게 되었다고 했다. 리무진 버스 이용료만 해도 90만 원이라고 하니 총무의 고충을 충분히 짐작할 수 있었다. 가는 동안 손 총무가 회장과 부회장을 비롯하여 참석자 모두에게 마이크를 건네며 인사할 기회를 주었다. 코로나19 팬데믹으로 오랜만에 성사된 행사에 모두가 한마음으로 회장단의 수고에 대한 감사 인사와 봄나들이에 대한 기대감을 표했다. 회비 납부와 함께 최근에 자녀 혼사를 치른 김재현, 문병식, 한명훈 동기가 찬조하고, 안동 휴게소에서 소상호 동기가 커피를 대접했다.

11시 40분 단양의 도담삼봉 주차장에 도착하자, 방랑객(?) 전상규 동기가 미리 와서 기다리고 있었다. 집을 나선 지 일주일째라고 하였다. 퇴직 후 전국 유람에 나선 지 벌써 수년째이다. 12시에 유람선에 승선해 선장의 해설을 들으며 약 50분간 도담삼봉 일대 경관을 구경했다. 단양팔경 중 제1경인 도담삼봉은 국가 지정 명승지로 단양을 가로지르는 남한강(단양강) 상류에 자리한 세 개의 기암이다. 정도전이 이곳에서 유년 시절을 보내며 아름다운 경치에 반하여 호를 삼봉(三峯)으로 정했다고 한다. 이황과 정선, 김홍도, 김정희 등도 도담삼봉을 배경으로 시와 그림을 남겼다. 올해는 봄비가 잦았던 탓에 강 수위가 높은 편이었다. 선상에서 강가에 자리한 우리나라에서 가장 오래된 선사시대 문화유적지 금굴 유적도 볼 수 있었다.

도담삼봉 유람선 관광을 마치고 점심 장소인 약선 두부 식당에 도착하자, 홍장희 동기가 제천에서 미리 와 합류했다. 부군이 제천에 있는 세명대학교 교수로 정년퇴직했다. 식사 도중 올해부터 동기회 나들이를 연 두 차례 하기로 하고 11월 8일에 가을 나들이를 가기로 의견을 모았다. 전상규 동기가 점심 식사를, 홍장희 동기가 제천에서 주문해 온 떡실떡을 동기들에게 선물했다. 홍장희 동기는 사정상 더 이상 함께 자리하지 못해 식사를 마치고 단체 사진을 찍고 아쉽게 헤어졌다. 김노주 동기회장이 단체 사진을 단톡방에 올리자, 서울에 거주하는 김해경 동기가 "세월의 덧씌움 덕분에 누가 누군지 잘 알 수 없네요~"라며 이름을 청하였다. 김노주 동기가 사진 속 동기들의 이름을 일일이 전하며 가을 나들이에 꼭 참석해서 직접 만나기를 바란다고 화답했다.

다시 버스로 이동하여 단양의 트래킹 명소 단양강 잔도길 주차장에 도착했다. 버스가 겨우 지나갈 정도의 좁은 터널을 닿을 듯 말 듯 아슬아슬하게 빠져나가는 기사분의 운전 솜씨에 모두가 탄성을 질렀다. 강 위를 걷듯 단양강 암벽을 따라 놓인 잔도는 주변 경관과 어우러진 명소여서인지 관광객들로 북적였다. 중간중간 잔도 발아래 설치된 철망 사이로 푸른 강물을 내려다보며 짜릿함을 느낄 수 있었다. 일정상 잔도길 전체를 왕복하지 못하고, 일부 코스 편도 걷기 후 대기하고 있던 버스를 타고 풍기로 이동했다.

깨끗하게 리모델링된 중앙선 풍기역 광장에는 특산물 홍보를 위한 인삼 모양의 조형물이 설치돼 있었다. 역 앞에 자리한 풍기인삼시장은 성수기가 아니어서 그런지 비교적 한산했다. 잠시 시장을 둘러 보고 시간이 남아 다수 의견에 따라 부석사와 소수서원 중 이동 거리가 가까운 소수서원으로 향했다. 영주와 풍기 일대는 사과 재배지가 많은 곳으로 알고 있었는데, 예상과 달리 차창 밖으로 영천과 청도 지역에서 흔히 볼 수 있는 복숭아밭이 많이 보였다. 지구온난화로 인한 농작물 북한계선이 빠르게 북상하고 있음을 실감할 수 있었다.

소수서원(紹修書院)은 우리나라 최초의 사액서원으로 유네스코 세계유산(UNESCO World Heritage)에 등재된 '한국의 서원' 아홉 개 중 맏형 격이다. 풍기군수 주세붕이 고려말 성리학을 도입한 회헌 안향을 제향 한 백운동서원을 창건했다. 이후 풍기 군수로 재임 중이던 이황의 건의로 명종이 소수서원이라는 사액을 내렸다. 소수(紹修)는 "이미 무너진 유학을 다시 이어 닦게 하였다(旣廢之學 紹而修之: 기폐지학 소이수지)"라는 뜻을 담고 있다. 현판은 명종의 어필을 새긴 것이라고 한다. 수백 년 된 울창한 소나무 숲과 주변 풍광이 어우러져 마치 한 폭의 수채화 같았다. 겨울을 꿋꿋이 이겨내는 소나무처럼 인생의 어려움을 이겨내는 참 선비가 되라는 뜻으로 이 소나무들을 학자수(學者樹)라 부른다. 서원 입구에 서 있는 오백 년 된 은행나무 두 그루도 서원의 역사를 대변하고 있었다. 서원과 향교에 있는 은행나무는 은행 열매처럼 많은 인재를 배출한다는 의미를 담고 있다고 한다. 서원의 정문 지도문(志道門) 오른편에 있는 경렴정(景濂亭)은 원생들이 시를 짓고 학문을 토론하며 호연지기(浩然之氣)를 기르던 정자다. 북송의 철학자 주돈이를 추모한다는 뜻에서 주돈이의 호인 염계의 첫 글자 '렴'과 우러러 사모한다는 '경모'에서 '경'자를 따서 붙인 이름이라고 한다. 해서로 된 현판은 이황의 글씨이고, 초서 현판은 이황의 제자인 초서의 대가 황기로의 글씨이다. 스승인 이황 앞에서 떨리는 마음으로 썼다고 한다.

서원 내 직방재(直方齋)와 일신재(日新齋)는 서원에서 공부하던 유생들이 유숙하던 곳으로 한 건물로 되어 있고, 학구재(學求齋)와 지락재(至樂齋)는 별도의 건물로 되어있다. 소수서원 원장이던 성언근이 1804년에 지은 일신재기(日新齋記)에 "대개 학자의 공부는 마땅히 독서를 우선으로 하기에 至樂齋가 맨 아래에 있고, 독서를 하여 성현과 같이 되기를 구하는 학문을 하기에 學求齋가 그 왼쪽에 있고, 학문을 하여 성현과 같이 되기를 구하여 날마다 그 덕을 새롭게 하기에 日新齋가 또 그 왼쪽에 있고, 날마다 그 덕을 새롭게 하고서 내면과 외면을 바르게 하기에 直方齋가 또 그 왼쪽에 있게 되었다. 직방재가 된 뒤에 편안한 집에 넓게 거처하면서 천하에 교화를 밝힐 수 있기에 강학당(講學堂)이 직방재 앞에 있는 것이다"라고 기록되어 있다고 한다. 건물 배치에 하학상달(下學上達), 즉 학문의 순서와 단계를 반영하였음을 알 수 있다. 사료관에는 소수서원의 역사와 전통을 비롯하여 우리나라 도학의 계보가 전시되어 있었다. 자세히 살펴보니 이황의 제자로 황준량(黃俊良), 조목(趙穆), 류성룡(柳成龍), 김성일(金誠一), 정구(鄭球), 기대승(奇大升)이 기록되어 있었다. 퇴계 6철 중 퇴계의 만년 고제(高弟)이자 필자의 선조 조호익(曺好益)과 이덕홍(李德弘)이 빠져있어 아쉬웠다.

서원과 죽계천 사이에 있는 탁청지(濯淸池)는 마침 바람에 날린 벚꽃이 잔뜩 떨어져 물 위에 있는 수련과 멋지게 조화를 이루어 운치를 더했다. 탁청지는 맑은 물에 씻어 스스로 깨끗해진다는 의미로 선비 정신을 담고 있다. 서원 입구 소나무 그늘 밑 벤치에서 잠시 쉬며 환담하는 동안 이번 봄나들이의 하이라이트가 소수서원 방문이라는 데 모두가 공감했다. 다들 평생을 교단에서 보낸 교육자들이었기 때문에 더욱 그러했으리라. 주차장으로 되돌아가는 소나무 숲길 사이에서 동면에서 갓 깨어났는지 길을 찾지 못하고 헤매는 뱀을 목격하였다, 이번 봄나들이에서 만난 예상치 못한 진객이었다.

소수서원 관광을 마치고 총무가 검색을 통해 선정한 맛집 삼계탕 식당에서 저녁 식사를 했다. 서빙을 하는 아주머니가 조금 불친절하긴 했지만, 상황 한방

삼계탕 맛은 괜찮았다. 식사를 마치고 다시 방랑객으로 돌아가는 전상규 동기와 작별 인사를 나눴다. 주변에서 숙소를 찾아 하룻밤을 묵고 다음 여정을 떠난다고 했다. 임제 선사의 '수처작주 입처개진'(隨處作主 立處皆眞: 머무는 곳마다 주인이 되고, 지금 있는 곳이 참된 자리가 되게 하라)을 덕담 삼아 전했다. 어둠 속에서 대구로 출발하여 중간에 쉬지 않고 한 시간 반 만에 출발지인 대공원역으로 돌아왔다. 손 총무는 남은 물품을 동기들에게 일일이 나누어주며 끝까지 소임을 다했다. 내리면서 하루 종일 수고한 기사님께 감사의 인사를 전했다.

동기들과 가을 나들이 때 다시 만날 것을 기약하면서 작별 인사를 나누고 헤어졌다. 마침 고등학교 동기를 만나고 돌아오던 딸아이를 아파트 입구에서 만나 같이 귀가했다. 같은 과 후배인 집사람이 선배들의 봄나들이 소감을 물었다. 집사람과 같은 학교에서 근무했던 홍장희 동기의 안부 인사도 전했다. 동기들의 봄나들이 감상이 단톡방에 연이어 올라왔다. 어느덧 육십 대 중반을 넘어선 대학 동기들과 함께한 잊지 못할 인생 봄나들이였다.

05 지켜주지 못해 미안합니다

노벨문학상을 수상한 영국의 시인 엘리어트는 황무지(The Waste Land)라는 시에서 4월은 가장 잔인한 달(April is the cruelest month, breeding Lilacs out of the dead land, …)로 묘사한 바 있습니다. 1차 세계대전으로 황폐해진 서구 사회를 '황무지'에 비유하여 지은 시입니다. 전쟁의 참화를 겪은 사람들이 가치관을 상실한 채 황무지 속에서 생명은 있지만, 정신적으로는 죽은 것이나 다름없는 삶을 살아가고 있음을 표현하고 있습니다. 동시에 절망의 밑바닥에서 새롭게 떠오르는 희망과 재생, 회복의 가능성을 암시하고 있습니다.

어처구니없는 4.16 세월호 참사로 지난 4월은 우리 모두에게 실로 기억하기 싫은 가장 잔인한 달이 되어 버렸습니다. 설레는 마음으로 수학여행 길에 올랐던 학생들과 교사들의 희생이 너무나 컸습니다. 무능한 선장과 무능한 선주, 무능한 정부의 무능한 수습에 온 국민이 분노했습니다. 참으로 총체적 난국이라 하지 않을 수 없습니다.

하지만 속절없이 시간이 흘러 비참하고 잔인했던 4월이 가고 5월이 되었습니다. 5월에는 어린이날, 어버이날, 부부의 날 등이 있어 흔히 가정의 달이라고 합니다. 하지만 올해 5월은 우리 모두에게 많은 것을 생각하게 하는, 특히 세월호 희생자들 가족에게는 더욱 가슴 아픈 가정의 달이 될 것 같습니다. 세월호 희생자들의 안타까운 죽음이 헛되지 않게 하기 위해서는 끔찍한 참사의 원인을 철저히 밝혀 그에 따른 책임을 묻고, 무너진 원칙과 기본을 바로 세워 다시는 이러한 비극적인 사고가 재발하지 않도록 해야 할 것입니다.

세월호 참사를 계기로 새삼 우리 대학에서도 여러 측면에서 과연 원칙과 기본이 제대로 잘 지켜지고 있는지 되묻게 됩니다. 교수협의회에서는 회원 교수님들의 뜻을 모아 세월호 희생자들을 추모하는 현수막을 게시했습니다. 노란 리본과 함께 흰색 바탕에 검은 글씨로 "지켜주지 못해 미안합니다. 삼가 세월호 희생자 여러분의 명복을 빕니다"로 하였습니다. 그리고 교육부의 '정규직 시간 선택제 교사 도입계획'에 대한 전국교육대학교 교수협의회연합회의 반대 성명서를 교내 각 게시판에 부착했음을 함께 알려드립니다. 교수협의회는 우리 대학이 원칙과 기본이 지켜지는 대학이 될 수 있도록 본부에 대한 견제와 균형의 역할에 최선을 다하겠습니다. 교수협의회에 대한 관심과 협조에 깊이 감사드립니다.

06 상인동 지하철 가스 폭발 참사

결혼 후 약 6년 동안 대구 달서구 상인동에 거주했다. 운 좋게 수성구 시지동에 분양하는 아파트에 당첨되어 1995년 3월 30일 시지동에 있는 서한보성아파트에 입주했다. 당시만 해도 수성구에 신축하는 아파트 분양 경쟁률이 만만치 않았다. 입주한 지 얼마 되지 않은 4월 27일 밤 11시경 친구들 모임을 마치고 귀가하는 길이었다. 아파트에 도착해서 엘리베이터를 타는데 곧바로 뒤에서 한 사람이 따라 탔다. 콤비 차림에 안경을 낀 점잖은 느낌의 남성이었다. 서로 가볍게 인사를 하고 7층에서 내가 먼저 내렸다.

다음 날 동국대학교 경주 캠퍼스에서 강의를 마치고 돌아오는 버스 안에서 상인동 가스 폭발 사고 소식을 들었다. 대구 달서구 상인네거리 지하철 1호선 건설공사 남쪽 지점에 있는 당시 대구백화점 상인점(현 롯데백화점) 신축 공사장에서 과실로 도시가스 배관이 관통되어 발생한 가스 누출로 오전 7시 52분 엄청난 폭발 사고가 일어났다는 것이다. 이 사고로 등교하던 영남중학교 학생 43명을 포함해 101명 사망하고 202명이 부상을 입었다. 영남중학교 학생들의 피해가 컸던 것은 사고지점 인근에 학교가 위치한 데다 사고 발생 시간이 등교 시간이었기 때문이다. 희생자 중 한 사람은 영남중학교 교사였다.

귀가해서 아내를 통해 희생된 교사가 아파트 같은 라인 위층에 산다는 이야기를 들었다. 공교롭게도 전날 밤 엘리베이터에서 만났던 바로 그 사람이었다. 순간 온몸에 짜릿한 전율이 흘렀다. 시지동과 영남중학교가 있는 상인동은 출퇴근 시 자동차로 1시간 정도 걸리는 제법 먼 거리에 있었다. 시지동에서 등교하는 학생을 태우고 출근하다가 사고를 당했다. 3학년 8반 담임교사로 수업 시간에 재밌는 이야기도 많이 해준 좋은 선생님이었다고 한다. 새삼 교통사고로 세상을 떠난 초등학교 3학년 때 담임 선생님 생각이 났다. 매사에 모범을 보이신 훌륭한 선생님이었다.

사고가 일어난 장소는 시지동으로 이사 오기 전까지 아내가 사대부중(경북대학교사범대학부설중학교)으로 출퇴근하던 바로 그 길이었다. 상인동에서 시지동으로 이사 오지 않았더라면 우리도 그 시간에 그 길을 지났을지도 모른다는 생각에 등골이 오싹했다. 반대로 희생된 영남중학교 교사는 시지동으로 이사를 온 것이 도리어 화근이 된 것 같아 안타깝기가 그지없다. 아내는 아파트 반상회에서 희생된 교사 부인이 초등교사로 경북 지역에 근무하다가 사고 후 대구로 전근되었다는 이야기를 들었다고 했다.

사고 희생자들을 기리기 위해 월성동 학산공원에 위령탑이 세워졌다. 사고 후 추모를 위해 새로 지은 영남중학교 도서관 1층에는 참사로 숨진 44명의 인물 사진과 전국에서 보내온 위문편지와 참사 현장을 담은 사진이 전시되고 벽에는 참사를 상징하는 각종 조각물이 새겨져 있다. 상인동 가스 폭발 사고 이야기만 나오면 지금도 사고 전날 밤 엘리베이터에서 만났던 영남중학교 선생님이 생각난다. 불의의 사고로 세상을 떠났지만, 학생들과 교직을 사랑하는 마음은 영원하리라. 안타깝게도 같은 해 6월에는 삼풍백화점 붕괴 사고가 일어났다. 두 사고 모두 안전 불감증과 도덕적 해이로 인한 인재로 후진국형 참사였다.

거듭 상인동 가스 폭발 사고 희생자들의 명복을 빌며 이 같은 불행한 사고가 우리나라에서 다시는 일어나지 않기를 간절히 바란다.

07 다시 살아 꽃으로

2003년 2월 18일 신학기 준비를 위해 학교로 가던 중이었다. 10시 30분경 반월당 네거리에서 대구교대 방향 좌회전 차선으로 진입하고 있었다. 평소와 다른 스산한 분위기에 사이렌 소리가 요란하게 들렸다. 학교에 도착하자마자 뉴스를 듣고 깜짝 놀랐다. 대구 중앙로 지하철 화재 참사였다. 우울증 증세로 세상을 비관하던 방화범이 대구 지하철 1호선 안심행 열차가 반월당역에서 중앙로역으로 진입하는 사이 플라스틱 통에 담긴 휘발유에 불을 붙여 벌어진 사건이었다.

화재가 난 열차는 마침 중앙로역에 정차하여 출입문이 열려 있고 화재를 인지한 기관사가 대피를 지시하여 승객 대부분이 대피했다. 하지만 반대 방향인 대곡역으로 운행 중이던 열차는 화재 상황을 알지 못한 채 중앙로역에 진입하여 정차하는 바람에 불이 급속히 옮겨 붙어 많은 사상자가 발생했다. 결국 사망자 192명, 부상자 151명이라는 대형 참사가 발생했다. 대구 상인동 가스 폭발 사고와 삼풍백화점 붕괴 사고 이후 역대 최대 규모의 사상자가 발생했다. 반대 방향인 대곡행 열차에서만 142명의 사망자가 나왔다. 하지만 처음 화재가 난 안심행 열차에서는 단 한 명의 사망자도 없다. 나머지 사망자는 중앙로역과 연결된 상가의 방화 셔터 앞과 중앙로역 곳곳에서 발견되었다.

안타깝게도 대구교대 학생 4명이 대곡행 열차에 탑승해 교대역에 불과 3개 역을 앞두고 참사를 당했다. 방학 중이었지만 개학 준비를 위해 학교로 오던 중이었다. 참된 스승의 길을 걷고자 한 유능한 예비 교사들이었다. 그중 한 학생은 2003년 1학기에 수업을 받게 될 과학과 학생이었다. 미리 출력해 둔

출석부에는 희생당한 학생의 이름이 등재되어 있었다. 개학 후 첫 시간에 학생들과 함께 희생자의 명복을 비는 묵념을 올렸다.

대구 중앙로역 지하철 화재 참사의 1차 원인은 방화였다. 하지만 예산 절감을 구실로 한 저가의 전동차 도입, 안전에 취약하게 건설된 지하철 역사, 부당한 인력 감축, 비상시 대처 능력 부족 등이 참사를 키웠다. 사고 이후 정부는 전국 대도시의 각 지하철 운영 주체와 광역철도 운영 주체인 한국철도공사에 전 차량에 대한 내장재를 불연재로 교체하도록 지시했다. 대구시에서는 지하철 화재 참사 추모와 재발 방지, 시민들의 재난에 대한 위기 대처 능력을 기르기 위한 공공 종합안전 체험 공간으로 대구시민안전테마파크를 건립했다. 만시지탄이었다.

중앙로역 지하철 참사가 일어난 지 1년 뒤 대구교대 인문사회관 중앙 현관 오른쪽 화단에 참사로 희생된 대구교대 학생들을 위한 추모비가 놓여졌다.

다시 살아 꽃으로

故 권○○(윤리01)　故 김○○(과학00)

故 임○○(실과01)　故 정○○(사회01)

2.18 대구 지하철 참사로 희생되신 학우의 명복을 빕니다.

2004년 2월 18일

대구 지하철 참사로 참 교사의 꿈을 이루지 못하고 꽃다운 나이의 세상을 떠난 네 학생들의 명복을 빌며, 추모비에 새겨진 비명처럼 "다시 살아 꽃으로" 활짝 피기를 염원한다.

08 길병휘 선생님, 정년퇴임 축하드립니다

우리 대학 교수협의회의 창립 발기인이자 전 교수협의회 회장이셨던 윤리교육과 길병휘 선생님의 정년퇴임에 즈음하여, 그동안 교수협의회와 대학 발전을 위해 애쓰신 노고에 깊은 감사의 말씀과 더불어 석별의 아쉬움을 전해드립니다.

선생님께서는 1982년에 우리 대학에 부임하셨으니, 2013년 8월 정년퇴임 시까지 약 31년 동안 우리 대학에 봉직하셨습니다. 제가 1996년 3월 우리 대학에 임용되어 선생님을 처음 뵌 이후로도 벌써 17년이 넘는 시간이 흘렀습니다. 세월이 유수 같다는 표현이 더욱 실감이 납니다. 하지만 예나 지금이나 늘 한결 같으신 모습에 정년이 아직 한참 남은 줄 알았는데 벌써 퇴임이라니 잘 믿기지 않습니다. 선생님의 퇴임 소식을 접하니 지난 세월 선생님과 함께했던 소중한 기억들이 새삼 눈앞에 떠오릅니다. 1 강의동(현 인문사회관)으로 연구실을 옮기기 전 지금의 본관 5층에 있던 선생님의 연구실 바로 옆방이 저의 연구실이었습니다. 선생님을 처음 뵈었을 때는 지금처럼 생활 한복을 즐겨 입으시거나 건강하신 모습이 아니었던 것으로 기억합니다. 다소 수척한 모습에 허리가 불편하신지 늘 옆구리에 손을 대고 걸으시던 모습이 생각납니다. 하지만 그간 섭생(攝生)을 잘하셔서 지금은 누구보다도 더 건강하게 활동하고 계십니다.

그동안 학교생활을 하면서 선생님께서 보여주신 의연하고 당당한 모습들이 되살아납니다. 교수협의회 회장으로서 교수회의를 비롯한 여러 자리에서 교육부의 교육정책과 대학 본부의 잘못된 행정을 날카롭게 지적하고 비판하시던 모습, 예산결산심의위원회 위원장을 맡아 여러 날 밤늦게까지 예산안을 들고 시름 하시던 모습, 연구 결과물 지연제출 교수들에 대한 대학 본부의 전례 없는 일방적 연구비 제한 조치에 대해 직접 나서서 부당함을 조리 있게 지적하고 문제를 합리적으로 해결하기 위해 애쓰시던 모습, 2007년 전임 총장과 관련된 논문 대필과 대필자 교수 임용 의혹 사태 때 본질을 바로 파악하고 사태 해결을 위해 노력하시던 모습, 해결 노력이 수포로 돌아가자 "대구교대 바로세우기 모임"을 만들어 명쾌한 논리로 사태의 본질을 알리는 성명서를 작성하고 대응 방안을 고심하시던 모습,

당시 사태의 여파로 고소까지 당해 본의 아니게 검찰청에서 당사자와 대질 조사를 받으면서도 불편해하지 않고 오히려 당사자에게 "어이 ○ 총장 이쯤 해서 훌훌 털고 그만 다 내려놓으시지" 하고 의연하게 대처하시던 모습(검찰 조사 결과 당연히 무혐의로 처리되었습니다), 점심시간 때 여러 교수들과 자주 가던 국수집 등에서 늘 먼저 계산하시던 모습, 십여 년 전 청도 화양읍에 손수 지은 주택에 여러 교수들을 초대하여 집들이하며 좋아하시던 모습, 집 앞 텃밭을 가꾸느라 햇볕에 그을려도 전혀 개의치 않고 오히려 이를 즐기시던 모습, 기타 학내외 주요 현안들을 시시비비에 따라 순리적으로 해결하고자 노력하시던 모습 등등 …

교내에서 학생들과 마주치면 금방 이름을 기억하고 "어이 ○○ 잘 지내고 있지?" 하고 먼저 인사를 건네는 우리 대학에서 학생들의 이름을 가장 많이 알고 계시는 선생님, 재직 기간 동안 기숙사 사감을 제외하고는 주요 보직을 맡은 적이 없음은 물론, 여러 교수들의 수차례에 걸친 총장 출마 권유도 끝까지 마다하셨던 선생님, 유독 기숙사 사감을 맡으신 이유도 부모 곁을 떠나 객지에서 생활하는 학생들과 더 가까이서 애로와 불편을 해소해 주려는 뜻이었으리라 생각합니다.

지난 학내 사태의 여파로 수년간 교수협의회가 전혀 제 기능을 수행하지 못하고 급기야 동료 교수들을 고소했던 사람이 교수협의회 회장이 되자, 당신이 직접 결성을 주도하고 회장직을 수행했던 교수협의회를 탈퇴할 수밖에 없었던 안타까운 심정을 누가 감히 짐작할 수 있겠습니까? 여러모로 부족한 제가 감히 교수협의회를 맡게 된 이유 중의 하나도 교수협의회가 "비판과 견제를 통한

대학 발전에 기여"라는 본연의 역할을 성실히 수행하는 모습을 보여드리고자 함은 물론, 우리 대학 교수협의회의 발기인이자 교수협의회 회장이었던 선생님께서 비회원 자격으로 퇴임하시게 하는 것은 후학으로서 도리가 아니라는 생각 때문이었습니다. 제가 교수협의회를 맡고 난 다음 이런 뜻을 전하며 교수협의회 회원으로 복귀해 주실 것을 청하자 선생님께서 "잘 알겠습니다. 그렇게 하겠습니다" 하시며 흔쾌히 회원으로 복귀해 주셨습니다. 게다가 정년퇴임을 앞두고 여러 가지 마무리 일로 많이 바쁘실 텐데도 불구하고, 지난 7년 넘게 발간이 중단되었던 대구교육대학교 교수협의회보 복간 호(통권 제28호, 제13-1호) 발행에 즈음하여 후배 교수들에게 전하는 옥고를 두 편씩이나 보내주셨습니다. 역시 평소 선생님다운 멋진 모습이라 생각합니다.

"허, 허, 허"하고 늘 큰 소리로 호탕하게 웃으시며 만나는 사람마다 연구실로 초대하여 차를 우려 끽다래(喫茶來), 끽다거(喫茶去)를 몸소 실천하시고, 연구실에는 학산연좌(鶴山宴坐)라는 액자를 걸어 두고 마치 학이 노니는 산에서 고요히 앉아 참선 수행을 하듯 지내시고, 댁에서는 벽에 걸린 수처작주(隨處作主)라는 글귀처럼 머무는 곳마다 주인이 되고, 서 있는 곳마다 참된 입처개진(立處皆眞)을 위해 노력하시고, 사랑채에는 다로경권(茶爐經卷)이라는 현판을 걸어 두고 문자 그대로 차 마시고 책 읽는 것을 즐기시던 선생님, 이 모든 것이 바로 선생님의 진면목이 아닐까 생각합니다.

제가 보기에 선생님께서 그동안 우리 대학에서 행하신 처신은 "참된 스승의 길을 간다"라는 교시처럼, 그야말로 참 스승으로서의 사표(師表)가 아니었든가 생각합니다. 나아가 선생님의 삶 자체가 안빈낙도(安貧樂道), 유유자적(悠悠自適)하는 군자로서의 길이었다 해도 과언이 아닐 것 같습니다. 일전에 선생님께서 정년퇴임을 기념하여 평소 도덕교육에 대한 선생님의 논지를 엮어 지으신 "도덕교육의 비판적 성찰"을 직접 서명하여 건네주셨습니다. 서명 좌우에는 선생님께서 사시는 자라 등처럼 완만하고 평화로운 동네를 뜻하는 오어산(鰲漁山: 댁 앞에서 훤히 마주 보이는 청도 남산의 옛 이름이기도 합니다)과 선생님께서 거처하시는 금빛 물결이 출렁이는 집을 의미하는 금하당(金河堂), 그리고 오래된 옛 향기를 의미하는 고향(古香)이라는 낙관(落款)이 운치 있게 담겨 있어 다시금 선생님의 기품을 느낄 수 있었습니다.

셰익스피어의 희곡 제목이자 영어 속담에 All is well that ends well(끝이 좋으면 모두가 좋다)라는 말이 있습니다만, 선생님께서는 마무리뿐만 아니라 처음부터 끝까지 시종일관 훌륭한 모습을 보이셨으니 그야말로 정년퇴임을 유종의 미로 명예롭게 맞이하시는 것 같습니다. 흔히들 퇴임은 끝이 아니라, 새로운 시작을 의미한다고 합니다. 선생님, 그동안 우리 대학에서 교육과 연구 그리고 봉사와 관련된 크고 작은 소임으로 애를 많이 쓰셨으니, 이제 큰 짐 내려놓으시고 새로운 여정을 활짝 열어 가시길 바랍니다. 평소 선생님께서 늘 멋진 모습으로 새 길을 열어주셨듯이, 퇴임 이후에 가야 할 길도 잘 개척해 주시길 바랍니다. 선생님께서 탄탄하게 잘 개척해 놓으신 그 길을 저희 후학들도 따라가고자 합니다.

선생님의 명예로운 정년퇴임을 진심으로 축하드리며, 그동안의 노고에 다시금 깊이 감사드립니다. 늘 건강하시고 하시는 모든 일 뜻대로 잘 이루어지기를 바랍니다.

대구교대신문 제474호, 교수 칼럼, 2013.9.16.

09 류선생, 그동안 수고 많이 하셨네

류선생, 벌써 정년이라니 실감이 나시는가. 세월 참 빠르네. 1975년 고등학교 때 류선생을 처음 만나 이제 2024년이 되었으니 어느새 50년 지기가 되었네. 류선생이 1995년 9월, 내가 1996년 3월에 부임했으니, 대구교대에서 함께 한 시간만 해도 28년이나 되었네. 아마도 매우 드문 인연이 아닐까 생각하네. 차제에 지난날을 되돌아보니 참으로 많은 일들이 있었네.

전공은 달랐지만 대학 시절도 같이 보내고, 서로의 결혼식에 참석해 축하의 마음을 함께했지. 34년 전 선고(先考) 상 때 류선생이 먼 길 마다하지 않고 장지까지 함께 해주었던 기억도 생생하네. 전임강사 시절, 직원의 신임 교수 폭행 사건 때 총장실에 함께 가 학교 측의 부실한 대응에 항의했던 일, 류선생이 기획처 보직을 맡아 밤늦게까지 학내 각종 규정과 지침을 제정하고 개정하며 현 시스템의 기초를 다졌던 일, 예산결산심의보고서를 발간해 직원들의 방만한 예산 편성과 집행의 치부를 낱낱이 드러내자, 술에 취한 직원이 밤늦게 류선생에게 폭언과 협박성 전화를 했던 일도 기억나네. 그때 발간되었던 예산결산심의보고서는 다른 교대의 롤 모델이 되기도 했었지.

2005년 말 내가 캐나다 UBC(University of British Columbia)에 연구교수로 가 있으면서 학술진흥재단(현 연구재단)의 "대학교수 해외방문연구사업"에 선정되어 연구교수 기한을 연장하는 문제와 관련하여 본부의 고지식한 일 처리에 류선생이 잘 대응해 주어서 고마웠네. 공교롭게도 연구교수 귀국 후 얼마 되지 않아 당시 총장의 "논문대필과 대필자 교수 임용" 사태의 결정적 단서가 내 눈에 띄었네. 하지만 인사 과정에서 해결되지 않고 임용이 되어 부득이 교수회의에서 문제를 제기할 수밖에 없었네. 이후 당사자들과 학내외에 걸친 지난한 행정 절차와 대법원까지 가는 법적 다툼을 거치며 이른바 7년 전쟁을 치렀던 과정이 한참이 지난 지금도 생생하게 기억나네.

학내 사태가 YTN을 비롯한 일부 언론에도 보도되었지만 때 마침 버지니아공대 총기 난사 사건이 발생하여 이내 묻혀버렸지. 동참 서명을 받는 과정에서 혹여 자신에게 불똥이 떨어질까 주저하던 일부 교수들이 모습이 아직도 눈앞에 선하네. 진상규명 토론회를 거쳐 전 총장이 사퇴하자 갑자기 본말이 전도되어 학내 분위기가 총장 선거 국면에 접어드는 당혹스러운 상황이 전개되었지. 우여곡절 끝에 징계위원회와 인사위원회를 거쳐 임용 당사자가 해임되자 이에 불복해 교원소청심사위원회에 소청을 제기해 함께 참석했던 일, 상대측이 제기한 소청과 소송에 대응하기 위해 학교에서 선임한 황당한(?) 변호사를 만나 법원 제출용 서면을 직접 작성하며 재판 과정에 참석했던 일도 있었지. 결국 1심과 2심, 대법원판결을 통해 일관되게 사필귀정이 되어 우리의 주장이 정당했음을 인정받았지. 그때 함께 했던 법원 서면 작성 경험이 나중에 헌법재판소로부터 "대구교육대학교 총장임용후보자선정 규정"의 위헌 판정을 받아내는 데 큰 도움이 되었네.

와중에 전 총장과 관련 당사자들이 앙심을 품고 황당하게 고소, 고발을 남발하여 난생처음 수성경찰서, 남부경찰서, 대구지방검찰청을 오가며 조사를 받았지. 결국 우리 모두 혐의없음으로 불기소 처분을 받아 역시 사필귀정으로 마무리되었지만, 그동안 특히 류선생의 마음고생이 컸었네. 지나가다 보니 어려운 시간 함께 하며 자주 들렀던 삼덕동 수제비집도 아파트 건축으로 이제는 사라지고 없더군. 이런저런 일로 본의 아니게 우리가 강성 인물에다 좌파로 몰리기도 했었지. 하지만 매사 시종일관 대의명분과 시시비비에 의거 공명정대하게 처신해 왔다고 자부하네. 고통이 따르기는 했지만, 결과적으로 이 사건이 우리 대학의 자정 능력과 연구 윤리의식을 강화하는 계기가 된 것은 분명한 것 같네.

학내 몇몇 교수들과 부부 동반으로 북경과 백두산, 티벳, 태국과 캄보디아 등을 여행한 기억도 새롭네. 백두산 정상의 짙은 안개가 걷히며 환하게 열리던 천지의 감동적인 모습은 지금 생각해도 짜릿하네. 공교롭게도 우리가 다녀온 직후 그곳에서 각종 사건, 사고가 발생해 방문이 일시 금지되는 일이 벌어지자 참으로 묘하다고 우스갯소리도 했었지.

2002년 한일월드컵 준결승 무렵 자매대학인 효고대학 방문차 일본에 가서 동경대, 와세다대, 명치대, 경도대, 동지사대 등 여러 대학을 함께 둘러보았지. 동지사대학에서 윤동주 시인의 서시가 새겨진 시비를 찾았던 기억도 새롭네. 동경과 오사카, 나라, 교토, 고베, 히로시마 등을 둘러보며 얼마나 발품을 팔았던 지 함께 갔던 모 교수가 "이건 무립니다, 이건 무립니다."를 연발했던 장면이 기억나네. 아무튼 지금 생각해도 무척 힘들었지만 값진 경험이었네. 전국 교대 교수테니스대회와 골프대회에 참석할 때도 같은 숙소를 배정받아 늘 함께했었지.

류선생이 교육대학원장, 내가 교수협의회장을 맡고 있을 때 류선생이 주선한 자리에서 총장과 교수협의회의 숙원사업이던 "교수회 의결기구화를 위한 학칙개정"에 합의했음에도, 총장이 일방적으로 파기하여 물거품이 된 어처구니없는 일도 있었지. 공교롭게도 당시 총장은 학내 성희롱 관련 불명예 퇴임으로 인과응보가 되었지. 지난 두 차례 총장 선거에서 비록 뜻을 이루지는 못했지만, 류선생이 음으로 양으로 도와주어서 고마웠네. "창랑의 물이 맑으면 갓끈을 씻고, 물이 흐리면 발을 씻으라."라는 굴원의 고사 잘 기억하고 있네.

교육대학원에 아동문학 전공을 개설한 것도 류선생의 탁월한 선견지명 덕이었다고 생각하네. 류선생이 전념한 아동문학 관련 연구는 가히 독보적이라 해도 과언이 아닐 것 같네. 전일제 대학원 석박사 과정이 없는 열악한 환경에서 혼자서 발품을 팔아가며 일일이 자료를 수집하고 정리하여 출간하는 작업이 여간 힘든 일이 아님에도, 묵묵히 완수해 내는 것을 보면 참으로 대단하네. 소중한 결과물은 아마도 아동문학 관련 전공자와 후학들에게 훌륭한 연구자료가 될 걸세. 학술원의 우수 학술도서 선정과 아동문학평론상 수상은 당연한 귀결이라 생각하네.

류선생과 함께했던 "대구교육대학교 권장도서 해제집" 출판도 소중한 경험이었네. 심혈을 기울인 만큼 예비 교사들이 다방면의 풍부한 교양을 쌓는 데 큰 도움이 될 것으로 생각하네. 지난 7년간의 전쟁이 없었더라면 과연 어떠했을까 하는 진한 아쉬움이 남아 있네.

퇴임에 즈음해 새로 마련한 사무실에서는 연구에만 몰두하지 말고, 남은 생을 즐기면서 천천히 여유 있게 하시게. 류선생이 새로 개척하는 길을 나도 곧 따라가겠네. 두서없이 생각나는 대로 쓴 글 혜량해 주시게.

류선생, 명예로운 정년퇴임 진심으로 축하하네,

그동안 참으로 수고 많이 하셨네.

대구교대신문 제544호, 상록인 칼럼, 2014.1.12.

10 과학과 교수 초빙 공고와 관련하여

과학과 교수 초빙 공고와 관련하여 의견 드립니다.

2018년 12월 18일 자 연합뉴스에 "대구교대 교수 공채 지원 자격 논란" 제목의 기사가 보도됐습니다. 기사에는 "초등학교 교원을 양성하는 대구교육대학교가 교수 공개 채용 공고를 내면서 지원 자격을 지나치게 세분화해 특정 지원자를 위한 것이 아니냐는 논란에 휩싸였다"라는 내용과 "문제는 대학 측도 이러한 문제점을 교내외에서 여러 차례 지적받았고, 자체적으로 논란 소지가 다분하다는 점을 알면서도 바꾸지 않고 있다는 것이다"라는 내용이 실려 있습니다.

이 같은 언론 보도에도 불구하고 본부에서는 20일 개최된 교수회의에서 이 문제와 관련하여 전혀 해명하지 않았습니다. 인사위원회 회의에서도 많은 반대 의견이 있었다고 합니다. 이번 과학과 교수 초빙 공고를 들여다보면, 내부적으로 언론에 보도된 내용보다 훨씬 더 민감한 문제가 내포된 것 같습니다. 바로 과학교육(지구과학교육) 분야 초빙 공고와 관련된 것입니다. 동물학 분야 교수 공채는 생물학을 전공하는 교수님이 내년 2월 퇴직 예정이기 때문에 충분히 납득할 수 있는 공고입니다.

하지만 지구과학교육 분야는 해당 교수님이 내년 8월에 퇴직 예정이기 때문에, 이번 학기에 굳이 채용 공고를 낼 필요가 없는 사안입니다. 그럼에도 이번 공채에 포함한 이유가 궁금합니다. 게다가 지원 자격도 교육학박사 학위 소지자로 제한하고 있습니다. 잘 아시다시피 외국에서 지구과학교육으로 박사학위를 취득한 사람은 주로 철학박사이거나 이학박사일 가능성이 높습니다. 그리고 국내에서 지구과학교육으로 박사학위를 취득한 사람 중에는 이학박사 소지자가 많습니다. 교육학박사 학위 소지자로 국한할 경우, 이들은 원천적으로 지원 자격을 부여받지 못하게 됩니다. 현재 국내에서 지구과학교육 전공으로 교육학 박사 학위를 취득할 수 있는 대학은 소수에 불과합니다.

현 총장 임기 말년에 다분히 오해받을 인사를 왜 하려는지 도무지 이해할 수 없습니다. 더구나 이번 공채를 통해 임용될 사람은 내년에 있을 총장 선거에 투표권을 가지게 됩니다. 혹여 지구과학교육 전공으로 교육학박사 학위를 취득한 임○○ 총장과 같은 학교 출신이거나 인연이 닿는 지원자가 채용되게 되면, 임기 말 후배 또는 지인 채용 논란은 물론 내년 총장 선거에 영향을 미칠 가능성도 없지 않습니다.

인사가 만사(萬事)라고 했습니다. 총장 임기 말 미묘한 시기에 타당성이 부족한 인사를 왜 하려고 하는지 이해할 수 없습니다. 과전불납리(瓜田不納履), 이하부정관(李下不整冠), 오이밭에서 신발을 고쳐 신지 말고, 오얏나무 아래에서 갓끈을 고쳐 매지 말라는 교훈이 있지 않습니까? 오해받을 처신은 하지 않는 것이 좋습니다.

교육학과의 경우, 내년 2월에 퇴임하는 교수님이 한 분, 내년 8월에 퇴임하는 교수님이 두 분 계십니다. 과학과의 논리대로 하면 교육학과는 3명의 교수를 채용할 수 있지만 불필요한 오해를 불러일으키지 않기 위해 퇴임 후에 충원하는 것으로 결정했습니다.

늦었지만 언론에서 지적한 문제점과 내부의 갈등과 분열 요인을 없애기 위해서는 교수 초빙을 재공고하거나 수정공고 하는 것이 바람직한 것으로 판단됩니다. 본부의 현명한 해결책을 요청합니다.

11 전국교수공제회 사기 사건

2012년 8월 31일 수원지검 특수부가 전국교수공제회 총괄이사 이○○를 횡령 등의 혐의로 구속하면서 교수공제회 사기 사건이 백일하에 드러났다. 교수공제회가 금융당국의 인, 허가를 받지 않고 회원들로부터 정년퇴직 급여와 목돈 수탁 급여를 받아 온 것이 유사수신행위의 규제에 관한 법률을 위반했다는 것이다. 이○○가 2000년부터 최근까지 전국의 대학교수 4천여 명이 맡긴 예금 3,000여억 원 중 560여억 원을 빼돌린 혐의를 받고 있다고 보도됐다. 속칭 폰지 사기(Ponzi scheme)로 회원들을 모은 뒤, 그들의 투자금으로 기존 회원들에게 수익금을 지급하는 방식으로 자행되는 일종의 다단계 금융사기 수법이었다.

교수공제회 사기 사건 소식을 듣고 처음에는 긴가민가했다. 4천 명이 넘는 현직 교수들을 상대로 사기 행각을 벌이다니. 피해자 중에는 회계, 세무 등 상경계 전공 교수는 물론 법대 교수도 50여 명, 국회의원과 대학 총장도 포함됐다. 수년 전부터 전국교수공제회로부터 매년 여러 차례 가입 권유 우편물을 받았다. 하지만 한국교직원공제회에 이미 가입돼 있어 이를 무시하다가, 전국교수공제회 홈페이지에서 가입 회원 수가 3천 명이 넘는 것을 확인하고 나서 설마 별일 있으려니 생각하고 가입했다. 더구나 회장이 전 고려대학교 총장 주○○이었고 사무실도 고려대 교우회관에 있었다. 하지만 이○○가 주○○을 회장에 앉혀 놓고 공제회를 실질적으로 운영하며 공금을 빼돌려 자신 명의의 통장에 입금하거나 부동산을 사들이는 데 사용했다는 것이다.

전국교수공제회는 2012년 9월 4일 전국교수공제회 채권자 협의회 카페를 개설하고 정년퇴직 급여 및 목돈 수탁 급여 수신 행위를 즉각 중단하고, 전국교수공제회의 모든 자산을 일정 기간 동결했다. 그리고 전국교수공제회의 자산이 회원들에게 공평하게 분배될 수 있도록 회원들이 참여하는 비상 기구를 설립해 비상 기구에 자산 처분 및 분배를 맡기고자 했다.

곧바로 비상대책위원회가 구성되고 전국교수공제회 채권자 협의회 카페에서 사태 해결을 위한 여러 주장이 제기됐다. 저자는 대구교대 전국교수공제회 가입 교수들의 대표자 역할을 맡았다. 하지만 2012년 9월 10일 고○○ 교수 외 2명이 법원에 파산 신청을 해 곧바로 파산절차에 들어갔다. 이후 2022년 2월 9일 재판부가 파산 종결을 결정할 때까지 약 9년 4개월 동안 험난한 과정을 거쳤다. 누적 배당률은 56.5502%였다.

전국교수공제회가 2000년에 금융당국의 인, 허가를 받지 않고 설립됐음에도 이번 사태가 터진 2012년까지 아무런 제재를 받지 않은 것은 금융당국과 사정당국을 비롯한 국가기관의 책임이 매우 크다 할 것이다. 공자는 견리사의(見利思義) 즉 눈앞의 이익을 취하려면 옳은지 그른지를 생각해야 한다고 했다. 마하트마 간디도 "도덕 없는 경제"를 대표적인 악덕의 하나로 꼽았다. 이번 사태를 계기로 다시는 선량한 사람들을 울리는 불법 금융사기 사태가 재발하지 않기를 바란다.

아래 내용은 사태 발생 초기 전국교수공제회 채권자 협의회 카페에 필자가 올린 글과 댓글이다.

회원들의 뜻을 모아 사기죄로 추가 고소해야 합니다

비상대책위원회(비대위) 회의록에 "수사기관은 우리가 알고 있는 사항들은 다 알고 있으며, 공제회에서 지금까지 광고했던 것들을 사기로 기소하기가 쉽지 않은 상황임"이라고 기록돼 있습니다. 담당 검사의 말인지, 변호사의 말인지 분명하지는 않지만, 도무지 이해되지 않습니다.

제가 인터넷에서 검색한 정보는 다음과 같습니다. 형법 제347조(사기)에는 "사람을 기망하여 재물의 교부를 받거나 재산상의 이익을 취득한 자는 10년

이하의 징역 또는 2천만 원 이하의 벌금에 처한다"라고 되어 있습니다. 사기죄가 성립되기 위한 구체적인 요건인 다음 사항에 비추어 보면, 이○○와 주○○ 등의 행위가 사기죄에 해당함은 불을 보듯 분명해 보입니다.

1. 타인의 재물 또는 재산상의 이익을 목적으로 할 것.
2. 기망행위(과장광고, 허위광고의 경우)
3. 피기망자의 착오
4. 피해자의 재산 처분행위
5. 재산상 이익 취득, 손해 발생

단순히 "상등품, 불티나게 팔리는 제품" 광고처럼 추상적이고 일반적인 가치판단적 표현은 보통 형법상 사기죄에 해당하는 것으로 해석되지 않습니다. 그러나 구체적으로 증명할 수 있는 사실을 들어 허위광고를 하는 것은 기망행위에 해당합니다. 원산지를 속이거나 원료, 제조원을 속이는 행위, 전문가나 공적인 기관의 검증을 받은 것처럼 표시하는 행위. 이는 사기죄의 기망행위에 해당합니다.

아래는 대법원의 판례입니다.

ⓐ 인공적으로 재배한 삼을 자연산삼의 종자를 심산유곡에 심고 자연방임상태에서 키운 것으로 광고한 사례(대법원판례 2002.2.5. 2001도5789)

ⓑ 녹동달 오리 골드 사건 = 오리, 누에 등을 혼합하여 가공한 제품이 당뇨 등에 특별한 효능이 있는 좋은 약이라고 '허위의 강의 방식으로 선전한 행위' (대법원판례 2004.1.15. 2001도1429)

ⓒ 한우만 취급한다면서 수입 쇠고기를 판매한 사건 (대법원판례 1997.9.9 97도1561)

이상의 사건은 모두 형사재판에서 유죄 확정판결을 받은 사례라고 합니다. 사실이 이러함에도 공제회에서 지금까지 광고했던 것들(엄청나게 부풀린 회원 수, 자산 총액, 투자 수익 등)을 사기로 기소하기가 쉽지 않다고 한다면, 도대체 어느 나라의 검찰이란 말입니까?

2010년 조사 때 사기죄로 기소됐다면, 이렇듯 엄청난 피해가 발생하지는 않았을 것입니다. 늦었지만 이○○와 주○○ 일당이 사기와 업무상 횡령죄로 함께 기소돼야 가중 처벌이 되고, 그래야만 은닉 재산을 더 확보할 수 있을 것입니다.

따라서 이들을 반드시 사기죄로 고소하는 것이 마땅하다고 생각합니다. 어느 한 개인이 하는 것보다, 회원들의 위임을 받아 비대위 명의로 고소하는 것이 훨씬 더 강력하다고 생각합니다. 비대위에서는 이점 널리 헤아려 주셨으면 합니다. 비대위의 수고에 거듭 감사드립니다.

전국교수공제회 채권자 협의회 카페 글, 2012.9.24.

사기꾼을 사기죄로 기소하지 못한 대한민국 검찰

수원지검의 수사 결과는 축소 수사, 봐주기 수사, 면피용 수사로 비난받아야 마땅합니다. 수원지검은 허위와 과장광고를 통해 서울대와 연세대, 고려대를 비롯한 전국 대학교수 4,179명을 농락한 이○○, 주○○ 일당을 유사 수신과 횡령 사건으로 마무리했습니다.

하지만 이번 사건이 전형적으로 사기를 동반한 횡령 사건임은 삼척동자라도 금방 알 수 있습니다. 검찰 스스로 사실상 이를 인정하고 있습니다. 보도자료에 "전국교수공제회는 2010년 이후부터 연간 약 6,000만 원의 임대 소득밖에 없음에도 국내외 펀드, 미국 정부 발행 채권, 해외 가스 · 유전개발 등에 투자한 것처럼 허위광고를 하고, 자산을 4조 2,115억 원으로 과장하여 자금 유치"한 것으로 기술돼 있습니다. 앞서 전해드린 사기죄가 성립되기 위한 구체적인 요건에 비추어 보면, 이○○와 주○○ 일당의 행위가 사기죄에 해당함은 삼척동자도 쉽게 알 수 있습니다.

그럼에도 수원지검이 이○○, 주○○ 일당을 사기죄로 기소하지 못한 이유는 무엇입니까? "본 건은 2009년 884억 원, 2010년 1,199억 원, 2011년 1,303억 원으로 수신액이 계속 증가하는 상황에서 실제 운영자를 인지, 구속함으로써 추가 피해자 양산 방지"(보도자료 3쪽)라고 명시해, 2010년 조사가 제대로 이루어지지 않았음을 수원지검이 스스로 인정하고 있습니다. 2010년 조사 때 기소 유예 처분이 내려지지 않고, 동일한 논리로 "본 건은 2009년 884억 원, 2010년 1,199억 원으로 수신액이 계속 증가하는 상황에서 실제 운영자를 인지, 구속함으로써 추가 피해자 양산 방지"라는 수사 결과를 발표했더라면 이후에 저질러진 엄청난 횡령과 재산 은닉을 방지하고 교수공제회 가입 교수들의 추가 피해를 막을 수 있었을 것입니다.

이에 대해서는 반드시 수사 책임자를 문책하고, 국가가 책임지고 배상하는 등의 후속 조치가 이루어져야 할 것입니다. 그래야만 이러한 불행한 사태가 재발하지 않을 것입니다. 불의의 사태로 비록 경제적 손실은 입었지만, 교수님들의 소중한 명예까지 잃어서는 안 될 것입니다.

전국교수공제회 채권자 협의회 카페 글, 2012.9.29

고 교수님과 김 변호사님께

저는 ○○○ 님의 "김 변호사님께 질문입니다" 글에 동의해 아래와 같은 댓글을 달았습니다.

김 변호사님,

파산 시 공제회 소유 부동산이 매매 또는 경매 처분될 때, 현재와 같은 경기 침체와 부동산 불경기에다 이번 사태를 잘 알고 있는 기업사냥꾼들이 사전에 모의하거나 담합해 감정가나 실거래가에 턱없이 낮은 가격으로 덤벼들 것은 불을 보듯 뻔합니다. 그럼에도 헐값에 경매돼 채권자에게 불리하다는 주장이 날조라고 강변하는 것은 어떤 근거에서입니까? 파산 시 100% 이상 배당한 두 건의 사례를 소개하셨는데 그야말로 극히 이례적인 사례로, 대부분 경우 헐값에 넘어간다는 사실을 누구보다 잘 알고 있을 줄 압니다. 이를 근거로 여론을 호도하려는 이유는 무엇입니까? 아전인수 격 해석 아닙니까?

이러한 저의 댓글에 대해 파산 신청을 주장하시는 고 교수님이 남긴 댓글 의견에 대해 다음과 같이 답변드립니다.

1. 먼저 고 교수님께서는 저의 댓글 속에 들어있는 강변이라는 표현을 문제 삼으셨는데, 저는 고 교수님께 김 변호사님이 쓴 '날조'라는 표현과 제가 쓴 '강변'이라는 표현의 차이점을 아시는지요라고 반문하고 싶습니다.

국립국어원 표준국어대사전을 보면 날조는 "사실이 아닌 것을 사실인 것처럼 거짓으로 꾸밈"으로 정의돼 있습니다. 이점은 ○○○ 님의 글에서 이미 "날조라는 표현은 있지 않은 일을 거짓으로 만들어 낸 100% 순전한 거짓말이라는 강력한 말인데 이 말에 책임을 지실 수 있는지요?"라고 의견을 주셨습니다. 반면 제가 쓴 강변이란 표현은 "이치에 닿지 아니한 것을 끝까지 굽히지 않고 주장하거나 변명함"이라고 정의돼 있습니다. 저는 김 변호사님이 "파산을 하면 당장 헐값에 건물이 경매되어 채권자에게 불리하다는 주장이 날조임을 증명하는 사례입니다"라고 주장해 날조라는 표현을 써서 사실이 아닌 것을 사실인 것처럼 꾸미는 것으로 보았기 때문에 강변이라는 표현을 쓴 것입니다.

파산하면 헐값에 경매돼 채권자에게 불리하다는 것은 날조가 아니라, 일반 상식에 가깝습니다. 고 교수님은 "강변이라는 말 속에는 이미 자신의 주관이 깊이 박혀 있습니다. 강변이라는 용어를 사용하는 분에게 무슨 설득이 필요할까요?"라고 하셨는데 그럼 날조라는 표현을 쓴 김 변호사님에게는 뭐라고 하실 건가요? 고 교수님의 또 다른 댓글에 "김 변호사님의 뜻과 제 뜻이 다른 것이 전혀 없습니다. 괜히 말꼬리 잡아 김 변호사님을 불편하게 하지 마시기 바랍니다"라고 하셨는데 고 교수님도 김 변호사님의 날조라는 표현에 동의한 것으로 이해해도 되겠습니까?

2. 저는 고 교수님을 비롯한 세 분의 파산 신청에 대해서도 일면 일리가 있다고 생각합니다.

하지만 민주주의 사회에서는 아무리 내용이 타당하더라도 절차적 정당성이 결여되면 정상적인 의사결정으로 인정받기 어렵습니다. 이점은 앞서 어느 교수님이 존 롤스의 정의론 관점에서 지적하신 바 있습니다. 고 교수님께서 파산이 최선의 길이라고 판단하셨다면 사태 초기에 파산 전문 변호사의 의견을 동반해 이렇게 파산 신청을 하는 것이 어떻겠습니까? 라고 상세히 설명하고 피해 교수님들의 의견을 묻는 절차를 거쳤더라면 얼마나 좋았겠습니까? 비대위가 한 달 넘게 저렇게 방황하듯 시간을 소비한 것도 고 교수님께서 덜컥 파산 신청을 한 것과 무관하지는 않다고 생각합니다.

비대위에서는 사태 초기에 금방 파산해서 피해가 더욱 커지게 하기보다는 회생을 통해 파이를 키워서 분배하는 것이 더 나을 것으로 낫다고 다소 소박하게 판단한 것으로 보입니다. 파산 논란에 신경을 쓰다 보니 이○○ 일가와 주○○ 등에 대한 고소, 고발이 늦어진 게 아닌가 생각합니다. 늦었지만 비대위가 대부분 교수님이 원하는 이○○ 일가와 주○○ 등에 대한 고소, 고발 그리고 가압류 신청을 반드시 할 것으로 믿습니다.

3. 고 교수님께서 지적하신 "귀하가 파산관재인이라면 헐값으로 매각할 이유가 무엇인지 알려주시기 바랍니다. 저는 바로 그것을 알고 싶습니다"라는 주장에 대해 이렇게 답변드립니다.

제가 파산관재인이 될 리도 없겠지만, 파산관재인이 아무리 재산 정리에 능한 전문가라 할지라도 파산 재산이 제때, 제값에 팔리지 않으면 어떻게 할 것 같습니까? 교수공제회 부동산과 같이 덩치가 큰 부동산은 일반인들이 감히 접근할 수 없습니다. 경매시장에서 일반인들에게 인기를 끌던 아파트 물건도 부동산 침체기인 요즘 낙찰률이 많이 떨어지고 있지 않습니까?

경매에서 한 번 유찰되면 물건 종류에 따라 다소 차이가 있긴 하겠지만 최저 매각 가격이 대략 30% 정도 하락하게 됩니다. 예컨대 시초에는 감정가의 100%, 1회 유찰에 70%, 2회 유찰 49%, 3회 유찰 34%, 4회 유찰 24%, 5회 유찰이면

16%로 떨어지게 됩니다. 기업사냥꾼들이 담합을 하면 2, 3회 아니 4회 정도까지도 아주 쉽게 유찰시킬 수 있을 것으로 예상됩니다. 국가 차원의 대공사인 4대강 사업에도 대기업 건설사들의 입찰 담합이 적발되지 않았습니까? 고 교수님과 김 변호사께서는 절대 이렇게 되지 않는다고 보장하실 수 있습니까?

게시판에 올라온 글들을 보면, 현재에도 상당수 교수님이 620억 현금에 대해 빠른 상환을 주장하고 있습니다. 제가 가진 상식으로는 만약 파산 신청이 채택될 경우, 4천여 명의 채권자가 하루빨리 재산이 처분되기를 기다리고 있는 상황에서 파산관재인이 부동산 매각을 늦추고 타이밍을 기다리는 것이 쉽지 않을 것으로 생각합니다. 게다가 앞서 말씀드렸듯이 기업사냥꾼들이 호시탐탐 기회를 노리고 있을 것입니다.

끝으로 고 교수님의 법적 대리자인 김 변호사님은 파산 전문 변호사답게 관련 분야에 대해 해박한 지식을 갖추고 계신 것으로 보입니다. 하지만 법과 파산 분야에 문외한 여러 교수님이 답답한 심정에서 올리는 의견에 조언하시는 것은 좋으나 이를 비꼬거나 희화 하는듯한 표현은 자제해 주셨으면 합니다.

전국교수공제회 채권자 협의회 카페 글, 2012.10.5.

파산 신청과 관련하여

고 교수님께서는 법적 대리인 김 변호사님을 통해 사태 초기 즉시 파산 신청을 하셨습니다. 이에 파산과 회생에 대한 정보가 부족한 상황에서 파산에 반대한 여론과 파산 신청과 관련된 절차적 정당성 문제로 곤욕을 치르셨을 줄 압니다. 이후 비대위의 파산, 회생 논쟁에 대한 늑장 대응과 이○○, 주○○ 일당 고소에 대한 미온적 태도와 더불어 고 교수님과 김 변호사님 의견을 계기로 게시판에서 파산과 회생 논쟁이 더욱 가열되고 있습니다. 이미 다른 교수님들께서도 많이 지적하셨듯이, 저 역시 파산이나 회생 논쟁보다 이○○ 일당을 사기 혐의로 고소하고 그들의 전 재산을 가압류 하는 한편, 은닉한 재산을 철저히 파악해 환수하는 것이 더욱 중요하다고 생각합니다.

고 교수님께서는 이미 수임료를 주고 계약하셨을 터이니 김 변호사를 통해 늦었지만 지금이라도 이○○ 일당을 사기 혐의로 고소하고 이들의 전 재산에 대한 가압류 조치를 취한다면, 사태 초기 속전속결로 파산 신청을 했던 고 교수님의 진정성이 더욱 빛을 발할 수 있을 것으로 생각합니다. 김 변호사님도 댓글에서 한나절 정도면 충분히 고소장을 작성할 수 있다고 한 것으로 기억하고 있습니다.

전국교수공제회 채권자 협의회 카페 글, 2012.10.6

고 교수님 이○○ 일당에 대한 사기죄 고소 건에 대해 의견 주셔서 대단히 감사합니다. 저 역시 법리적으로 충분히 사기죄로 처벌할 수 있다고 봅니다. 늦었지만 10월 6일 비대위 회의에서 "비대위가 대형 로펌의 고소, 고발 전문 변호사를 선임해서 민형사 소송, 국가기관에 대한 손배소 등을 맡기기로 의결했습니다"라는 댓글을 보았습니다. 현재로서는 비대위에서 피해자들의 연서명을 동반해 고소하는 것이 가장 바람직하다고 생각합니다. 만약 그렇지 않다면, 고 교수님 말씀처럼 피해자들이 합심해 대표자를 선정해서라도 반드시 고소장을 내야 할 것입니다. 비대위의 최종 결정을 기다려야 하겠지만, 여의치 않을 경우, 제 생각에는 고 교수님께서 대표자 역할을 맡아주시면 많은 교수님께서 뜻을 같이해 주실 것으로 생각합니다. 이미 김 변호사님을 통해 법원에 파산 신청을 하신 경험도 있고, 법조계에 충분한 인적 네트워크가 있을 것으로 생각합니다. 어려운 부탁을 드려서 대단히 죄송합니다. 비대위에서 고소 건을 잘 처리해 주었으면 합니다.

전국교수공제회 채권자 협의회 카페 답글, 2012.10.7

고 교수님 말씀처럼 이○○ 일당에 대한 고소만을 위해 대형 로펌을 선임하는 것은 낭비일 수 있습니다만, 민형사 소송, 국가기관에 대한 손배소 등을 포괄한다면 대형 로펌 선임도 일리가 있다고 생각합니다. 수사기관에 대한 사회적, 정치적 압박과 시위 등의 방법에 대해서는 고 교수님의 의견에 적극 동의합니다.

전국교수공제회 채권자 협의회 카페 답글, 2012.10.7

12 교육人 교육IN: Online-Edu 탐구 대전 후기

연초부터 전 세계를 휩쓴 코로나19 팬데믹이라는 악조건 속에서도, 2020학년도 교육학과 특성화 사업 프로그램이 3개월간의 장정을 거쳐 성공적으로 잘 마무리하게 된 것을 진심으로 축하합니다.

올해 교육학과 특성화 사업은 "교육人 교육IN: Online-Edu 탐구 대전"을 대주제로 교육학의 6개 주요 하위 영역인 교육철학 및 교육사, 교육행정, 교육심리 및 상담, 교육사회 및 유아교육, 교육방법 및 공학, 그리고 교육과정 분야의 핵심 주제를 탐구하는 데 초점을 두었습니다. 교육학의 하위 영역과 관련된 다양한 문제(issue)에 대해 학생들이 주체가 되어 주제를 선정하고, 해결 방안을 탐구함으로써 향후 새로운 교육 문제에 대해 적극적으로 대처함은 물론 문제해결 방안을 모색할 수 있는 핵심역량을 기르는 데 목적이 있습니다.

교육철학과 교육사의 핵심 주제는 "공교육의 교사는 필요한 존재일까?", 교육행정 분야의 핵심 주제는 "30년을 기다려 온 '교원양성기관 개편 논의!' 지금 시작합니다", 교육심리 및 상담의 핵심 주제는 "비대면 상황에서 아이들의 심리 방역 어떻게 할 것인가?", 교육사회 및 유아교육의 핵심 주제는 "내가 만약 실습 위주의 수업을 '온라인으로' 한다면?", 교육방법 및 공학 분야의 핵심 주제는 "단 한 명도 배움에서 소외되지 않는 교실? 어떻게 지도할까?", 교육과정 분야의 핵심 주제는 "지역의 특성에 맞는 교육과정이란 무엇인가?"였습니다. 이들 각 주제가 교육학과 학생들의 정체성을 강화하고, 교육학의 주요 하위 영역과 관련된 이론과 실제를 통합하는데 크게 기여할 것으로 생각합니다.

교육학과 각 학년 대표와 각 하위 영역 담당 교수님 간의 off-line contact를 통한 탐구 주제 선정과 일정 조정에 이어 zoom을 활용한 학생들과의 on-line untact 과정을 통해 특성화 사업이 계획대로 알차게 잘 진행되어 참으로 다행입니다.

이번 "교육人 교육IN: Online-Edu 탐구 대전"이 교육학과 학생들의 전공 관련 지식과 정보를 심화하여 21세기 4차 산업혁명 시대에 요구되는 핵심역량을 강화하는 데 많은 도움이 될 것으로 생각합니다. 이를 바탕으로 교육실습은 물론 장차 일선 교육 현장에서 초등학생들이 2015 개정 교육과정에서 추구하고 있는 창의적 사고 역량과 의사소통 역량, 자기관리 역량, 지식정보처리 역량, 공동체 역량 그리고 심미적 감성 역량을 함양하는 데 이바지하기를 바랍니다.

지금까지 "교육人 교육IN: Online-Edu 탐구 대전"을 기획하고 추진해 온 김○○ 과 대표를 비롯한 각 학년 대표 학생과 교육학과 학생 여러분, 그리고 학생들을 지도, 조언하며 잘 이끌어주신 학과장님을 비롯한 교육학과 교수님들의 수고에 깊이 감사드립니다.

13 동문 초청 진로지도의 날

지난 9월 3일 모교에서 개최된 '2011 동문 초청 진로지도의 날' 행사에 참여했습니다. 졸업 후 거의 34년이 지나는 동안 총동창회 체육대회 때 모교 운동장을 몇 차례 다녀간 적은 있지만, 모교 교실을 직접 방문한 것은 실로 오랜만이었습니다. 교실에 들어서니 35년 전 학창 시절에 겪은 수많은 기억이 되살아나, 마치 저 자신이 교복을 입고 책상에 앉아 있는 듯한 느낌이 들었습니다.

제가 맡은 영역은 교수와 교사를 비롯한 교육직을 희망하는 학생들을 대상으로 한 교직 분야로 3교시 31명, 4교시 34명의 1, 2학년 재학생들과 소중한 만남의 시간을 함께했습니다. 부와 명예와 권력을 지향하는 세태에도 불구하고 소신껏 교직의 길을 걷고자 하는 후배들을 보니 교육자의 한 사람으로서 매우 뿌듯하고 대견스러웠습니다. 진로지도의 초점을 어디에 두고 어떠한 내용을 다룰지 고심하다가, 교직을 선호하는 후배들이 참여하는 만큼 교육과 교직의 본질과 미래에 대한 비전 즉 5년, 10년, 20년, 30년 후 자신의 모습과 이러한 꿈과 비전을 달성하기 위한 전략 수립에 관련된 내용을 중심으로 소통하기로 했습니다.

함께 자리한 후배들은 자신의 미래 비전으로 다양한 전공 분야의 교수나 각급 학교의 교사가 되기를 희망하고 있었습니다. 먼저 Law of farm(농장의 법칙), There is no free lunch(공짜 점심은 없다), No pains, no gains(고진감래)라는 말처럼, 땀과 노력 없이는 비전을 달성하기 어렵다는 사실을 전제하고 비전을 달성하기 위하여 긍정적인 마음으로 최선을 다할 것을 당부했습니다. 다음으로 후배들이 생각하는 교육과 직업으로서 교직과 직업인으로서 교육자의 역할과 자질과 관련된 대화를 나누었습니다. 또한 후배들에게 자신의 미래 비전을 구체적(Specific)이고, 측정 가능(Measurable)하며, 성취할 수(Achievable) 있는, 현실적(Realistic)이고, 구체적인 시간 계획(Time-specific)에 따라 스마트(SMART)하게 설정할 것을 권장했습니다.

비전 설정과 관련하여 모델이 되는 인물 예를 들어, 교직과 관련하여 현재 주목받고 있는 안철수 교수나, 김난도 교수, 모교의 교장, 교감 선생님(모교의 소상호 교장과 은종태 교감 선생님은 저와 동기인 3회 졸업생입니다) 또는 담임 선생님이나 교과 담당 선생님과 같이 자신이 닮고 싶거나 되고자 하는 인물을 역할 모델이나 멘토로 정해두는 것이 바람직하다고 조언했습니다. 비전을 달성하기 위해서는 스왓 분석(SWOT analysis) 즉, 자신의 장점(Strength)을 잘 살리고 약점(Weakness)은 잘 보완하고, 자신에게 주어진 기회(Opportunity)를 최대한 활용하고, 위기나 역경(Threats)에 직면하면 이를 현명하게 잘 극복해 나가는 것이 중요함을 강조했습니다. 마지막으로 후배들의 질문에 답하는 순으로 진행했습니다.

처음 보는 선배와의 길지 않은 만남이었지만 귀를 기울이며 열심히 경청하고 자신의 견해를 솔직하게 밝혀준 후배들의 모습이 지금도 눈앞에 선합니다. 총동창회에서 주최한 이번 동문 초청 진로지도의 날 행사가 전국 최초의 사례라고 하니 한층 의미가 깊은 것 같습니다. 앞으로 이런 행사가 더욱 확대되어 모교 발전과 학생들의 꿈과 비전을 이루는 데 크게 기여할 수 있기를 기대합니다.

끝으로 후배 재학생들과의 소중한 만남의 장에 함께 할 수 있는 기회를 주신 총동창회 회장단과 소상호 교장 선생님 이하 관계자 여러분들에게 깊은 감사의 인사를 전하고자 합니다.

14 아, 옛날이여: 모교 졸업 40주년을 추억하며

국어 시간에 배웠던 우보 민태원의 청춘예찬(靑春禮讚)이 생각난다. “청춘(靑春)! 이는 듣기만 하여도 가슴이 설레는 말이다. 청춘! 너의 두 손을 가슴에 대고, 물방아 같은 심장의 고동을 들어보라. 청춘의 피가 끓는다.” 그랬다. 우리는 피 끓는 청춘의 초반을 달성고등학교(달고)에서 보냈다.

고교 평준화 제도가 1974년 서울과 부산에서 처음 도입되었다. 교육의 평등성(equity)을 지향하며 명문고로 집중되던 지나친 고교 입시경쟁과 과도한 사교육비 부담을 줄이고자 한 취지에서였다. 이듬해인 1975년부터 대구와 인천, 광주에도 고교 평준화 제도가 도입되었다. 연합고사를 치러 일정 기준을 통과한 합격자들을 소위 뺑뺑이 방식의 추첨을 통해 전체 일반계 고등학교에 무작위로 배정하였다. 뺑뺑이로 운 좋게 이른바 일류 명문고에 입학한 경우는 선배들로부터 멍청이 취급을 받기도 하였다. 반면 삼류 학교에 입학한 경우, 학교생활에 만족하지 못해 중간에 자퇴를 하는 학생들도 많았다. 안타깝게도 달고는 후자의 경우에 해당되었다.

대구의 고교 평준화 1기로 1975년 3월에 달고에 입학하여 1978년 1월에 졸업하였다. 되돌아보니 모교에 입학한 지 43년, 모교를 졸업한 지 어느덧 40년이란 세월이 흘렀다. 실로 세월의 무상함을 느낀다. ‘달고 3회 동기회 졸업 40주년 기념 문집(불멸의 등불)’ 발간에 즈음하여 40여 년간에 걸친 모교와의 인연을 되돌아보았다. 달고 3회 동기들은 중학교 3학년 때인 1974년 2학기에 전국 단위 고등학교 진학 자격시험인 연합고사를 쳤다. 그리고 뺑뺑이 추첨을 통해 달고에 배정되었다. 이것이 모교와의 첫 번째 인연이었다. 이전에는 달성고등학교라는 학교가 있는지조차도 몰랐다. 학교 이름을 듣고서 처음에는 달성공원 주변에 있는 학교인 줄 알았다. 대구 사람들조차도 달성고등학교와 달성군 하빈면에 있던 달서고등학교를 잘 구분하지 못하였다. 어쨌든 달고에 배정되고 난 며칠 후, 학교 위치를 확인하기 위해 모교를 처음 방문하였다. 그때는 집이 경북대학교 인근인 북구 대현동에 있었다.

달고로 가기 위해서는 집에서 15분 정도 걸어 3번 버스가 다니는 신암동까지 가야만 했다. 버스를 타고 학교에 도착하는데도 40분 이상 걸려서 집에서 학교까지 가는데 1시간 넘게 걸렸다. 이렇게 3년간 학교에 다닐 일을 생각하니 걱정이 앞섰다. 마치 성냥갑을 포개어 놓은 모양의 학교 건물은 시골에 있는 학교처럼 볼품이 없고 뭔가 부실해 보였다. 하지만 교실에 있는 책걸상이 모두 새것으로 깨끗한 것이 그나마 위안이 되었다. 당시 내당동 밤고개를 넘어서면 멀리서도 바로 보이던 모교가 지금은 아파트와 빌딩 숲에 가려져 있다. 이제는 학교 앞 대로변에서도 잘 보이지 않을 정도가 되었다. 가히 상전벽해라 하지 않을 수 없다. 학창 시절 등하교와 반 편성, 교명, 선생님 별명 등을 떠 올리면 40년이 지난 지금도 모교 재학 시절 기억이 눈앞에 선하다.

지금은 북구 학정동으로 이전된 50사단이 그때는 성서에 있어서 학창 시절의 등하교는 실로 지옥 같았다고 할 만하였다. 50사단에는 당시 방위병들과 예비군들이 우리와 같은 버스로 출퇴근하였다. 내가 타고 다녔던 3번 버스는 등하교 때 콩나물시루가 아닌 적이 없었다. 안내양이 버스 문에 매달려 배치기로 승객을 밀어 넣고, 때로는 양손으로 버스 문을 잡고 매달린 채로 운행하기도 하였다. 한 사람이라도 더 태우기 위해 기사가 버스를 좌우로 한 번씩 흔들거나 브레이크를 밟아 차내를 정리하기도 하였다. 버스가 학교 앞 정류장에 도착하면 차안이 50사단 방위병들과 뒤엉켜 학생들이 한꺼번에 다 내리지 못해 버스 창문을 열고 뛰어내리는 일이 다반사였다. 한번은 기사가 운전석으로 내리라고 해서 뛰어내리다 때마침 버스 바로 옆을 달리던 차에 하마터면 치일 뻔한 아찔한 기억도 생생하다. 안내양의 '달고 내려요'라는 멘트에 학생들이 버스표를 내지 않고 죽 달고 따라 내렸던 진풍경도 있었다. 한번은 하교 때 3번 버스를 기다리다 무려 11대까지 놓치고, 허탈한 마음으로 밤고개까지 걸어가 다른 버스를 타고 집으로 갔던 기억도 잊을 수 없는 추억 중의 하나이다.

1학년 첫 학기는 입학 전에 치른 배치고사 성적순으로 12반부터 11, 10, 9, 8, 7반 순으로 반이 편성되었다. 당시에는 이른바 특설반 제도가 도입되어 기말고사 성적에 따라 매학기마다 반을 교체하였다. 지금은 감히 상상할 수 없는 제도였다. 2학년부터는 인문계 다섯 반, 자연계 일곱 반으로 나누어졌다. 성적에 따른 반 편성 체제는 동기들 간의 다양한 만남을 저해하고 위화감을 조성하는 부작용을 낳기도 하였다.

'바르게 보고 참되게 배워 의롭게 살자' 가 모교의 교훈이었다. 초대 교장은 작고 다부진 체구에 까랑까랑한 목소리로 카리스마 넘쳤던 김용갑 교장 선생님이었다. 운동장 조회 때에는 훈화가 너무 길어 무더운 여름날에는 서 있던 학생들이 비틀거리며 쓰러지는 경우도 많았다. 개교한 지 얼마 되지 않아 다른 학교에 비하여 상대적으로 진학지도 경험이 부족한 선생님들이 많아 교사를 교체해 달라는 요구도 자주 있었다. 1학년 때 교우지 '대구성(大邱城)'이 창간되었다.

대구 시내에 위치해 있으면서도 달성고등학교라는 교명을 써야 하는 데 대한 불만도 컸다. 하지만 속칭 달구벌고등학교 등으로의 교명 변경 노력은 결국 실패하였다. 당시 학교 설립에 결정적인 역할을 한 사람이 구자춘 전 내무부장관이었다고 한다. 그가 자신의 출신 지역인 달성군의 이름을 딴 교명을 다른 이름으로 변경하는 데 반대하였다는 이야기도 있었다. 우리가 재학할 당시는 유신 시절이어서 학생 자치 기구인 학생회가 학도호국단 체제였다. '배우면서 나라를 지킨다'라는 구호 아래 군내처럼 학도호국단 간부가 연대장, 대대장, 중대장, 소대장 체제로 구성되었다. 교련 시간에는 반드시 교련복을 입어야만 하였다. 재학 중 왕복 2차선의 좁은 도로에서 지금은 왕복 10차선이 된 달구벌대로의 도로 공사가 한창 진행되었다. 이로 인해 비가 오는 날이면 학생들의 운동화가 온통 진흙으로 범벅이 되었다. 시내에서 학생들의 운동화만 보고도 달고 학생을 구분할 수 있다고 할 정도였다. 우리보다 성서 쪽으로 더 가까운 곳에 위치한 원화여고도 사정은 마찬가지였다.

오랜 시간이 지났지만 돈두, 사두, 마두, 짹짹이 등 재학 당시 선생님들의 별명이 아직도 기억에 남아 있다. 음악을 담당하였던 손○○ 선생님은 당시 모교에서 있었던 여러 사건과 해프닝의 중심인물이었다. 노래 시험 피드백 장면과 천안삼거리 민요를 인체에 빗대어 설명한 아직도 기억에 남아 있다. 국어 시간 교과서에 있는 한하운 시인의 보리피리 시를 읽어보라고 하자, 한 친구가 장난삼아 보○피리로 읽었다가 된통 얻어맞고 혼이 난 장면도 눈앞에 선하다. 급우와 말다툼하다 화가 치밀어 오른 한 친구가 교실에 있던 큰 물주전자를 집어 들고 던진다는 것이 주전자 뚜껑이 열리는 바람에 온몸을 물로 뒤집어쓴 우스꽝스러운 사건도 기억난다. 체육과 교련 시간에는 당시 감삼못 쓰레기 매립으로 아직 덜 다져진 운동장에서 돌 줍기와 폐비닐 뽑기가 일상이었다. 1학년 때 시민운동장에서 개최된 전국체육대회 개막식의 매스게임에 참여했던 기억도 생생하다.

재학 중 입었던 교복도 내게는 색다른 경험으로 남아 있다. 대부분 학생이 검은색 교복을 입고 다녔지만, 나는 군청색 계통의 교복을 입고 다녔다. 아버지가 경찰공무원이어서 교복 비용을 줄이기 위해 마침 집에 있던 경찰복 옷감으로 교복을 만들어 입었기 때문이다. 다른 친구들과 색깔이 달라 처음에는 어색하고 불편하기도 하였지만 졸업 때까지 3년 내내 군청색 교복을 입고 다녔다. 우리 학년은 교복 카라에 노란색 모교 상징 뱃지를 달고 다녔다. 공교롭게도 바로 밑 친동생도 달고 5회로 입학하여 3학년 때는 동생과 함께 학교에 다녔다. 동생의 교복 색깔도 나와 같았다. 동생의 말을 빌리면 형이 3학년에 있다는 것이 알려졌는지 친구들이 부러워하고 2학년 선배들도 함부로 대하지 않았다고 한다.

모교와의 인연은 졸업 후에도 계속 이어졌다. 부모님 뜻에 따라 경북대학교 사범대학에 진학해 영어교육을 전공했다. 모교에서 역사를 담당했던 김진웅 선생님을 대학 때 다시 만났다. 선생님의 결혼식 때 동기들과 함께 참석하고 스승의 날에는 감사의 식사 자리를 마련하기도 하였다. 3학년을 마치고 전투경찰에 지원하여 군 복무를 했다. 2회 이성구 선배와 4회 장규화 후배와 같은 기수로 함께 입대하여 논산훈련소 같은 내무반에서 6주간 신병 훈련을 받았다. 말년 휴가 때는 울릉도에 근무하던 4회 윤재선 후배(전경 기수로는 고참)의 초대로 울릉도 일대를 돌아본 기억도 남아 있다. 1983년 3월에 제대한 후 바로 4학년에 복학하여 사범대학생들의 필수 과정인 교육실습을 나갔다. 운 좋게도 모교에 배정이 되어 실습생들을 대표하여 전교 단위 시범수업을 했다. 교육실습 기간 중 멕시코 세계 청소년 축구대회에서 4강 신화가 이루어지던 장면을 모교 식당에서 보았던 기억이 난다. 이후로는 한동안 모교를 방문할 기회가 없었다. 나중에 총동창회 체육대회 행사 때 몇 번 모교를 방문한 적이 있다.

모교와의 또 다른 인연으로 '달고 나온 사람들'(2010년 4월 vol. 8)에 맹자(孟子)의 진심장(盡心章)에 나오는 "君子有三樂"(군자유삼락) 제목의 글을 투고한 적이 있었다. 달고 동문 모두가 부모에게 효도하고 형제간에 우애 있게 잘 지내며, 하늘을 우러러 한 점 부끄럼 없는 삶을 살아가는 동시에 인생의 주인공으로서 자신을 끊임없이 수양하자는 의미를 담았다. 2011년 9월 3일 모교에서 개최된 '제1회 동문 초청 진로지도의 날' 행사에는 강사로 참여했다. 초, 중등교사나 대학교수 등 교직을 희망하는 후배들에게 "자신의 미래 비전을 스마트(SMART)하게"라는 주제로 강의를 했다. 그리고 '달고 나온 사람들'(2011년 가을 겨울호, vol. 11)에 진로지도의 날 강의 후기를 투고했다. 마침 같은 호에 "선배님들에게서 나의 길을 보다!!"라는 주제로 당시 강의를 들었던 손영덕 학생이 강의의 핵심을 언급하며 감사의 인사를 담은 소감문을 실어 더욱 보람을 느꼈다.

3회 동기 중에는 특히 경북대학교 사범대학에 진학한 친구들이 많았다. 같은 영어과에 권영근, 소상호, 국어과 류덕제, 교육학과 김경식, 김진학, 한국환, 일반사회과 강성호, 역사과 김기수(작고), 장대수, 불어과 정용하, 윤리과 은종태, 수학과 황현모, 물리과 김학종, 체육과 신동성 등이다. 소상호와 은종태 동기는 모교의 15대, 16대 교장을 역임했다. 류덕제 동기와는 모교와 대학, 그리고 대구교대로 이어지며 40년 넘게 가까이 지내고 있다.

대학 재학 중 동문 선후배들과의 소중한 인연도 기억에 남아 있다. 현재 1회(박종대), 2회(김영일) 선배들부터 10회가 넘는 후배 기수들로 구성된 '경사달'

(경북대학교 사범대학 달성고 동문)이라는 모임이 조직되어 정기적인 모임과 회원들의 경조사를 챙기고 있다. 1회 박종대 선배와의 인연으로 대학 때는 특히 달고 출신 영남대 2부대 동문과 교류가 많았다. 앞산공원 정상 케이블카 매점을 빌려서 함께 한 합동 페스티벌 행사도 잊을 수 없다. 특히 이재력(교육부 사립대학 정책과장) 동기는 경북대 근무 시절부터 지금까지 동기와 선후배들에게 여러모로 많은 도움을 주었다.

3회 동기 중 교직 관련 분야에 종사하는 동기들을 중심으로 '삼교회'(달고 3회 교직자 동기회)가 결성되어 20년 이상 지속되고 있다. 지금은 교직 관련 분야 외에도 관심 있는 친구들이 함께 참여할 수 있도록 개방되어 있다. 강진일, 김상길, 김상욱, 김인철, 김종규, 김해룡, 나문석, 류덕제, 박성우, 박신희, 박영재, 박인규, 서민수, 서인원, 양재준, 엄삼섭, 이문영, 전병철, 정용하, 주상욱, 하윤호 등 22명이 회원으로 가입되어 있다. 회장과 총무가 중심이 되어 정기 모임은 물론 회원들의 경조사를 성실하게 잘 챙기고 있다. 그 외 달월회, 달목회 등과 같이 지역별, 직종별로 다양한 동기회 모임이 활성화되고 있다고 한다. 매년 담임 선생님을 모시고 반창회를 이어가는 친구들도 있다.

모교가 1972년에 개교하여 올해로 벌써 개교 46주년이 되었다. 공자가 학문에 뜻을 두었다는(志學) 15세 무렵에 만나, 불혹(不惑)과 지천명(知天命)을 지나 이제 이순(耳順) 전후에 다다랐다. 공자는 60세가 되어 천지 만물의 이치에 통달하여 듣는 대로 모든 것을 이해하게 되었다고 한다. 과연 사사로운 감정에 얽매이지 않고 객관적으로 듣고 이해할 수 있는 나이가 되었는가를 생각하면 부끄럽기 짝이 없다. 여전히 미혹에서 벗어나지 못하고 하늘의 뜻을 알기에도 한참 모자란 것 같다. 하지만 옛날이면 사랑방 늙은이가 되었을 법한 나이가 되었건만, 마음만은 여전히 청춘이다. 모교 졸업 40주년을 맞이하여 동기들 모두가 심기일전하여 고희(古稀)는 물론 산수(傘壽)와 졸수(卒壽) 그리고 백수(白壽)까지 남은 생을 충실하게 잘 갈무리하기를 바란다.

40여 년에 걸친 모교와의 인연을 단편적인 기억을 더듬어 두서없이 나열하였다. 아쉽게도 다른 일정과 겹쳐 금년 5월에 진행된 '졸업 40주년 기념 추억의 수학여행 행사'에 함께 하지 못하였다. 동기들과 소중한 기회를 함께 하지 못한 한 아쉬움과 미안한 마음을 이 글로 대신하고자 한다. 지면을 빌어 동기회 발전을 위해 수고한 역대 동기회 회장단과 김휘석 현 동기회장과 윤동일, 이헌직 사무국장에게도 고마움의 인사를 전한다. 아울러 졸업 40주년 기념 문집 발간 사업에 힘쓴 친구들에게 깊이 감사드린다. 모교 졸업 40년을 추억하며, 우리 달고 3회 동기들 모두 늘 건강하고 행복하게 잘 지내기를 바란다.

"아 옛날이여 지난 시절 다시 올 수 없나 그날, 그날이여"

달성고등학교 3회 동기회 졸업 40주년 기념 문집 『불멸의 등불』

15 존경하는 이문열 선생님께[1)]

태풍 콩레이로 비바람이 거세게 몰아친 궂은 날임에도 멀리 영천까지 왕림해서 좋은 강의해 주심에 다시 한번 감사드립니다. 태풍이 아니었다면 도화담(桃花潭)이 내려다보이는 멋진 가을 풍광의 도잠서원(道岑書院)에서 더 많은 사람들과 함께 할 수 있었을 텐데 하는 아쉬움이 큽니다.

저는 선생님의 강연 후 기념 촬영 시간에 잠시 인사드렸던 대구교육대학교 교육학과에 재직 중인 지산 할배의 14대 지손 영남입니다. 현(鉉)자 돌림인 선대부인(先大夫人)의 바로 아랫대입니다. 제가 선생님을 직접 뵙는 자리는 이번이 처음이었습니다. 강연과 질의응답 그리고 기념 촬영 시간 내내 선생님으로부터 군자(君子)의 풍모를 엿볼 수 있었습니다. 노벨문학상 후보 반열에 오를

1) 2018년 10월 5일 창녕조씨 영천 종친회관에서 열린 《제2회 지산 조호익 선생 학술세미나》에서 이문열 작가가 "지산 조호익 선생의 문학과 삶"을 주제로 특강을 했다. 10월 10일 이문열 작가에게 이 메일을 발송하고, 10월 13일 저녁 이문열 작가의 전화를 받고 10여 분간 통화를 했다. "보내준 메일을 잘 읽어보았으며 뜻은 잘 알겠지만, 형편상 집필하기가 여의치 않다."라고 했다. 안동의 왕산 허위 집안과 3대 독립운동 집안 등 여러 곳에서 비슷한 집필 요구가 있었으나 모두 거절했다고 했다. 이번 특강을 준비하면서 말로만 듣던 지산 선생의 업적을 읽고 많은 감명을 받아 조금만 더 젊었으면 집필 의욕이 생겼겠지만, 고희가 넘은 나이에 집중력이 떨어져 이제는 150매 글쓰기도 부담된다고 했다. 대구교대 예비 교사들을 대상으로 한 특강을 부탁드리자, 평소 특강을 잘 하지 않는 편인데 영천 특강은 외가와 관련된 특별한 인연으로 하게 됐다고 했다. 기회가 되면 지산 할배 관련 단편 글이라도 부탁드린다고 하자 생각해 보겠다고 했다. 지금은 한국외대 석좌교수도 그만두고 주로 댁에 계신다고 했다. 통화 중 을사늑약 때 곡기를 끊고 순국한 집안 이름이 잘 기억나지 않는다고 해서 통화가 끝나고 검색해 보니 김락 여사를 중심으로 한 안동의 3대 독립운동 가문(향산 이만도, 이중업, 이동흠) 이야기인 것 같았다. 10월 14일 이문열 작가로부터 다시 전화가 왔다. 어제 통화한 기록을 다시 전화해야 하는 것으로 착각했다고 했다. 어제 통화 때 이름이 잘 기억나지 않는다고 한 김락 여사 3대 가문에 대해 잠시 대화했다. 지산 할배 관련 짧은 글을 거듭 부탁드렸다.

만큼 국내 문학계를 대표하는 저명인사임에도 먼 길 강연을 흔쾌히 수락해 주시고, 시종일관 온화하고 순수한 모습으로 겸양지덕(謙讓之德)과 하심(下心)을 시범해 주셨습니다. 지산 할배께서 생전에 후학들을 대하신 모습도 이와 같지 않았을까 짐작합니다. 함께 자리한 모든 사람에게도 귀감이 되었을 것으로 생각합니다. 지산 할배께서 퇴계 선생을 처음 만나 뵈었을 때 “퇴계(退溪) 선생은 순수(純粹)하고 온윤(溫潤)하여 모시고 있으면 화기(和氣)가 남에게 엄습하는데 … ”라고 하신 말씀이 떠올랐습니다.

강연 때 말씀하신 것처럼 지산 할배께서는 매우 극적인 삶을 사셨습니다. 부당한 사유로 모함을 받아 경남 창원에서 이천리가 넘는 평안도 강동으로 17년간 전 가족이 강제 이주를 당하는 전가사변의 시련을 겪었습니다. 하지만 이를 탓하지 않고 자신에게 주어진 운명으로 생각하셨습니다. 좌절 대신 희망을 가지고 당시 학문의 불모지였던 관서 지방에서 후학을 양성하여 선조(宣祖)로부터 관서부자(關西夫子)라는 칭호를 받았습니다. 아이러니하게도 모함을 했던 경상도 도사 최황이 나중에 자신의 잘못을 후회하며 방면을 청하기도 했습니다.

지산 할배는 강동에 거주하는 동안 퇴계의 성리학을 관서 지방에 널리 전파했습니다. 지산 할배에게 수학한 대표적인 문인으로는 영의정을 지낸 잠곡 김육과 합강 박대덕, 죽창 이시직, 수암 정사진 등이 있습니다. 지산 할배가 돌아가시자 김육과 박대덕은 직접 달려와 장례를 살피고 박대덕은 3년, 김육은 3달 동안 시묘를 했고, 김육은 지산 할배의 행장(行狀)을 짓기도 했습니다. 김육이 지은 행장에 의하면, “선생께서는 한가할 때에는 옷깃을 바르게 여미고 꼿꼿한 자세로 앉아서 종일토록 흙으로 빚은 사람처럼 움직이지 않았다. 일찍이 게으른 모습을 보인 적이 없었으며, 성현의 글을 잠시도 손에서 놓지 않았다. 학생들을 가르침에 있어서는 날씨가 아주 춥거나 더울 때에도 병이 나지 않았으면 사석(師席)에 앉아 강론하기를 폐하지 않았다”라고 했습니다.

선비로서 후학들에게 매사에 모범을 보이신 것으로 생각됩니다. 지산 할배의 제자 중에는 임진왜란 때 함께 의병 활동을 한 분들이 많습니다. 지산 할배를 배향하는 서원은 북한(성천의 학령서원, 강동의 청계서원)에도 있고, 남한(영천의 도잠서원)에도 있습니다. 선생님께서 사재로 부악문원(負岳文院)을 설립하여 후진 양성에 힘쓰시는 것도 옛 선비들이 서당이나 서원에서 후학을 양성하던 전통을 현대적으로 이어가시는 것으로 생각됩니다.

지산 할배의 증조부께서는 청백리이셨던 정우당(靜友堂) 치(治)자 우(虞)자 할배이시고, 조부는 예조정랑을 지낸 휘 효연(孝淵) 할배이십니다. 지산 할배는 부친 참찬공(參贊公) 휘 윤신(允愼) 할배의 5형제 중 넷째 아들로 태어났습니다. 어릴 적부터 형제간의 우애가 애틋하셨다고 합니다. 둘째 형님이셨던 취원당(聚遠堂) 광익(光益) 할배는 강동에 유배되어 있던 아우를 만나기 위해 자원하여 평안도 도사로 부임했다가 형제간의 만남 후 상심으로 병을 얻어서 그곳에서 돌아가셨습니다.

지산 할배는 젊은 시절 퇴계 문하에서 수학하면서 한강 정구, 서애 류성룡 등과 친분이 깊었습니다. 특히 한강 정구 선생과 친분이 깊어서 한강 선생이 두 차례나 지산 할배가 계신 강동을 방문했습니다. 지산 할배는 월천 조목, 학봉 김성일, 간재 이덕홍, 서애 류성룡, 한강 정구 선생과 더불어 퇴계 6철 중 한 분으로 평가받고 있습니다. 하지만 평안도 강동에서의 17년간 전가사변으로 관서 지방에서 거주했고, 한때 병환으로 생전에 지으신 서책들을 대부분 불에 태우신 연유로 다른 분들에 비해 상대적으로 덜 알려진 것으로 생각됩니다.

지산 할배는 임진왜란 때 서애 류성룡의 청으로 의금부 도사로 제수되어 성천에서 의병을 일으켜 왜적을 토벌하는 데 크게 기여했습니다. 군중에 있으면서도 잠잘 적에도 옷을 벗지 않고 군졸과 똑같이 하셨다고 합니다. 중화와 상원 지역 의병의 위세가 가장 막강하여 왜적들이 지산 할배와 중화의 의병장인 임중량의 허수아비를 만들어 놓고 “네가 조호익이냐, 네가 임중량이냐?” 하면서 칼을 꽂았다고 합니다. 주역에 능통하여 왜란을 예감하고, 전시에도 신출귀몰한 작전을 펼친 사례가 문헌에 기록되어 있습니다.

전후에 여러 차례 벼슬에 제수됐으나 일시 부임하거나 칭병으로 사임했습니다. 만년에는 영천 지산촌으로 이사하여 졸수당(拙修堂)과 망회정(忘懷亭)을 짓고, 도화담에 지어대(知魚臺)를 지어 후학을 양성하며 안빈낙도, 유유자적한 삶을 사셨습니다. 사후에 증직된 文簡(道德博文曰文, 正直無邪曰簡: 도덕이 박문하고, 정직하여 사악함이 없다) 이라는 시호가 지산 할배의 삶을 단적으로 잘 함축하고 있다고 생각합니다.

지산 할배가 일생 동안 한반도의 남쪽과 북쪽을 오르내린 거리도 엄청난 것으로 알려져 있습니다. 젊은 시절 퇴계 문하로 창원에서 안동, 창원에서 한양까지 배움의 거리, 전가사변 때는 창원에서 강동까지, 의병 활동 시기에는 평양에서 양산까지, 선조 승하 후 영천에서 한양까지 등 기록으로 남은 이동 거리만 해도 1만 리가 넘는다고 합니다. 당시로서는 실로 엄청난 행보(行步)였다 하지 않을 수 없습니다.

이렇듯 외람되게 선생님께 지산 할배의 삶을 알려드리는 연유는 애틋한 가족사와 전가사변, 형제와 교우 및 사제 관계, 임진왜란 시 의병장으로서의 활동, 만년의 은거 생활 등이 매우 극적이어서 혹여 지산 할배의 일대기나 단편이나 중편 또는 장편 소설의 소재로 삼을 수 있을까 해서입니다.

선생님께서는 30년 전 선택(1987)이라는 작품을 통해서 이전까지 잘 알려지지 않았던 여중군자(女中君子) 정부인(貞夫人) 장씨(張氏, 桂자 香자)를 일반 대중에게 알리는 결정적인 역할을 하셨습니다. 정부인께서는 선생님의 직계 불천위(不遷位) 선조이시고, 지산 할배는 선생님의 외가 불천위 선조이십니다. 만약 선생님께서 모함으로 인한 전가사변과 관서 지방에서의 퇴계유학 전파, 형제와 교우 및 사제 관계, 임란 의병 활동, 만년의 은거와 후학 양성 등 극적인 삶을 살아가신 지산 할배를 소재로 한 글을 남기시게 되면, 직계의 대표적 여성 불천위 선조와 임란 의병장이었던 외가의 불천위 선조를 세상에 널리 알리는 큰 계기가 될 것으로 생각됩니다.

외람된 줄 알면서도 이렇게 서신을 올리게 된 것은 이번 《제2회 지산 조호익 선생 학술세미나》에서 "지산 조호익 선생의 문학과 삶"을 주제로 초청 강연을 해 주신 것을 계기로 혹시 기회가 된다면, 선생님께서 지산 할배의 삶이나 일대기를 담은 글을 집필해 주셨으면 하는 바람을 전해드리고자 해서입니다.

고희를 넘기신 연세에 힘들고 어려운 일이 되실 것으로 생각됩니다만, 저희 후손들로서는 마음만 있을 뿐 필력이 부족한 데다 글의 파급력 면에서 언감생심 도저히 선생님을 따를 수 없기에 염치 불고하고 간곡히 부탁드리고자 합니다. 혹시 집필 가능하시다면, 이에 필요한 모든 지원과 관련 사료와 자료 등을 언제든지 수합해 전해드리겠습니다.

후손으로서 훌륭한 선조에 대한 위선과 자손 도리를 다하고자 하는 마음에서 올린 서신이오니 혜량해 주시길 바랍니다. 늘 건강하시고 만사여의하시기를 기원합니다.

지산 할배 14대 지손 영남 올림

16 창녕조씨 문간공파보 서문 (昌寧曺氏 文簡公派譜 序文)

역사를 잊은 민족에게 미래는 없다고 하였습니다. 문중의 경우도 마찬가지입니다. 과거와 현재의 끊임없는 대화가 곧 역사이기 때문입니다. 관례상 한 문중의 역사와 혈통 관계를 기록한 책을 족보라 하고, 같은 문중 내 한 파의 족보를 파보라 합니다. 문중의 역사인 족보와 파보도 제대로 기록하지 않으면 망각되기 쉽습니다. 창녕조씨(昌寧曺氏) 문중 전체의 족보인 대동보(大同譜)는 신라 진평왕의 부마 태사공(太師公: 諱 繼龍)을 시조로 하여 1606년(丙午年)에 처음 발간된 이래 여러 차례 증보 간행되었습니다.

문간공파보는 조선 중기 유학자로 임진왜란 때 의병장이자 사액서원(賜額書院)인 도잠서원(道岑書院)에 배향된 증(贈) 이조판서 문간공(文簡公: 諱 好益, 號 芝山)을 파조로 하여 1968년(戊申年)에 처음 간행되었다가 1987년(丁卯年)에 개정 간행되었습니다. 세월이 흘러 파보 개정을 소망하는 문중원들의 뜻을 모아 이번에 새로운 파보를 간행하게 되었습니다. 파보 간행은 문간공의 위선(爲先)과 후손에 대한 선도(先導) 및 문중원 상호 친목과 화합을 도모하고자 하는 문간공파 문중 정관(定款)의 목적과도 일치합니다. 개정된 파보는 구 파보를 충실히 계승하되 잘못된 점들을 바로잡고, 새로운 등재 자료를 추가하여 더욱 발전시켰습니다.

현재 우리가 살고 있는 4차 산업혁명 시대는 인공지능(人工知能)과 초연결(超連結)을 화두로 한 지식 정보화 사회입니다. 이러한 시대정신을 반영하여 이번에 새로 간행하는 문간공파보는 이전과 같은 아날로그 방식의 책자와 디지털 방식의 첨단 전자 족보 형태를 병행하였습니다. 이제 지산학연구소 인터넷 홈페이지를 통하여 문중원 누구나 문간공파보를 쉽게 찾아볼 수 있고, 필요할 때마다 언제든지 최신의 정보를 추가하거나 수정, 보완할 수 있게 되었습니다. 개정된 파보의 범례도 시대와 사회의 변화상을 반영하여 구 파보보다 더 세밀하고 현대적으로 제시하였습니다.

창녕조씨 구족보서(昌寧曺氏 舊族譜序)에 “인륜(人倫)을 두터이 하는 방법은 세계(世系)를 밝히는 것보다 더 중대한 것이 없다”고 하였습니다. 잘 아시다시피 파조인 문간공께서는 다른 무엇보다 예(禮)를 중시하셨습니다. 문간공의 고제(高弟)로 영의정(領議政)을 지낸 김육(金堉: 號 潛谷)은 스승의 유저(遺著) 가례고증(家禮考證) 서문에서 “선생의 예를 좋아하는 마음은 바로 주자(朱子)의 마음”이라고 칭송하였습니다. 새로 간행된 문간공파보가 후손으로서 인륜을 다함은 물론 선조(先祖)에 대한 예와 공경심을 드높이고, 문중원들의 사기와 자긍심을 앙양하는 데 크게 기여하기를 바랍니다.

지산선생기념사업회와 지산학연구소가 2016년 설립되어 학술대회를 필두로 문간공 현창 사업에 진력하고 있는 차에 개정된 파보가 발간되어 더욱 뜻깊습니다. 이번 파보 간행에 즈음하여 경비 일체를 부담한 동호(東鎬) 족숙을 위시하여 파보 간행 과정에서 열과 성을 다한 문중원 여러분 그리고 출판에 수고를 아끼지 않은 대보사(大譜社) 임직원들께 거듭 심심한 사의(謝意)를 표합니다.

2024年 4月 文簡公 14代孫 泳男 謹書

찾아보기

[인명]

가네 ……… 312
간디 ……… 43
강처중 ……… 145
공자 ……… 61, 309
김성일 ……… 320
김육 ……… 322
김중현 ……… 261
김충열 ……… 304
김형석 ……… 147
나이팅게일 ……… 50
노만 ……… 305
닐 ……… 279
담징 ……… 332
듀이 ……… 26, 263, 309
드웩 ……… 34
라이겔루스 ……… 305
로고프 ……… 55
루리아 ……… 272
루소 ……… 26, 255, 282
루이스 ……… 40
류성용 ……… 320
링컨과 구바 ……… 50
마가렛 대처 ……… 43
마테를링크 ……… 19
매슬로우 ……… 18
맥루한 ……… 31
맬러리 ……… 16
맹자 ……… 294
메논 ……… 62
메르켈 ……… 166
민태원 ……… 374
박대덕 ……… 382
박성 ……… 320
박재희 ……… 40
볼테르 ……… 260
브루너 ……… 22, 48, 55, 312, 315
블루스틴 ……… 27, 44
블룸 ……… 24, 47
비고츠키 ……… 26, 55, 271, 308
빌 게이츠 ……… 42
설리번 ……… 36
섬머힐 ……… 279
손다이크 ……… 55, 274
솔로몬 ……… 50
송몽규 ……… 149
슐만 ……… 134
스키너 ……… 55
스턴 ……… 273
아리스토텔레스 ……… 135
아베 ……… 166
아이즈너 ……… 69
아인슈타인 ……… 50
안연 ……… 61
에밀 ……… 255, 282
엘리어트 ……… 344
여래 ……… 61
예수 ……… 61
오스벨 ……… 55, 305
왕인 ……… 334
윤동주 ……… 144, 149
윤석중 ……… 26
이문열 ……… 381
이수현 ……… 334
이원익 ……… 320

이홍우 ………………………… 269
이황 ………………………… 139, 304
잉그람 ………………………… 117
장현광 ………………………… 320
정도전 ………………………… 340
정범모 ………………………… 309
정병욱 ………………………… 145
정지용 ………………………… 145
조광익 ………………………… 322
조선적 ………………………… 328
조식 ………………………… 139, 304
조이 레드헤드 ………………………… 281
조치우 ………………………… 328
조학신 ………………………… 328
조호익 ………………………… 323, 328
주돈이 ………………………… 305
주세붕 ………………………… 341
천양희 ………………………… 44
최황 ………………………… 319
칸트 ………………………… 261, 309
캐롤 ………………………… 48
켈러 ………………………… 34
코메니우스 ………………………… 305
코프카 ………………………… 274
타너와 타너 ………………………… 118
툴민 ………………………… 272
틱낫한 ………………………… 42
패터슨 ………………………… 246
포가티 ………………………… 119
프로이드 ………………………… 50, 286
프롬 ………………………… 280
플랜더스 ………………………… 66
플레밍 ………………………… 27
피아제 ………………………… 26, 55, 272, 277
허목 ………………………… 139
헬렌 켈러 ………………………… 36
힐러리 ………………………… 16

[내용]

각인기재 ………………………… 314
간선 공모제 ………………………… 187
감성지능 ………………………… 285
객관주의 ………………………… 53
견리사의 ………………………… 361
결정적 사건 분석 ………………………… 69
경험적 질문 ………………………… 63
고정 마인드셋 ………………………… 34
공동체 역량 ………………………… 102
공동체 의식 ………………………… 17
과외활동 ………………………… 22
과제 집중 시간 ………………………… 51
관련성 ………………………… 34
관서부자 ………………………… 316
교과 전문가 ………………………… 50
교사 효과성 ………………………… 51
교육 ………………………… 22
교육과정 ………………………… 22
교육과정 총론 ………………………… 95
교육실습 ………………………… 30
교육이론 ………………………… 53
교육학 ………………………… 22
구성주의 ………………………… 26, 53
군자 ………………………… 288, 294, 298, 302, 323
군자고궁 ………………………… 317
군자삼계 ………………………… 323
군자삼도 ………………………… 323
군자삼외 ………………………… 323
군자유삼락 ………………………… 145
권한이양 ………………………… 33
그림자 연구법 ………………………… 69

근접 발달 영역 ······ 275
글라저스펠트 ······ 55
기초학력 ······ 45

나선형 교육과정 ······ 312
내적 언어 ······ 276
노벨문학상 ······ 41
논문대필 ······ 240
논어 ······ 288

다중지능 ······ 42
단서 질문 ······ 63
대안교육 ······ 279
대학 ······ 302
동기유발 ······ 39
동아리활동 ······ 27

마인드셋 ······ 34
만족감 ······ 34
매력성 ······ 33
모델링 ······ 275
무신불립 ······ 182
문제해결 학습 ······ 267
민주주의와 교육 ······ 263

바벨탑 ······ 117
박문약례 ······ 306
반성적 사고 ······ 267, 312
반성적 실천가 ······ 52, 314
발달 단계 ······ 274
발달적 교육관 ······ 76
방과후학교 ······ 22, 99
백년지대계 ······ 152
백서 ······ 186
법고창신 ······ 26
벽 없는 대학 ······ 280
봉사활동 ······ 27
부적 편포 ······ 76
비언어적 분석 ······ 69
비활성 지식 ······ 57

사고와 언어 ······ 271
사실적 질문 ······ 63
사전검사 ······ 21
사필귀정 ······ 240, 244, 248
사회적 구성주의 ······ 271
사회적 죽음 ······ 246
삼각검증 ······ 132
상대평가 ······ 73
생리적 욕구 ······ 18
생산적 질문 ······ 63
서시 ······ 144
선발적 교육관 ······ 76
선수학습 ······ 21
선택적 장학 ······ 70
선행조직자 ······ 305
성과급 ······ 168
성선설 ······ 257
성장 마인드셋 ······ 34
세계도회 ······ 305
세월호 참사 ······ 27
소극적 교육 ······ 257
소수서원 ······ 341
수렴적 질문 ······ 63
수업 ······ 22
수업분석 ······ 65
수업설계 ······ 51
수업이론 ······ 22, 51
수업장학 ······ 69
수행평가 ······ 56
스왓 분석 ······ 373
스케폴딩 ······ 275

실제 …… 26
심미적 감성 역량 …… 102

아동 중심 교육 …… 256
안전교육 …… 27
안전의 욕구 …… 18
안전한 생활 …… 27
앙불괴어천 …… 145
애정과 소속감의 욕구 …… 18
양적 분석 …… 66
양적 연구 …… 126
언어 상호작용 분석법 …… 66
여중군자 …… 384
역동적 평가 …… 56
예술적 관찰 …… 69
온고지신 …… 26
왕따 …… 19
외적 언어 …… 276
욕구단계설 …… 18
위기지학 …… 322
유튜브 쇼츠 …… 39
의사소통 역량 …… 102
이론 …… 26
인간의 학명 …… 43
인생팔미 …… 40
인지적 구성주의 …… 276
인지주의 …… 53
일화 기록 …… 69
임용고시 해프닝 …… 94

자기 존중의 욕구 …… 18
자기관리 역량 …… 102
자기중심적 언어 …… 276
자기충족적 예언 …… 36
자발성 …… 34
자신감 …… 34
자아실현 …… 17
자아실현의 욕구 …… 18
자아정체성 …… 19
자아효능감 …… 36
자연주의 …… 26
자연주의 교육 …… 257
자유 학교 …… 280
자율 · 자치활동 …… 27
자율활동 …… 27
자치 학교 …… 280
자해자득 …… 307
잠재력 …… 17
전국교수공제회 …… 360
전인교육 …… 109
정보화 사회 …… 53
정부포상 기준 …… 159
정상분포 …… 76
제로섬 …… 164
주의집중 …… 34
준비도 …… 21
줄탁동시 …… 308
중용 …… 298
중우정치 …… 246
지식정보처리 역량 …… 102
진로활동 …… 27
진보주의 …… 26, 263
질문 …… 61
질적 분석 …… 68
질적 연구 …… 126

참 과제 …… 55
참 평가 …… 56
창의적 사고 역량 …… 102
창의적 체험활동 …… 22, 95, 99, 176
책무성 …… 57
청춘예찬 …… 374

초점 질문 ······ 63
총장 직선제 ······ 150, 187
출발점 행동 ······ 21
출처관 ······ 318

카브라마타 ······ 86
컨설팅 ······ 65
코딩 ······ 130
코칭 ······ 275

타산지석 ······ 26
탐사 질문 ······ 63
특별활동 ······ 110
특성화 사업 ······ 162

파랑새 ······ 19
평가적 질문 ······ 63
평생 학습자 ······ 60
포트폴리오 ······ 56
폰지 사기 ······ 360
표현 양식 ······ 58

학교폭력 ······ 19
학교학습 모형 ······ 48
학기유편 ······ 304
학습 ······ 22
학습 피라미드 ······ 24, 39
학습동기 ······ 48
학습위계 ······ 312
학습이론 ······ 51
학습자 관 ······ 47
학습자 중심 수업 ······ 33
합리적 의사 결정자 ······ 52
핵심역량 ······ 102
행동주의 ······ 53
헌법재판소 ······ 246
협동학습 ······ 58
호모 사피엔스 ······ 43
호변 ······ 327
호연지기 ······ 341
홍익인간 ······ 109
확산적 질문 ······ 63
효과성 ······ 33
효율성 ······ 33

[기타]

2015 개정 창의적 체험활동 ······ 27
2022 개정 창의적 체험활동 ······ 27

6.25 무공훈장 찾아주기 ······ 248

after school ······ 26
ARCS 모형 ······ 34
ARCS-V 모형 ······ 34
attention ······ 35

back to basics ······ 46
biophilia ······ 280

coding ······ 130
confidence ······ 36
curriculum ······ 22

empowerment ······ 33
extra curriculum ······ 22

Homo sapiens ······ 43

ice breaking ······ 24, 25, 39
inert knowledge ······ 57

K드라마 ······ 33
K컬처 ······ 33
K콘텐츠 ······ 33
K팝 ······ 33
K푸드 ······ 33

Law of farm ······ 372

M-ARCS-V 모형 ······ 34
Medium is message ······ 31
minimum essential ······ 46
MVP 모형 ······ 37

ochlocracy ······ 246
OECD ······ 45, 110, 155

paidagogos ······ 14
PISA ······ 45
Ponzi scheme ······ 360

quantification ······ 126

relevance ······ 35

satisfaction ······ 36
self-efficacy ······ 36
self-fulfillment prophecy ······ 36
social death ······ 246
sound body ······ 41
sound mind ······ 41
SWOT analysis ······ 373

teacher effectiveness ······ 51
time on task ······ 51
triangulation ······ 132

UBC ······ 79
UNESCO ······ 279
UTS ······ 81
UWW ······ 280

volition ······ 37

zerosum ······ 164
ZPD ······ 275, 308

〈저자 소개〉

조영남(曺泳男)

경북 영천
경북대학교 사범대학 영어교육과
경북대학교 대학원 교육학과 교육과정과 수업 전공 석사, 박사
대구교육대학교 교육학과 교수
전) 대구교육대학교 교육대학원장
전) 대구교육대학교 교수협의회장
전) UBC(University of British Columbia) 연구교수
전) UTS(University of Technology, Sydney) 연구교수
전) 특별활동 교사용 지침서 집필위원(교육과학기술부)
전) 초등교사 임용고시 출제위원(한국교육과정평가원)

창의적 체험활동 교육론(교육과학사, 2023)
생각은 크게, 시작은 작게(역서, 학지사, 2019)
맞춤형 수준별 개별화 평가전략(공역, 아카데미프레스, 2016)
맞춤형 수준별 개별화 수업전략(공역, 학지사, 2014)
창의적 체험활동의 탐구(공저, 교육과학사, 2012)
특별활동과 재량활동의 탐구(공저, 교육과학사, 2009) 외

군자유삼락

2024년 8월 25일 1판 1쇄 인쇄
2024년 8월 30일 1판 1쇄 발행

저 자 : 조 영 남
발행인 : 한 정 주
발행처 : 교 육 과 학 사

저자와의 협의하에 인지생략

경기도 파주시 광인사길 71
전화 (031)955-6956~8 / 팩스 (031)955-6037
Home-page : www.kyoyookbook.co.kr
E-mail : kyoyookbook@daum.net
등록 : 1970년 5월 18일 제2-73호

낙장·파본은 교환해 드립니다. **정가 24,000원**
Printed in Korea. ISBN 978-89-254-1987-9